Schriften zu Tourismus und Freizeit
Band 18

Grenzüberschreitende Kooperationen im Tourismus

Strategien zur Produkt- und Angebotsentwicklung

Herausgegeben von

Prof. Dr. Harald Pechlaner und Judith Jochmann

Mit Beiträgen von

Prof. Dr. Pietro Beritelli, Klaus Brähmig, Josef Bühler,
Dr. Wioletta Frys, Swantje Grotheer, Judith Jochmann,
Prof. Dr. Hansruedi Müller, Christian Nordhorn, Daniela Pahl-Humbert,
Prof. Dr. Mike Peters, Prof. Dr. Harald Pechlaner, Judith Rehage,
Dr. Jörg Scheffer, Dr. Roland Scherer, Dr. Lukas Siller, Georg Steiner,
Prof. Dr. Tatjana Thimm, Prof. Dr. Gabi Troeger-Weiß,
Prof. Dr. Helmut Wachowiak, Dr. Peter Wolf, Daniel Zacher,
Jitka Zigmundová

ERICH SCHMIDT VERLAG

Bibliografische Information der Deutschen Nationalbibliothek
Die Deutsche Nationalbibliothek verzeichnet diese Publikation
in der Deutschen Nationalbibliografie;
detaillierte bibliografische Daten sind im Internet
über http://dnb.d-nb.de abrufbar.

Weitere Informationen zu diesem Titel finden Sie im Internet unter
ESV.info/978 3 503 15710 5

Gedrucktes Werk: ISBN 978 3 503 15710 5
eBook: ISBN 978 3 503 15711 2

ISSN 1612–8672

Alle Rechte vorbehalten
© Erich Schmidt Verlag GmbH & Co. KG, Berlin 2014
www.ESV.info

Dieses Papier erfüllt die Frankfurter Forderungen
der Deutschen Nationalbibliothek und der Gesellschaft für das Buch
bezüglich der Alterungsbeständigkeit und entspricht
sowohl den strengen Bestimmungen der US Norm Ansi/Niso
Z 39.48-1992 als auch der ISO-Norm 9706.

Druck und Bindung: Hubert & Co., Göttingen

Vorwort

Grenze bedeutet Eigenständigkeit, und diese schafft wieder Grenzen. Es geht also um das Etablieren der Grenzen, um in der „Ab-Grenzung" Identität zu schaffen, welche wiederum die Grundlage sein kann, um Grenzen zu überwinden, weil man auf der Grundlage von (eigener) Differenzierung jenseits der Grenze die Potentiale des „Grenz-Überschreitenden" vermutet. Organisationen stellen Grenzen dar, in denen es darum geht, das zu tun, was man nicht notwendigerweise außerhalb der Grenzen beschaffen muss. Kontexte verändern sich und damit auch Grenzen: das stete Bemühen um das Schaffen von Durchlässigkeit der Grenzen geht einher mit der Festigung der Grenzen. Grenzen schaffen Raum und Raum schafft Grenzen. Die Grenzen der potentiellen Erlebbarkeit eines Raumes werden durch den Reisenden selbst gezogen. So entsteht „Bewegungs-Raum". Andererseits grenzen die Identitäten von Menschen und Stakeholdern den Raum auch entsprechend ab und beeinflussen dadurch wieder die Wahrnehmung von Raum. Die geographische Bedeutung des Raumes wird ergänzt von der individuell-kognitiven Raumabgrenzung. Um einen Zusammenhang zwischen Grenzen und touristischen Destinationen herstellen zu können, ist es erforderlich, das der Grenze zugrunde liegende Konzept zu verstehen. Viele Wissenschaftsdisziplinen, so z.B. die Soziologie, Kulturwissenschaften, Politikwissenschaften, Geschichte oder Geographie, beschäftigen sich mit ‚Grenzen'. Einer Grenze im Sinne einer Konstruktion von Räumen kommt dabei in der Regel die Funktion eines „Übergangsraumes" zu, d.h. eine Grenze ist keinesfalls eine deutliche Trennlinie zwischen zwei Gebieten, selbst wenn administrativ Abgrenzungen eindeutig festgeschrieben sind. Für die Destinationsentwicklung und den Tourismus entstehen in diesen „Übergangsräumen" durch grenzüberschreitende Kooperationen Chancen für attraktive Produkte und Angebote.

Diese sind per se eine wichtige Grundlage für die Wettbewerbsfähigkeit touristischer Destinationen und spielen dennoch häufig eine untergeordnete Rolle. Zu diskutieren sind in diesem Zusammenhang vor allem auch Fragen des damit zusammenhängenden Managements im Sinne der effizienten Gestaltung des Einsatzes und/oder der Reduktion von Grenzen beispielsweise bei der Angebotsentwicklung und Innovation. Speziell in grenzüberschreitenden Destinationen existieren besondere, hemmende Faktoren welche die Produkt- und Angebotsentwicklung erschweren. Diese beginnen bei den Problemen auf strategischer und operativer Ebene durch die Überschneidung administrativer, politischer Grenzen und gehen bis zu alltäglichen Herausforderungen im Rahmen grenzüberschreitender Kooperationen regionaler Akteure in Fragen des Marketing oder des Vertriebs. Andererseits liegen die Chancen einer internationalen, grenzüberschreitenden Destinationsentwicklung gerade im Bereich der Produkt- und Markterweiterung bzw. Marktentwicklung. Insbesondere für die Entwicklung grenzüberschreitender Produkte und Angebote kommt der strategischen Produktentwicklung daher eine besondere Bedeutung zu, insofern sie eine langfristige Perspektive berücksichtigen muss und den Aufbau erforderlicher Kompetenzen einfordert. Es werden die Aufgaben des strategischen Managements mit jenen der Produktentwicklung integriert, um auf Basis der Kompetenzen gemeinsam Produkte zu entwickeln, die dann den Märkten zugeführt werden und damit einen wesentlichen Beitrag zur Entwicklung und Wettbewerbsfähigkeit der Destination leisten.

Der vorliegende Konferenzband fasst unter anderem die Beiträge des „Kompetenzforum Grenzüberschreitende Kooperation im Tourismus", welches vom 11.–12.11.2010 in Bayerisch Eisenstein (D) und Železná Ruda (CZ) stattfand, zusammen. Ergänzend dazu wurden weitere thematisch relevante Beiträge aufgenommen. Im Spannungsfeld von Wissenschaft und Praxis werden die Perspektiven grenzüberschreitender Kooperationen im Tourismus, die Herausforderungen für die grenzüberschreitende Produkt- und Angebotsentwicklung sowie die Perspektiven einer internationalen Destinationsentwicklung aus verschiedenen Blickwinkeln diskutiert.

Einführend (Kapitel 1) werden grenzüberschreitende Destinationen aus politischer Perspektive und vor dem Hintergrund der Interkulturalität besprochen. Die Darstellung wissenschaftlicher Facetten des Zusammenhangs von politischen Grenzen und des Tourismus schließen diesen Teil ab. Kapitel 2 ist unter dem Titel „Tourismus und Grenzregionen" den Fragestellungen und besonderen Herausforderungen des grenzüberschreitenden Destinationsmanagements gewidmet. In diesem Zusammenhang wird auch die Tourismuspolitik der EU, sowie die touristisch relevante EU-Förderpraxis genauer betrachtet. Grenzüberschreitende Kooperationen und Kompetenzbildung – als zentrale Grundlage der strategischen Produkt- und Angebotsentwicklung - werden aus wissenschaftlicher und praxisorientierter Perspektive im 3. Kapitel thematisiert. Erfolgsfaktoren für ein grenzüberschreitendes Themenmanagement sind Inhalt des 4. Kapitels. Einen hohen Praxisbezug weist das abschließende 5. Kapitel auf, welches verschiedene Beispiele grenzüberschreitender Attraktionspunkte und Angebotsentwicklungen umfasst.

Das Grenzüberschreitende steht im Mittelpunkt des vorliegenden Buches. Neue Herausforderungen im Management und in der Organisation sind damit verbunden.

Grenz-Überschreitung erfordert die Existenz von Grenzen. Diese sind ein konstitutives Merkmal von Regionen und Destinationen. Und schaffen damit die Voraussetzung für das Überwinden der Grenzen.

Harald Pechlaner und Judith Jochmann
Herausgeber
Eichstätt und Ingolstadt, im Mai 2014

Inhaltsverzeichnis

Vorwort 5

Teil 1: Einführung

Klaus Brähmig
Grenzüberschreitende Destinationen: eine politische Perspektive 15

Jörg Scheffer
Grenzüberschreitende Tourismusdestinationen und Interkulturalität 25

Helmut Wachowiak
Facets of research on the relationship between political borders and tourism 37

Teil 2: Tourismus und Grenzregionen

Harald Pechlaner, Judith Jochmann, Christian Nordhorn, Daniel Zacher
Grenzüberschreitende Destinationsentwicklung – eine vergleichende Analyse ausgewählter Touristischer Regionen in Grenzräumen entlang der deutschen Bundesgrenze 59

Tatjana Thimm
Managementformen grenzüberschreitender Destinationen im Vergleich:
Bodensee – Oberrhein – Catlins 73

Judith Rehage
Towards a greater international competitiveness of cross-border destinations: Internal strategic organisational destination management criteria for future success 93

Wioletta Frys
Die Bedeutung der neuen Tourismuspolitik der EU und der
fremdenverkehrsrelevanten EU-Förderpraxis für die grenzüberschreitenden
touristischen Destinationen 119

Teil 3: Grenzüberschreitende Werte und Kernkompetenzen

Pietro Beritelli, Roland Scherer
Die Bildung stabiler grenzüberschreitender Institutionen – Ein steiniger Weg
kooperativen Verhaltens am Beispiel der Internationalen Tourismusregion
Bodensee 151

Hansruedi Müller
Qualitätsentwicklung im grenzüberschreitenden Raum – Grundlage für die
Kompetenzentwicklung 163

Gabi Troeger-Weiß, Swantje Grotheer
Schnittstellen grenzüberschreitender Kooperationen – das Projekt
„Gute Nachbarschaft im bayerisch-tschechischen Grenzraum" 175

Teil 4: Grenzüberschreitendes Themenmanagement

Daniela Pahl-Humbert
Die BodenseeErlebniskarte – eine grenzüberschreitende Destination-Card zur
Vernetzung im Tourismus der Destination Bodensee 193

Josef Bühler
Erfolgsfaktoren grenzüberschreitender Themen- und
Produktlinienentwicklung im Tourismus 203

Teil 5: Grenzüberschreitende Attraktionspunkte und Angebotsentwicklung

Lukas Siller, Mike Peters
Grenzübergreifende Kooperationen als Werkzeug für die
Regionalentwicklung: Der Netzwerkgedanke am Beispiel eines
kulturtouristischen Festivals 215

Peter Wolf
Eigenes und Fremdes im Spiegel kulturhistorischer Ausstellungen.
Erfahrungsberichte aus grenzüberschreitenden Projekten 241

Jitka Zigmundová
Attraktionen vernetzen: das Beispiel UNESCO-Weltkulturerbe
Český Krumlov & Regensburg 251

Georg Steiner
Perspektiven für grenzüberschreitende Tourismusaktivitäten an der Donau –
„Die Straße der Kaiser und Könige" als Erfahrungsbericht und Perspektive 271

Autorenverzeichnis 281

Teil 1
Einführung

KLAUS BRÄHMIG

Grenzüberschreitende Destinationen: eine politische Perspektive

Einführende Rede anlässlich der Eröffnung des Kompetenzforums
„Grenzüberschreitende Kooperation im Tourismus"
am 11. November 2010

Sehr geehrte Damen und Herren,

ein deutsches Sprichwort sagt: „Mit guten Nachbarn hebt man den Zaun auf." Heute mehr als 65 Jahre nach Ende des Krieges haben wir spätestens mit der EU-Osterweiterung den Zaun zu unseren Nachbarn abgebaut. Deutschland ist von guten Nachbarn und Freunden umgeben und unsere Nachbarn brauchen uns Deutsche ebenso wenig zu fürchten. Wir erleben derzeit die längste Friedensperiode in Europa seit Jahrhunderten.

Reisen ist für jeden ein Thema, ob er nun als Urlauber oder Geschäftsreisender selbst unterwegs ist oder im touristischen Bereich arbeitet. Gerade deshalb ist der Tourismus idealerweise dazu geeignet, grenzüberschreitende Wirtschaftsbeziehungen aufzubauen und bei den Menschen das Zusammenwachsen Europas erlebbar zu machen.

Diese Chancen gilt es zu nutzen. Tourismus bietet nicht nur nichtexportierbare Arbeitsplätze, sondern ist das großartigste Friedensprojekt in Europa und der Welt überhaupt.

Insofern freue ich mich, hier heute Abend sprechen zu dürfen und bedanke mich sehr herzlich bei den Gastgebern, namentlich bei Herrn Prof. Dr. Harald Pechlaner und Herrn Landrat Heinz Wölfl für die Einladung zu dieser Veranstaltung.

Obwohl die Grenzen zu Osteuropa seit nunmehr 20 Jahren geöffnet sind, ist noch immer eine gewisse Zurückhaltung bei manchen Gastgebern und Gästen auf beiden Seiten der Grenze zu spüren. Veranstaltungen wie die heutige sind wichtig, um noch vorhandene Barrieren in den Köpfen abzubauen. Heute und morgen haben alle Interessierten die Möglichkeit, sich über die Erfahrungen und Chancen grenzüberschreitender Zusammenarbeit zu informieren und vielleicht auch die eine oder andere Anregung mitzunehmen.

Noch vor 20 Jahren war unser Kontinent, war Deutschland geteilt. Millionen von Europäern wurde das Recht zur freien Selbstbestimmung und zur freien Rede vorenthalten. Und selbst im freien Teil Europas musste man an Grenzen warten und Pässe vorzeigen, wenn man ein anderes Land besuchen wollte.

Die ersten 32 Jahre meines Lebens habe ich in der DDR verbracht. Insofern habe ich am eigenen Leibe erfahren, dass Werte wie Freiheit und Demokratie keine Selbstverständlichkeit sind. Aber ich habe auch erlebt, was der Drang nach Freiheit zu bewegen vermag.

Mein persönlicher Lebensweg hat sich durch die Überwindung der Teilung unseres Kontinents dramatisch und grundlegend verändert. Vielleicht wäre ich heute noch Elektrohandwerksmeister. Stattdessen bin ich seit 1990 Mitglied des gesamtdeutschen Bundestages und habe an einer Vielzahl von Entscheidungen für die Überwindung der Teilung unseres deutschen Vaterlandes und Europas mitgewirkt.

Im Jahr 2009 feierten wir in Deutschland 60 Jahre Bundesrepublik und 20 Jahre Mauerfall, die Überwindung des Eisernen Vorhangs und die Beendigung des Kalten Krieges in Mitteleuropa. Solche Jubiläen sind oft Anlass für eine erste Bilanz. Welche Lehren können wir aus diesen Erfahrungen ziehen?

Meiner Meinung nach, dass Wandel und Veränderung zum Guten möglich sind. Das ist für uns Realität geworden. Wandel wird immer von mutigen Menschen gemacht. Die Kraft der Freiheit ist ihr Antrieb. So war es auch zu Beginn des europäischen Einigungsprozesses. Mutige Menschen haben tiefe Gräben, tiefste Gräben, überwunden und eine friedliche neue Ordnung aufgebaut.

Wir sollten diese Dynamik, die noch nicht verschwunden ist, nutzen, um im Bereich der grenzüberschreitenden Zusammenarbeit voranzukommen. Es gilt gerade auch hier, die Chancen der grenzüberschreitenden Kooperationen für den Tourismus zu ergreifen, denn sie bieten oftmals die Möglichkeit, Projekte und Investitionen umzusetzen, die in der nationalen Zusammenarbeit am Kirchturmdenken vieler Tourismusverantwortlicher scheitern.

Ein aktuelles Beispiel für Kirchturmdenken ist der Beschluss der deutschen Bundesländer, das gemeinsame Inlandsmarketing durch die Deutsche Zentrale für Tourismus Ende 2011 zu beenden. Ab 2012 wird jedes Bundesland in der Bundesrepublik Deutschland wieder seine eigenen Marketingstrategien anwenden und für sich selbst werben. Bis jetzt wurden die vorhandenen finanziellen Mittel gebündelt, um schlagkräftig die Werbetrommel rühren zu können.

Ein positives Beispiel für Interessenbündelung, Effizienzsteigerung und grenzüberschreitende Zusammenarbeit finden Sie hier gewissermaßen direkt vor der Veranstaltungstür. Der Nationalpark Bayerischer Wald und der Nationalpark Šumava (Böhmer Wald) sind lebende Beweise, dass nach dem Fall des Eisernen Vorhanges grenzüberschreitende Zusammenarbeit zum Erfolg geführt werden kann. Nicht umsonst wurden die beiden Nationalparks 2009 von der Föderation EUROPARC für vorbildliche grenzüberschreitende Zusammenarbeit ausgezeichnet.

In der Begründung zur Preisverleihung heißt es, dass die Zusammenarbeit von Schutzgebieten über Ländergrenzen hinweg einen wichtigen Beitrag sowohl zum Schutz des europäischen Natur- und Kulturerbes als auch zu einer nachhaltigen Regionalentwicklung leiste. Sie fördere außerdem die internationale Verständigung, diene der Friedenssicherung und leiste so einen entscheidenden Beitrag für das weitere Zusammenwachsen der Staaten Europas.

Diese Aussagen gelten meiner Meinung nach nicht nur für die Zusammenarbeit von Schutzgebieten über Ländergrenzen hinweg, sondern auch für die grenzüberschreitende Kooperation im Tourismus.

Meine sehr verehrten Damen und Herren,

nicht nur über Ländergrenzen hinweg trägt das Reisen zum Kennenlernen und Verstehen bei, auch innerhalb Deutschlands haben nach dem Fall der Mauer die „Reisen nach hüben und drüben" zum gegenseitigen Kennenlernen und besseren Verstehen einen großen Teil beigetragen. Persönlich appelliere ich noch heute an meine Landsleute in Ost und West, wir sollten mehr miteinander reden als übereinander. Das kann man nur, wenn man seine alten Standorte verlässt und sich auf Reisen begibt.

„Mensch, sei zeitig weise! Reise, reise!" seit dem Fall der Mauer sind wir Ostdeutschen dieser Aufforderung Wilhelm Buschs rege nachgekommen. Reisefreiheit war das Wort des Jahres 1989. Um Reisen zwischen West und Ost als Weg der inneren Einheit zu unterstreichen, wurde zu Beginn der 12. Wahlperiode im Januar 1991 der Tourismusausschuss sozusagen als Kind der Wiedervereinigung ins Leben gerufen. Ich hatte das Glück, diesem neu gegründeten Ausschuss von Anbeginn anzugehören und zwar als tourismuspolitischer Sprecher der CDU/CSU-Fraktion über viele Jahre hinweg.

Aufgrund der weitgehenden Deindustrialisierung meines Wahlkreises im Zuge der wirtschaftlichen Neuordnung sah ich im Tourismus für diese Region enorme Zukunftschancen. Der Nationalpark Sächsische Schweiz, die Festung Königstein, Schloss Weesenstein, der Barockgarten Großsedlitz und andere kulturhistorische Meisterwerke galt es nun entsprechend zu vermarkten. Da bot sich die Übernahme einer Mitgliedschaft im neu gegründeten Tourismusausschuss an und konsequenterweise habe ich dann 1993 auch den ehrenamtlichen Vorsitz im Tourismusverband Sächsische Schweiz übernommen.

Sie sprechen also mit einem Tourismuspolitiker der ersten Stunde aus Deutschland, der nicht nur die Theorie kennt, sondern auch Verantwortung vor Ort übernommen hat. Wie Sie aber aus den Ortsnamen erkennen können, ist mein Wahlkreis auch ein

Grenzwahlkreis an der tschechisch-deutschen Grenze. Auch bei der grenzüberschreitenden Zusammenarbeit sprechen Sie also mit einem Praktiker.

Nach meiner Erfahrung bietet die grenzüberschreitende Zusammenarbeit für viele europäische Tourismusregionen eine hervorragende Chance ihre Stellung im internationalen Wettbewerb zu verbessern. Die EU-Osterweiterung und ihre wirtschaftlichen Auswirkungen spielte sich in den letzten Jahren nicht in Hamburg oder Prag ab, sondern in einem Korridor von ca. 50 km diesseits und jenseits der Grenzen. Dazu brauchen wir aber auch im Bereich der kommunalen Zusammenarbeit eine stärkere Kooperation.

Wie eben schon erwähnt, verfügt mein Bundestagswahlkreis 159 (Sächsische Schweiz – Osterzgebirge) mit mehr als 90 Kilometern von der Oberlausitz bis zum Osterzgebirge über eine der längsten Grenzen gegenüber der Tschechischen Republik.

Einer Grenze, die seit dem Grenzvertrag von Eger aus dem Jahr 1459 zu den ältesten unveränderten Grenzen innerhalb Europas zählt. Einer Grenze, die bis auf wenige kurze Epochen aber nie den Charakter des Trennenden hatte. Das einigende Wirtschaftsband zwischen Böhmen und Sachsen war über ein Jahrhundert hinweg der Tourismus, der Handel, das Handwerk und das produzierende Gewerbe in der Sächsisch-Böhmischen Schweiz. Ich möchte hier daran erinnern, dass die Sächsisch-Böhmische Schweiz und das Osterzgebirge von ca. 1790 bis zur Mitte des 20. Jahrhunderts als touristische Einheit in Europa und der Welt vermarktet wurde, trotz aller politischen Unterschiede.

Seit sechs Jahren wächst die Sächsisch-Böhmische Schweiz wieder zu einem politischen und wirtschaftlichen Bindeglied zwischen Deutschland und Tschechien und Sachsen und Böhmen zusammen. In unserer Region haben wir kaum nennenswerte Industrie, wir haben keine Bodenschätze, unser Reichtum ist die landschaftlich reizvolle Elbe und das gemeinsame Landschaftsschutzgebiet mit den Nationalparks Sächsische und Böhmische Schweiz. Die alte Tradition der gemeinsamen Vermarktung dieser Tourismusregion haben wir bereits wiederaufgenommen. Die Gründung eines Sächsisch-Böhmischen Tourismusverbandes wird von beiden Seiten seit einigen Jahren aktiv vorangetrieben.

In der Sächsisch-Böhmischen Schweiz war es die Aussage von den zwei böhmischen Touristikern, Jiří Rak und Marek Mráz im Jahr 2004, die zu der heute so erfolgreichen Zusammenarbeit geführt hat. Im Rahmen eines Workshops sagten sie, wir wollen Marktführer im Tourismus in der Böhmischen Schweiz werden. Damit waren sie für unseren Tourismusverband Sächsische Schweiz genau die richtigen Partner. Erfolgreiche Zusammenarbeit im Tourismus entsteht aber nur, wenn die Macher beiderseits der Grenze dieselbe Sprache sprechen. In meiner Heimatregion der Sächsisch-Böhmischen Schweiz haben wir unter den Touristikern, aber auch den Politikern eine gute gemeinsame Sprache gefunden. Dabei geht es weniger um die Verständigung mit der Sprache im engeren Sinne. Vielmehr ist es maßgeblich für den Erfolg von grenzüberschreitenden Projekten, dass Vertrauen aufgebaut wird und man die Mentalität des Partners auf der jeweilig anderen Seite der Grenze gut versteht.

In der Sächsisch-Böhmischen Schweiz haben wir mit gemeinsamen Treffen, Exkursionen, Besuchen, aber auch mit persönlichen Freundschaften, die über die Jahre fest gewachsen sind, ein gutes Maß an Vertrauen und gemeinsamen Zielen aufbauen können. Das zeigt einmal mehr, dass man die Zusammenarbeit nicht von oben verordnen kann. Grenzüberschreitende Zusammenarbeit muss immer von unten wachsen. Projekte und Ziele müssen reifen und beiderseits der Grenze Unterstützer finden, damit sie nachhaltig zum Erfolg führen können. So sind große Vernetzungsprojekte, wie sie zum Beispiel auch schon in Sachsen auf Landesebene durchgeführt wurden, zwar meist gut gemeint, führen aber nicht dauerhaft zum Erfolg.

Inzwischen gibt es monatliche Treffen und auch private Kontakte zwischen den Touristikern beider Länder. Erster Erfolg war ein fast halbstündiger Imagefilm, der inzwischen auf verschiedenen Fernsehstationen weltweit gelaufen ist.

Sehr unkompliziert – aber dennoch mit viel Arbeit verbunden – gestaltete sich die Erarbeitung eines gemeinsamen Logos. Heute nutzen beide Schweizen dasselbe Logo – immer in zwei Sprachen.

Mit Engagement konnte auch eine weitere Grenze überwunden werden. Auch Tourismus, Nationalpark und Landschaftsschutz arbeiten in beiden Ländern intensiv zusammen. So werden Logo und Layout nicht nur für Publikationen der Touristiker genutzt. Nein, auch die Schutzgebietsverwaltungen treten nach außen im selben Erscheinungsbild auf.

Weitere Aktivitäten, die geplant sind bzw. schon umgesetzt sind:
- grenzüberschreitende Broschüren,
- gemeinsame Messen und Präsentationen,
- gemeinsames Tourismusleitbild,
- Aufbau einer gemeinsamen Internetdatenbank,
- Erstellung von mehr als 100 Informationstafeln in den beiden Schweizen – alle mit grenzüberschreitenden Angeboten und zweisprachig,
- Gemeinsame Informationstouren im jeweils anderen Land,
- Fachexkursionen,
- Initiative zur grenzüberschreitenden UNESCO-Region,
- und zu guter Letzt der gemeinsame TourismusPass.

Die Idee des TourismusPasses ist die, dass Mitarbeiter aus der Tourismusbranche Einrichtungen wie Bäder, Museen und Schlösser beiderseits der Grenze kostenfrei besuchen können und sich so in ihrer Freizeit intensiv über die Angebote informieren und die Gäste authentisch und kompetent beraten können.

Große Herausforderungen für die Zukunft sehe ich noch:

- In der Anpassung und Abstimmung des grenzüberschreitenden Wegenetzes
- Der Verbesserung der ÖPNV-Angebote
- Der Sprachausbildung der Touristiker (es muss nicht immer deutsch und tschechisch sein, ein gutes Englisch tut es auch meist)
- Der gelebten grenzüberschreitenden Region in weiten Teilen der Bevölkerung (die sich nicht nur auf die Tankfüllung und den günstigen Zigarettenkauf beschränkt)

Angesichts der o.g. Tatsachen bietet die grenzüberschreitende Zusammenarbeit im Tourismus also die ausgezeichnete Chance, die Angebotsvielfalt der Tourismusregion zu erhöhen und mit dem Reiz verschiedener Lebensarten zu würzen. Eine weitere Chance besteht aber auch in den Quellmärkten, die im Marketing besser erreicht werden können. Leiden Grenzregionen meist darunter, dass sie ihre Gäste maßgeblich im Einzugsgebiet eines Halbkreises werben können, so steht mit einer Öffnung ein wesentlich erweiterter Quellmarkt zur Verfügung.

Als Praktiker weiß ich aber auch um die Hemmnisse, die die grenzüberschreitende Zusammenarbeit noch erschweren. Beispielsweise sorgt die überbordende Bürokratie im Zusammenspiel zwischen Brüssel und den nationalen Hauptstädten teilweise für erhebliche Verzögerungen und Fehlentscheidungen.

Meines Erachtens brauchen wir eine Neuauflage des Karlsruher Abkommens, das Deutschland 1996 mit Frankreich, Luxemburg und der Schweiz abgeschlossen hat. Initiator des Abkommens war das Land Baden-Württemberg. Dort plante eine Gemeinde auf dem badischen Rheinufer den gemeinsamen Betrieb eines Freibades mit einem elsässischen Zweckverband.

In diesem Übereinkommen wurde festgelegt, die grenzüberschreitende Zusammenarbeit zwischen Gebietskörperschaften durch eine Ausweitung des rechtlichen Rahmens zu ergänzen. Der ehemalige Bundesaußenminister Klaus Kinkel sagte damals, „das Abkommen schaffe den nötigen rechtlichen Rahmen, damit Gemeinden und Verbände direkt mit Partnern auf der anderen Seite der Grenze rechtliche Vereinbarungen schließen können."

Mir ist durchaus bewusst, dass die tschechische Verfassung ein eher zentralistisches Staatswesen vorsieht, während wir in Deutschland deutlich das föderale Prinzip bevorzugen. Insofern kann ich mir vorstellen, dass solch ein Abkommen in Prag nicht unbedingt auf offene Ohren stößt. Trotzdem gilt meines Erachtens gerade in der grenzüberschreitenden Zusammenarbeit das Subsidiaritätsprinzip. Danach sollte alles, was auf der Ebene der Kommunen und Landkreise bzw. Regionen (kraj) geregelt werden kann, dort auch geregelt werden. Es ist für mich und viele Bürger diesseits und jenseits der Grenze nicht verständlich, warum wir uns mit vielen kleinen Fragen an Brüssel, Berlin oder Prag wenden müssen, obwohl wir vor Ort doch selber am besten wissen, was uns hilft oder schadet.

Durch die Ausweitung der Europäischen Union und die Grenzöffnungen konnten bisher also viele Regionen von einer Randlage in das Zentrum von Europa rücken. Damit einher gehen neue Chancen im Tourismusmarkt. Gäste von Grenzregionen haben die einmalige Chance zwei Länder und zwei Lebensarten in einem Urlaub zu erleben. Für viele ist es selbstverständlich geworden in ihrem Urlaub, Angebote beiderseits einer Grenze zu nutzen. Idealerweise gibt es eine grenzüberschreitende Abstimmung der Regionen und die Angebote ergänzen sich gegenseitig, so dass Angebotsdefizite der jeweilig anderen Seite kompensiert werden können.

Ein weiteres Beispiel für eine erfolgreiche zwischenstaatliche Politik ist das bilinguale Gymnasium in Pirna. In dieser Schule bereiten sich deutsche und tschechische Schüler auf ein europäisches Abitur vor.

Die Kenntnis der jeweils anderen Sprache, das Zusammenleben und das Studium der jeweiligen Kultur werden dazu beitragen, dass hier junge Europäer heranwachsen, die ohne die alten Vorurteile den Bau des gemeinsamen Hauses Europa angehen. Beispiele wie dieses müssen heute und in der Zukunft im Mittelpunkt der grenzübergreifenden und vor allem kommunalen Zusammenarbeit stehen.

Auch an dieser Stelle haben Deutsche und Tschechen in meiner Region eine gemeinsame Sprache gefunden. Da die jungen Absolventen dieser Schule keine Sprachbarriere an der Grenze kennen, haben sie die Möglichkeit, diesseits und jenseits der Grenzen zu arbeiten. Auf diese Weise stehen dem Tourismus und auch vielen anderen Branchen später qualifizierte Mitarbeiter zur Verfügung. Mit der doppelten Sprachkompetenz und der doppelten Chance am Arbeitsplatz besteht die Chance, der ständigen Abwanderung junger qualifizierter Personen entgegenzuwirken.

Bisher habe ich zu Recht und aus voller Überzeugung beispielhaft die Vorteile und Potentiale der grenzübergreifenden Zusammenarbeit zwischen Deutschland und Tschechien dargestellt. An dieser Stelle will ich aber auch die Gelegenheit nutzen, um auf Probleme hinzuweisen, die auftreten können, aber am besten im Vorfeld verhindert werden sollten.

Dabei komme ich auf den Sektor der Umweltpolitik zu sprechen und wieder werde ich mich zweier handfester Beispiele aus meiner Heimatregion bedienen. Seit Jahren gab es Streit zwischen dem tschechischen Umwelt- und Wirtschaftsministerium um den Bau einer Elbestaustufe zwischen Děčín und der Grenzort Hřensko. Anscheinend hat sich das Wirtschaftsministerium durchgesetzt und treibt den Bau vehement voran.

Gleichzeitig bemühen sich die deutschen und tschechischen Partner vor Ort seit Jahren gemeinsam um eine Kandidatur der Sächsisch-Böhmischen Schweiz zum UNESCO-Welterbe. Die Einmaligkeit der Landschaft in unserer Region beruht ja nicht nur auf dem Nationalpark und seinen Kernzonen. Der Elbcanyon mit seinen naturnahen Lebensräumen liegt im Landschaftsschutzgebiet und ist ebenso schützenswert. Die von tschechischer Seite vorgelegten Unterlagen sind teilweise nicht übersetzt und enthalten keine Angaben über mögliche Auswirkungen der Staustufen auf das deutsche Gebiet. Ohne genaue Studien dazu halte ich das derzeitige Anhörungsverfahren, in das die deutschen Behörden einbezogen werden, für wertlos.

Persönlich halte ich es mit der Meinung des umweltpolitischen Sprechers der sächsischen CDU-Landtagsfraktion Stephan Meyer MdL, der bei der geplanten Staustufe nicht umsonst von einem unnötigen Eingriff in das biologische Gefüge der Elbe spricht. Persönlich stelle ich aber auch die wirtschaftliche Sinnhaftigkeit der Elbestaustufe in Frage. Der Transport über Bahn und Straße verdrängt die Binnenschifffahrt aufgrund Schnelligkeit und Preis bei fast allen Transportgütern. Wirtschaftlich erschließt sich mir der Bau der grenznahen Staustufen daher auch nicht. Wenigstens sollte man die Ergebnisse der Studie abwarten, die die Folgen des Klimawandels für die Elbe untersucht. Was soll der Bau, wenn der Fluss künftig überhaupt nicht mehr schiffbar sein könnte.

Aus den o.g. Gründen habe ich Bundesumweltminister Dr. Norbert Röttgen angeschrieben und ihn gebeten, dass die Probleme beim Bau der Elbestaustufe bei der nächsten Sitzung der deutsch-tschechischen Umweltkommission thematisiert werden. Diese Vorgehensweise halte ich für angemessen, denn an dieser Stelle wurde regional gewachsenes Vertrauen durch Entscheidungen der Regierung in Prag in Frage gestellt.

Es ist für mich selbstverständlich einsichtig, dass der Bau der Staustufe auf tschechischer Seite ein Akt nationaler Souveränität ist. Dennoch muss ich gleichzeitig darauf verweisen, dass solche Baumaßnahmen nach Europäischem Recht der umfassenden Einbindung der Nachbarstaaten bedürfen. Eine Umweltverträglichkeitsstudie und die Übersendung der Unterlagen in der jeweiligen Landessprache sind aus meiner Sicht Minimalvoraussetzungen für einen gutnachbarschaftlichen Umgang miteinander.

Leider wurde diese Diskussion in unserer Region durch ein weiteres Bauprojekt noch verschärft. Der Bau von zwei Windkraftanlagen im Osterzgebirge unweit der sächsischen Grenze am Mückentürmchen hat offenbar nicht nur die Anwohner überrascht. Weder das Landratsamt noch das sächsische Umweltministerium wurden vor dem Bau an der Planung beteiligt.

Auch hier befindet sich der Standort auf tschechischem Hoheitsgebiet und wird auf der Basis von tschechischem Planungs- und Baurecht erschlossen. Mir ist auch bewusst, dass eine grenzübergreifende Beteiligung der deutschen Seite nur dann erforderlich ist, wenn es eine Umweltverträglichkeitsprüfung geben muss.

Nach deutschem Recht ist dies bei zwei Windkraftanlagen nicht notwendig. In diesem Fall hat die EU das so geregelt, dass nicht Bundesländer sondern die Landkreise in der Grenzregion am Planungsprozess beteiligt werden sollen. Im Landratsamt Sächsische Schweiz Osterzgebirge ist man nun aktiv geworden und hat Kontakt zum Sächsischen Umweltministerium aufgenommen, um eine Überprüfung der Baugenehmigung zu verlangen. Denn das betreffende Gebiet ist europäisches Vogelschutzgebiet.

Sehr geehrte Damen und Herren,

es ist nicht meine Absicht mich in die inneren Angelegenheiten der Tschechischen Republik einzumischen, aber als verantwortungsvoller Politiker kann ich von beiden beteiligten Seiten mehr Fingerspitzengefühl im gegenseitigen Umgang einfordern. Gute Nachbarschaft kann man nicht durch Verträge fixieren, sie muss durch Taten im Alltag immer wieder neu gelebt werden. Wir in der Sächsisch-Böhmischen Schweiz werden uns deswegen auch nicht von unserem Ziel einer gemeinsamen Kandidatur zum UNESCO-Welterbe abbringen lassen.

Auch die belgische Ministerin für Kultur, Medien und Tourismus, Frau Isabelle Weykmans, hat uns bei einer Obleuterunde des Tourismusausschusses Ende Oktober dieses Jahres aufgerufen, die grenzüberschreitende Zusammenarbeit auszubauen. Frau Weykmans ist im Rahmen der belgischen Ratspräsidentschaft Vorsitzende des Tourismusministerrates. Sie führte aus, dass auch auf europäischer Ebene die wirtschaftliche Bedeutung des Tourismus immer mehr Beachtung findet.

Die europäische Tourismusindustrie erwirtschaftet mit etwa 1,8 Millionen überwiegend kleinen und mittelständischen Unternehmen mehr als 5 % des Bruttoinlandsprodukts der Europäischen Union. Sie beschäftigt etwa 5,2 % aller Arbeitskräfte, dies entspricht etwa 9,7 Millionen Arbeitsplätzen. Tendenz steigend!

So ist der Tourismus bereits heute nach dem Handel und Vertrieb sowie dem Baugewerbe die drittgrößte sozioökonomische Aktivität in der Europäischen Union. Frau Weykmans betonte darüber hinaus auch, dass der Tourismus nicht nur Wachstum und Arbeitsplätze in der EU schaffe, sondern gleichzeitig auch zum gegenseitigen Kennenlernen und Zusammenwachsen der Menschen in den Mitgliedsstaaten beitrage. Gerade auch die Förderung von grenzüberschreitenden Kooperationen trage dazu bei, die Idee der Europäischen Union im Alltag erfahrbar zu machen.

Meine sehr geehrten Damen und Herren,

„Alles in allem wird deutlich, dass die Zukunft große Chancen bereithält – sie enthält aber auch Fallstricke. Der Trick ist, den Fallstricken aus dem Weg zu gehen, die Chancen zu ergreifen und bis sechs Uhr wieder zu Hause zu sein." Mit diesem Zitat von Woody Allen will ich meinen Vortrag hier enden lassen. Bis sechs Uhr abends werden wir nicht zu Hause sein, aber vielleicht haben die Vorträge meiner Vorredner und mir dazu beigetragen, dass die grenzüberschreitende Zusammenarbeit im Tourismus gestärkt wird.

Allen Teilnehmern dieses Forums wünsche ich viel Erfolg für ihre Arbeit vor Ort. Die Universität Eichstätt hat mit Herrn Professor Dr. Harald Pechlaner den richtigen Mann an der richtigen Stelle. Wo wir Sie als Tourismusausschuss unterstützen können, wollen wir dies sehr gerne tun und stehen Ihnen jederzeit zur Verfügung.

JÖRG SCHEFFER

Grenzüberschreitende Tourismusdestinationen und Interkulturalität

1 Einführung: Zur Bedeutung und Problematik des Kulturvergleichs im grenzüberschreitenden Destinationsmanagement

Die Entwicklung grenzüberschreitender Tourismusdestinationen zielt gemeinhin darauf ab, dass benachbarte Regionen zusammengeführt und in einzelnen strategisch relevanten Bereichen zu einer neuen Einheit integriert werden können. Was sich technisch durch gezielten Infrastrukturausbau, Übereinkünfte im administrativen Bereich oder gemeinsame Marken bewältigen lässt, ist jedoch nur die eine, sichtbare Seite eines solchen Integrationsprozesses. Ganz wesentlich für die dauerhafte Qualität des Zusammenhalts sind auf der anderen Seite die Menschen der jeweiligen Regionen selbst: Ihre spezifische Kultur, d. h. ihre kollektiven Denk- und Handlungsweisen schlagen sich in der Akzeptanz und im Widerstand von Planungen wieder, geben Impulse für endogene Entwicklungen, bestimmen die Atmosphäre des Miteinanders, prägen regionale Politik und definieren Gemeinschaft und Zugehörigkeit. Ist damit die Bedeutung von Kultur innerhalb einer Region hervorgehoben, so erhält diese im interregionalen Vergleich weiteres Gewicht: Ein Mangel an Wissen über die Kultureigenschaften des Gegenübers kann schnell zu Schwierigkeiten führen, sobald abweichende Bewertungen nicht nachvollzogen werden können und divergierende Vorstellungen Missverständnisse provozieren.[1] Vielfach täuscht die geographische Nähe benachbarter Regionen im Alltag darüber hinweg, dass die Interaktionspartner ganz unterschiedlichen staatlichen, aber auch regionalen Sozialisations- und Enkulturationseinflüssen ausgesetzt waren, die sich nun im Destinationsmanagement spürbar bemerkbar machen.

Um der so zentralen Kategorie Kultur annähernd gerecht zu werden, bemüht sich die Wissenschaft darum, im Rahmen einer interkulturellen Vergleichsforschung Immaterielles zu erfassen.[2] Auf einer kollektiven Ebene gilt es, grundlegende Kennzeichen von Bevölkerungen in Erfahrung zu bringen und vergleichend zu beschreiben. Die damit einhergehenden Schwierigkeiten speisen sich aus der Gefahr

---

[1] Scherhag/ Menn 2010, S. 17ff
[2] im Überblick Barmeyer at al. 2010

unangemessener Verallgemeinerungen, einseitiger Repräsentationen und der Beförderung von Stereotypen. Denn gerade wenn Kultur tief internalisierte Eigenschaften umschreibt, die folglich auch nicht kurzfristig abgelegt und gewechselt werden können, so enthält jede Zuschreibung einen distinktiven Charakter. Dies gilt umso mehr, da ja stets Kollektive und nicht Individuen pauschalierend gekennzeichnet werden. Gleichzeitig müssen die vergleichenden Charakterisierungen so spezifisch sein, dass sie den jeweils relevanten Fragestellungen in der untersuchten Region gerecht werden. So wird es im Kontext Tourismus einen Unterschied machen, ob die Kultur beispielsweise hinsichtlich der Aufgeschlossenheit der Bevölkerung, der Sprache, einer bestimmten Trinkgewohnheit, dem gesellschaftlichen Stellenwert von Pünktlichkeit oder einer anderen Kultureigenschaft untersucht wird. Je nach betrachtetem Kriterium wird sich für diese Eigenschaften eine jeweils ganz unterschiedliche Repräsentation in der regionalen Bevölkerung zeigen. Allein die politisch-administrative Unterscheidung von zwei Regionen bedeutet nicht, dass sich auch alle Kultureigenschaften beidseitig der Grenze jeweils homogen und untereinander grundverschieden ausnehmen.

Vor dem Hintergrund dieser Kriterien präsentieren sich die verbreiteten Kulturinformationen, die in der Praxis immer wieder herangezogen werden[3], überraschend pauschal: Sämtliche Kulturinformationen entstammen dem Ländervergleich. Staatliche Grenzen legen somit den Rahmen für die Verbreitung eines jeden Kulturmerkmals vorab fest. Wenn kulturelle Unterschiedlichkeit aber entlang von Ländergrenzen gedacht wird, bleiben kleinräumigere Differenzierungen ebenso wie grenzüberschreitende Gemeinsamkeiten ungenannt. Was sich für eine erste Orientierung in vielen Bereichen der Wirtschaft als praktikabel erweisen mag, kann für den Kulturvergleich im Destinationsmanagement nicht genügen. Sind es doch gerade regionale und nicht nationale Kontexte, die analysiert und zusammengeführt werden sollen. Dabei gilt es, verständigungsrelevante Unterschiede zur sorgsamen Berücksichtigung ebenso zu identifizieren, wie kulturübergreifende Gemeinsamkeiten, die hilfreiche Anknüpfungspunkte für den wechselseitigen Umgang, die Planung und die gemeinsame Positionierung bieten können.

Der folgende Beitrag stellt stellvertretend für die traditionelle, länderbezogene Vergleichspraxis die verbreiteten Kulturdimensionen von Geert Hofstede und ihre Ausprägungen in Mitteleuropa vor. Im Anschluss an die Kritik wird eine alternative kulturvergleichende Perspektive für das Destinationsmanagement angeregt, die sich für den Tourismussektor im deutsch-tschechisch-österreichischem Dreiländereck exemplarisch darstellen lässt.

---

[3] Hall 1990; Hofstede 2006; Trompenaars/ Hampden-Turner 1997; Thomas et al. 2003

2 Kulturvergleich am Beispiel von Hofstedes Kulturdimensionen

Mit dem Ziel kollektive Prägungen vergleichend gegenüberstellen zu können, wurden in den vergangenen Jahrzehnten von verschiedenen Autoren zahlreiche Kategorisierungen vorgenommen, die als Kulturdimensionen oder Kulturstandards bekannt sind.[4] Größte Rezeption hat dabei die Pionierarbeit des Niederländers Geert Hofstede erfahren. Kern seiner eindrucksvollen Untersuchung ist eine bereits zwischen 1968 und 1972 durchgeführte, groß angelegte Befragung zu grundlegenden Wertorientierungen bei IBM-Mitarbeitern. Mit den umfangreichen, später noch erweiterten Daten aus über 70 Ländern kommt der Autor zu einer Länderklassifikation hinsichtlich vier verschiedener Kulturdimensionen.[5] Sie beschreiben

a) die *Machtdistanz*, d. h. das Ausmaß an Ungleichverteilung der Macht in Institutionen (z. B. Familien, Schule, Betrieb), das Mitglieder einer Gesellschaft erwarten und akzeptieren. Verhalten von Dominanz und Untergebenheit zeigt sich demnach, trotz ungleicher Machtverteilung in allen Gesellschaften, kulturabhängig unterschiedlich. Eine ungleiche Machtverteilung deckt sich allgemein mit hierarchischen Strukturen.

b) den *Individualismus/Kollektivismus:* Damit wird der Grad der Integration einzelner Individuen in einem sozialen Verband ausgedrückt. Die jeweiligen Ausprägungen zeigen sich in der Form des Zusammenlebens. Ist Individualismus stärker ausgeprägt, richten sich die Individuen zunächst stärker auf sich selbst und die nächsten Familienmitglieder aus; dagegen sind kollektive Gesellschaften stark in Familie, Verwandtschaft oder andere Gruppen eingebunden.

c) die *Maskulinität/Feminität*: Die Dimension beschreibt Unterschiede in der sozialen Rolle von Männern und Frauen. Während in einer maskulinen Gesellschaft die Rollen der Geschlechter klar gegeneinander abgegrenzt sind und mit bestimmten Orientierungen belegt werden (Männer haben u.a. bestimmt, strebend und materiell orientiert zu sein, Frauen harmonisch, solidarisch und sensibel), überschneiden sich die Rollen der Geschlechter in einer femininen Gesellschaft.

d) die *Unsicherheitsvermeidung:* Hierbei wird schließlich ausgedrückt, in welchem Ausmaß sich eine Gesellschaft von unstrukturierten, unvorhersehbaren und widersprüchlichen Situationen bedroht oder verunsichert fühlt.
Eine fünfte Dimension Langzeitorientierung, die in den 80er Jahren noch durch Michael Bond hinzukam, steht für das Hegen von Tugenden, die auf künftigen Erfolg hin ausgerichtet sind (besonders Sparsamkeit und Beharrlichkeit), wohingegen

---

[4] im Überblick Barmeyer et al. 2010
[5] vgl. Hofstede 2006

eine kurzfristige Orientierung für Werte steht, die auf die Vergangenheit und Gegenwart bezogen sind (u.a. Respekt für Traditionen, Erfüllung sozialer Pflichten).[6] Indexwerte machen nun für die Gesellschaft eines jeden untersuchten Landes deutlich, wie ausgeprägt die jeweilige Kulturdimension im Verhältnis zu anderen Gesellschaften ist: Für Mitteleuropa lässt sich etwa zeigen, dass die Machtdistanz in Deutschland, der deutschsprachigen Schweiz oder Österreich relativ gering ist, während in der Gesellschaft in Polen und ganz besonders in der Slowakei ein hohes Maß an ungleicher Machtverteilung akzeptiert wird (vgl. Abbildung 1).[7] Auch wenn die Differenzen geringer ausfallen, offenbaren sich auch für die Dimensionen Individualismus[8] und Unsicherheitsvermeidung[9] graduelle Abweichungen zwischen den einzelnen Staaten.

Bezieht man diese Werte zunächst auf die Interaktionen im Tourismus allgemein, dann können sie zweifellos einen nützlichen Orientierungsrahmen für die betroffene Kultur der Quellregion und der Kultur der Zielregion – häufig noch durch eine spezifische Ferienkultur der Touristen auf der einen und durch eine Dienstleistungskultur der vom Tourismus Betroffenen auf der anderen Seite vermittelt[10] – bieten. Neben den Kontakten der Bevölkerungen der abgebildeten Staaten untereinander erhalten die kulturellen Prägungen von Ferntouristen in jenen Ländern ebenso Relevanz: Empfehlungen für französische, US-amerikanische und japanische Deutschlandreisende, teils fußend auf Hofstedes Dimensionen, reichen von der angemessenen Gästeführung über den kulturangepassten Service bis hin zum konfliktfreien Kommunikationsverhalten.[11] Auf die Bedeutung der Dimension Unsicherheitsvermeidung im Tourismus verweisen Litvin et al.[12], an anderer Stelle werden Kulturdimensionen für das Tourismusmarketing aufgegriffen.[13] Merritt belegt schließlich, dass selbst das Pilotenverhalten im Cockpit der Urlaubsflieger mit unterschiedlichen Ausprägungen von Hofstedes Kulturdimensionen zu tun hat.[14]
Mit Blick auf die vielfältigen Anwendungskontexte lässt sich indes kritisch fragen, ob die Untersuchungsergebnisse Hofstedes, die einem multinationalen Computerkonzern entstammen, auch außerhalb dieser Lebensbereiche eine hinreichende Gültigkeit besitzen können.[15] Zugleich tritt neben einer inhaltliche Verallgemeinerung die räumliche Generalisierung als häufig geäußerter Kritikpunkt hinzu: Wie die meisten kulturvergleichenden Studien werden die Stichproben auf Nationen bezogen, was generell mit statistischen Argumenten, seltener inhaltlich begründet

---

[6] Hofstede, Bond 1988
[7] vgl. Hofstede 2006, S. 51ff
[8] ebd. S. 99ff
[9] ebd. S. 228ff
[10] Thiem 1994
[11] Link 2007, S. 275ff
[12] Litvin et al. 2004
[13] Mok/ De Franco 1999; Reisinger/Turner 1998; Schuler 2008
[14] Merritt 2000
[15] vgl. dazu Layes 2003, S. 67; Hansen 2003, S. 284

wird.¹⁶ Die damit zusammenhängenden Gefahren einer zu starken Homogenisierung werden von Hofstede auch selbstkritisch eingestanden, als pragmatische Lösung jedoch verteidigt: „Nations are usually the only kinds of units available for comparison, and they are better than nothing".¹⁷

Übertragen wir die beiden Aspekte einer fehlenden inhaltlichen und räumlichen Anpassung auf ein grenzüberschreitendes Destinationsmanagement, so gewinnt die Kritik deutlich an Schärfe. Grenzüberschreitende Gemeinsamkeiten und Unterschiede werden auf regionaler Ebene ausgeblendet. Mehr noch: Potenziell relevante Kultureigenschaften im Tourismus können über Hofstedes Vergleichspraxis nicht entdeckt werden. Um dies zu verdeutlichen, hilft ein zweiter Blick auf die Indexzahlen der Mitteleuropakarte.

3 Von nationalen Kulturräumen zur räumlichen Pluralisierung von Kultur

Der Vergleich von nationalen Gesellschaften basiert auf einem Behälterkonzept.¹⁸ Jede denkbare Kultureigenschaft oder Kulturdimension wird stets im Rahmen einer Landesbevölkerung mit den Kultureigenschaften einer anderen Landesbevölkerung verglichen. In räumlicher Perspektive impliziert dies, dass jede Kultureigenschaft exakt bis zu der zugewiesenen Nationalgrenze reicht und weder staatenübergreifend noch substaatlich ausgeprägt sein kann.

Betrachtet man die Indexwerte für Individualismus oder Unsicherheitsvermeidung auf solche interstaatliche Gemeinsamkeiten hin, dann zeichnen sich großräumige Formationen mit ähnlichen Werten ab: Polen, Tschechien, die Slowakei und Österreich verweisen mit Werten zwischen 52 und 60 auf eine gemeinsame mittlere Gruppenintegration, während die Bevölkerungen Deutschlands, Tschechiens und Österreichs wiederum gewisse Ähnlichkeiten hinsichtlich der Toleranz gegenüber Unbekannten aufweisen (Abbildung 1, grau hinterlegt). Wenn also Ähnlichkeiten oder Übereinstimmungen zwischen Nationen jeweils in Abhängigkeit vom Untersuchungskriterium erkennbar werden, bleibt zu fragen, warum dann stets „nationale Unterschiede", die ja als ausschließliche Vergleichsgrundlage fungieren, betont werden?

---

[16] z. B. Triandis 1984, S. 8
[17] Hofstede 2001, S. 73
[18] Scheffer 2009

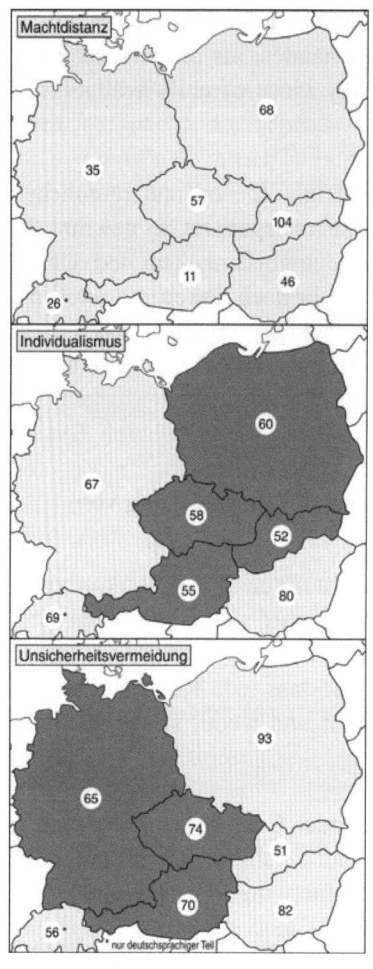

Umgekehrt bewirkt der schematische Bezug auf den Behälter „Nation" auch eine Nivellierung kultureller Vielfalt. Indem Kultur und Nation zusammengedacht werden, kann der Forscher auch nur die Kultureigenschaften als relevant wahrnehmen, die sich signifikant für ein Land nachweisen lassen. Regionale Eigenheiten, in welchem räumlichen Maßstab auch immer, bleiben ihm folglich verborgen.

Das Verständnis von einer Destination als *geographischen Raum*, deren materielle und immaterielle Gegebenheiten dazu genutzt werden, die Bedürfnisse von Gästen zu befriedigen[19], macht die Unzulänglichkeit eines solchen Kulturvergleichs offensichtlich. Gilt es doch gerade im Destinationsmanagement, die besonderen, charakteristischen Eigenheiten einer Region in den Blick zu nehmen und ihre Potenziale in der grenzüberschreitenden Zusammenarbeit gemeinsam zu nutzen.[20] Unabhängig davon, ob man „Kultur" eher als Vermittlungsaufgabe oder als zentrale Ressource einer gemeinsamen, unverwechselbaren Profilierung begreift, ihre regionsbezogene Spezifizierung ist auf jeden Fall geboten.

Abbildung 1: Kulturunterschiede in Mitteleuropa. Quelle: Hofstede 2006

Auf der Suche nach einer Alternative zu dem nationalen Behälterkonzept der kulturvergleichenden Forschung ist auch der regionale Vergleich der beiden Destinationen keine wirkliche Option. Erneut würden auf Grundlage einer (nun kleinräumiger) vorgegebenen Vergleichseinheit all jene Kulturmerkmale durch das analytische Raster fallen, die nicht exakt das definierte Gebiet kennzeichnen. Eine solche Praxis ist nur dann plausibel, wenn sich alle relevanten Kultureigenschaften exklusiv auf die Bevölkerung des Untersuchungsgebietes beziehen und in keiner Weise die Bevölkerungen der Nachbarregionen kennzeichnen.

Dem Dilemma, dass mit der Vorbestimmung der Region letztlich auch Kultur vorbestimmt wird, lässt sich konzeptionell begegnen, wenn Kultur selbst zum Regio-

---

[19] vgl. Scherhag, Menn 2010, S. 12; Dettmer 2005, S. 18
[20] vgl. auch Urlep 2008, S. 31f

nalisierungsmerkmal wird. Die Logik eines räumlichen Kulturdenkens ist dafür umzukehren: Nicht „vorregionalisierte", außenbestimmte Kulturen gilt es in ihren Merkmalen zu betrachten, sondern vielmehr nach der „räumlichen Verbreitung von Kultur" selbst zu fragen. Mit anderen Worten: Statt vermeintlich nationale Kultureigenschaften durch grenzgebundene Zuweisungen immer wieder zu reproduzieren, gilt es für jede Kultureigenschaft einzeln und in Abhängigkeit von bestimmten Kriterien ihre jeweilige Verteilung in der Bevölkerung zu untersuchen. So wie Sprachkarten über die Verbreitung dieser Kultureigenschaft Auskunft geben, wäre es ebenfalls denkbar, andere tourismusrelevante Kultureigenschaften in den Blick zu nehmen. Auf diese Weise ergeben sich sog. *„selektive Kulturräume"*, die differenzierter als Nationen oder andere Vergleichseinheiten, kulturelle Gegebenheiten auf unterschiedlichen Maßstabsebenen und in variablen Formationen widerspiegeln. Kultur, nun nicht mehr holistisch, sondern als Summe von erfassbaren Einzelmerkmalen verstanden, verliert dann ihre Distinktion: In manchen Merkmalen kann sie in den Bevölkerungen grenzüberschreitend ausgeprägt sein, in anderen Merkmalen aber auch den Verlauf der Grenze nachzeichnen. Das jeweils konkrete Interesse an Kultur (etwa an alltäglichen Sprachunterschieden, der kulturellen Anpassung bei Serviceangeboten, der grenzüberschreitenden Abstimmung von Dienstleistungsketten, der Suche nach den endogenen Potenzialen und der strategischen Angebotsausrichtung) gibt vor, welches Merkmal in welcher Intensität im Einzelfall relevant ist und den Blick so auf die Kulturvielfalt in Mitteleuropa – und anderswo – leitet.

4 Grenzüberschreitende Zusammenarbeit im Dreiländereck (D-CZ-A)

Greifen wir aus Mitteleuropa mit der Dreiländerregion Deutschland, Tschechien und Österreich ein Gebiet heraus, das nach dem Fall des Eisernen Vorhangs seit Jahren eine grenzüberschreitende Positionierung, jüngst im Rahmen einer Regiopolregion Donau-Moldau, verfolgt. Exemplarisch lässt sich dort die skizzierte Idee von selektiven Kulturräumen veranschaulichen.[21]

In einem traditionellen Kulturverständnis käme die kulturelle Kennzeichnung einer an die Ländergrenzen angelehnten Dreiteilung gleich: Deutsche, Tschechen und Österreicher, so wird impliziert, sind kulturell verschieden. Diese Vorstellung wird im oben kritisierten Sinne durch die länderbezogene Vorgehensweise der vorliegenden Vergleichsstudien gestützt.[22] Für eine konkrete Zusammenarbeit im Dreiländereck lag bislang aber weder eine räumliche (ausschließlich die Dreiländerregion) noch eine sachliche Spezifizierung (Welches Kulturinteresse besteht vor Ort, welches Thema ist relevant?) vor.

---

[21] Scheffer 2007
[22] z. B. Schroll-Machl et al. 2000

Anfang der 1990er Jahre zielten grenzüberschreitende Planungen der Staatministerien auf eine touristische Zusammenarbeit mit einem Schwerpunkt in der Vermarktung der gemeinsamen kulturellen Authentizität:

„Neben den vielfältigen wirtschaftlichen Kontakten zwischen den drei Nachbarländern wird durch die enge kulturelle Zusammenarbeit eine zusätzliche wichtige Basis für die zukünftige Herausbildung eines gemeinsamen Kultur- und Wirtschaftsraumes mit vielfältigen grenzüberschreitenden Wechselwirkungen gelegt. Damit wird auch eine wichtige Grundlage für die nachhaltige Stärkung und Entwicklung des Fremdenverkehrs als bedeutender Wirtschaftsfaktor im Untersuchungsgebiet (der örtlichen EUREGIO; J.S.) geschaffen, denn die Gäste werden immer anspruchsvoller und präferieren gelebte Bräuche und Traditionen anstelle musealer Veranstaltungen. Hierin liegt auch ein entscheidender Konkurrenzvorteil gegenüber den Mitanbietern auf dem Tourismussektor".[23]

Im Rahmen einer solchen Ausrichtung ist es für das Dreiländereck ganz wesentlich, ob diese Eigenschaften tatsächlich in der Regionalkultur der Bevölkerungen ausgeprägt sind und grenzüberschreitend geteilt werden. Erhebungen, die auf qualitativen Interviews und Stichproben quantitativer Haushaltsbefragungen basieren, konnten tatsächlich ein ausgeprägtes Traditionsbewusstsein in dem bayerischen und österreichischen Grenzraum ausmachen.[24] Im tschechischen Grenzraum, der von einer sehr heterogenen Bevölkerung nach der Vertreibung der Sudetendeutschen besiedelt wurde und der darüber hinaus als militärisches Sperrgebiet und durch den Aufstau der Moldau starken Eingriffen ausgesetzt war, konnte dieses Kulturmerkmal eindeutig nicht in vergleichbarer Intensität nachgewiesen werden.[25] Wenn damit die deutsche und österreichische Grenzraumbevölkerung in dieser kulturtouristischen Ausrichtung eine gewisse Glaubwürdigkeit erreicht, wird von der tschechischen Grenzraumbevölkerung eine Leistung gefordert, die sie gar nicht erbringen kann oder will und die folkloristisch aufgesetzt wäre.

Entgegen den nationalen Kultureingrenzungen beschreibt eine räumliche Verortung des Kulturmerkmals „Traditionsbewusstsein" für den deutschen und den österreichischen Teilraum nun eine nationenübergreifende Formation, während sich der tschechische Grenzraum hiervon abhebt.

Eine ganz andere räumliche Darstellung ergibt sich im Dreiländereck, wenn die Identifikation der Bevölkerung mit der Natur untersucht wird. In der waldreichen Mittelgebirgslandschaft belegen die Befunde für alle drei Anrainerregionen grenzüberschreitend eine sehr hohe Identifikation. Für die Bevölkerungen in den stärker

---

[23] Bayerisches Staatsministerium für Landschaftsentwicklung und Umweltfragen et al. 1994, S. 45
[24] vgl. Scheffer 2007, Kap. 9
[25] vgl. ebd.

agrarisch genutzten Regionen im Landesinneren Tschechiens ist dieses Merkmal indes vergleichsweise wenig charakteristisch.[26] Die Dreiländerregion selbst präsentiert sich also unter diesem Kriterium als grenzenlos, was für ein gemeinsames Destinationsmanagement wertvolle Anknüpfungspunkte stellen kann: Mit dem Wissen einer kollektiven Wertschätzung der naturräumlichen Umgebung eignen sich naturbezogene Inhalte, Gemeinsames zu repräsentieren und der grenzüberschreitenden Kommunikation im Dreiländereck eine historisch unbelastete Bezugsgröße zu geben. Wenn die touristischen Interessen dauerhaft auf die entsprechenden Angebote und Marken einer politisch entgrenzten Landschaft bezogen werden, kann dies wiederum einend auf das Bewusstsein der regionalen Anbieter und Regionalbevölkerungen zurückwirken. Es wird eine Identifikation mit einer Destination geschaffen, welche umso mehr als Einheit ins kollektive Selbstbewusstsein dringt, je stärker es durch die touristische Nachfrage bestätigt wird.

Für die Anwendungspraxis sind damit beispielhaft zwei unterschiedlich verbreitete Kulturinformationen erbracht, deren Berücksichtigung bei gemeinsamen, grenzüberschreitenden Planungen vor Fehleinschätzungen, Missverständnissen und potenziellen Enttäuschungen schützen können (Traditionsbewusstsein) oder strategische Anknüpfungspunkte auf Grundlage von Gemeinsamkeiten bieten (Naturidentifikation).

Ergänzt durch weitere Befunde, die wechselseitige Gemeinsamkeiten über die nationalen Grenzen hinweg aufzeigen, löst sich die einst hermetische nationale Kulturtrennung von Eigenem und Fremden in verschiedensten Zugehörigkeiten auf (Abbildung 2).

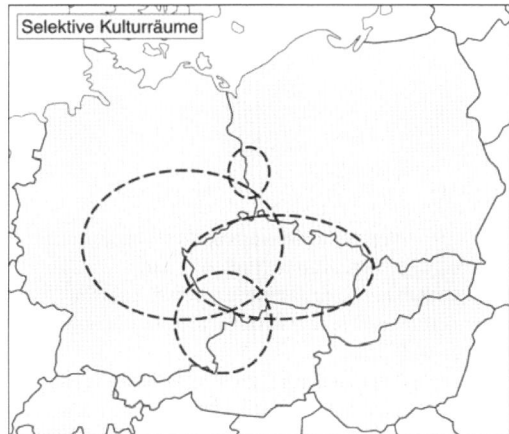

Abbildung 2: Schema selektiver Kulturräume in Mitteleuropa

---

[26] vgl. ebd.

5 Fazit: Das Wissen um Unterschiede im Bewusstsein der Gemeinsamkeiten

Globale Vermischungs- und Entankerungsprozesse haben die Kulturunterschiede zwischen Regionen oder Ländern zwar nicht vollständig aufgelöst, jedoch zweifellos so geprägt, dass nationale Kategorisierungen die gegenwärtige Kulturvielfalt nur vollkommen unzureichend abbilden. Grenzüberschreitende Interaktionen zwischen den Bevölkerungen von Staaten bedeuten nicht zwangsläufig eine Auseinandersetzung mit kultureller Alterität und staatliche Zuordnung keineswegs kulturelle Homogenität. Folglich können nationale Kulturvergleiche den verschiedensten Interessen an Kulturinformation nicht pauschal genügen. Speziell für die Entwicklung grenzüberschreitender Tourismusdestinationen kann das spezifizierte Wissen um regionale Unterschiede und Gemeinsamkeiten der Schlüssel für eine ebenso reibungslose wie profilierte Ausrichtung sein.

Vor diesem Hintergrund plädiert der Beitrag für eine differenzierte Erfassung einzelner Kulturmerkmale. Dabei kann sich jedes Kollektiv mit einer spezifischen Kultureigenschaft auf einen unterschiedlich großen Raum erstrecken. Je nach Forschungsinteresse und den damit verbundenen Merkmals- und Homogenitätskriterien an die Eigenschaft, lassen sich verschiedene räumliche Formationen beschreiben und ausweisen. Während solche selektiven Kulturvergleiche in praktischer Hinsicht konkrete Beschreibungen und praxisbezogene Analysen ermöglichen, ist konzeptionell eine flexible Kategorisierungsmöglichkeit geschaffen, die das starre Denken in vordefinierten Einteilungen wie Ländern aufbricht: Kultur folgt nicht vorab feststehenden Räumen, sondern Räume entstehen auf Grundlage kultureller Befunde. Das Bild der kulturellen Vielfalt, das so erzeugt wird, gleicht unzähligen, sich überlagernden Schichten an Standardisierungen, die jeweils von ganz unterschiedlicher Größe sein können. Kulturelle Zugehörigkeit und Nichtzugehörigkeit ist danach nicht a priori festgelegt, sondern resultiert stets aus dem jeweiligen Forschungsinteresse des Betrachters.

6 Literatur

Barmeyer, C. I./Genkova, P./Scheffer, J. (Hg.) (2010): Interkulturelle Kommunikation und Kulturwissenschaft. Grundbegriffe, Wissenschaftsdisziplinen, Kulturräume, Passau.

Barmeyer, C. (2010): Kulturdimensionen und Kulturstandards, in: Barmeyer, C. I./Genkova, P./Scheffer, J. (Hg.): Interkulturelle Kommunikation und Kulturwissenschaft. Grundbegriffe, Wissenschaftsdisziplinen, Kulturräume, Passau, S. 87-117.

Bayerisches Staatsministerium für Landschaftsplanung und Umweltfragen/Ministerstvo hospodárstí České Republiky/Amt der Oberösterreichischen Landesregierung (1994): Entwicklungskonzept Bayerischer Wald / Šumava (Böhmerwald) / Mühlviertel, München, Prag, Linz.

Dettmer, H. (2005): Managementformen im Tourismus, München.

Hansen, K. P. (2003): Kultur und Kulturwissenschaft, Tübingen.

Hall, E. T. (1990): The silent language, New York.

Hofstede, G. (2002): Dimensions do not exist: A reply to Brendan McSweeney, in: Human Rela-tions 55 (11), S. 1355-1361.
Hofstede, G. (2006): Lokales Denken, Globales Handeln, München.
Hofstede, G./Bond, M.H. (1988): The Confucian Connection: from cultural roots to economic growth. In: Organizational Dynamics 4, S. 4-21.
Layes, G. (2003): Kulturdimensionen, in: Thomas, A./Kinast, E.-U./Schroll-Machl, S. (Hg.): Handbuch Interkulturelle Kommunikation und Kooperation. Bd. 1: Grundlagen und Praxisfelder, Göttingen, S. 60-73.
Link, R. (2007): Tourismus als interkulturelle Herausforderung am Beispiel französischer, US-amerikanischer und japanischer Deutschlandreisender, Passau.
Litvin, S. W./Crotts, J. C./Hefner, F. L. (2004): Cross-cultural tourist behaviour: A Replication and Extension Involving Hofstede's Uncertainty Avoidance Dimension, in: International Journal of Tourism research, H. 6, S. 29-37.
Merritt, A. (2000): Culture in the Cockpit: Do Hofstede's Dimensions Replicate? Journal of Cross-Cultural Psychology 31, S. 283-301.
Mok, C./De Franco, A.L. (1999): Chinese Cultural Values: Their implications for Travel and Tourism Marketing, in: Journal of Travel & Tourism Marketing 8 (2), S. 99-114.
Reisinger, Y./Turner, l.(1998): Cross-Cultural Differences in Tourism: A Strategy for Tourism Marketers, in: Journal of Travel & Tourism Marketing 7 (4), S. 79-106.
Scheffer, J. (2007): Den Kulturen Raum geben. Das Konzept selektiver Kulturräume am Beispiel des deutsch-tschechisch-österreichischem Dreiländerecks, Passau.
Scheffer, J. (2009): Die räumliche Verabsolutierung von kultureller Differenz: Konzeptionelle Probleme und Alternativen, in: Moosmüller, A. (Hg.): Konzepte kultureller Differenz. München, S. 107-119 (Münchener Beiträge zur Interkulturellen Kommunikation 22).
Scherhag, K./Menn, A. (2010): Polaritäten im Überblick. Polaritätsfelder im Destinationsmanagement, in: Egger, R./Herdin, Th. (Hg.): Tourismus im Spannungsfeld von Polaritäten, Wien, S. 11-23.
Schroll-Machl, S./Nový, I./Fink, G. (2000): Tschechische, österreichische und deutsche Kulturstandards in der Wirtschaftskooperation, in: Journal for East European Management Studies 4, S. 361-376.
Schuler, A. (2008): Internationales Tourismus-Marketing: Kulturunterschiede zwischen den Quellmärkten und die damit verbundenen Herausforderungen für Wissenschaft und Praxis, in: Freyer, W./Naumann, W./Schuler, A. (Hg.): Standortfaktor Tourismus und Wissenschaft. Herausforderungen und Chancen für Destinationen, Berlin, S. 167-186.
Thiem, M. (1994): Tourismus und kulturelle Identität. Die Bedeutung des Tourismus für die Kultur touristischer Ziel- und Quellgebiete, Bern/Hamburg (Berner Studien zu Freizeit und Tourismus, Bd. 30).
Thomas, A.; Kammhuber, S./Schroll-Machl, S. (Hg.) (2003): Handbuch Interkulturelle Kommunikation und Kooperation, Bd 2: Länder, Kulturen und interkulturelle Berufstätigkeit, Göttingen.
Trompenaars, F./Hampden-Turner, Ch. (1997): Riding the Waves of Culture. Understanding Cultural Diversity in Business, London.
Urlep, K. (2008): Interkulturelle Kommunikation im Tourismus. Die Entwicklung eines Lehrmoduls, Saarbrücken.

HELMUT WACHOWIAK

Facets of research on the relationship between political borders and tourism

1 Introduction

Academic contributions on cross-border issues in tourism have a long history and cover regional and political geography, destination issues around the world, as well as specific issues from the point of view of various social science disciplines. Most literature deals with the opportunities as well as the problems related to border situations in tourist destinations. In addition, experiences of cross-border, inter-regional, and intra-regional co-operation between tourism stakeholders are covered.

The first part of this chapter discusses academic contributions dealing with the types, scales, scope and functions of different borders; the social, economic and environmental importance and characteristics of border regions; the emergence of regionalism; and the politics of cross-border co-operation. As (apart from the Middle East, Asia, and Africa) Europe and North America are in the focus of academic research on border issues and tourism, the second and third parts highlight key issues addressed in these two places.

1.1 The relationship between borders and tourism

Before investigating specific aspects and geographically unique features of cross-border co-operation in international tourism, it is important to understand the importance of researching and closely defining the relationship between borders and tourism. Based on a conceptual framework developed by Matznetter (1979), Timothy (2001) was able to identify three aspects that facilitate the investigation of this relationship by elaborating on the influence borders have upon tourism and tourist activities. He identified borders in relation to tourism as being either barriers, destinations themselves, or modifiers of existing tourism landscapes and consequently capable of influencing tourism development in a positive as well as a negative manner according to their relative function in specific situations.

Tourism has become a major economic factor in a global sense. Smaller countries, in particular, that have limited natural resources and economies dependent on agricultural rather than industrial production hope to prosper from the manifold economic benefits tourism development promises (WTO, 2005). With the increasing relevance of tourism as an economic activity, border disputes might arise between adjacent sovereign nations due to the desire of individual sovereignties to constantly increase their own share of tourist spending and economic benefits over those received by their neighbours. This applies especially to environmental attractions that are generally not contained within political borders. Border disputes in contested areas, such as the Himalayas, the Amazon rainforest or the Island of Cyprus, which, in general, might prove highly valuable for tourism development, tend to counteract economic improvements, though, by halting or even diminishing tourism development.

Even though in this case the border region might be capable of being a destination in itself, the dispute creates a psychological barrier and consequently negatively influences the tourism landscape in the surrounding area. Tourists might feel unsafe because of militarised borderlines or hindered in their movements due to extensive bureaucratic border-crossing procedures (Timothy, 2001) and consequently avoid visiting such areas. Obviously, tourism and borders have a very close relationship, and it is this which needs to be carefully examined, analysed, interpreted and positively shaped.

Especially suitable for highlighting the importance of close co-operation between adjacent legislative powers over areas surrounding borders are maritime spaces used for tourism. While, on the one hand, all seas belong to the international community, coastal regions always belong to the coastal zones' sovereign governments that control any economic activities within these maritime areas. Since any tourism operations are ultimately subject to sovereign national policies, which can differ tremendously from one nation to another, tourism industries operating on open seas might find themselves subject to numerous different national policies while on the same trip. This consequently impedes smooth operations and minimises potential benefits.

It appears to be self-evident that cross-border co-operation in tourism is easy to comprehend, but signifies a rather multi-disciplinary segment, which requires detailed studies of stakeholder collaboration theories, sustainable tourism development in rural and peripheral areas, and the geographical and political characteristics of the relationship between tourism and international borders. Considering that especially the latter aspect of tourism studies has not been defined very well to date (Timothy, 2001), an overview of appropriate literature seems to be beneficial.

1.2   Cross-border co-operation in tourism

Understanding the relationship between borders and international tourism requires a detailed understanding of the concept of borders and their multifarious shapes, functions and scales. But most relevant within the context of tourism studies is to understand that all political borders are human creations (Timothy, 2001), which through their form and type are not only able but are specifically designed to indicate the relationship a nation-state has with its neighbours. It could be argued that the less visible and enforced a borderline, the friendlier the relationship, making the existence of co-operation across borders more likely.

The relationship between borders and international tourism has been investigated, best practices and worst-case scenarios are being widely discussed, and general considerations about border regions and their importance have been examined. Since any form of co-operation requires collaboration between different stakeholders and participants, some literature additionally deals with stakeholder and collaboration theory in tourism (see especially Bramwell and Lane, 2000), as well as sustainable tourism development (see especially Pezolli, 1997).

In borderlands that are often signified by their rural and peripheral character and where tourism is regarded as a primary tool for economic development, such theories and concepts are necessary in order to understand the characteristics of tourism planning and development (see especially Butler, 1996; Krakover, 1985; Timothy, 95b; Timothy, 2000a).

1.3 Social aspects and cross-border co-operation

Today, borders often function as divisions between the cultural entities of commonly shared values, norms, languages and identities that signify an innate community. As such, they enclose an area generally inhabited by specific people, who are constantly surrounded by peers sharing similar attributes of a national identity. Such identities are clearly visible in central areas far away from any boundaries, where anthropologists and sociologists are easily able to examine the common histories of sovereignties and understand an individual's relationships with peers and foreigners.

According to Timothy (2001), it is important to investigate the scale of borders and elaborate on the level of impact a specific border imposes upon human interactions. He identifies three larger scales, namely international borders, sub-national borders, and third-order, or lower-level borders. Whereas international borders indicate a language and cultural barrier and, consequently, are capable of having a high impact on human interactions, sub-national borders divide specific folklore existing within a common national identity and are rather signified by legal barriers.

As such, sub-national borders have less of an impact on human interactions since, generally speaking, crossing such a border imposes only very little change in a perceived environment, and languages and customs primarily remain identical. Third-order boundaries, which divide cities or counties where people are often unaware of actually crossing such borderlines, have the least impact on human interactions.

With increasing global literacy and education and ongoing globalisation, such impacts might change in the future, and the actual impact of international borders might weaken due to increased familiarity with other customs and languages. This situation is already visible in part on investigation of the social attributes of living in border regions in which two or more cultures merge to form a distinct border identity.

Psychological determinants and perceptions of geographical and mental forms of borders (see Scott, 1995), their perception in the minds of the local population, their influence on spatial behaviour, and the importance of territoriality for an individual's identity formation (see especially Wilson and Donnan, 1998) are just a few examples of issues related to borderland tourism being discussed and investigated in international academia.

1.4 Geographical features of border regions and their influence on tourism

Historically, borders were concrete structures, such as the Great Wall of China or Hadrian's Wall in Great Britain, which indicated a specific people's military territory and frontiers to sovereignty and national legislative power. However, Timothy (2001) found out that the most concrete borders often turned out to be the weakest, since they were the ones most heavily fought over and the ones that constantly shifted. It should therefore not be surprising that the form of borders evolved throughout the centuries and only very few visible concrete borderlines remain in today's modern world of globalisation, which 'is often depicted as [a] boundary-melting process' (Yang, 2004: 4).

With increasing globalisation, cross-border regional development became a focus for economists and geographers (Sparke and Sidaway and Bunnel and Grundy-Warr, 2004) and it was soon argued that regionalisation should potentially be regarded as a counterpart to globalisation (Yang, 2004). Modern borders were considered to function as divisions between national entities that comprised shared laws, norms, values and beliefs rather than sovereign military areas, and thus became stronger, the more invisible they were. Increasingly, borders have merged into distinctively unique cultural landscapes, thereby forming border regions that do not necessarily adhere to the geodetic lines imposed by national governments. Because the focus here is on the issue of trans-boundary co-operation in international tourism, the specific aspects of creating and investigating such borderlands are only peripherally touched upon, and the interested reader is advised to check Lorenz and Stoklosa (not dated) for a profound compilation of literature dealing with the specific situations of such border regions in general. Nonetheless, it is important to highlight that researchers, such as Herzog (1990), House (1980), Minghi (1994a) and Rumlcy and Minghi (1991), soon began to realise this development towards binational and sometimes even multinational border regions and investigated what became known as 'borders-of-the-mind'.

Geographically, it is important to closely define different types of borders and their specific functions in order to understand the resulting relationships between an individual border and tourism activities in its surrounding areas. There are two distinctly different types of borders, namely physiographical and geometric borders (Timothy, 2001). Physiographical borders are oriented along geographical features, such as mountain ranges or rivers, and therefore indicate natural divisions that often adhere to historically established social patterns without artificially dividing cultural groups that naturally feel they belong together. Such forced divisions might occur, though, when borders are of a geometric nature.

Borderlines of this kind are created without underlying natural features and orient themselves along human settlements or cultural features in the best case and military take-over or occupation in the worst case. Examples of geometric borders that pose tremendous problems for tourism development are the division between North and South Korea, the Islands of Cyprus and Ireland or the formerly divided city of Berlin.

Having identified the two distinct types of borders, several researchers (see especially Leimgruber, 1980; Pearcy, 1965; Prescott, 1987) set out to examine the different functions of a border. In general, they agree that any border marks the limits of territory and sovereignty. Economically, its role is to control and monitor the flow of goods, services and people alike in order to maintain its territorial economic prosperity, which, if necessary, may even be defended by military actions along its borderlines. In addition, any border also functions as an ideological barrier, a function that is especially important when considering the division between nation states belonging to profoundly different economic and social value systems, as is the case with North and South Korea. Which functions predominate and how much each function influences life in the surrounding areas differs tremendously from border to border and requires individual attention and research.

In terms of tourism, it is important to mention that tourism landscapes around borders are manifold in nature due to the extent of development on either side of the border. One of the most important features in tourism research in border areas, therefore, is the distribution and frequency of border crossing facilities, the ease of crossing borders and the importance of tourism and related activities for the different sides. Such border gateways create funnels, which consequently impact and shape the spatial developments of border regions and action spaces of their populations (Timothy, 2001).

Timothy and Tosun (2003) point out that identifying and discussing barrier functions of borders is the essence of tourism borderland research since physical and psychological barriers erected at the border crossings by the host and home countries heavily impact travel and tourism activities. Such barriers, at least in their physical form, mainly relate to geographical features and man-made divisions that are erected to influence spatial developments and action spaces of different forms of tourist and non-tourist activities. Such issues are discussed in detail in tourism geography literature. In addition, the geography of borderlands offers a broad base for secondary research on geographic features influencing the capability and potential success of cross-border co-operation in international tourism.

1.5 Cross-border co-operation in tourism and the environment

Successful cross-border co-operation in international tourism often relates to environmental protection. Natural landscapes do not necessarily adhere to man-made borders and thus may create a cultural landscape that extends across two or more different national territories. These areas are particularly suitable for the creation of special purpose areas such as binational or multinational parks or biosphere reserves, since (large) protected natural areas are highly valuable for the tourism industry. In addition, borderlands, by their very nature, often prove to be predestined for the creation and formation of international nature reserves due to their peripheral remoteness, relatively sparse population, and untouched scenic nature.

Employing cross-border nature reserves for the development of local tourism enables participants from each side of the border to prosper economically without necessarily having to significantly change their historically established ways of life and engage in industrial or other forms of unsustainable production. Emerging eco-trends in tourism industries have displayed an increasing demand for untouched landscapes and rural ways of life, thereby offering tremendous opportunities for peripheral and remote border landscapes to gain their share of economic benefits. Studies conducted by several researchers during the 1990s (i.e. Palomäki, 1994; Tenhiälä, 1994; Timothy, 1999a; Wachowiak, 1994) indicated the scope of partnership activities important for border regions engaging in the creation and operation of trans-frontier nature reserves. According to their findings, the most important aspect is the equal protection of natural and cultural resources on both sides of the border. The infrastructure needs to be developed co-operatively and in harmony with the environmental requirements of the area. In addition, issues of human resources, marketing, and promotion need to be addressed collectively, but only after possibly prohibitive border restrictions have been lifted and legal formalities jointly agreed upon. Engagement in co-operative planning, development and operations subsequently requires a thorough understanding of collaborative stakeholder co-operation in order to suit the needs and desires of all participants.

If the efforts are to be beneficial in the long-term, strict adherence to the principles of sustainability is necessary: according to Timothy (2001: 170), the principles of sustainability are equity, efficiency, integration, balance, harmony and ecological integrity and are naturally 'espoused and encouraged when cross-border co-operation is put into practice and when residents, who, owing to their customarily marginal role in national functions, have not been involved in planning, are given a voice in decision making.'

1.6 Political issues of cross-border co-operation in tourism

Certainly, the most important and most difficult aspect of cross-border co-operation in general, especially with regard to the tourism industry, relates to policies and political issues. It is important to bring local, regional and national policies into a coherent line in order to create a single tourism policy capable of capturing the desired economic benefits of a prospering tourism industry and to avoid negative threats and implications. However, at least as far as border regions are concerned, tourism policies also have to be compatible with those policies that have been created on the other side of the border and need to consider national interests that might differ tremendously between neighbouring nations.

Due specifically to the fact that economic interests make up a great part of engaging in tourism industries and that tourism is often seen as the most convenient and promising industry for peripheral, remote and rather rural border landscapes, co-operation across national borders is not easily achieved and is often accompanied by mutual suspicion and the desire to increase one's own share over that of one's neighbour. To overcome such mutual suspicion, it is important to engage in participative planning and strategy formulation, which can be accomplished by identifying the all-important stakeholders and the local populations' participation in policy creation and industry operations (Greer, 2002).

It is commonly agreed among researchers (Greer, 2002; Timothy, 2001) that tourism, especially in border regions, increasingly requires cross-border co-operation to maintain its local competitiveness and avoid duplications. Such co-operation has been identified as the result of ongoing globalisation and has already been successful on a political, diplomatic, economic and military level, as numerous international organisations and entities such as the EU, NATO, UNO, WTO or NAFTA, to name just a few, have already proved. The formation of such international entities has obviously changed the nature of international relations and influenced tourism by spurring and facilitating co-operation between adjacent and distant national entities.

Despite the positive effects that have begun to surface, Smith and Pizam (1998) highlight that it is nevertheless too early to understand the entire effect that such international organisations exert on tourism. Contemporary research, therefore, continues to examine the individual effects of regional co-operation across existing boundaries. Since tourism attractions may be located nearby, along or sometimes even across political borders, cross-border co-operation in international tourism might prove capable of minimising parallel and duplicating developments (i.e. two opera houses, state libraries, zoological gardens in close proximity to border regions), thereby saving valuable resources for potential specialisation, which might prove to be an economically more valuable and sustainable strategy (Timothy, 1995; Timothy, 2001).

The fact that national entities might even discover their specific border demarcations to be attractive tourism assets, such as the former Checkpoint Charlie in Berlin, Germany, or the 'Four Corners Monument', demarcating the border between the US states of New Mexico, Utah, Arizona and Colorado, tends to indicate the tremendous potential such borderlands create for national and binational or even multinational tourism development. As Timothy (2001) argues, increasing globalisation has spurred the creation of cross-boundary regions and it is these regions that have already become the essence of profitable tourism development in the future, especially in the case of Europe, highlighting the importance of further investigation into cross-border co-operation in tourism.

1.7 Legal aspects of cross-border co-operation

Closely related to politics, but due to its massive importance for cross-border co-operation worthy of separate discussion, are the legal prerequisites and conditions in borderlands, as well as potential criminal results of increased border traffic and facilitating crossing procedures. Borders are not always friendly lines of cultural or national separation, but are also capable of denoting a division between opposing economic and legal systems and jurisdictions. In such instances, borders tend to function as insurmountable obstacles, which are highly safeguarded to separate a specific people from the rest of the world, as was the case with the Berlin Wall, which separated the Capitalist World from the Communist Bloc, for example. Even in cases where divergences are only restricted to very few differences in jurisdiction, as is the case with most borders in the modern world, economic opportunities, which are highly suitable for tourism businesses, have sometimes spurred the impression that tourism actually increases illegal activities.

A good example of this is cross-border travel for gambling purposes, an industry specifically important for North-American Indian reservations, or simply the intent to participate in activities considered illegal or unlawful in the visitors' home countries. Borderlands have, therefore, sometimes been regarded as predestined creators of vice (see especially Bowman, 1994), hence, as unsafe places of criminal and indecent activities. Additionally, global terrorist activities have raised issues of safety and resulted in increased visa regulations and immigration procedures, sometimes greatly hindering cross-border co-operation in tourism.

1.8 Economic considerations of cross-border co-operation in tourism

Considering the history of international cross-border relations, it appears that all co-operations were initiated out of economic interests and the desire to prosper by creating bigger and stronger markets. This development has seen the creation of supra-national entities such as the EU, European Union, NAFTA, the North American Free Trade Association, ASEAN, the Association of South-East-Asian Nations, or, CER, the Closer Economic Relations between Australia and New Zealand, to name just a few. Even though all of these entities and organisations differ in size and their level of national integration and supranational legitimacy, they all combine the economic interest of prospering on not only a national, but on a supranational regional level.

With tourism having become a major economic industry in recent years and expected to grow dramatically within the near future (according to diverse studies of the UNWTO), it should not be surprising that these entities devote a great deal of attention to tourism development. Most economies have realised the importance of tourism as an economic factor and its capability to help remote, peripheral and rural areas distributed along national boundaries to prosper. Once again, the European Union has been signposting these efforts by being highly involved in regional development and tourism policy programs through various initiatives, such as EU-INTERREG or LEADER. These efforts in tourism development across national boundaries have arguably resulted in the creation of unique borderlands, economically independent cross-border regions that have formed through territorial integration processes, which have increasingly become popular tourist destinations themselves (Blatter, 2000).

But regional economic integration is not restricted to Europe. It has been observed globally and has led to increased economic interest in borderlands where researchers have already begun to recognise the creation of specifically designed tourism and recreational business districts capable of catering specifically for visiting neighbours (Getz, 1993; Stansfield and Rickert, 1970).

1.9 Specific aspects of cross-border co-operation in tourism

While a great deal of literature is available on the general nature of cross-border co-operation in tourism, on its social, political, legal and economic prerequisites, chances, opportunities, threats, implications, benefits and results, the following assemblage introduces academic contributions discussing niche issues of cross-border tourism that cannot be easily classified with any issue addressed above. This comprises studies conducted on day-trippers, on international cruises (Bar-On, 1988), or on the unique circumstances exclusive to sovereign encapsulation (Boal, 1994) and offers first insight into the issues arising within quasi-states, partitioned states and divided cities (Butler and Mao, 1995; Butler and Mao, 1996; Dunn, 1994). Additionally, some literature deals with preliminary studies investigating frontiers to tourism yet to be explored, namely cyberspace (Rojek, 1998) and outer space (Smith, 2000; White, 1999; Wilson, 2000).

Amongst research contributions in niche areas on the subject, a major aspect of cross-border relations is the large, increasing number of travellers that engage in shopping-related activities across national boundaries. It is often difficult to determine whether such trips are motivated by the search for nationally unattainable goods and services, or rather by the desire to hunt for bargains and save some money, and academia has only recently begun to examine and understand the principles of cross-border shopping as a tourism and leisure activity.

A national economy can lose tremendous amounts of money when its citizens cross their national borders to shop in neighbouring countries, leaving entire regions subject to economic decline. Therefore, it should not be surprising that such activities are seldom actively supported by generating governments and are sometimes even strongly opposed as being unsuitable for sustainable regional development (Timothy, 2001; Timothy and Butler, 1995). Nonetheless, cross-border shoppers have a profound impact on tourism industries due to the fact that they often do more than just shop.

Even though sovereign nations fear losing valuable revenues when their citizens hunt for bargains and shop across the border, they often facilitate such situations by participating in the formation of free-trade areas and lifting the tariffs and customs on an ever increasing number of products. One of the most extensive and far-reaching of these free-trade areas is probably the eurozone, or euro area, a single market with a unitary currency created for the European Union according to principles set out in the Schengen Agreement. This agreement has tremendously spurred cross-border shopping activities within the EU, since any citizen in a member state is eligible to buy as much of any given good or product as is acceptable for private consumption in any given member country. This situation has amplified bargain hunting across national boundaries, especially for goods such as petrol, gas, cigarettes, or alcohol, and has hence granted some countries, including Luxembourg and the Netherlands, a competitive economic advantage over others (see especially Bygvra, 1990; Gramm, 1983; Hidalgo, 1993).

Even though, initially, this meant a loss in direct tax revenues for some countries, it has also stimulated the flow of people across the continent, increased awareness of national and regional products and resulted in the creation of tourism niches such as food and shopping tourism in Belgium or France, indicating the positive impact cross-border shopping can have on international tourism industries.

Consequently, interest in this segment of recreational and leisure activities increased and several studies began to investigate cross-border shopping, its determinants, participants and impacts in more detail. Richard (1996) was one of the first to realise that in cross-border tourism between neighbouring nations two distinct tourist groups exist, namely traditional tourists and shoppers. Due to the fact that shoppers are often day-trippers, they have previously been shamefully neglected in tourism related studies, as this group, by definition, does not belong to the closely defined group of tourists.

This might explain the relative youth of cross-border shopping-related research in tourism studies. On further examination of the phenomenon of cross-border shopping on a global perspective, Richard identified that the exchange rate of currencies was a powerful indicator of visiting patterns, especially among shoppers. Considering that exchange rates have always been an indicator of international tourism activities, though, such realisations have spurred more economically inspired research (see DiMatteo, 1993), which indicates that taxation schemes, rather than simply the exchange rates on either side of the border, influence spending and participation levels.

Such schemes thus prove to be valuable tools when attempting to control cross-border shopping activities (see especially Lucas, 2004) and to employ them for regional tourism development. Other determinants identified in cross-border shopping are customs and tariffs, as well as the distance between visitors' actual place of residence and their desired shopping destination (see especially Timothy and Butler, 1995).

2 Cross-border research in Europe

2.1 Cross-border co-operation with regard to tourism in Europe

As already indicated above, Europe, and specifically the European Union, has consecutively evolved as an international role model for cross-border co-operation between individual sovereign nations. By its very nature of being a union formed by national sovereign members, the EU has proven to be inseparably associated with cross-border relations and co-operation and has thus taken on a leading role in cross-border co-operation. The very history of the EU, as well as the numerous experiences gained from co-operation of immeasurable scope and scale, ranging from loosely existing joint promotions to highly interdependent cross-border entities, offer interested researchers on this subject a wealth of information that will hardly dwindle.

Due to the Schengen treaty, there are no travel restrictions for travelling placed on citizens of the European Union, and visa and immigration procedures have been minimised to practically nihilistic levels. As a result, numerous borderlands have formed, created by co-operation across now easily surmountable national borders, and produced a Europe of regions, a political entity less ruled by its national members but signified by its multinational regions.

This development has been actively promoted, specifically in terms of tourism, through unitary European programs such as ENVIREG, INTERREG or LEADER (Leimgruber, 1998, Timothy, 2001), designed to promote cross-border regional development and economic prosperity. It was these programs that initiated the formation of new political entities all over the EU, the EUREGIOS, which engage in energetically promoting and actively supporting cross-border co-operation on social, economical, political, legal and recreational levels. These efforts have even been further stimulated since the introduction of the euro, the unitary currency for the euro area, which has obviously tremendously facilitated economic co-operation, business transactions, and travel across the continent.

Because much of this co-operation is situated around the German borders, a large proportion of research available is published in German. Nonetheless, various scholars have conducted research on border co-operation and published in English and French, the two official languages of the EU.

However, dominance of German research in the field is explained by Germany's holding a very central position on the European continent. Since it is surrounded by European partner nations, the possibilities for engaging in cross-border relations and co-operation across national boundaries multiply, especially considering that it offers the possibility of co-operating with more than one partner twice. One of these situations is given in the Benelux region, where there is the option of co-operating with the Netherlands and Belgium within just one co-operation, and in the south of Germany with Austria and Switzerland (the entire Alpine region, Lake Constance area).

2.2 Policies of European cross-border co-operation in tourism

A major component of cross-border relations and tourism co-operation, namely the creation and authorisation of coherent policies, has proved to be less biased on the European continent than it is in other parts of the world. Being a political entity of its own, the EU is legitimised through its sovereign member states and has been equipped with extensive jurisdiction and legislative powers executed by a single European parliament, which enabled the creation of a single European tourism market.

Therefore, any co-operation within the EU is not only able to operate but also to be initiated and solely existent on a regional or even local level, instead of having to go through extensive national approval procedures, which might have been required in the case of strict visa regulations or unclear foreign affairs policies. This fact facilitated necessary legal and political procedures for international cross-border co-operation and supported the requirements for sustainable regional economic development, where it is highlighted that successful and sustainable cooperation needs to be regionally planned, jointly developed and collaboratively operated (Bramwell and Lane, 2000).

Such a framework does not solely benefit intra-European relations and co-operation, however; it also facilitates cross-border co-operation on the outer edges of EU territory with its neighbouring countries. Considering the fact that the EU functions as a political entity, co-operation along the Greek-Turkish border is accordingly subject to the same political framework as co-operation along the Finnish-Russian borderline, to name just two contrasting examples. Even though the geographic or political situation, historic relations and social composition within these regions differ tremendously, the framework applies to both countries and facilitates the operation of cross-border co-operation and foreign affairs between the individual sovereign European nation states, their co-operating partner sovereignties and the supranational entity of the European Community through clearly formulated policies and negotiating parties.

2.3 Historical development of cross-border co-operation in Europe

The issues addressed within the literature on the historical background include the influence borders have had and still continue to exert on the social composition and identity formation within border regions and how such formerly highly fought over and militarised boundaries between nation states were overcome to create the modern EU. One specific aspect examined is the impact passport facilities potentially exert upon the creation of tourism phenomena (see Warszynska and Jackowski, 1979). It is not only the political implications such control situations create that are interesting here. Nor is it restricted to investigation of the stress and resulting potential reluctance towards crossing the border that is created by strenuous visa procedures and entry regulations (Timothy, 1995; Timothy, 2001), but it is also due to the function of a passport in general.

The passport itself was identified as a means of consolidating national state identity and, according to O'Byrne (2001: 40), even 'perhaps, the most important symbol of the nation-state system'. Since nationhood closely relates to insider vs. outsidership (O'Byrne, 2001), it naturally requires an 'other' as opposed to oneself (see O'Byrne, 2001, for a detailed discussion on the history of the development and use of passports).

The literature investigating the genesis of EU tourism policies (see especially Braun-Moser, 1991) outlines the development of such policies and examines their implications for cross-border co-operation on the European continent.

3 Cross-border co-operation in tourism in North America

When looking at the political landscape of the Americas, it becomes clear that contributions on border issues and tourism either focus on the northern or southern realm. Tourism-related transnational co-operation either exists between the USA and Canada, or the USA and Mexico. A smaller amount of co-operation also appears on a sub-national level within the USA due to the general differences in jurisdiction among US states, which sometimes differ tremendously. Co-operation across sub-national and special area borders, such as the ones surrounding Indian reservations, is often subject to differences in jurisdiction, which have formed economic niches for specific tourism development, including gambling, cultural or nature-based tourism activities.

Literature in the field covers studies conducted on the borderlands of the USA and Canada in the North, and the USA and Mexico in the South, general tourism-related policies within the USA, and cross-border shopping activities in North America (McAllister, 1961; Timothy and Butler, 1995, Hufbauer and Schott, 1992; Smith, 1994; Smith and Pizam, 1998).

Discussing the potential of cross-border co-operation in tourism in North America requires a general insight into the relationship between Canada and the USA. In particular, the North-western transnational region, Cascadia, is a focal point for tourism-related research, since it has recently been identified as creating a 'new binationalism' (Schell and Hamer, 1995), which subsequently has a heavy impact on the capability for co-operation across the border and collaborative formulation of a unitary tourism development strategy.

Various studies have elaborated on different aspects of this newly emerged binational region (Mazza, 1995; McCloskey, 1995; Rutan, 1985), which might prove to be a valuable example of further trans-boundary developments along the longest *unfortified border in the world* (Timothy, 2001).

Whereas the co-operation across boundaries between the USA and Canada are initiated between similarly developed nations and equal partners, the situation is entirely different when investigating the relationships that exist between the USA and its southern neighbour, Mexico. Although obvious when considering traditions and cultural characteristics, the considerable distinction between these neighbours becomes even more distinct when investigating the economic situation pertinent to each country. Mexico is not only one of the world's most important tourist destinations among the less developed nations (Demler, 2004), but worldwide the only economically less developed nation that borders directly to a highly developed nation such as the USA. Consequently, it offers vast potential for establishing economically related binational interrelations with specific regard to tourism on its northern borderlines (Demler, 2004; Vorlaufer, 1996).

Many issues researched within the US-Canadian context are relevant to cross-border co-operation between Mexico and the USA, too, and subsequently appear to be duplicated. However, a closer look reveals that despite the high level of binational interaction, co-operation is not as diversified along the southern US border as it is in the North. Co-operation across the US-Canadian border is signified by a high degree of organisation and profound structure evident in intentionally introduced and carefully monitored projects. The situation with most of the co-operation and cross-border activities at the US-Mexican border appears to have developed somewhat naturally out of cultural necessity, desire or concern. This holds specifically true for border tourism in the region which, according to Demler (2004), evolved naturally and rather unplanned. Such unplanned, evolutionary processes have distinctively transformed either side of the border and created a distinct border landscape which rates among the top tourist destinations within Mexico (Arreola and Curtis, 1993; Demler, 2004).

Nowadays, this border zone holds the highest degree of Mexican urbanisation, thus indicating its economic and social importance to the country, and is mainly signified by the six most important twin-cities of Tijuana-San Diego, Mexicali-Calexico, Ciudad Juárez-El Paso, Nuevo Laredo-Laredo, Reynosa-McAllan and Matamoras-Brownsville, which have grown across the international border. Functioning as a conjunction between distinctively different economies, cultures, and traditional ways of life, and profoundly employed in tourism industries, these cities soon realised the economic value of serving popular clichés, sometimes providing a rather devious and misleading image.

Hence, it should not be surprising that 'to Americans and Mexicans from the interior of each nation, [border] cities evoke images of gaudy tourist districts, unsavoury bars and nightclubs, loud discotheques, tasteless curio shops, liquor stores, bargain dentists, and "hustlers" of many types' (Arreola and Curtis, 1993: XIV). Despite this image, the region has been extremely successful in attracting international tourists and has consequently seen the emergence of globally unique tourist districts (as discussed by Arreola, 1996; Arreola and Curtis, 1993; Timothy, 2001).

These districts serve as a city within a city, profoundly saturated with perceived traditional Mexican images and values, catering for a US lifestyle, which highly influences the formation of cultural identity within the regional populations by creating an artificial 'Mexicoland', solely serving the needs of international tourists (Demler, 2004).

Thus, literature discussing the general nature of US-Mexican cross-border relations mainly focuses on the social implications of interaction across these national boundaries due to the distinctly different cultures that meet at the borderline, whereby impact studies of tourism development on either side of the border are investigated and examined in relation to the border controls and immigration regulations.

4   Conclusion

The growth of cross-border tourism operations and the increasing creation of supranational tourism attractions impose various management challenges due to different managerial approaches, value systems, and cultural perceptions on either side of any border. Such challenges can only be overcome by engaging in collaborative planning and co-operative development, indicating the importance of the principles of sustainability and stakeholder collaboration theory for cross-border interactions. Increasingly, borders are changing in their nature from being barriers towards being 'lines of contact'. Understanding the nature and various functions of borders and the related mechanisms and procedures of crossing them might consequently prove highly valuable to tourism planners, operators, or destination marketing organisations.

According to several authors in the field, many more empirical case studies are needed on cross-border co-operation. Pioneers such as Martinez and Timothy have already proposed a preliminary agenda for future research activities. The fact that the world is constantly changing and globalisation continues to shrink the world towards a 'global village' indicates the growing importance of understanding these phenomena for successful future tourism development. This is proved by the latest studies that concentrate on the transformation of hostile borders to inviting tourist attractions such as the 'Island of Peace' on the Israeli–Jordanian border, the 'Golden Triangle' of Southeast Asia or the Berlin Wall (see Gelbmann and Timothy, 2010). Arguably, similar (tourism) border studies are likely to increase in importance in the coming years.

Note

This chapter summarizes Engels, D. /Wachowiak, H. (2006): Academic Contributions on Cross-border Issues in Tourism Around the World: A Commentary International Literature Bibliography, in: Wachowiak, H . (Hg.): Tourism and Borders, Aldershot, S. 149-266.
Extensive literature on the topic "Tourism & Borders" is available at
www.ashgate.com/pdf/SamplePages/Tourism_and_Borders_Bibliography.pdf.

5   References and selected literature recommendations on 'Tourism & Borders'

Arreola, D.D. (1996): Border-City ideé Fixe, in: The Geographical Review 86 (3), S. 356-369.
Arreola, D.D. (1999): Across the street is Mexico. Invention and Persistence of the Border Town Curio Landscape, Yearbook of the Association of Pacific Coast Geographers 61, S. 9-41.
Arreola, D.D./Curtis, J.R. (1993): The Mexican Border Cities: Landscape Anatomy and Place Personality, Tucson.
Ashworth, G.J. (1995): Heritage, Tourism and Europe: A European future for a European Past?, in: Herbert, D.T. (Hg.): Heritage, Tourism and Society, London, S. 68-84.
Association for Canadian Studies in the United States (2001): Cross-border cultural tourism – A two way street - Facts and Figures about Cultural Tourism across the Canada-USA Border [online] verfügbar unter: http://www.theniagarasguide.com/partners/tou.pdf.
Bar-On, R. (1988): International day trip, including cruise passenger excursions, in: Revue de Tourisme 43 (4), S. 12-17.
Blatter, J. (2000): Emerging Cross-Border regions as a step towards sustainable development? Experiences and Considerations from examples in Europe and North America, in: International Journal of Economic Development 2 (3), S. 402-439.
Boal, F.W. (1994): Encapsulation: Urban dimensions of national conflict, in: Dunn, S. (Hg.) Managing Divided Cities, Keele, S. 30-40.
Boisvert, M./Thirsk, W. (1994): Border taxes, cross-border shopping, and the differential incidence of the GST, in: Canadian Tax Journal 42 (5), S. 1276-1293.
Bowman, K.S. (1994): The border as locator and innovator of vice, in: Journal of Borderlands Studies 9 (1), S. 51-67.
Bramwell, B./Lane, B. (Hg.) (2000), Tourism Collaboration and Partnerships: Politics, Practice and Sustainability, Clevedon.
Braun-Moser, U. (1991): Europäische Tourismuspolitik, Sindelfingen.
Brown, T.C. (1997): The fourth member of NAFTA: The U.S.-Mexico border, in: Annals of the American Academy of Political and Social Science 550, S. 105-121.
Butler, R.W. (1991): West Edmonton Mall as a tourist attraction, in: The Canadian Geographer 35, S. 287-295.
Butler, R.W. (1996): The development of tourism in frontier regions: Issues and approaches, in: Gradus, Y./Lithwick, H. (Hg.): Frontiers in Regional Development, Lanham, S. 213-229.

Butler, R.W./Mao, B. (1995): Tourism between quasi-states: International, domestic or what?, in: Butler R.W./Pearce D. (Hg.): Change in Tourism: People, Places, Processes, London, S. 92-113.

Butler, R.W./Mao, B. (1996): Conceptual and theoretical implications of tourism between partitioned states, in: Asia Pacific Journal of Tourism Research 1(1), S. 25-34.

Bygvra, S. (1990): Border shopping between Denmark and West Germany, in: Contemporary Drug Problems 17 (4), S. 595-611.

Chadee, D./Mieczkowski, Z. (1987): An empirical analysis of the exchange rate on Canadian tourism, in: Journal of Travel Research 26 (1), S. 13-17.

Chatterjee, A. (1991): Cross-border shopping: Searching for a solution, in: Canadian Business Review 18, S. 26-31.

Curtis, J.R. (1993): Central business districts of the two Loredos, in: Geographical Review 83 (1), S. 54-65.

Curtis, J.R./Arreola, D.D. (1991): Zonas de tolerancia on the northern Mexican border, in: Geographical Review, 81 (3), S. 333-346.

Demler, D. (2004): Der Internationale Tourismus in Nordmexikanischen Grenzstädten am Beispiel von Nuevo Laredo, Trier (Geographische Gesellschaft der Universität Trier, Materialien zur Fremdenverkehrsgeographie 62).

DiMatteo, L. (1993): Determinants of cross-border trips and spending by Canadians in the United States: 1979-1991, in: Canadian Business Economics 1 (3), S. 51-61.

DiMatteo, L./DiMatteo, R. (1993): The determinants of expenditures by Canadian visitors to the United States, in: Journal of Travel Research 31 (4), S. 34-42.

Dunn, S. (Hg.) (1994): Managing Divided Cities, Keele.

Felsenstein, D./Freeman, D. (2001): Estimating the impacts of crossborder competition: the case of gambling in Israel and Egypt, in: Tourism Management 22, S. 511-521.

Franklin, A. (2003): Tourism - An Introduction, London.

Gelbmann, A./Timothy, D.J. (2010): From hostile boundaries to tourist attractions, in: Current Issues in Tourism 13 (3), S. 239-259.

German, A.L. (1984): Point Roberts: A tiny borderline anomaly, Canadian Geographic 104 (5), S. 72-74.

Getz, D. (1993): Tourist Shopping Villages: Development and Planning Strategies, in: Tourism Management 14, S. 15-26.

Gramm, M. (1983): Einkaufen im belgisch-niederländisch-deutschen Dreiländereck – ein Beispiel für grenzüberschreitende räumliche Interaktionen und ihrem Beitrag zur Entwicklung eines grenzüberschreitenden Nationalbewußtseins, in: J. Maier (Hg.): Staatsgrenzen und ihr Einfluß auf Raumstrukturen, Teil 1: Arbeitsmaterialien zur Raumordnung und Raumplanung 23, Bayreuth, S. 51-69.

Greer, J. (2002): Developing trans-jurisdictional tourism partnerships – insights from the island of Ireland, in: Tourism Management 23, S. 355-366.

Herzog, L.A. (1990): Where North Meets South: Cities, Space, and Politics on the U.S.-Mexico Border, Austin (Center for Mexican American Studies, University of Texas).

Hidalgo, L. (1993): British shops suffer as "booze cruise" bargain hunters flock to France, in: The Times, 22. November, S. 5.

Ho, K.C./So, A. (1997): Semi-periphery and borderland integration: Singapore and Hong Kong experiences, in: Political Geography, 16 (3), S. 241-259.

Holden, R.J. (1984): "Maquiladoras" employment and retail sales effects on four Texas border communities, 1978-1983, in: Southwest Journal of Business and Economics 2 (1), S. 16-26.

House, J.W. (1980): The frontier zone: A conceptual problem for policy makers, in: International Political Science Review 1(4), S. 456-477.

Hufbauer, G.C./Schott, J.J. (1992): North American Free Trade: Issues and Recommendations, Washington D.C..

Jud, G.D. (1975): Tourism and crime in Mexico, in: Social Science Quarterly 56 (2), S. 324-330.
Krätke, S. (1998): Problems of cross-border regional integration: The case of the German-Polish border area, in: European Urban and Regional Studies 5 (3), S. 249-262.
Krätke, S. (2001): Cross-border co-operation in the German-Polish Border Area, in: Geenhuizen, M.V./Ratti, R. (Hg.): Gaining advantage from open borders: an active space approach to regional development, Aldershot/Burlington, S. 213-232.
Krongkaew, M. (2004): The development of the Greater Mekong Sub-region (GMS): Real promise or false hope?, in: Journal of Asian Economics 15, S. 977-998.
Leimgruber, W. (1980): Die Grenze als Forschungsobjekt der Geographie, Regio Basiliensis 21, S. 67-78.
Leimgruber, W. (1998): Defying political boundaries: Transborder tourism in a regional context, in: Visions in Leisure and Business 17 (3), S. 8-29.
Lieff, B.C./Lusk, G. (1990): Transfrontier co-operation between Canada and the USA: Wateron-Glacier International Peace Park, in: Thorsell, J. (Hg.): Parks on the Borderline: Experience in Transfrontier Conservation, Gland, S. 39-49.
Lin, V.L./Loeb, P.D. (1977): Tourism and crime in Mexico: Some comments, in: Social Science Quarterly 58 (1), S. 164-167.
Lorenz, T./Stoklosa, K. (o.J.): Bibliographie zur Grenzregion, [online] verfügbar unter: http://www.wsgn.uni-ffo.de/bibliographie.pdf.
Lucas, V. (2004): Cross-border shopping in a federal economy, in: Regional Science & Urban Economics 34, S. 365-385.
Martinez, O.J. (1994): The dynamics of border interaction: New approaches to border analysis, in: Schofield, C.H. (Hg.) World Boundaries 1, Global Boundaries, London, S. 1-15.
Matznetter, J. (1979): Border and tourism: Fundamental relations, in: Gruber, G./Lamping H./Lutz W./Matznetter J./K. Vorlaufer (Hg.): Tourism and Borders: Proceedings of the Meeting of the IGU Working Group - Geography of Tourism and Recreation, Frankfurt a.M. (Institut für Wirtschafts- und Sozialgeographie der Johann Wolfgang Goethe Universität), S. 61-75.
Mazza, P. (1995): Cascadia Emerging: The end and the beginning of the world, [online] verfügbar unter: http://www.tnews.com/text/emerge.html.
McAllister, H.E. (1961): The border tax problem in Washington, National Tax Journal 14 (4), S. 362-374.
McCloskey, D.D. (1995): Cascadia: A great green land on the Northeast Pacific Rim, [online] verfügbar unter: http://www.tnews.com:80/ text/mccloskey.html.
McGreevy, P. (1988): The end of America: The beginning of Canada, in: Canadian Geographer 32 (4), S. 307-318.
Minghi, J.V. (1994): European borderlands: International harmony, landscape change and new conflict, in: Grundy-Warr C. (Hg.): World Boundaries 3 (Eurasia), London, S. 89-98.
Minghi, J.V./Rumley, D. (1972): Integration and system stress in an international enclave community: Point Roberts, Washington, D.C., in: Geographical Series 15, S. 213-229.
O'Byrne, D.J. (2001): On passports and border controls, in: Annals of Tourism Research 28 (2), S. 399-416.
Palomäki, M. (1994): Transborder co-operation over Quarken Strait between Finland and Sweden, in: Gallusser, W.A. (Hg.): Political Boundaries and Coexistence, Bern, S. 238-246.
Pearcy, G.E. (1965): Boundary Functions, in: Journal of Geography 64 (8), S. 346-349.
Perry, M. (1991): The Singapore Growth Triangle: State, capital and labour at a new frontier in the world economy, Singapore Journal of Tropical Geography 12 (2), S. 138-151.
Pezolli, K. (1997): Sustainable Development Literature: A Transdisciplinary Bibliography, in: Journal of Environmental Planning and Management 40 (5), S. 575-601.
Prescott, J.R.V. (1987): Political Frontiers and Boundaries, London.
Richard, W. E. (1996): Cross Border Tourism and Shopping: The Policy Alternatives, [online] verfügbar unter: http://www.Usm.maine.edu/cber/ mbi/winter96/tourism.htm.

Rojek, C. (1998): Cybertourism and the phantasmagoria of place, in: Ringer, G. (Hg.): Destinations: Cultural Landscapes of Tourism. London, S. 33-48.

Rumley, D. and Minghi, J.V. (Hg.) (1991): The Geography of Border Landscapes, London.

Rutan, G.F. (1981): Legislative interaction of a Canadian province and an American state – Thoughts upon sub-national cross-border relations, in: American Review of Canadian Studies 6 (2), S. 67-79.

Schell, P. and Hamer, J. (1995): Cascadia: The new binationalism of Western Canada and the U.S. Pacific Northwest, in: Earle, R.L./Wirth, J.D. (Hg.): Identities in North America, The search for community, Stanford, S. 140-156.

Scott, J. (1995): Sexual and national boundaries in tourism, in: Annals of Tourism Research 22, S. 385-403.

Scott, J. W. (1999): European and North American contexts for cross-border regionalism, in: Regional Studies 33 (7), S. 605-618.

Smith, G. (1994): Implications of the North American Free Trade Agreement for the US tourism industry, in: Tourism Management 15, S. 323-326.

Smith, V.L. (1996): Foreword, in: Price, M.F. (Hg.): People and Tourism in Fragile Environments, Wiley.

Smith, V.L. (2000): Space tourism: The 21st century "frontier", in: Tourism Recreation Research 25 (3), S. 5-15.

Smith, G./Pizam, A. (1998): NAFTA and tourism development policy in North America, in: Laws E./Faulkner B./Moscardo G. (Hg:): Embracing and Managing Change in Tourism: International Case Studies, London, S. 17-28.

Sparke, M./Sidaway, J.D./Bunell, T./Grundy-Warr, C. (2004): Triangulating the borderless world: geographies of power in the Indonesia-Malaysia-Singapore Growth Triangle, in: Transnational Institute of British Geographers: Royal Geographical Society.

Stansfield, C.A./Rickert, J.E. (1970): The Recreational Business District, in: Journal of Leisure Research 2 (4), S. 213-225.

Tenhiälä, H. (1994): Cross-border co-operation: Key to international ties, in: International Affairs 6, S. 21-23.

Timothy, D.J. (1995): Political boundaries and tourism: Borders as tourist attractions, in: Tourism Management 16, S. 525-532.

Timothy, D.J. (1999): Cross-border partnership in tourism resource management: International parks along the US-Canada border, in: Journal of Sustainable Tourism 7 (3/4), S. 182-205.

Timothy, D.J. (2000): Borderlands: An unlikely tourist destination?, in: Boundary and Security Bulletin 8 (1), S. 57-65.

Timothy, D.J. (2001): Tourism and Political Boundaries, London.

Timothy, D.J. (2002): Tourism in borderlands: Competition, complementarity, and cross-frontier co-operation, in: Krakover S./Gradus Y. (Hg.): Tourism in frontier areas, Lanham, MD, S. 233-258.

Timothy, D.J./Butler, R.W. (1995): Cross-border shopping - A North American Perspective, in: Annals of Tourism Research 22 (1), S. 16-34.

Timothy, D.J./Tosun, C. (2003): Tourists' perceptions of the Canada - USA border as a barrier to tourism at the International Peace Garden, in: Tourism Management, 24, S. 411-421.

Urry, J. (1992): The Tourist Gaze and the 'Environment', in: Exploration in Critical Social Science 9 (3), S. 1-26.

Var, T./Toh, R./Khan, H. (1998): Tourism and ASEAN Economic Development, in: Annals of Tourism Research 25 (4), S. 195-197.

Vila, P. (2003): Processes of identification on the U.S. - Mexico border, in: The Social Science Journal 40, S. 607-625.

Vorlaufer, K. (1996): Mexiko: Regionale Disparitäten, Staat und Tourismus, in: Zeitschrift für Wirtschaftsgeographie 40 (4), S. 193-223.

Wachowiak, H. (1994): Grenzüberschreitende Zusammenarbeit im Tourismus auf der Ebene der öffentlichen Hand entlang der westdeutschen Staatsgrenze, in:
Raumforschung und Raumordnung 52 (6), S. 397-405.

Wachowiak, H. (1997): Tourismus im Grenzraum – Touristische Nachfragestrukturen unter dem Einfluß von Staatsgrenzen am Beispiel der Grenzregion Deutschland-Luxemburg, in: Materialien zur Fremdenverkehrgeographie 38.

Wachowiak, H. (2006): Tourism and Borders – Contemporary Issues, Policies and International Research, Aldershot.

Warszynska, J./Jackowski, A. (1979): Impact of passport facilities in the passenger traffic between Poland and the German Democratic Republic (GDR) on the development of touristic phenomena, in: Gruber G. /Lamping H. /Lutz W. /Matznetter J. /Vorlaufer K. (Hg.) Tourism and borders: Proceedings of the meeting of the IGU Working Group – Geography of Tourism and Recreation, Frankfurt a.M. (Institut für Wirtschafts- und Sozialgeographie der
Johann Wolfgang Goethe Universität), S. 353.

White, M. (1999): Entrepreneurs study space tourism with "reality" 15-20 years in future, in: Sentinal Tribune 23. September, S. 10.

Wilson, J. (2000): Postcards from the moon: A lunar vacation isn't as far-out an adventure as you think, in: Popular Mechanics, June, S. 97-99.

Wilson, T.M./Donnan, H. (Hg.) (1998): Border Identities: Nation and State at International Frontiers, Cambridge.

World Tourism Organization (2005): Why Tourism? [online] verfügbar unter: http://www.worldtourism.org/aboutwto/eng/menu.html.

Yang, C. (2004): The Pearl River Delta and Hong Kong: an evolving cross-boundary region under "one country, two systems", in: Habitat International 30, S. 61-86.

Zhao, X. (1994a): Barter tourism: A new phenomenon along the China-Russia border, in: Journal of Travel Research 32 (3), S. 65-67.

Zhao, X. (1994b): Barter tourism along the China-Russia border, in: Annals of Tourism Research 21, S. 401-403.

Teil 2
Tourismus und Grenzregionen

HARALD PECHLANER, JUDITH JOCHMANN,
CHRISTIAN NORDHORN, DANIEL ZACHER

Grenzüberschreitende Destinationsentwicklung – eine vergleichende Analyse ausgewählter touristischer Regionen in Grenzräumen entlang der deutschen Bundesgrenze

1 Einführung

Im Rahmen des Gesamtprojektes INTERREG-Ziel 3 „Bayern – Böhmen" wurde eine Maßnahme mit dem Projekttitel „Touristisches Destinationsmanagement Bayerischer Wald – Šumava" definiert. Die übergeordneten Projektziele waren die Entwicklung einer gemeinsamen touristischen Destination Bayerischer Wald – Šumava, die Unterstützung einer nachhaltigen, aufeinander abgestimmten grenzüberschreitenden Zusammenarbeit der touristischen Akteure und die Bildung von Dienstleistungsketten sowie die Unterstützung der Servicequalität und Marketingstruktur für die Destination Bayersicher Wald – Šumava. Leadpartner des Projektes waren die Volkshochschule für den Landkreis Regen (D) und die Regionale Entwicklungsagentur Šumava (CZ). Das Projekt wurde im Zeitraum von Mai 2009 bis August 2011 wissenschaftlich begleitet und evaluiert. Dabei umfasste ein Projektbaustein die Durchführung einer Benchmarking-Analyse touristisch relevanter, grenzüberschreitend agierender Destinationen entlang der deutschen Bundesgrenze im Hinblick auf das Destinationsmarketing und -management.

Mit Benchmarking-Analysen wird häufig das Ziel verfolgt sogenannte „Best Practices" zu identifizieren, um erfolgreiche Lösungen zu entdecken, diese zu adaptieren und somit den eigenen Erfolg zu steigern (vgl. Camp, 1994; Kämpf, 2008; Fuchs, 2002). In der Tourismuswirtschaft sind Benchmarking-Analysen weit verbreitet, meist jedoch nur auf einzelbetrieblicher Ebene, vor allem im Beherbergungssektor. Auf der räumlichen Ebene von Destinationen hat sich Benchmarking noch nicht in gleichem Maße etabliert. Problematisch ist zum einen die jeweils relevante räumliche Abgrenzung einer Destination, welche sich aus der Perspektive des Gastes je nach Aufenthaltszweck und Bedürfnissen ergibt. Zum anderen zeichnen sich darüber hinaus Destinationsbenchmarkings aufgrund der Bestimmung von Mess- und Vergleichsindikatoren durch eine hohe Komplexität aus. Ziele eines Destinationsbenchmarkings sind die Professionalisierung der Destinationsstrukturen und damit die Steigerung der Wettbewerbsfähigkeit der Tourismuswirtschaft vor Ort (vgl. Fuchs, 2002; Fuchs, 2004; Fuchs et al., 2004; Kozak 2002, 2004).

Definiertes Ziel der hiesigen Benchmarking-Analyse auf Destinationsebene war es, sogenannte „Best Practice"-Beispiele herauszuarbeiten, um basierend hierauf, Empfehlungen für das grenzüberschreitende Destinationsmanagement Bayerischer Wald – Šumava zu geben.

2   Grenzüberschreitende Destinationsentwicklung

Bevor eine Benchmarking-Analyse auf Destinationsebene durchgeführt wird, ist es zunächst wichtig, den Zusammenhang zwischen Grenzen und Destinationen und das daraus ableitbare touristische Potential zu verstehen. Politische Grenzen teilen Kontinente in Gebiete auf, in denen Menschen kulturell und sprachlich unterschiedlich aufwachsen und leben. Die Grenzziehung orientiert sich dabei allerdings keinesfalls an den naturräumlichen Gegebenheiten:

"It is not natural to divide drainage basins, dissect common plains, split mountain ranges, or divide up surface and underground water resources. Yet this precisely what boundary lines do… boundaries do not only cut across natural resources, they also impede human mobility and transaction, (…)" (Grundy-Warr, Schofield, 1990, S. 11).

Die Region Bayerischer Wald – Šumava ist ebenfalls ein Gebiet, in dem eine politische Grenze ein naturräumliches Gebiet teilt; der Gast könnte das gesamte Gebiet allerdings, durch geeignete Marketing- und Kooperationsstrategien, als eine Destination wahrnehmen. Die Grenze würde auf diese Weise den Mobilitäts- und Erlebnisraum von Touristen weniger einschränken.

Der Begriff der Destination beschreibt „das für eine Zielgruppe relevante Zielgebiet" (Bieger, 2006, S.141). Somit ist eine Destination nachfrageseitig definiert. Das relevante Zielgebiet fällt je nach Zielgruppe sehr unterschiedlich aus: „Die räumliche Ausdehnung der Destination hängt von den Bedürfnissen und der Wahrnehmung des Nachfragers ab. Entscheidend für die Abgrenzung von Destinationen ist der geographische Raum, in dem sich der Tourist mit der Absicht bewegt, seine mit dem Aufenthalt verbundenen Bedürfnisse zu befriedigen, und seine damit verbundene Wahrnehmung des entsprechenden Raumes" (Eisenstein, 2010, S. 13).

Laut Raich (2006, S. 156) ergeben sich vier Abgrenzungskriterien für funktionsfähige Destinationen:

1) Unabhängigkeit von politischen Grenzen und primäre Ausrichtung auf touristische Funktionen;
2) Einbindung aller für den Gast innerhalb der Destinationen notwendigen Einrichtungen;
3) Möglichkeit der Kreation einer selbständigen Marke mit entsprechendem Budget (je nach gewünschter Reichweite) und mit qualifiziertem Personal;

4) Vorhandensein von Verknüpfungspunkten, die einen Attraktionspunkt bilden oder zumindest erlauben, Attraktionen und Sehenswürdigkeiten zu schaffen.

Insbesondere das erstgenannte Abgrenzungskriterium ist für den weiteren Verlauf des Beitrags von entscheidender Bedeutung. Politische Grenzen dürfen für funktionsfähige Destinationen keine Rolle spielen. In der Praxis ist die Zusammenarbeit zweier angrenzender Regionen allerdings häufig Schwierigkeiten unterworfen. Zudem war die Grenze zwischen dem Bayerischen Wald und Šumava Teil der Konfrontationslinie zwischen Ost und West. Die über 40 Jahre dauernde Teilung verhinderte regelmäßige Kontakte ins Nachbarland. Die Öffnung des „Eisernen Vorhangs" im November 1989 kann somit auch als Geburtsstunde des grenzüberschreitenden Destinationsmanagements in der Region Bayerischer Wald – Šumava bezeichnet werden. Die Potentiale, welche sich aus einer Grenzöffnung heraus, für eine grenzüberschreitende Destinationsentwicklung bieten, können anhand der Produkt-Markt-Matrix von Ansoff (1965), die vier Wachstumsstrategien darbietet, veranschaulicht werden.

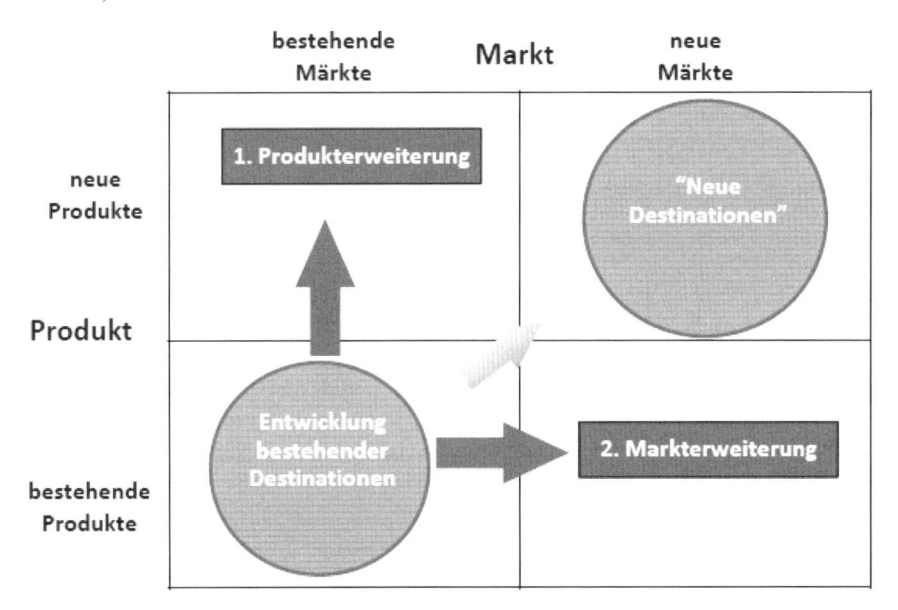

Abbildung 1: Potentiale grenzüberschreitender Destinationsentwicklung
Quelle: eigene Darstellung in Anlehnung an Ansoff (1965)

Die erste Wachstumsstrategie stellt hierbei die „Entwicklung einer bestehenden Destination" (Marktdurchdringung) dar. Dies wird durch „Erhöhung der bestehenden Marktanteile und erhöhte Nachfrage bei bestehenden Nachfragern" (Bethke, 2012, S. 31) erreicht. Durch eine Produkterweiterung wird „versucht, die bisherigen Nachfrager durch neue Produktangebote verstärkt zu gewinnen" (Freyer, 2007, S. 378). Für die grenzüberschreitende Destinationsentwicklung in der Region Bayerischer Wald – Šumava würde dies bedeuten, dass Tourismusbetriebe und -organisationen im Bayerischen Wald auch Angebote auf der tschechischen Seite der Grenze bewerben würden. Unter Markterweiterung wird das Anbieten bestehender Produkte auf neuen Märkten verstanden. Für grenznahe Regionen bedeutet dies, dass die bestehenden Produkte und Dienstleistungen auch jenseits der Grenze beworben werden, um neue Kunden zu gewinnen.

Die „höchste" Stufe der Wachstumsstrategien stellt die Diversifikation dar, neue Produkte werden auf neuen Märkten angeboten. Für die grenzüberschreitende Destinationsentwicklung würde dies bedeuten, dass eine neue, grenzüberschreitende Destination geschaffen würde, die als ein einheitliches Produkt vermarket wird.

Die folgende Benchmarking-Analyse wird zeigen, inwiefern die Potentiale grenzüberschreitender Destinationen ausgeschöpft werden und welche Destinationen eine Vorreiterrolle übernehmen und so einen wichtigen Input für touristische Regionen in Grenzräumen – Bayerischer Wald – Šumava liefern können.

3 Vorgehensweise

3.1 Explorative Vorstudie

Zunächst wurde der Benchmarking-Analyse grenzüberschreitend agierender Destinationen eine Vorstudie angestellt. Primäres Ziel der Vorstudie war es, zentrale Mess- und Vergleichsindikatoren für die Benchmarking-Analyse zu ermitteln. Hierfür wurden in einem ersten Schritt, ergänzend zur Destination Bayerischer Wald – Šumava, drei Destinationen entlang der Bundesgrenze ausgewählt, deren Kooperationen im Tourismus bereits fest etabliert und organisatorisch verankert sind und bereits grenzüberschreitende Produkte und Angebote für Gäste offerieren. Ausgewählt wurden: Bodensee, RegioTriRhena und EUREGIO Salzburg. Nach einer ersten Sekundärrecherche (Literatur und Onlinerecherche) wurden im Dezember 2009 und Januar 2010 insgesamt neun leitfadengestützte Telefoninterviews mit Verantwortlichen des jeweiligen Destinationsmanagements und -marketings durchgeführt.

Die vier zentralen Fragestellungen lauteten:

1) Wie ist das grenzüberschreitende Destinationsmanagement organisiert?
2) Welche Besonderheiten, Probleme sowie Erfolgsfaktoren kennzeichnen das grenzüberschreitende Destinationsmanagement?
3) Welche grenzüberschreitenden Produkte und Angebot sind bereits vorhanden?
4) Welche Besonderheiten kennzeichnen grenzüberschreitende Produkte und Angebote?

Die aufgezeichneten Interviews wurden transkribiert und softwaregestützt mit MAXQDA ausgewertet.

3.2 Benchmarking-Analyse

Die Vorgehensweise bei der Benchmarking-Analyse grenzüberschreitend agierender Destinationen wurde an einem strategischen Benchmarking-Prozess ausgerichtet, wie er u.a. von Grieble (2004) und Watson (1993) vorgeschlagen wird. Demnach umfasst der Prozess vier wesentliche Schritte (vgl. Abbildung 2).

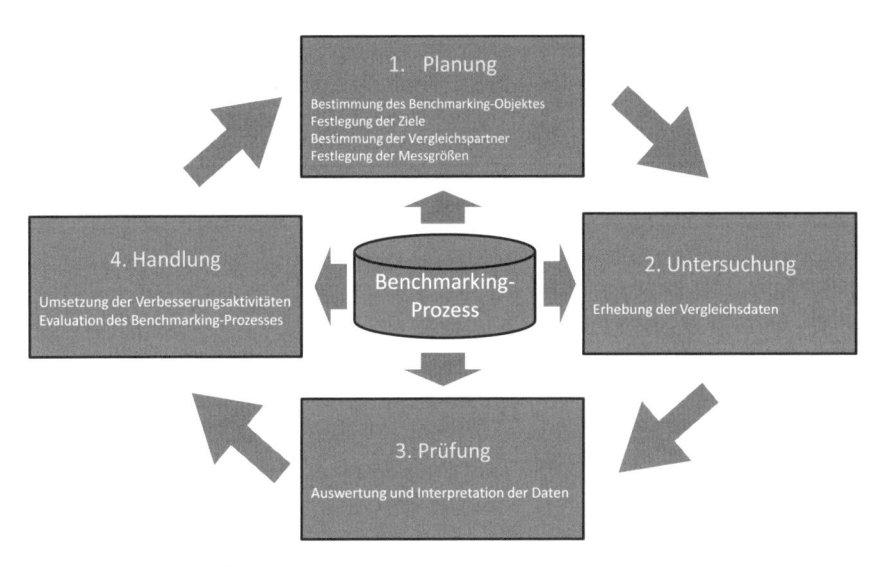

Abbildung 2: Benchmarking-Prozess: Vorgehensweise.
Quelle: eigene Darstellung nach Grieble (2002) und Watson (1993)

In einem ersten Schritt wurden neben der Festlegung der Benchmarking-Objekte (Destinationsmanagement und -marketing) die Vergleichspartner bestimmt. Hierfür wurde zunächst eine Auflistung aller zum Erhebungszeitpunkt bei der Deutschen Zentrale für Tourismus e.V. (DZT) beworbenen touristischen Regionen und Städtedestinationen vorgenommen. Aus dieser Liste (50 touristische Regionen und 63 Städtedestinationen) herausgefiltert wurden alle jene touristischen Regionen und Städtedestinationen, die sich durch eine Grenzraumlage entlang der deutschen Bundesgrenze kennzeichnen lassen. Als entscheidendes Kriterium für die Grenzraumlage wurde die Zugehörigkeit zu den Europaregionen bzw. zu den EFRE-Fördergebieten (Europäischer Fonds für Regionale Entwicklung) definiert (27 touristische Regionen und 23 Städtedestinationen in Grenzräumen). Anschließend wurden jene touristischen Regionen und Städtedestinationen herausgefiltert, die räumliche Überschneidungen aufwiesen und jene, die trotz Anfragen keine Informationen bereitstellten und keine nach außen wahrnehmbaren grenzüberschreitenden touristischen Kooperationen pflegen.

Somit konnten schließlich insgesamt 41 Vergleichspartner identifiziert werden. Es ist anzumerken, dass über dieses Auswahlverfahren jene grenzüberschreitend agierenden Destinationen in Grenzräumen unberücksichtigt blieben, die zum Erhebungszeitraum nicht über die DZT warben bzw. beworben wurden (z.B. Frankfurt Oder/Oderbruch).

Für die Erfassung der Benchmarking-Objekte wurden in einem nächsten Schritt Mess- und Vergleichsindikatoren festgelegt. Ergänzend zu allgemeinen Informationen über die touristischen Regionen und Städtedestinationen (statistische Daten, Bedeutung der Tourismusbranche und räumliche Angebotsfaktoren) wurden für das Destinationsmarketing zu den Aspekten Produkte, externe Kommunikation, Vertrieb und Preis folgende Subindikatoren erfasst:

Themen und Produkte:
- Themen der Destination
- Themen der Destination „jenseits der Grenze"
- Zielgruppen der Destination
- Zielgruppen der Destination jenseits der Grenze
- Internetauftritt: Gibt es auf der Homepage der Destination grenzübergreifende bzw. transnationale Themen, Produkte, Angebote? Wenn ja, welche?
- Gäste-/Destination-Card vorhanden? Wenn ja, welche?
- Wenn Gäste-/Destinationscard vorhanden: mit grenzübergreifenden Angeboten, Aktivitäten? Wenn ja, welche?

Vertrieb:
- Buchungsmöglichkeiten (über die Tourismusorganisation) grundsätzlich vorhanden?
- Buchungsmöglichkeiten grenzübergreifend vorhanden (über Tourismusorganisation)?

Kommunikation (extern):
- Internetauftritt: Mehrsprachigkeit? Wenn ja, welche Sprachen?
- Broschüren: Gibt es in den Broschüren grenzübergreifende bzw. transnationale Themen, Produkte, Angebote? Wenn ja, welche?
- Broschüren: Mehrsprachigkeit? Wenn ja, welche Sprachen?
- Grenzübergreifendes Kartenmaterial (auf der Homepage & in der Broschüre)?
- Events: Bewerbung von Events jenseits der Grenzen bzw. gemeinsame Events?
- Öffentlichkeitsarbeit: Gibt es Pressetexte bzw. -informationen zu grenzüberschreitenden Themen, Produkten, Angeboten? Wenn ja, zu welchen Themen?

Preis:
- Packages/Pauschalen grundsätzlich in der Destination vorhanden?
- Grenzübergreifende/transnationale Packages vorhanden? Wenn ja, welche?

In Anlehnung an Studzieniecki (2006) wurde anschließend eine Eingruppierung der Destination in die folgenden Kategorien vorgenommen:

1) Getrennte Destinationen (getrennte Produkte).
2) Zusammenarbeitende Destinationen.
3) Entstehende, grenzüberschreitende Destinationen.
4) Dauerhafte grenzüberschreitende Destination (mit grenzüberschreitenden Produkten).

Vergleichsindikatoren für das Destinationsmanagement bezogen sich auf eine grenzüberschreitende Vision, grenzüberschreitende Strategien sowie Kooperationen und wurden über folgende Subindikatoren erfasst:

Organisation und Kooperation:
- Name und Rechtsform der Destinationsmanagementorganisation.
- Ist die Tourismusorganisation Mitglied in der Euroregion/Europaregion/EUREGIO? Wenn ja, in welcher?
- Wird grenzüberschreitend kooperiert? Wenn ja, wer sind die Kooperationspartner? Wenn ja, in welcher Form?
- Gibt es eine grenzüberschreitende/transnationale Institution für das Destinationsmanagement? Wenn ja, welche?

Vision:
- Gibt es eine gemeinsame, grenzüberschreitende/transnationale Vision?

Strategien:
- Gibt es Strategien für das grenzüberschreitende/transnationale Destinationsmanagement? Wenn ja, welche Strategien werden im Hinblick auf das grenzüberschreitende/transnationale Destinationsmanagement verfolgt? Produkt- oder Markterweiterung?

Die Informationsbeschaffung erfolgte primär über Desk-Recherchen (Sekundärliteratur, Onlinerecherche, gedruckte Informationsmaterialien). Ergänzend wurden telefonisch überall dort ergänzende Informationen eingeholt, wo nach dem ersten Untersuchungsschritt (Vergleichsindikatoren Destinationsmarketing) erkennbare grenzüberschreitende Produkte und Angebote vorhanden sind.

4 Zentrale Ergebnisse

Nachfolgend werden anhand der beiden Benchmarking-Objekte zentrale Ergebnisse vorgestellt, die speziell auch für die Weiterentwicklung der touristischen Destination Bayerischer Wald – Šumava als „Best Practices" im Hinblick auf das Destinationsmarketing und -management identifiziert wurden. Abschließend werden

Thesen für die grenzüberschreitende Destinationsentwicklung aus der Benchmarking-Analyse abgeleitet.

4.1 Destinationsmarketing

Die Analyse der Themen, Produkte und Angebote der in die Untersuchung einbezogenen Destinationen ergibt, dass nur die Hälfte der 41 untersuchten touristischen Regionen und Städtedestinationen grenzüberschreitende Themen und Produkte über die Homepages bzw. Broschüren an (potentielle) Gäste kommuniziert. Für die grenzüberschreitende Verknüpfung touristischer Attraktionspunkte wurde u.a. der Museumspass Oberrhein (200 Museen in 3 Ländern D, A, CH; www.museumspass.com), die Grünmetropole (Naturlandschaften alter Industriestandorte, NL, B, D; www.gruenmetropole.de) und der Skipass Allgäu-Tirol Vitales Land (Verbundskipass Allgäu-Tirol der Dachmarke Vitales Land, D und A, www.vitalesland.com) identifiziert. Alle drei Themen und Produkte zeichnen sich dadurch aus, dass die administrativen räumlichen Grenzen keine Rolle spielen und für Gäste ein konkret erfahrbares Angebot entwickelt wurde.

24 der miteinander verglichenen touristischen Regionen und Städtedestinationen bieten zum Erhebungszeitpunkt sogenannte Gäste- bzw. Destination-Cards an. Nur 9 der vorhandenen Cardsysteme umfassen jedoch grenzüberschreitende Aktivitäten bzw. Aktionen, wobei sich diese mehrheitlich nur auf einzelne Angebote bzw. Akzeptanzstellen beziehen.

2 Destination-Card-Systeme können als „Best Practices" herangezogen werden: die Königscard (D, A, CH; www.koenigscard.com) und die BodenseeErlebniskarte (D, A, CH; FL; www.bodensee.eu). Beide Produkte bieten ein attraktives, grenzüberschreitendes Angebotsspektrum im Sinne einer verknüpften Dienstleistungskette aus Gästeperspektive. Bereits von Beginn an wurden beide Cardsysteme grenzüberschreitend konzipiert und auch von einer formalen grenzüberschreitenden Kooperation geführt. Ergänzend sei an dieser Stelle die Erzgebirgscard (D, CZ; www.erzgebirge-tourismus.de) genannt. Wenngleich der Fokus des Angebotes auf dem deutschen Teil des Erzgebirges liegt, so sind auch Attraktionspunkte und Akzeptanzstellen im tschechischen Erzgebirge integriert, ohne dass hierfür eine formale grenzüberschreitende Kooperation zum Erhebungszeitpunkt vorliegt.

Jede der untersuchten touristischen Regionen und Städtedestinationen verfügt über einen (Online- und/oder Print-)Veranstaltungskalender. Events „jenseits der Grenze" werden darin nur in Ausnahmefällen beworben. Als vorbildlich kann diesbezüglich der grenzüberschreitende Veranstaltungskalender von 2-Land-Reisen (D, NL; www.2-land-reisen.de) genannt werden.
In nahezu allen touristischen Regionen und Städtedestinationen (39) gehört der aktive Vertrieb (in Form von Buchungsmöglichkeiten über die Tourismusorganisati-

on) zum festen Angebotsbestandteil. Grenzüberschreitende Buchungsangebote bieten jedoch nur knapp ein Viertel (9) der Destinationen an. Zu den „Best Practices" gehören hierbei u.a. 2-Land-Reisen (D, NL; www.2-land-reisen.de), Vitales Land (D, A; www.vitalesland.com) und die Gastgeberkooperation Alpine Gastgeber (D, A; www.alpine-gastgeber.com). Buchungen sind hier jeweils über ein grenzüberschreitendes Buchungsportal möglich. Zudem bieten einige Städtedestinationen – u.a. Aachen (D, NL, B; www.aachen.de) und Flensburg (D, DK; www.flensburg-tourismus.de) – grenzüberschreitende Buchungsmöglichkeiten für Übernachtungen an. Klassische Grenzüberschreitende, buchbare Packages bzw. Pauschalen werden ebenfalls nur von 9 der untersuchten Destinationen zum Erhebungszeitpunkt angeboten. Zahlreiche grenzüberschreitende Packages werden z.B. in Görlitz (D, CZ; www.goerlitz.de) und in Trier (über das Städtenetz QuattroPole D, L; www.quattropole.org) angeboten.

Bezüglich der externen Kommunikation seitens der Tourismusorganisationen ist festzustellen, dass in Pressetexten und Broschüren grenzüberschreitende Themen, Produkte und Angebote nur selten einen Platz finden. Als „Best Practices" wurden das Gästemagazin „Grenzenlos" in Garmisch-Partenkirchen und der Tiroler Zugspitzarena (D, A; www.gapa.de) sowie der Freizeitführer Bayerischer Wald – Böhmerwald (D, CZ; www.arberland-shop.de) identifiziert. Speziell bei touristischen Karten (gedruckt und auch interaktiv) ist eine Beschränkung der räumlichen Darstellung auf die jeweilige Destination zu beobachten, wodurch die Wahrnehmung grenzüberschreitender Attraktions- und Aktionsräume für Gäste eingeschränkt wird.

In Anlehnung an die von Studzieniecki (2006, 2008) definierten Destinationstypen (vgl. Abbildung 3) wurde abschließend auf der Basis der vorliegenden Daten für das Destinationsmarketing eine Einteilung der in der Benchmarking-Analyse untersuchten touristischen Regionen und Städtedestinationen in Grenzräumen vorgenommen.

Grenzüberschreitendes, transnationales Destinationsmarketing
Es können entsprechend der Produkte, Angebote und der Kommunikation vier Destinationstypen unterschieden werden:

1. Destinationen ohne gemeinsame Produkte und Angebote
2. Zusammenarbeitende Destinationen
3. Entstehende, grenzüberschreitende Destinationen
4. dauerhaft, grenzüberschreitende Destinationen

Abbildung 3: Destinationstypen entsprechend ihrer grenzüberschreitenden Kooperation im Destinationsmarketing. Quelle: eigene Darstellung in Anlehnung an Studizieniecki (2006, 2008)

Knapp die Hälfte (19) der in die Analyse einbezogenen Destinationen können demnach als getrennte Destinationen mit getrennten Produkten und Angeboten sowie einem getrennten Außenauftritt (Destinationstyp 1) bezeichnet werden (z.B. Schwarzwald, D und Elsass, F). In die Stufe der zusammenarbeitenden Destinationen (erste grenzüberschreitende Produkte und Angebote, Destinationstyp 2) können von den hier verglichenen touristischen Regionen und Städtedestinationen zum Zeitpunkt der Erhebung 7 eingruppiert werden und 5 Destinationen können dem Typ der entstehenden grenzüberschreitenden Destination (Destinationstyp 3) zugeordnet werden. Dabei ist eine klare Abgrenzung zwischen dem Destinationstyp 2 und Destinationstyp 3 nicht immer eindeutig bestimmbar. Denn jene Destinationen, die bereits zusammenarbeiten und erste gemeinsame Produkte und Angebote für Gäste aufweisen, befinden sich auch auf dem Entwicklungspfad hin zu einer grenzüberschreitenden Destination aus der Perspektive des Gastes. Beispielhaft hierfür können das Allgäu (D, A), die Sächsische Schweiz (D, CZ) und der Bayerische Wald (D, CZ) genannt werden. Zu den Destinationen, die bereits dauerhaft über grenzüberschreitende Produkte und Angebote verfügen (Destinationstyp 4) und das Angebotsspektrum „jenseits der Grenze" in der externen Kommunikation ein fester Bestandteil ist, können 8 Destinationen hinzugezählt werden. Zu diesen zählen u.a. die Stadt Görlitz, der Niederrhein, Garmisch-Partenkirchen sowie Friedrichshafen.

Zu beachten gilt es, dass in die Untersuchungen dieses ersten Benchmarking-Objektes Destinationsmarketing lediglich das Außenmarketing einbezogen wurde. Das Innenmarketing, welches bei grenzüberschreitenden Kooperationen von besonders hoher Bedeutung ist, war nicht Bestandteil der Analyse.

4.2 Destinationsmanagement

Die Benchmarking-Analyse des Destinationsmanagements hat ergeben, dass die Entwicklung und Formulierung einer gemeinsamen Vision für die transnationale, grenzüberschreitende Destinationsentwicklung die Ausnahme darstellt und nur dort besteht, wo es vorrangig um die Entwicklung gänzlich „neuer Destinationen" geht. So z.B. beim transnationalen EU-Projekt Destination Fehmarnbelt (D, DK; www.destination-fehmarnbelt.com), dessen Vision, die Entwicklung einer deutsch-dänischen grenzübergreifenden Destination Fehmarnbelt für den Urlaubs- und Geschäftsreisetourismus, die Grundlage für die grenzüberschreitende Destinationsentwicklung darstellt. Gleiches gilt für die gemeinsame Formulierung mittel- bis langfristiger Strategien für die grenzüberschreitende Destinationsentwicklung. Es überwiegt beim größten Teil der untersuchten touristischen Regionen und Städte in Grenzräumen der Projektbezug, wobei die Projektlaufzeiten in der Regel unmittelbar an die Förderperiode gekoppelt sind. Bei der Strategieentwicklung kann wiederum das Projekt Destination Fehmarnbelt als „Best Practice"-Beispiel herausgestellt werden. Auf der Basis des gemeinsamen Marktpotentials, der Identitäten und Stärken wurden gemeinsame Themen für die Produktentwicklung definiert und

Marketingstrategien für alle relevanten Zielmärkte entwickelt. Hinsichtlich der überwiegenden Strategie gilt für den Großteil der in die Benchmarking-Analyse einbezogenen touristischen Regionen und Städte in Grenzräumen, dass die Produkterweiterung (neue Produkte für bestehende Zielgruppen) im Fokus der grenzüberschreitenden Kooperationen steht.

Auch hinsichtlich der Organisationsstrukturen zeigt das Benchmarking des Destinationsmanagements, dass grenzüberschreitende, touristische Kooperationen überwiegend projektbezogen und zunächst zeitlich befristet sind. Institutionalisierte Organisationseinheiten und Kooperationen stellen die Minderheit dar. Als Best-Practice hervorzuheben ist u.a. die Internationale Bodensee Tourismus GmbH (www.bodensee.eu) und der Verein zur Unterstützung des kleinstrukturierten Tourismus Alpine Gastgeber e.V. (www.alpine-gastgeber.com). Zu den etablierten grenzüberschreitenden Marketingkooperationen zählen zudem die Alpine Pearls (www.alpine-pearls.com) und das Buchungsportal 2-Land-Reisen (www.2-land-reisen.de). Dort, wo nachhaltige und nicht nur zeitlich befristete organisatorische Kooperationsstrukturen geschaffen wurden, ist deutlich erkennbar, dass auch die Potentiale der grenzüberschreitenden Destinationsentwicklung intensiver genutzt werden.

5 Zusammenfassung und Ausblick

Auf der räumlichen Ebene von Destinationen hat sich Benchmarking noch nicht in gleichem Maße etabliert, wie auf der einzelbetrieblichen Ebene der Tourismuswirtschaft. Problematisch ist zum einen die jeweils relevante räumliche Abgrenzung einer Destination, welche sich aus der Perspektive des Gastes je nach Aufenthaltszweck und Bedürfnissen ergibt. Zum anderen zeichnen sich darüber hinaus Destinationsbenchmarkings aufgrund der Bestimmung von Mess- und Vergleichsindikatoren durch eine hohe Komplexität aus. Ziele eines Destinationsbenchmarkings sind die Professionalisierung der Destinationsstrukturen und damit die Steigerung der Wettbewerbsfähigkeit der Tourismuswirtschaft vor Ort (vgl. Fuchs, 2002; Fuchs 2004; Fuchs et al., 2004; Kozak, 2002, 2004).

Die vorliegende Benchmarking-Analyse zeigt, dass in Grenzräumen entlang der deutschen Bundesgrenze die Potentiale touristischer Regionen hinsichtlich einer grenzüberschreitenden Destinationsentwicklung in weiten Teilen noch nicht ausgeschöpft werden.

Hinsichtlich des Destinationsmarketings kann zusammenfassend festgestellt werden, dass nur etwa die Hälfte der untersuchten touristischen Regionen bereits attraktive grenzüberschreitender Produkte und Angebote für Gäste anbietet und somit das Potential durch Produkt- oder Markerweiterungen ungenutzt bleibt. Die Anzahl derjenigen, die auch bereits aktiv in den grenzüberschreitenden Vertrieb eingestiegen sind bzw. grenzüberschreitende Produkte und Angebote wahrnehmbar in die Außenkommunikation eingebunden haben ist nochmals geringer.

Für das grenzüberschreitende Destinationsmanagement Bayerischer Wald – Šumava wird empfohlen, auf der Basis gemeinsamer, grenzüberschreitender Kernkompetenzen, Themen zu definieren, die Grundlage für grenzüberschreitende Produkte und Angebote darstellen. Diese Produkte und Angebote gilt es sinnvoll miteinander zu verknüpfen und aktiv – im Sinne einer Produkt- und Markterweiterung – zu vermarkten.

Die Benchmarking-Analyse des Destinationsmanagements hat gezeigt, dass noch große Potentiale hinsichtlich der transnationalen Destinationsentwicklung bestehen. Gerade das Destinationsmanagement ist stark an politische Grenzen gekoppelt, was die funktionsfähige Entwicklung einer transnationalen Destination erschwert. Somit steht speziell das Management grenzüberschreitender Destinationen vor besonderen Herausforderungen. Zum einen ist es notwendig nachhaltige und nicht nur zeitlich befristete Kooperationsstrukturen aufzubauen, die eine wichtige Grundlage für das Destinationsmarketing und die gesamte transnationale Destinationsentwicklung darstellen. Zeitlich befristete Fördermittel stellen eine wichtige Anschubfinanzierung für den Aufbau von Kooperationsstrukturen und die Entwicklung konkreter Produkte und Angebote dar, jedoch bedarf es langfristiger Strukturen über Förderperioden hinaus, um die transnationale Destinationsentwicklung voranzutreiben. Entsprechende „Best-Practices" wurden genannt. Zum anderen fehlt es an langfristigen Visionen und mittelfristigen Strategien für die transnationale Destinationsentwicklung, die von allen Partnern – transnational – abgestimmt und verfolgt werden. Hierfür ist die Rückendeckung von Seiten der Tourismuspolitik unabdingbar.

Für die Destination Bayerischer Wald – Šumava gilt es, bereits etablierte Kooperationsstrukturen über die definierten Förderperioden hinaus weiter zu verfestigen. Die Formulierung einer von allen Partnern getragenen leitenden Vision – unabhängig politischer Grenzen – zur grenzüberschreitenden Destinationsentwicklung ist ebenso unabdingbar, wie eine darauf aufbauende Strategieentwicklung, um gemeinsam von bestehenden Wachstumspotentialen mittel- bis langfristig profitieren zu können.

Um die Erkenntnisse der hiesigen Benchmarking-Analyse zu vertiefen, ist es in einem nächsten Schritt notwendig, eine umfassende, standardisierte Analyse aller touristischen Regionen und Städtedestinationen in Grenzräumen der Bundesrepublik Deutschland durchzuführen, um Erfolgsfaktoren für die grenzüberschreitender Destinationsentwicklung zu identifizieren. Zudem ist es notwendig, auch die kundenspezifische Sichtweise in die Analyse einzubeziehen.

6   Literatur

Ansoff, H.I. (1965): Checklist for Competitive and Competence Profiles, in: McGraw-Hill (Hg.) Corporate Strategy, S. 98-99.
Bethke, G. (2012): Internationales Tourismus- und Hospitality-Management. Books on Demand, Norderstedt.
Bieger, T. (2006): Tourismuslehre – Ein Grundriss, Stuttgart.
Camp, R. (1994): Benchmarking, München u.a.
Eisenstein, B. (2010): Grundlagen des Destinationsmanagements, München.
Freyer, W. (2007): Tourismus Marketing – Marktorientiertes Management im Mikro- und Makrobereich der Tourismuswirtschaft, München.
Fuchs, M. (2004): Methoden der Qualitätsmessung für touristische Destinationen – Ein Benchmarking Ansatz, in: Hinterhuber, H.H./Pechlaner, H./Kaiser, M.-O./Matzler, K. (Hg.): Kundenmanagement als Erfolgsfaktor. Grundlagen des Tourismusmarketing. Schriften zu Tourismus und Freizeit, Bd. 1, Berlin.
Fuchs, M. (2002): Destinationsbenchmarking. Theoretische und methodologische Fragestellungen, in: Bieger, T./Laesser, C. (Hg.): Jahrbuch 2001/02 Schweizerische Tourismuswirtschaft, St. Gallen, S. 137-156.
Fuchs, M.; Weiermair, K. (2004): Destination Benchmarking: An Indicator-System´s Potential for Exploring Guest Satisfaction, in: Journal of Travel Research 42, S. 221-225.
Grieble, O. (2004): Modellgestütztes Dienstleistungsbenchmarking. Methode, Implementierung, Anwendung, Lohmar.
Grundy-Warr, C.; Schofield, R.N. (1990): Man made Lines that divide the World, in: Geographical Magazine, LXII/6, S. 10-15.
Kämpf, R. (2008): Destinations Benchmarking – Ergebnisse und Erfahrungen aus dem „Internationalen Benchmarking Programm für den Schweizer Tourismus", in: Bieger, T./Laesser, C./Beritelli, P. (Hg.): Jahrbuch 2008 Schweizerische Tourismuswirtschaft, St. Gallen, S. 179-195.
Kozak, M. (2004): Destination Benchmarking. Concepts, Practices and Operations, Oxon.
Kozak, M. (2002): Destination Benchmarking, in: Annals of Tourism Research 29 (2), S. 497-519.
Raich, F. (2006): Governance räumlicher Wettbewerbseinheiten: Ein Ansatz für die Tourismus-Destination, Wiesbaden.
Studzieniecki, T. (2008): Europa als nationale und transnationale Destination, in: Freyer, W./Naumann, M./Schuler, A. (Hg.): Standortfaktor Tourismus und Wissenschaft: Herausforderungen und Chancen für Destinationen. Schriften zu Tourismus und Freizeit, Bd. 8, Berlin, S. 131-147.
Studzieniecki, T. (2006): Tourism Marketing in Transborder Regions, in: Keller, P./Bieger, T. (Hg.): Marketing Efficiency in Tourism. Coping with Volatile Demand. International Association of Scientific Experts in Tourism (AIEST), Berlin, S. 243-254.
Watson, G.H. (1993): Strategic benchmarking: how to rate your company´s performance against the world´s best, New York.

Internetquellen

http://www.alpine-gastgeber.com/de/home.html
http://www.alpine-pearls.com/
http://www.arberland-shop.de/product_info.php?products_id=86
http://www.aachen.de/DE/tourismus_stadtinfo/130_onlinebuchen/index.asp

http://www.bodensee.eu/
http://www.bodensee.eu/default.aspx#/BodenseeErlebniskarte/index.htm
http://www.destination-fehmarnbelt.com
http://www.erzgebirge-tourismus.de/cgi-bin/click.system?navid=ErzgebirgsCard_1222
http://www.flensburg-tourismus.de/die-region/harrislee/ferienunterkuenfte-buchen/hotels-online-buchen-2011-extern/
http://www.gapa.de/grenzenlos.html?node=91
http://www.goerlitz.de/tourismusportal-stadt-goerlitz/gruppenreisen.html
http://www.gruenmetropole.de/
http://www.koenigscard.com/
http://www.museumspass.com
http://www.quattropole.org/de/tourismus
http://www.vitalesland.com/
http://www.2-land-reisen.de/
http://www.2-land-reisen.de/hotel_liste.html
http://www.2-land-reisen.de/veranstaltungen.html

TATJANA THIMM

Managementformen grenzüberschreitender Destinationen im Vergleich: Bodensee – Oberrhein – Catlins

1 Herausforderungen des Managements grenzüberschreitender Destinationen

Grenzüberschreitende Destinationen weisen einen höheren Komplexitätsgrad auf als Destinationen, durch die keine Grenze verläuft. Die ohnehin im Destinationsmanagement vorhandene politische Durchdringung von Managemententscheidungen (vgl. Pechlaner 2005, S. 227) nimmt noch stärker zu, ebenso Anzahl und Heterogenität der Akteure. Hierbei ist es unerheblich, ob es sich dabei um eine nationale Grenze oder eine Grenze innerhalb eines Nationalstaates handelt – bei hoher Autonomie oder starken Abgrenzungstendenzen von administrativen Untereinheiten eines Staates wie Bundesländern oder Kantonen können Hindernisse und Chancen der grenzüberschreitenden Zusammenarbeit vergleichbar mit denjenigen sein, die sich über eine nationale Grenze erstrecken.

Zusammenarbeit in Destinationen, also auch grenzüberschreitende, die in der Folge ein Management erfordert, generiert z. B. in Bezug auf Vermarktungsaktivitäten, die in der Regel die vorherrschende Aktivität touristischer *stakeholder* in Destinationen darstellen, ganz allgemein die folgenden Vorteile:

„First, individually, stakeholders could create less promotional impact on potential visitors than a promotional campaign in which resources were pooled. In an increasingly competitive marketplace, the ability to create greater levels of awareness may give advantage to a poorly understood destination. By pooling efforts all organizations involved can achieve economies of scale" (Reid 1987, zitiert in Palmer/Bejou 1995, S. 617).

Den spezifischen Charakteristika grenzüberschreitender Destinationen Rechnung tragend, vergleicht dieser Beitrag die Destinationen Bodensee, Oberrhein und Catlins im Zuge einer ersten Analyseebene, leitet davon Metamodelle des Managements ab und bewertet diese auf einer zweiten Analyseebene im Hinblick auf Aspekte des strategischen Managements.

2 Kurzporträts der grenzüberschreitenden Destinationen Bodensee, Oberrhein und Catlins

Die drei grenzüberschreitenden Destinationen Bodensee, Oberrhein und Catlins werden nach dem folgenden Schema verglichen:

A) Ausdehnung und Abgrenzung
B) Komplexität
C) Übernachtungen und Stellung im Destinations-Lebenszyklus
D) Managementkonzept und Organisationsform
E) Treiber der Zusammenarbeit
F) Bedeutung der Grenze(n)
G) Stadium der Zusammenarbeit.

ad A)
Fragen der Abgrenzung sind insbesondere bei der Seedestination Bodensee relevant. Der Größenvergleich der Destinationen sagt auch etwas aus über diesbezügliche Anforderungen an das Management.

ad B)
Zur Beurteilung der Komplexität wird die Heterogenität der *stakeholder* und der Grad der Verpolitisierung herangezogen.

ad C)
Zur Einordnung der jeweiligen Stellung der Destination im Destinations-Lebenszyklus wird Bezug auf das Modell von Simon (vgl. 2008, S. 434 zitiert in Eisenstein 2010, S. 62) genommen, das die Stadien

a) Einführung
b) Wachstum
c) Reife
d) Sättigung
e) Degeneration
f) Relaunch

in Anlehnung an den Lebenszyklus von Produkten beinhaltet. Angewendet auf einzelne Produkte oder Branchen beschreibt das Modell ein stetiges Wachstum, das nach einer eintretenden Sättigung und beginnender Degeneration einen *relaunch* benötigt, um sich als Produkt oder Branche am Markt zu halten.

ad D)
Frys (2010, S. 418) verweist auf die Relevanz eines Managementkonzeptes als Erfolgsfaktor für grenzüberschreitende touristische Kooperationen. In diesem Beitrag werden daher vergleichend die Managementkonzepte der grenzüberschreitenden

Destinationen Bodensee, Oberrhein und Catlins erfasst und in der Folge unter Gesichtspunkten des strategischen Managements bewertet.

ad E)
Neben dem Druck, einer Gästesicht als Gesamtdestination entsprechen zu müssen und der Erlangung von *economies of scale* bei der gemeinsamen Nutzung von touristischen Ressourcen, sind grundsätzliche Treiber von Zusammenarbeit organisationaler Einheiten, also auch diejenigen von *stakeholdern* in grenzüberschreitenden Destinationen, nach Oliver (1990, S. 243 ff.):

a) Notwendigkeit
b) Asymmetrien
c) Reziprozität
d) Effizienz
e) Stabilität
f) Legitimität.

Diese werden zur Bewertung der Motive der Zusammenarbeit herangezogen und bedeuten im Einzelnen folgendes: Notwendigkeit liegt als Treiber einer Zusammenarbeit dann vor, wenn gesetzliche oder behördliche Vorgaben dafür bestehen. Asymmetrien von Ressourcen können außerdem ein Motiv der Zusammenarbeit dahingehend sein, dass eine Organisation die Zusammenarbeit mit einer anderen anstrebt, die über mehr oder bessere Ressourcen verfügt. Reziprozität als Treiber der Zusammenarbeit bedeutet, dass Organisationen auf der Basis gemeinsamer Ziele oder Interessen zusammenarbeiten. Wenn durch eine Kooperation das Input/Output-Verhältnis einer Organisation verbessert wird, spricht man im Sinne von Oliver (ebenda) von Effizienz als Treiber der Zusammenarbeit. Stabilität kann ein weiteres Motiv sein: ein unsicheres Umfeld kann dazu führen, dass man eine berechenbare Stabilität durch Kooperation mit anderen zu erlangen versucht. Legitimität schließlich als Kooperationstreiber heißt, Zusammenarbeit mit dem Motiv, Image, Prestige oder der Reputation zu erhöhen.

ad F)
Die Bewertung der jeweiligen Grenze(n) wird vorgenommen in Anlehnung an die Typologie von Timothy (2001, S. 11):

a) Borders as Barriers
b) Borders as Destinations
c) Borders as Modifiers of the Tourism Landscape.

| Borders as Barriers | Borders as Destinations | Borders as Modifiers of the Tourism Landscape |

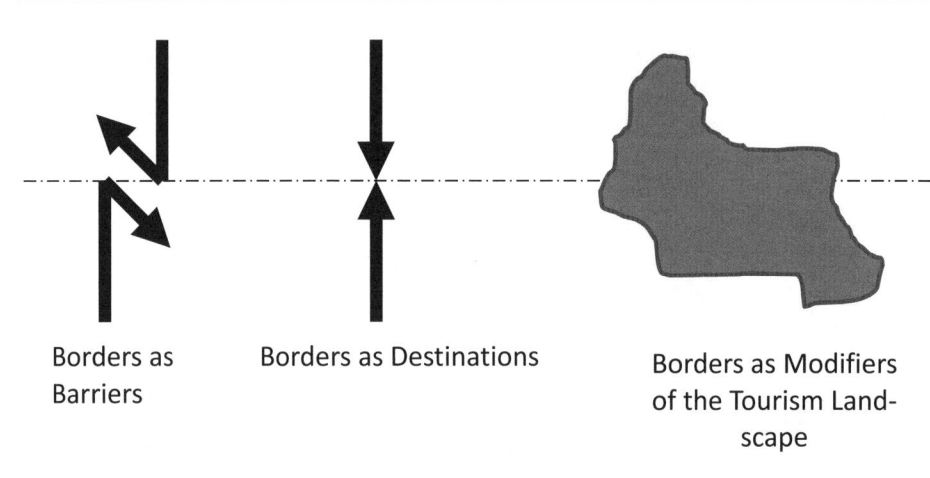

Abbildung 1: Grenztypologie nach Timothy 2001, S. 11. Quelle: eigene Darstellung 2011

Diese wird von Timothy (a.a.O., S. 10) wie folgt spezifiziert:

"Matznetter (1979: 67) highlighted some of the connections between boundaries and tourism, and suggested a three-fold typology of spatial relationship between the two: (1) [entspricht a) s. oben] where the boundary line is distant from tourist areas, (2) [entspricht b), s. oben] where a tourist zone exists adjacent to the boundary line on only one side, and (3) [entspricht c) s. oben] tourist zones that extend across, or meet at borders. He suggests that in the first case, the frontier functions as barrier or simple line of transit. Thus, the influence of the border depends largely on its degree of permeability. In the second case, Matznetter suggests that in addition to being attracted to the tourist-oriented side, some people will be attracted to visit the other side as well, which presents opportunities for tourism development to spill onto the non-tourist side of the border. In the third instance, there may be communication and cooperation between the two sides, so that the entire natural or cultural attraction system operates as one entity, or conversely the border may act as a significant barrier altogether."

ad G)
Wang (2008, S. 155) benennt die folgenden Stadien von Kooperation im Destinationsmarketing:

a) Assembling
b) Ordering
c) Implementation
d) Evaluation
e) Transformation.

Diese dienen der Einschätzung des Kooperationsgrades in den jeweiligen grenzüberschreitenden Destinationen. Grundsätzlich startet nach Wang (ebenda) die Zusammenarbeit mit dem *assembling stage*, d. h. mögliche Partner einer Kooperation formieren sich und generieren erste Ideen zur geplanten Zusammenarbeit. Im Folgenden *ordering stage* werden Ressourcen gebündelt und gemeinsame Ziele, Maß-

nahmen und Regeln festgelegt. *Implementation stage* meint dann, dass konkrete Handlungen ausgeführt werden und die Kooperationspartner ihre Rollen und Kommunikationsformen gefunden haben. Der sich anschließende *evaluation stage* beinhaltet rückblickende Bewertungen der bisherigen Zusammenarbeit auf der Basis der Zielerreichung. *Transformation stage* kann dann beispielsweise die folgenden Zustände bedeuten:
- Verstärkung der Partnerschaften
- Entstehung neuer Projekte
- Weitermachen wie bisher
- Weitermachen in anderer Form
- Beendigung der Zusammenarbeit.

Diese Abfolge ist nach Wang (a.a.O., S. 157 f.) nicht starr:

"Not all collaborations, however, proceeded through these stages in sequence; nor did all the partners in a collaborative relationship go through all the stages identified. In other words, the stages were not necessarily separate and distinct in practice. Overlapping and recycling back to earlier issues that were not addressed may be necessary, particularly if leadership was conflicted or new partners were added. For example, issues in the assembling stage might need to be revisited during the ordering stage, and evaluation might not be a necessary stage each collaboration had to go through, especially for small businesses."

Basierend auf diesem multifaktoralen Vergleich werden Managementmodelle abgeleitet, die dann in der Folge vor dem Hintergrund des strategischen Managementansatzes bewertet werden.

2.1 Die grenzüberschreitende Destination Bodensee

2.1.1 Ausdehnung und Abgrenzung

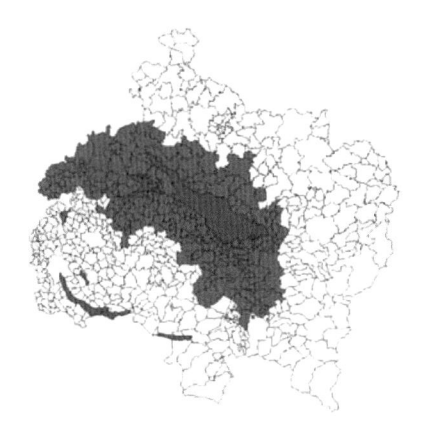

Scherer (2009) grenzte die Destination Bodensee auf die ufernahen Gemeinden ein, was immer noch eine Ausdehnung der Destination von über 100 km in der Länge bedeutet (Stein am Rhein – Bregenz: ca. 70 km).

Abbildung 2: Die Abgrenzung der Destination Bodensee. Quelle: Scherer 2009

2.1.2 Komplexität

Die reine Anzahl der *stakeholder* und auch deren Heterogenität sind groß: vier Nationalstaaten (inklusive Liechtenstein), 19 Länder/Kantone, 41 Landkreise und Bezirke, 528 Gemeinden, 12 national orientierte Tourismusorganisationen (vgl. Scherer 2010) und ca. 160 Tourismusorganisationen insgesamt (überwiegend TIs). Hinzu kommen weitere Akteure, wie Ministerien, die Internationale Bodenseekonferenz, die Bodensee Standort Marketing, der Bodenseerat, der Städtebund Bodensee und die EUREGIO Bodensee, die im Rahmen ihrer auch touristischen Zuständigkeit insbesondere tourismuspolitischen Einfluss ausüben. Der Grad der Verpolitisierung kann daher ebenfalls als hoch eingeschätzt werden. Die Destination Bodensee ist somit hochgradig komplex.

2.1.3 Übernachtungen und Stellung im Destinations-Lebenszyklus

Die engere Bodenseeregion generiert Übernachtungszahlen in Höhe von 6,4 Mio. (vgl. Scherer 2010) und kann aufgrund deren stetigen und langjährigen Anstieges zunächst als gesättigte Destination bezeichnet werden. Aufgrund eines zur Zeit der Drucklegung dieses Beitrages noch nicht abgeschlossenen Prozesses der Neupositionierung und Reorganisation kann die Stellung im Destinations-Lebenszyklus gemäß Simon (2008, S. 434 zitiert in Eisenstein 2010, S. 62) dem *relaunch* zugeordnet werden.

2.1.4 Managementkonzept und Organisationsform

Ein Managementkonzept basierend, auf der Grundidee von *coopetition* (Kooperationswettbewerb vgl. Nalebuff und Brandenburger 2008) existiert in der Destination Bodensee, auch wenn es noch nicht im Detail umgesetzt wurde, ebenso eine grenzüberschreitende Institution, die dieses organisatorisch umsetzten kann, die Internationale Bodensee Tourismus (IBT) GmbH. Eine allgemeine und unspezifische Idee von Zusammenarbeit ablösend, erlaubt das neue Managementparadigma der *coopetition* in der Internationalen Destination Bodensee die Gleichzeitigkeit von Konkurrenz und Kooperation. Praktisch kann dies geregelt werden in einer ineinandergreifenden Architektur von Ziel- und Leistungsvereinbarungen (vgl.Thimm 2011a).

Das Management der Dachorganisation IBT weist nach Thimm (2011c) in Bezug auf *coopetition* folgende Bewertung von Erfolgsfaktoren auf:

Management Commitment	Relationship Development	Communication Management
Management Leadership (+)	Development of Trust (+/-)	Information System Support (-)
Longterm Commitment (+)	Knowledge and Risk Sharing (+/-)	Conflict Management System (-)
Organizational Learning (+)		

Tabelle 1: Zusammenfassende Bewertung zu Erfolgsfaktoren von coopetition als Managementgrundlage in der internationalen Destination Bodensee nach dem Referenzmodell von Chin, Chan und Lam 2008, S. 442. Quelle: eigene Darstellung 2011

Rehage (2010, S. 61) kommt unter Verwendung ähnlicher Kategorien zur Einschätzung des Erfolges des Managements zu vergleichbaren Ergebnissen für die Destination Bodensee.

2.1.5 Treiber der Zusammenarbeit

Die Treiber der Zusammenarbeit der *stakeholder* in der Destination Bodensee können im Sinne von Oliver (a.a.O., S. 243 ff.) wie folgt bewertet werden:

Treiber	Bewertung
Notwendigkeit	völlig irrelevant
Asymmetrien	relevant
Reziprozität	sehr relevant
Effizienz	sehr relevant
Stabilität	irrelevant
Legitimität	irrelevant

Tabelle 2: Bewertung der Treiber der Zusammenarbeit in der Destination Bodensee.
Quelle: eigene Darstellung 2011

Für die *stakeholder* in der Destination Bodensee besteht keine Notwendigkeit der Zusammenarbeit im Sinne gesetzlicher Vorgaben, da keine übergeordnete gesetzgebende Institution existiert. Stabilität und Legitimität sind ebenfalls nicht relevant, da weder ein unsicheres Umfeld noch das Streben nach Prestige relevante Treiber sind. Asymmetrien kommt schon eine stärkere Bedeutung zu: im Sinne der Partizipation an Ressourcen anderer Organisationen kann die Zusammenarbeit der Gesellschafter der IBT gewertet werden. Wichtiger noch sind aber Reziprozität und Effizienz. Letztlich wissen alle *stakeholder* in der Destination Bodensee, dass der See und seine Uferlinie die zentralen Elemente der touristischen Nachfrage und damit der Vermarktung darstellen. Das gemeinsame Ziel, die Destination Bodensee auf Wachstumskurs zu halten, lässt sie im Sinne der Reziprozität zusammenarbeiten. Effizienz entsteht dabei durch das Poolen von Ressourcen und durch kollektive Zunahme an Knowhow.

2.1.6 Bedeutung der Grenzen

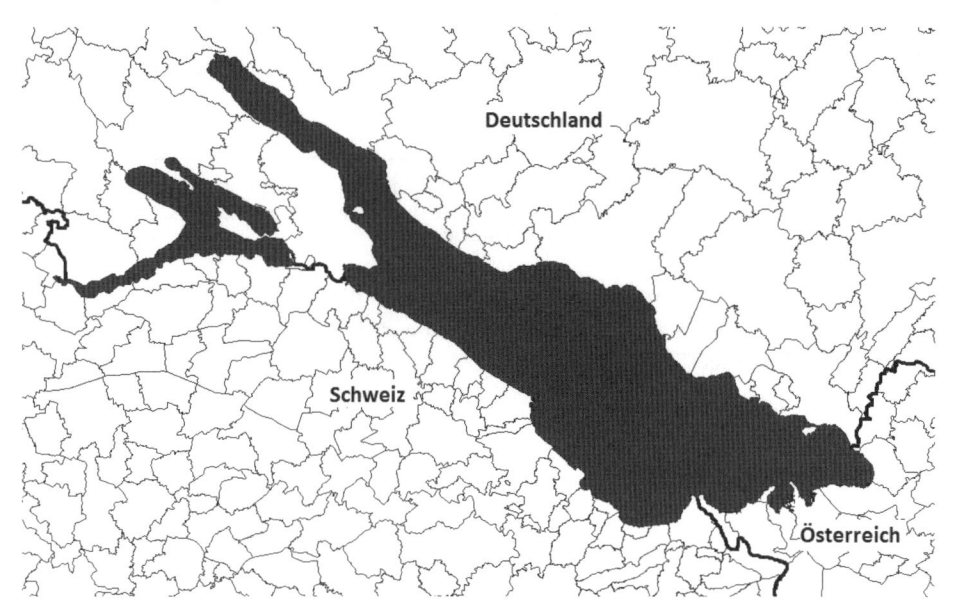

Abbildung 3: Der Verlauf der Grenzen von Deutschland, Österreich und der Schweiz in der Destination Bodensee. Quelle: Thimm 2011b

Im Sinne von Timothy (a.a.O., S. 11) sind die Grenzen der drei Bodenseeanrainerstaaten „Borders as Modifiers of the Tourism Landscape". Der Sichtweise des Gastes folgend fungiert die Destination Bodensee als eine Destination ungeachtet der Nationalstaatengrenzen, die sie durchlaufen. Mit einer Dachorganisation, der Internationalen Bodensee Tourismus (IBT) GmbH, finden zudem Kooperation und Kommunikation rund um den See statt. Darüber hinaus wird das Vorhandensein mehrerer Nationalstaaten und damit indirekt ihrer Grenzen als Mehrwert dargestellt:

„Vielfalt erleben – vier Länder und ein See" (http://www.bodensee.eu [Zugriff am 20.01.11], Anmerkung: Liechtenstein grenzt nicht an den Bodensee, ist aber Gesellschafter der IBT.)

2.1.7 Stadium der Zusammenarbeit

Das Stadium der Zusammenarbeit in der Destination Bodensee kann eindeutig dem *transformation stage* (gemäß Wang 2008, S. 155) zugeordnet werden: Die Dachorganisation IBT befindet sich zum Zeitpunkt der Drucklegung dieses Beitrages in einem tiefgreifenden Transformationsprozess hinsichtlich strategischer Positionierung, Markenpositionierung sowie der Management- und Organisationsform. Es handelt sich also um ein „Weitermachen in anderer Form" (ebenda).

2.2 Die grenzüberschreitende Destination Oberrhein

2.2.1 *Ausdehnung und Abgrenzung*

Die trinationale Tourismusregion Oberrhein hat eine Ausdehnung in der Länge von zirka 300 km.

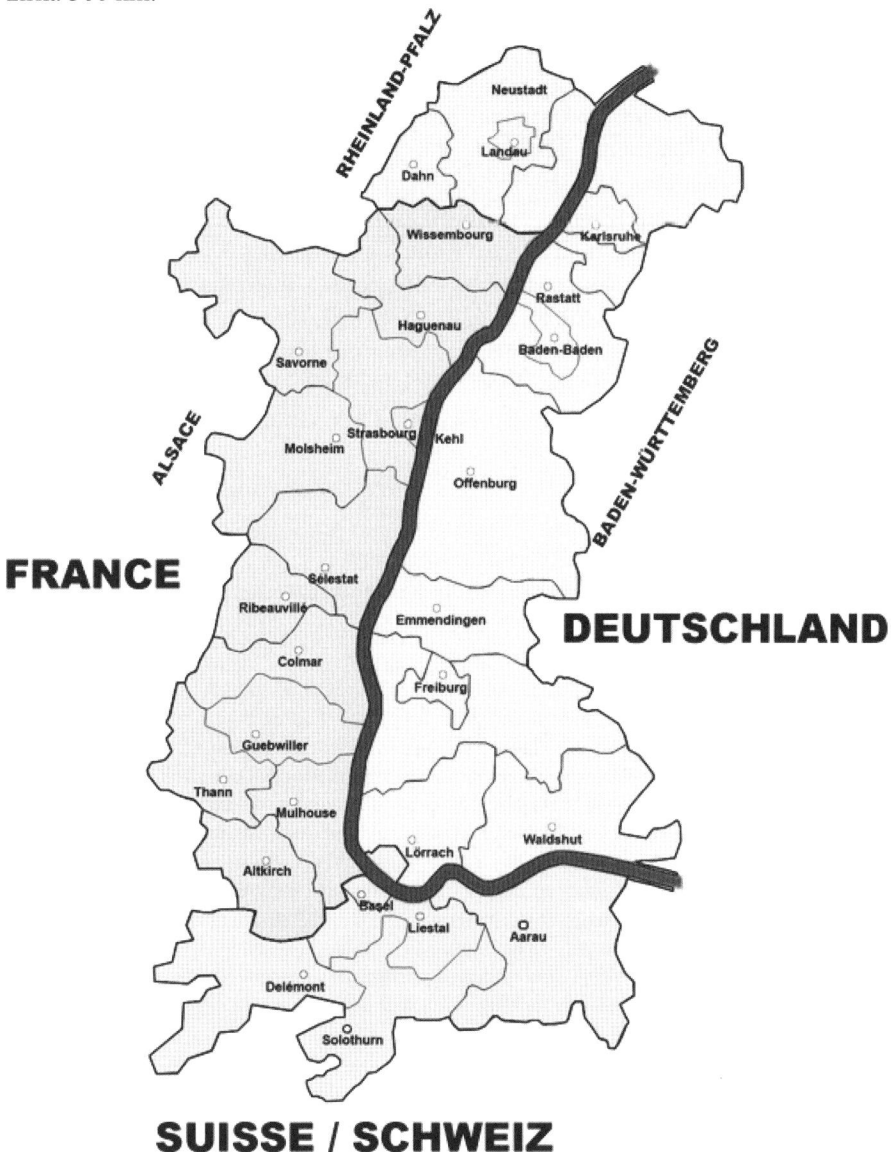

Abbildung 4: Die Destination Oberrhein, Quelle: http://www.amigos-unidos.de/2010/07/01/gemeinsam-werben-trinationale-metropolregion-oberrhein [Zugriff am 16.01.11]

2.2.2 Komplexität

Zur Anzahl der touristischen *stakeholder* kann keine präzise Aussage getroffen werden. Das Einwirken von drei Nationalstaaten auf die Destination kann als Indikator für einen hohen Verpolitisierungsgrad gelten. Auch die Destination Oberrhein kann als komplex bezeichnet werden.

2.2.3 Übernachtungen und Stellung im Destinations-Lebenszyklus

Die Destination Oberrhein generiert ca. 17 Mio. Übernachtungen (vgl. http://www.amigos-unidos.de/2010/07/01/gemeinsam-werben-trinationale-metropol region-oberrhein [Zugriff am 16.01.11]). Durch die Neupositionierung als Destination Oberrhein, was in allererster Linie als politisches Konstrukt zu verstehen ist (vgl. Wirtschaft im Südwesten 10/2009, S. 22), kann sie im Destinations-Lebenszyklus gemäß Simon (2008, S. 434 zitiert in Eisenstein 2010, S. 62) unter *relaunch* eingeordnet werden. Dies entspricht aber nur bedingt der damit gemeinten Kategorie, da die Destination Oberrhein eine künstliche, politisch motivierte Neuschöpfung ist. Seit 2009 erst besteht der Begriff „Destination Oberrhein" (Interview mit Irene Ulrich vom 25.01.11).

2.2.4 Managementkonzept und Organisationsform

Die trinationale Destination Oberrhein strebt keine übergreifende Organisationseinrichtung an:

„Die neue Konzeptidee sieht nun vor, die bisherige "RegioTriRhena" am südlichen Oberrhein auf die gesamte Oberrheinregion auszuweiten und ihre vier großen Teilregionen, die mit rund 16 Mio. Übernachtungen im Gesamtgebiet auch im internationalen Vergleich zu den großen Destinationen gehört, unter der Dachmarke „Oberrhein" gemeinsam zu vermarkten. Dabei sollen die erfolgreichen Einzelmarken beibehalten und thematisch eingebunden werden. Diese weltweit einzigartige Kombination in weit entfernten Quellgebieten wie Asien und Amerika unter einer Dachmarke touristisch gemeinsam zu vermarkten, ist das Ziel des Vorschlags. Dabei sollen die bestehenden Strukturen ohne Bildung neuer Einheiten zu einem trinationalen Netzwerk zusammengeführt und ausgewählte Themen- und Handlungsschwerpunkte wie z. B. Städtetourismus, Kunst, Kultur und Architektur, Kongresse und Tagungen, Erholung und Bewegung (Wandern, Nordic Walking und Biken), Essen und Trinken (Weine und Spitzengastronomie) gemeinsam beworben werden." (http://www.lifepr.de/pressemeldungen/freiburg-wirtschaft-touristik-und-messe-gmbh-co-kg/boxid/ 5939 [Zugriff am 16.01.11])

Somit beruht das Management der Destination auf einem losen Netzwerk (zum Begriff des Netzwerkes vgl. auch Fischer 2009, S. 93), das projekt- und themenorientiert zusammenarbeitet und insbesondere auf entfernten geographischen Märkten die Dachmarke Oberrhein nutzt.

2.2.5 Treiber der Zusammenarbeit

Für die Destination Oberrhein ergibt sich folgende Bewertung der Treiber der Zusammenarbeit:

Treiber	Bewertung
Notwendigkeit	irrelevant
Asymmetrien	wenig relevant
Reziprozität	relevant
Effizienz	relevant
Stabilität	irrelevant
Legitimität	relevant

Tabelle 3: Bewertung der Treiber der Zusammenarbeit in der Destination Oberrhein.
Quelle: eigene Darstellung 2011

Es existieren keine gesetzlichen Vorgaben, die eine Zusammenarbeit im Sinne der Notwendigkeit erfordern. Asymmetrien sind auch nicht relevant, da die Destination Oberrhein ihrerseits starke Destinationen beinhaltet. Reziprozität und Effizienz sind insofern relevant, als dass mit der Dachmarke Oberrhein insbesondere die Überseemärkte USA, Kanada, China, Indien und Südkorea angesprochen werden sollen (Interview mit Irene Ulrich vom 25.01.11). Da kein unsicheres Umfeld existiert, ist Stabilität nicht relevant, wohl aber Legitimität: die Destination Oberrhein ist ein politisches Konstrukt und soll die Kulturregion Oberrhein imageträchtig als Destination transportieren (Interview mit Frau Dr. Franziska Pankow vom 24.01.11).

2.2.6 Bedeutung der Grenzen

Im Sinne von Timothy (a.a.O., S. 11) sind die Grenzen der drei Nationalstaaten Deutschland, Frankreich und Schweiz der Destination Oberrhein ebenso wie bei der Destination Bodensee „Borders as Modifiers of the Tourism Landscape". Der Unterschied zur Destination Bodensee aber besteht insbesondere darin, dass erstere seit Jahrzehnten als Destination bekannt ist und als solche wahrgenommen wird, während die Destination Oberrhein eine neuere, künstliche Schöpfung ist. Somit beinhaltet die Destination Oberrhein Destinationen oder Teile davon, die sehr viel bekanntere Marken sind, als die Dachmarke Oberrhein: Schwarzwald, Pfalz, Elsass und Schweiz.

2.2.7 Stadium der Zusammenarbeit

Das Stadium der Zusammenarbeit in der Destination Oberrhein kann gemäß Wang (2008, S. 155) als *implementation* bezeichnet werden: Die *stakeholder* haben ihre

Organisationsform gefunden und führen gemeinsame Handlungen aus (Produktentwicklung, Themen, gemeinsame Vermarktung).

2.3 Die grenzüberschreitende Destination Catlins

2.3.1 Ausdehnung und Abgrenzung

Die Destination Catlins befindet sich auf der Südinsel Neuseelands und ist Teil sowohl der Region Otago als auch der Region Southland, sowie der Distrikte Clutha und Southland. Regionen (Regional Councils) bilden in Neuseeland die erste Stufe in der Verwaltungsgliederung, gefolgt von der zweiten Stufe der Distrikte (City, District oder Island Council). Ihre längste Ausdehnung beträgt ca. 270 km (Dunedin – Te Anau), weitere Begrenzungspunkte sind: Invercargill und Owaka (vgl. http://www.catlins-nz.com/ [Zugriff am 22.01.11]).

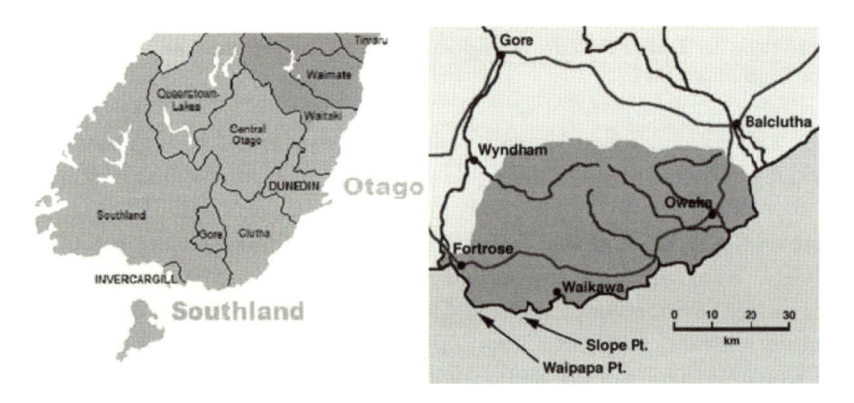

Abbildung 5: Die Destination Catlins. Quellen:
http://de.wikipedia.org/w/index.php?title=Datei:NZTerritorialAuthorities.png&filetimestamp=200
70922211943 und http://upload.wikimedia.org/wikipedia/commons/thumb/a/a0/Catlinsmap.jpg/
[Zugriffe am 20.07.11].

2.3.2 Komplexität

Aufgrund der regionalen Grenze, die die Destination Catlins durchläuft, sind touristische und administrative *stakeholder* immer gedoppelt: zwei Naturschutzeinrichtungen, zwei Regionalregierungen (von Otago im Osten und Southland im Westen der Destination) und zwei Distrikte: Clutha District Council und Southland District Council (vgl. Lovelock/Boyd 2006, S. 144 und 154). Im Vergleich mit den multinationalen Destinationen Bodensee und Oberrhein kann die Komplexität als mittel bewertet werden.

2.3.3 Übernachtungen und Stellung im Destinationslebenszyklus
Lovelock/Boyd (a.a.O, S. 149) schätzen die jährliche Anzahl an Besuchern in der Destination Catlins – in Ermangelung verlässlicher Daten – auf ca. 100.000–200.000 und die jährliche Wachstumsrate auf ca. 10 %. Die Stellung im Destinations-Lebenszyklus gemäß Simon (2008, S. 434 zitiert in Eisenstein 2010, S. 62) kann daher klar dem Stadium Wachstum zugeordnet werden.

2.3.4 Managementkonzept und Organisationsform
2003 gab es erstmals eine nennenswerte grenzüberschreitende Zusammenarbeit, um eine gemeinsame Strategie für einen nachhaltigen Tourismus (vgl. Lovelock 2011) in der Region zu entwickeln. Davor gab es nur vereinzelte Ansätze der Zusammenarbeit auf der Ebene der Produktentwicklung. Die Zusammenarbeit wurde insbesondere durch die starke Zunahme der touristischen Besucher stimuliert – ein strategischer Ansatz zum Umgang mit steigenden Touristen in einem partiell geschützten Gebiet mit wild lebenden Tieren wurde notwendig (vgl. Lovelock/Boyd a.a.O, S. 149 f.). Die Zusammenarbeit des Clutha District Council und des Southland District Council wird als schwierig beschrieben:

„There are two local key government stakeholders involved in tourism planning and development in the Catlins: Clutha District Council and Southland District Council. The two, while operating under the same legislation (Local Government Act 2002) have quite different approaches to tourism and institutional arrangements for tourism, that have led historically to problems in developing and promoting the Catlins as a single destination. There are definite ideological differences across the border relating to tourism. Local government in the north can be characterized as having a low motivation for tourism, with the current leadership more interested in traditional roles of local government, and fostering economic development in more traditional industries. They have little in the way of institutional arrangements for tourism, with no Regional Tourism Organization (RTO) – in fact they are one of the very few local authorities in New Zealand who do not operate their own RTO. This position is reflective of a lack of experience in tourism, and has led to the situation where tourism in the north of the Catlins has been very much a 'grass-roots' initiative. In the south the local authority is more involved and has its own RTO, which has, undertaken some moderate promotion of the Catlins. Importantly, there is experience and a stronger will to develop tourism by local government in the south." (Lovelock/Boyd a.a.O, S. 154 f.).

Somit wurde zwar Tourism Catlins gegründet, blieb aber eine Freiwilligenorganisation ohne eigene Finanzierung (vgl. Lovelock/Boyd a.a.O, S. 155).

2.3.5 Treiber der Zusammenarbeit

Treiber	Bewertung
Notwendigkeit	irrelevant
Asymmetrien	relevant
Reziprozität	sehr relevant
Effizienz	sehr relevant
Stabilität	relevant
Legitimität	relevant

Tabelle 4: Bewertung der Treiber der Zusammenarbeit in der Destination Catlins.
Quelle: eigene Darstellung 2011

Direkte gesetzliche Vorgaben, die eine Zusammenarbeit erfordern, existieren nicht. Asymmetrien sind insofern sehr relevant, als dass Ungleichgewichte hinsichtlich der Relevanz und Kompetenz bezüglich touristischer Aktivität auf beiden Seiten der Distriktgrenzen bestehen. Effizienz und Reziprozität als Treiber der Zusammenarbeit sind in der Destination Catlins wirksam, da gemeinsame Ziele hinsichtlich der touristischen Strategie bestehen und wechselseitig Kompetenzen genutzt werden. Aufgrund der Bewältigung neuer Umfeldbedingungen, in diesem Fall stark steigender Besucherzahlen, ist Stabilität ein weiterer relevanter Treiber der Zusammenarbeit. Nicht zuletzt spielt Legitimität insofern eine Rolle, als dass beiderseits der Distriktgrenze eine Nachfrage nach Zusammenarbeit besteht. (vgl. Lovelock/Boyd a.a.O, S. 153).

2.3.6 Bedeutung der Grenze
Die Grenze ist auch bei der Destination Catlins im Sinne von Timothy (a.a.O., S. 11) zugehörig zur Kategorie „Borders as Modifiers of the Tourism Landscape". Der Gast nimmt Catlins als eine Destination wahr und mit Tourism Catlins existiert eine grenzüberschreitende touristische Einrichtung.

2.3.7 Stadium der Zusammenarbeit
Das Stadium der Zusammenarbeit in der Destination Catlins kann als *implementation* bezeichnet werden, da gemeinsame Handlungen durchgeführt werden und Organisations- und Kommunikationsformen definiert wurden.

3 Ableitung von Metamodellen des Managements grenzüberschreitender Destinationen

Die folgende Aufstellung fasst die für das grenzüberschreitende Destinationsmanagement relevanten Parameter aus der vorangegangenen Analyse zusammen:

Destination	Komplexität	Lebenszyklus	Management	Stadium der Zusammenarbeit
Bodensee	hoch	Relaunch	Coopetition	Transformation
Oberrhein	hoch	Relaunch	Netzwerk (themen- und produktorientiert)	Implementation
Catlins	mittel	Wachstum	Netzwerk (partiell strategiebasiert und institutionalisiert)	Implementation

Tabelle 5: Zusammenfassender Vergleich der Destinationen Bodensee, Oberrhein und Catlins bezüglich der Parameter Komplexität, Lebenszyklus, Management und Stadium der Zusammenarbeit. Quelle: eigene Darstellung 2011

Auf die Betrachtung der Ausdehnung, der Bedeutung der Grenzen und der Motive der Zusammenarbeit wird in diesem Zusammenhang verzichtet, da alle drei Destinationen großräumig sind und die Bedeutung der Grenzen für alle drei gleich sind, ebenso gleichen sich die Motive der Zusammenarbeit in weiten Teilen. Das Vorhandensein der Grenzen erhöht die Komplexität einer Destination grundsätzlich im Sinne einer gesteigerten politischen Einflussnahme, einer höheren Anzahl an *stakeholdern* und der Dopplung administrativer Strukturen und ist damit über den Punkt Komplexität mit erfasst.

Zusammenfassend lassen sich für die drei hier analysierten Destinationen folgende Metamodelle des grenzüberschreitenden Destinationsmanagements ableiten:

3.1 Managementmodell der Destination Bodensee: paradigmenbasiertes Flexibilitätsmodell

Die Destination Bodensee verfügt bei hoher Komplexität, einer Lebenszyklusstellung im *relaunch* und einem Stadium der Zusammenarbeit der Transformation über eine auf dem Paradigma der *coopetition* basierende Philosophie des Managements. Insgesamt kann daher dieses Modell als paradigmenbasiertes Flexibilitätsmodell bezeichnet werden: Kooperationswettbewerb (*coopetition*) bildet die Basis und schafft durch das gleichzeitige Zulassen von Wettbewerb und Kooperation eine Flexibilität, die der Komplexität der Destination gerecht wird.

3.2 Managementmodell der Destination Oberrhein: themen- und produktorientiertes Netzwerk

Auch die ebenfalls hochkomplexe Destination Oberrhein befindet sich im *relaunch*. Das Stadium der Zusammenarbeit kann als *implementation* bezeichnet werden. Da die künstlich geschaffene Destination Oberrhein ihrerseits starke Destinationen beinhaltet, hat sie sich auf die Vermarktung von Themen und Produkten auf überregionalen, geografisch entfernten Märkten konzentriert. Das Managementmodell kann also als themen- und produktorientiertes Netzwerk aufgefasst werden.

3.3 Managementmodell der Destination Catlins: partiell strategiebasiertes und institutionalisiertes Netzwerk

Die Destination Catlins hat eine geringere Komplexität als die Destinationen Bodensee und Oberrhein und befindet sich als einzige der hier betrachteten Beispiele im Wachstum. Im Stadium der Zusammenarbeit in der *implementation* angesiedelt, gibt es erste Ansätze der Kooperation auf der strategischen Ebene und der Institutionalisierung (hier Gründung von Tourism Catlins). Das Managementmodell der Destination Catlins kann daher als partiell strategiebasiertes und institutionalisiertes Netzwerk bezeichnet werden.

Zusammenfassend ergibt sich folgendes Bild:

Destination	Managementmodell
Bodensee	paradigmenbasiertes Flexibilitätsmodell
Oberrhein	themen- und produktorientiertes Netzwerk
Catlins	partiell strategiebasiertes und institutionalisiertes Netzwerk

Tabelle 6: Übersicht über die Managementmodelle der Destinationen Bodensee, Oberrhein und Catlins Quelle: eigene Darstellung 2011

4 Bewertung dieser grenzüberschreitenden Destinationsmanagementmodelle im Hinblick auf Objekte des strategischen Managements

Wang (2007, S. 77) weist den Ansatz des strategischen Managements als eines der relevanten theoretischen Paradigmen aus, touristische Marketingkooperationen zu analysieren und zu bewerten. In diesem Kapitel sollen die oben beschriebenen drei Destinationen Bodensee, Oberrhein und Catlins dahingehend bewertet werden, in welcher Weise sie Anforderungen des strategischen Managements entsprechen. Als Bewertungsraster dienen hierbei Hungenbergs (2006, S. 8 f) Objekte des strategischen Managements:

- Strategien
  - Langfristige Geschäftsziele
  - Festlegung der angestrebten Marktposition
  - Identifizierung und Aufbau von wettbewerbsrelevanten Ressourcen
- Strukturen
  - Organisation (Arbeitsteilung, Regelung der Zusammenarbeit)
  - Koordination
- Systeme
  - Managementinformationssysteme
  - Anreizsysteme

Strategien stehen hierbei für die langfristige geschäftliche Ausrichtung der Destination, inklusive der Definition der Marktposition und der entsprechenden Ausrichtung der Ressourcen. Der Ressourceneinsatz wird durch ein strukturgebendes Regelwerk in der Destination festgelegt. Strukturen regeln somit die Arbeitsteilung und deren Koordination. Zur zielorientierten Steuerung der Destination werden Systeme eingesetzt, d. h. Instrumente, die entscheidungsrelevante Informationen zur Verfügung stellen (Managementinformationssysteme) oder der Mitarbeitermotivation dienen (Anreizsysteme). Strategien, die die Richtung unternehmerischen Handelns vorgeben, werden auch mit dem Begriff „Direktion" bezeichnet und dafür unterstützende Strukturen und Systeme als „Koordination" benannt. Die Entscheidung für bestimmt Strategien, Strukturen und Systeme bezeichnet man als strategisches Management (vgl. ebenda).

4.1 Bewertung der Destination Bodensee (paradigmenbasiertes Flexibilitätsmodell)

Die Destination Bodensee hat durch die Formulierung einer Tourismusstrategie (vgl. Scherer 2010) ihre langfristigen Ziele festgelegt. Eine Festlegung der Marktposition erfolgte in Bezug auf Wettbewerber nicht. Die Ressourcen sollen im derzeit stattfindenden Restrukturierungsprozess der Internationalen Bodensee Tourismus GmbH (IBT) auf diese strategischen Ziele ausgerichtet werden. Arbeitsteilung und Koordinationsaufgaben sollen durch Ziel- und Leistungsvereinbarungen der *stakeholder* der Destination Bodensee mit der IBT geregelt werden. Inhaltlich umfassen sie beispielsweise Basis-Dienstleistungen, strategische Geschäftsfelder, Länder-/Kantoneaufträge und Projekte. Diese befanden sich zum Zeitpunkt der Drucklegung dieses Beitrages in Verhandlung. Die Einrichtung eines Managementinformationssystems in der Destination Bodensee ist projektiert, und Anreizsysteme können im Zuge der Neustrukturierung der IBT z. B. durch leistungsbezogene Besoldungsanteile eingeführt werden. Vorhanden sind sie bisher noch nicht (vgl. Thimm 2011a).

4.2 Bewertung der Destination Oberrhein (themen- und produktorientiertes Netzwerk)

Die Destination Oberrhein hat mit der Fokussierung auf Überseemärkte eine klare strategische Ausrichtung und richtet auch ihre dafür gepoolten Ressourcen darauf aus. Eine Marktpositionierung in Bezug auf Konkurrenten besteht nicht. In Hinblick auf seine Zielsetzung sind die Aktivitäten des Netzwerkes koordiniert und organisiert. Unterstützende Systeme im oben genannten Sinne existieren nicht.

4.3 Bewertung der Destination Catlins (partiell strategiebasiertes und institutionalisiertes Netzwerk)

Die strategische Ausrichtung der Destination Catlins ist partiell, dafür aber institutionalisiert. Im Rahmen dieser partiellen strategischen Ausrichtung ist auch die Ausrichtung der diesbezüglich eingesetzten Ressourcen partiell. Konkurrenzorientierte Marktpositionierung besteht nicht. Die Institutionalisierung stellt ein Minimum an Organisation und Koordination sicher. Dafür unterstützende Systeme existieren nicht.

5 Zusammenfassung der Bewertung der Managementmodelle und Ausblick

Die Destination Bodensee erfüllt mit ihrem Managementmodell der paradigmenbasierten Flexibilität in stärkerem Maße als die Destinationen Oberrhein und Catlins Anforderungen des strategischen Managements. Der Unterschied ist aber nur graduell, da auch das themen- und produktorientierte Netzwerk, das die Managementgrundlage der Destination Oberrhein bildet, respektive das partiell strategiebasierte und institutionalisierte Netzwerk der Destination Catlins Merkmalen des strategischen Managements entsprechen. Der Dezentralisierungs- und Institutionalisierungsgrad nimmt von der Destination Bodensee über die Destination Catlins zur Destination Oberrhein ab – dies ist in den jeweiligen Destinationen bewusst so ausgehandelt worden und per se kein Maßstab für eine stärkere oder geringere Ausrichtung im Hinblick auf strategisches Management.

Zielsetzung dieses Beitrages ist ein praxisorientierter Vergleich dreier grenzüberschreitender Destinationen auf der Basis von grundlegenden Komponenten des strategischen Managements. Interessant wäre die Beobachtung der weiteren Entwicklungen der drei Destinationen im Langzeitvergleich und der detaillierten Ausarbeitung von Determinanten des Erfolges der Destinationen in Abhängigkeit von ihrem jeweiligen Managementmodell.

6 Literatur

Chin, K.-S./Chan, B./Lam, P. (2008): Identifying and prioritizing critical success factors for coopetition strategy, in: Industrial Management and Data Systems 108 (4), S. 437-454.
Eisenstein, B. (2010): Grundlagen des Destinationsmanagements, München.
Fischer, E. (2009): Das kompetenzorientiert Management der touristischen Destination. Identifikation und Entwicklung kooperativer Kernkompetenzen, Wiesbaden.
Frys, W. (2010): Projektbezogene Evaluation touristischer grenzüberschreitender Kooperationen in der Region Saar-Lor-Lux-Trier/Westpfalz, Trier.
Hungenberg, H.(2006): Strategisches Management in Unternehmen. Ziele, Prozesse, Verfahren, Wiesbaden.
Lovelock, B./Boyd, S. (2006): Impediments to a Cross-Border Collaborative Model of Destination Management in the Catlins, New Zealand, in: Tourism Geographies 8 (2), S. 143-161.
Lovelock, B. (2011): Single Worthwhile Policy, Seeking Legitimacy and Implementation: sustainable tourism at the regional destination level, New Zealand, in: Policy Quarterly 7 (4), S. 20-26.
Nalebuff, B./Brandenburger, A.M. (2008): Coopetition – kooperativ konkurrieren: mit Spieltheorie zum Unternehmenserfolg, Eschborn.
Oliver, C.(1990): Determinants of Interorganisational Relationships: Integration and Future Directions, in: Academy of Management Review 15 (2), S. 241-265.
Palmer, A./Bejou, D. (1995): Tourism Destination Marketing Alliances. In: Annals of Tourism Research 22 (3), S. 616-629.
Pechlaner, H./Raich, F. (2005): Vom Destination Management zur Destination Governance, in: Jahrbuch der Schweizerischen Tourismuswirtschaft 2004/2005, IDT-HSG, S. 221-234.
Rehage, J. (2010): Towards a greater international competitiveness of cross-border destinations: Internal strategic destination management criteria for future success. A case study of the heterogeneous cross-border destination 'Lake Constance', Unveröffentlichte Masterarbeit, NHTV Breda University of Applied Sciences.
Scherer, R.(2009/2010): Unveröffentlichte Forschungsergebnisse im Rahmen des INTERREG IV-Projektes „Positionierung Bodensee". IDT-HSG.
Thimm, T. (2011a): Abschlussbericht zu Modul 4. Organisationsmodell für die touristischen Akteure der Bodenseeregion. INTERREG-Projekt Positionierung Bodensee.
Thimm, T. (2011b): Management der internationalen Destination Bodensee – eine Seedestination im Gefüge der Stakeholder, in: Gronau, W. (Hg): Zukunftsfähiger Tourismus: Innovation und Kooperation, Mannheim, S. 121-135.
Thimm, T. (2011c): Coopetition als Managementgrundlage der internationalen Destination Bodensee, in: Bocksberger, P./Schuckert, M. (Hg.): Innovationen in Tourismus und Freizeit, Berlin, S. 195-212.
Timothy, D. J. (2001): Tourism and Political Boundaries, London/New York.
Wachowiak, H. (Hg.) (2006): Tourism and borders: contemporary issues, policies, and international research, Hampshire/Burlington.
Wang, Y. (2008): Collaborative Destination Marketing. Understanding the Dynamic Process. In: Journal of Travel Research 47 (2), S. 151-166.
Wang, Y./Zheng, X. (2007): Toward a Theoretical Framework of Collaborative Destination Marketing, in: Journal of Travel Research 46, S. 75-85.
o.V. Trinationale Tourismusregion Oberrhein als Marke, in: Wirtschaft im Südwesten. 10/2009.

Internetquellen:

http://www.amigos-unidos.de/2010/07/01/gemeinsam-werben-trinationale-metropolregion-oberrhein [Zugriff am 16.01.11]

http://www.lifepr.de/pressemeldungen/freiburg-wirtschaft-touristik-und-messe-gmbh-co-kg/boxid/5939 [Zugriff am 16.01.11]

http://www.bodensee.eu/Hauptseite_de.Sample [Zugriff am 20.01.11]

http://de.wikipedia.org/w/index.php?title=Datei:NZTerritorialAuthorities.png&filetimestamp=20070922211943 [Zugriffe am 20.07.11]

http://upload.wikimedia.org/wikipedia/commons/thumb/a/a0/Catlinsmap.jpg, [Zugriffe am 20.07.11]

Interviews

Interview Frau Dr. Franziska Pankow (Referentin der Geschäftsleitung) vom 24.01.11, Freiburg Wirtschaft Touristik und Messe

Interview mit Frau Irene Ulrich (Projektleiterin INTERREG-Projekt Oberrhein) am 25.01.11, Freiburg Wirtschaft Touristik und Messe

JUDITH REHAGE

Towards a greater international competitiveness of cross-border destinations: Internal strategic organisational destination management criteria for future success

1 Context analysis

The world of tourism is subject to a variety of powerful trends which inevitably reinforce the growing competitive environment of destinations worldwide. Global trends in consumer profiles, upcoming market possibilities and a decrease in customer loyalty imply an incredible increase in competition amongst destinations, not only regionally, but around the world (Crouch, 2007; European Tourism Research Institute, 2005; Hales, 2006; Jamal & Jamrozy, 2006; WTO, 2007). Hartmann (2006) states that guaranteeing competitiveness within the global market will become one of the most crucial challenges in the future. Hence, the success of tourism destinations is influenced by their relative competitiveness, which is an area of growing interest amongst researchers (Enright & Newton, 2004).

Various conceptual models and frameworks were developed with competitiveness as their focal point (Vanhove, 2005). When studying theories on how to facilitate the competitiveness of tourism destinations, conventional research particularly focuses on marketing practices (primarily done by destination marketing organisations) or the image of a destination. In addition, research identifies and analyses attributes such as the products or resources of a destination (see for example Melián-González & García-Falcón, 2003), which influence the attractiveness of a particular region (Enright & Newton, 2004), or the price component, which is an undeniably important element of competitiveness (Vanhove, 2005).

However, destination competitiveness cannot be confined to a small set of determinants (Crouch, 2007). Some authors (e.g. Crouch & Ritchie, 1999) identify the necessity to consider a much wider set of management activities. What is probably the most extensive and comprehensive model, developed by Ritchie and Crouch (2000), includes – besides resources and attractions etc. – two categories with a stronger managerial focus: 'destination management' and 'destination policy, planning and development'. These categories include planning, marketing, human resources, organisation, research and crisis management. The model will be dealt with in greater detail at a later stage of this paper as an important contribution to and advance in the academic literature of destination competitiveness. Enright and Newton (2005), who tested the model in Asia-Pacific, also came to the conclusion that the value of a more comprehensive approach and the inclusion of business-related factors in addition to the conventional tourism attractions are invaluable when it comes to the competitiveness of a destination.

After diving into the existing literature on destination management and competitiveness, it can be summarised that destinations are **increasingly competing on an international level** and that the **need for competitiveness is growing**. The interest in this subject area in terms of academic research is relatively high and an accumulation of information on this topic is available. Even though theories on destination competitiveness increasingly incorporate managerial aspects, not a single study focuses solely on such aspects and if they are taken into consideration, they are often only incorporated as side-effects accompanying other (more important?) competitive attributes. A few studies, such as Ritchie & Crouch (2002) and Dwyer & Kim (2003) successfully include several management indicators, but it is questionable whether those are applicable to highly fragmented cross-border destinations. Amongst the academic tourism literature available today, **no theory or model focusing on the destination management of cross-border destinations, and at the same time seeking to enhance international competitiveness, could be identified**. Ioannides et al. (2006) admit that *'serious gaps in our knowledge on this topic (tourism and borders) remain'* (p.2). As a logical result of the findings in this chapter, the research goal of this paper is *to theoretically develop a framework for internal strategic organisational destination management criteria for greater international competitiveness of cross-border destinations. The following two research questions* support this goal:
1) Which internal managerial criteria have the potential to increase the competitiveness of a cross-border destination towards filling the gap of contemporary tourism literature?
2) How can (theoretically gathered) internal destination management criteria be allocated for an all-encompassing framework to be applicable for practical execution?

2 Amplifying the competitiveness of cross-border destinations

The following chapter is a compilation of theories and concepts from academic literature which is derived from books and articles on destination management and marketing; cross-border areas and tourism; stakeholder management; collaboration, networking and partnerships in tourism; competitiveness of destinations as well as international and cross-cultural strategic management. The way such aforementioned differing knowledge areas are analysed and combined to complete a picture of improved cross-border destination management is an initial step towards the fortified success of heterogeneous, nationally diverse tourism areas in the future. This section of the paper is separated into twelve different internal destination management criteria, which are consolidated in an overview at the end. While the competitive management criteria for cross-border destinations will be categorised explicitly into sub-sections (and later in the overview into separate boxes), the criteria are all highly interdependent and interlinked and should be looked at from a holistic point of view.

2.1 Organisational set-up

If an umbrella organisation is established that is responsible for various tasks, the situation can be improved, especially for cross-border tourism regions. Such tasks may include the implementation of cross-border cooperation, the definition of core businesses for the entire area, cross-border development and the supervision of common activities (Hartmann, 2006). Differences in legal systems, modi operandi, practices, cultures and, sometimes, working language (Mission Opérationnelle Transfrontalière, 2006) need to be combined in a unifying entity for effective tourism development, which Tosun et al. (2005) label a *'joint cross-border tourism organisation'* (p.5). While those tasks and activities are explained in detail in subsequent sub-sections, the necessary set-up and structure of such organisation will be explained first.

The set-up and structure are an important aspect of destination management, which is indicated in the Ritchie and Crouch model (see, for example, Crouch, 2006), which incorporates 'Organisation' in its model on competitiveness. Apparently, the quality and strength of a destination's organisational structure can make a great difference. According to current academic literature, managerial styles for organisations are shifting and will be increasingly important in the future. To begin with, the organisational set-up should not be too bureaucratic if an umbrella organisation seeks to become more competitive. **Bureaucracy**, according to Blatter (1997), may hinder innovation and pragmatic cooperative work, which are essential components for future success. A case study conducted by Ferreira (2004) in Portugal also indicated that strong bureaucratic management styles lead to great obstacles in the development of tourism.

Academic literature suggests two types of organisation regarding bureaucracy (Robbins & DeCenzo, 2008):
– Mechanistic (high specialisation, formalisation and centralisation; rigid hierarchical relationships; fixed duties; many rules; formal communication channels; taller structures);

– Organic (low specialisation, formalisation and centralisation; vertical and horizontal collaboration; adaptable duties; few rules; flatter structures and informal communications).

Organic bureaucracy organisations are more successful in fostering innovation and competitiveness due to their flexibility and adaptability, which is particularly important for the dynamic tourism world.

Rather centralised bureaucracies are shifting towards more decentralised and performance-driven management structures (Hales, 2006). **Decentralisation** implies pushing down authority to the lowest level and empowering lower-level staff to make decisions on those things that affect their work (Robbins & DeCenzo, 2008). Moreover, there is a shift from fragmented, standardised operating systems to more **holistic, integrated forms of working** (Hales, 2006). This type of organisational management could be connected to Pearce and Robinson's (2009) so-called **'boundaryless organisation'**, in which organisational structure allows people to interface with others throughout the organisation without needing to wait for a hierarchy to regulate that interface. This certainly goes hand in hand with the **chain of command,** which should not be too strictly adhered to, as this could hinder an organisation's performance (Robbins & DeCenzo, 2008).

Such new forms of management trigger adaptability and flexibility, which are crucial characteristics in today's international business environment. Adaptability and the possibility to innovate are moreover fostered in a **learning organisation**, which features the capacity to continuously adapt and change, because all members take an active role in identifying and resolving work-related issues. In a learning organisation, the leadership should be based on a shared vision and collaboration; the information sharing should be open, timely and accurate; and the organisational design should be boundaryless, as explained above (Robbins & DeCenzo, 2008).

Furthermore, **adaptive management** can support an organisation in the competitive world of tourism. This concept entails the acceptance of uncertainty and the willingness to make mistakes and face the unknown based on shared understandings, good cooperation and integration, flexible and participatory processes, and long-term planning (Reed, 2000).

Finally, an organisation's competitiveness can be fortified through **good governance principles**, which should ideally be based on *participation* (of diverse groups and individuals); *rule of law* (fair legal frameworks, protection of human rights); *transparency* (information is freely available); *responsiveness* (institutions serve stakeholders in a timely manner); *consensus orientation* (mediation of different interests to reach agreement on what is in the best interest of the whole community); *equity and inclusiveness* (participatory process free from exclusion, empowering minorities to participate); *effectiveness and efficiency* (make the best use of resources to meet the need of the society, sustainable use of resources); and *accountability* (governmental and non-governmental interests are accountable to those who are affected by their decisions) (Dredge & Pforr, 2008).

2.2 Human resource management (HRM)

People are the key drivers of success (Heath, 2003). Human resources is one of those aspects, which, according to Timothy (1999 and 2001), is especially important for cross-border regions and collaborative management as it is linked to typical issues of borderlands. Borderland human resource management may include staff exchange and joint training efforts, which can encourage more equitable and efficient management and improve the sharing and gaining of ideas and knowledge (Timothy, 1999). Hence, even competitive or comparative destinations can learn from each other, be exposed to different viewpoints, and adapt better to shifting market trends via cooperation.

Various models, concepts and theories in tourism literature include the need for well-conceived human resource management or development, particularly when it comes to the competitiveness of destinations. Some research contributions include, for example, Crouch and Ritchie's model, with a focus on programs to produce trained industry employees (Crouch, 2006); Dwyer & Kim (2003) and Dwyer et al. (2004, 2009), which again call for high quality training programs for an innovative and effective workforce; and Presenza et al. (2005), who established 'internal destination development activities' in which human resource development is a quintessential aspect. New job training, retraining staff for new positions and assisting in developing new programs, etc. are also part of this managerial pillar (Camner, 2005). Basically, all authors share similar views on the effectiveness of specialised **training, education and the development** of human resources towards greater international competitiveness.

Furthermore, employee **involvement and empowerment** is important in the increasingly global marketplace. Empowerment can imply, for example, letting employees plan their work themselves and encouraging them to apply both initiative and their own judgment to solve problems (Hales, 2006). Camner (2005) calls this encouraging 'prudent risk-taking', which can trigger employees to become 'champions of change'. This can be further reinforced via high job security, which implies not being scared of making mistakes or getting fired (Robbins & DeCenzo, 2008).

The challenges facing the tourism industry will only be met successfully by a well-educated, well-trained, bright, energetic, multi-lingual and entrepreneurial workforce (Cooper, 1998, cited in Page, 2007), which points out the need for both **knowledge and skills**. Detailed and specialised knowledge is the most important qualification for achieving future objectives and overcoming possible shortcomings (Bieger & Weibel, 1998, cited in Pechlaner & Tschurtschenthaler, 2003). This represents a difficulty, which could be overcome by having a cross-border organisation possessing the financial and technical resources or at least an organization that has access to such resources. Employees should also possess several interpersonal and distinctive skills for working in a cross-border organisation. Such skills include, amongst others, cultural openness, self-confidence, inspiration, high energy and a willingness to try out new things. Deresky (2008) argues that competition in the 21st century requires managers to hold a global orientation to meet challenges, which is fortified in our cross-border research environment. Further conceptual skills and the ability of managers to see the broader picture and connections to other business sectors (Page, 2007), as well as creative-thinking skills and intrinsic task motivation (Robbins & DeCenzo, 2008) are crucial characteristics.

Besides the aforementioned aspects, **incentives, social events** (Robbins & DeCenzo, 2008)**, motivation, rewards and compensation** (Camner, 2005) certainly present an avenue towards higher input by human resources, resulting in better quality output. Aspects covered in this and the preceding sub-section, such as empowerment, participatory decision-making and a decentralised organisational structure, often lead to higher motivation and thus also to creativity and imagination.

One final aspect for greater competitiveness based on the human resources of a cross-border destination management organisation is implementing a certain degree of **variation and challenge**. A new management approach is to enlarge rather than narrow the scope of job activities and give employees a variety of activities to fulfil, which could, according to Robbins and DeCenzo (2008), reduce boredom, fatigue, stress and low productivity. Rotating employees or creating broader multi-task jobs is another solution offered by Hales (2006).

2.3 Tasks, roles and responsibilities

Within cross-border management, the definition and division of tasks and roles, supervision and leadership and the processes of decision-making constitute serious business. According to Bieger et al. (2009), local DMOs must fulfil four main tasks, one of which is the **co-ordination of activities**. This is in line with the necessity of **core business definitions** for the entire area and the coordination of **task distribution** (Hartmann, 2006 and Wachowiak, 2006). Destinations in general, and cross-border areas in particular, have to fulfil a wide range of tasks, such as destination promotion, information service, training and education, business advice, product 'start-ups', event development and management, and research and development (WTO, 2007). It is thus important to notice that the days are gone when each (local) organisation was able to fulfil all such tasks. Division of tasks must also gain ground between organisations in order to guarantee the long-term success of tourism (Pechlaner & Tschurtschenthaler, 2003). Hence, it is critical for the stakeholders of a cross-border destination to join hands in dividing tasks logically and according to everyone's abilities and strengths. In so doing, it should be ensured that tasks are not duplicated and that consumers are not confused by differing messages.

In order to successfully implement tasks, a DMO should embody a **leadership and advocacy** role (Bornhorst et al., 2010). The **supervision** of the common activities of a cross-border destination (Hartmann, 2006) as well as the internal activities of the organisation itself should be well conceived. In such cases, innovative management approaches require authority to accompany responsibility and accountability (Robbins & DeCenzo, 2008) and there is a shift away from 'command and control' to more loosely defined cross-boundary leadership and coordination (Hales, 2006). As Deresky (2008) points out, effective leadership is crucial for a company to achieve its goals. The challenge, however, is to decide what effective leadership is in different international and mixed-culture situations.

Finally, within the framework of tasks and leadership, the **decision-making process** plays another important role, which is, of course, directly linked to the two previous building blocks of organisational set-up and human resource management. Within highly fragmented destinations, it is crucial to acknowledge that regional and national authorities result in different decision-making processes (Wachowiak, 2006), which should be understood and accepted, as well as discussed, to establish a common ground.

2.4 Stakeholder management

As Dwyer & Kim (2003) notice, a destination management organisation represents the **views of all stakeholders** and **coordinating** them constitutes a crucial destination development activity (Presenza et al., 2005). This responsibility is undoubtedly highly complex in fragmented, cross-border destinations and therefore requires careful management. It is, however, worth every effort, as academics in tourism literature argue:
- Tourism destinations can enhance their competiveness by bringing together the knowledge, expertise, capital and other resources of several stakeholders (Kotler, 1993 in Bramwell & Lane, 2000);
- *'Stakeholders can either provide the coordination to increase success, or cause fragmentation to reduce success'* (Bornhorst et al., 2010, p.17);
- The competitiveness of each player is often interrelated and almost indistinguishable from one another (Buhalis, 2000);
- Failure to ensure and maintain a balance effectively jeopardises relationships between stakeholders, and threatens the achievement of the strategic objectives and the long-term competitiveness and prosperity of destinations (Dwyer et al., 2004);

- The (tourism) industry stands to gain significant long-term returns if players proactively consider the interests of all other stakeholders (Sautter & Leisen, 1999);
- Close interaction between the public sector, DMOs, the private sector and local residents in planning is a key tenet of sustainable tourism (Jamal & Jamrozy, 2006).

Hence, stakeholders should represent an important strategic consideration at the destination management level. This consideration should not only focus on the **identification of stakeholders**, but should also be dedicated to the **understanding of stakeholder claims**. This could help stakeholders gain insights into issues, such as the intentions and interactions within the network of stakeholders, or their degree of satisfaction with the services rendered by the destination management organisation (d'Angella & Go, 2009). These claims (or needs) should then be taken into consideration, particularly when it comes to the strategy and mission formulation of an organisation (Pearce & Robinson, 2009).

Constant **communication with the stakeholders** is necessary in order to comply with the above. Regular meetings, briefings, discussions and idea exchanges are therefore desirable. According to Prokkola (2007), this is increasingly happening in cross-border areas, as there is a transformation of national borders from barriers into places of communication. Effective intercultural communication, which needs to exist in management across borders, determines the success of a culturally diverse workforce. In such settings it is essential to notice that communication often transmits culture and that differences in body language be acknowledged. Moreover, the development of cultural sensitivity, careful encoding, selective transmission, careful decoding, and follow-up actions need to be guaranteed (Deresky, 2008).

While not incorporated in this research project, the **community** always represents an important stakeholder as well. Tourism development should always be responsive to community needs (Dwyer et al., 2004) and the local residents should get the opportunity to benefit from, be integrated in and participate in goings-on (Timothy, 2001). In cross-border literature, the Mission Opérationnelle Transfrontalière (2006) argues that a DMO should communicate with inhabitants about transfrontier strategies and that the locals should be encouraged to express their views.

The following sub-section is directly linked to stakeholder management and deepens the discussion on the relationships between organisations and key stakeholders.

2.5   Connections

Tourism is a network industry 'par excellence' (Scott et al., 2008). Once stakeholders of a destination are identified and their needs and potentials are recognised, it is another challenge to **establish a relationship**, a connection, with them. There are different forms and means to form such links: Marketing consortia, strategic alliances, acquisitions, joint ventures, franchising (Page, 2007), combines (Ruddy and Flanagan, 2000) or, quite simply, cooperation within stakeholder networks. According to Bieger (2008), the bigger such networks are and the more intense they are, the more effective they can be. Cooperation can be entered into between different levels of government, between different organisations within the public sector and between public and private sectors (WTO, 2007).

Why should organisations, associations or institutions collaborate in any of the aforementioned ways? The **benefits** found in the academic literature are manifold and include, amongst others, the following:
- to make the destination management process more effective, professional, sustainable, binding and closer to the market (Hartmann, 2006);
- to minimise external threats and maximise shared opportunities for collective growth, rather than to confront the challenges of the future in isolation (Fyall et al., 2001 cited in Youcheng, 2008);
- to enhance competitiveness and to get mutual benefits (d'Angella & Go, 2009);
- to successfully implement joint tourism marketing growth strategies (Tosun et al., 2005) and to increase the scope of marketing, making it possible to enter markets that otherwise cannot be conquered (Lynch, 1993 cited in Vodeb, 2006);
- to share risks and to have the chance to take risks for certain opportunities that would not be taken in isolation;
- to create synergy, resulting from a combination of various resources;
- to increase sales and access larger markets due to distribution channels;
- to quicken the adjustment to new upcoming challenges (Lynch, 1993 cited in Vodeb, 2006);
- to foster principles of sustainability (equity, efficiency, integration, balance, harmony, ecological integrity) (Timothy, 2001);
- to improve the comparative economic advantage of neighbouring regions (Ioannides et al., 2006);
- to avoid duplication of resources (Australian Government, 2007).

While these advantages are obvious, a few disadvantages, or maybe **'challenges'**, may arise from cooperative management as well. Timothy (1999) argues that partnerships possibly delay actions as participating parties have to go through complex partnership procedures; moreover, they can be costly and the effects might not compensate for the efforts made (Timothy, 2001). Disparities between sub regions and possibly conflicting interests are other challenges mentioned by Blatter (1997).

Further constraints may include political and cultural differences as well as administrative and organisational differences (Timothy, 2001).

Overcoming such difficulties and challenges would be particularly desirable for cross-border destinations. According to Prokkola (2007), national borderlands are developing into tourism landscapes and physical locations of cooperation. International **cross-border partnerships** possibly delineate the ultimate form of cooperation, as more careful planning and formalisation are required (compared to connections between stakeholders in the same country) (Timothy, 1999). Certainly the most frequently cited cross-border cooperation theory is the interaction typologies distinction developed by Timothy in 1999. The stages start with 'Alienation', in which there is little communication and partnerships are not common. After that, 'Coexistence', 'Cooperation' and 'Collaboration' describe different stages of growing interaction, efforts to solve mutual problems and stabilise relations. The ultimate stage of interaction is 'Integration', in which very few hindrances exist and both sides are functionally united (Timothy, 1999; Timothy, 2001). Bieger (2008) believes that due to an increase in trans-boundary interaction contributing to greater levels of complementarity, frontier regions of today can progress from zones of alienation and competition to zones of integration and complementarity. Böhn (2004) even states that when someone can profit from cooperation, a national border seems to be a minor problem.

Strategic partnerships in cross-border tourism collaboration are often seen to be the vehicles of accelerated development in borderland destinations. Provided that cooperation can lead to such fruitful developments, it might be interesting to gather a few short points on the **maintenance of relations** for greater competitiveness of fragmented destinations in the future. The following points are helpful to destination management organisations to foster productive cooperation:
- the ability to accept legitimate differences of opinion and the willingness to resolve them through creative thinking;
- a sense of shared responsibility for decision-making and a sense of ownership of decisions;
- an understanding that collaboration evolves as partners develop better understanding and experience (Gray, 1989 cited in Reid et al., 2008);
- a common language for informal interaction and intensive communication, setting the basis for cooperation marked by trust and commitment;
- interest with respect to problems, the capacity to solve problems and the political willingness to solve problems together (Blatter, 1997);
- the establishment of one organisation which is responsible for implementing cross-border cooperation (Hartmann, 2006);
- recognising a high degree of interdependence and of individual and/or mutual benefits to be derived;

- a perception on behalf of all partners that decisions arrived at will be implemented;
- formulating aims and objectives (Roberts & Simpson, 2000);
- moving businesses beyond their normal competitive instincts (UNWTOBC, 2003 cited in Reid et al., 2008);
- creating self-reliance and a feeling of belonging amongst a group of individuals with different backgrounds, abilities and capacities;
- joint interests and goals to keep the group together (Böhn, 2004);
- the ability of partners to learn, protect their own competencies and retain flexibility (Page, 2007);
- treating collaboration as a personal commitment;
- the flexibility of partners as circumstances and conditions shift;
- appreciating different cultures as well as mutual trust and respect (Adam cited in Bolson, 2005).

Finally, it should be said that partnerships cannot be taken for granted and should be continuously monitored and cultivated. According to the results of Caffyn's (2000) research, partnerships run through a life cycle (similar to Butler's TALC) and a **deceleration** phase of partnerships can represent potential risks.

2.6 Tourism strategy and planning

The tourism strategy and planning pillar is probably the most determining competitive attribute. For cross-border destinations, various aspects need to be discussed and agreed upon, which will steer the development of tourism in the future. Bornhorst et al. (2010), who compared various studies on destination management, realised that there is growing interest in academic literature in the policy and strategy dimension of destination management, which indicates the need for its consideration in this research paper. This is also visible when comparing the often-cited models of Ritchie and Crouch from 1999 and their update from 2000. They included 'Tourism Policy' as a separate, major element of the model, as they felt that the destination management group of factors in earlier versions did not sufficiently cover critical policy, planning and development issues (Crouch, 2006). Poon (1993) calls for a greater strategic orientation by tourism destinations if they are to adjust to the competitive realities of 'new' tourism. She argues that competitive strategies are critically important for tourism destinations to sail a new tourism course (cited in Crouch & Ritchie, 1999).

According to Hartmann (2006), the highest aim of a **destination management strategy** is to ensure the enduring competitiveness of the destination, which is a difficult task demanding intensive stakeholder collaboration in border regions. Before developing a tourism strategy, it is important to **assess the current situation** of the overall setting in which tourism takes place. An extensive collection of what this should entail is provided by the WTO (2007). It has to be clear where the destination is at the moment. An analysis of the strengths, weaknesses, opportunities and threats (**SWOT** analysis), a situation analysis, in which the macro environment is assessed, and a competitor analysis are good starting points. The current trends possibly affecting the destination, current delivery gaps and challenges, market performance and an evaluation of resources are key targets of this initial stage (WTO, 2007).

Subsequently, it has to be agreed upon how the destination wants to develop in the future (WTO, 2007). This is usually formulated in a **common vision**, which, according to Crouch (2007), is a statement or understanding of a desired future. A shared or collective tourism vision amongst all stakeholders is a key driving force for successful competitiveness (Heath, 2003; WTO, 2007; Crouch & Ritchie, 1999).

It is then a prerequisite to determine how to achieve the desired future, for which **strategic objectives** have to be formulated and which have to be understood by all stakeholders (Mission Opérationnelle Transfrontalière, 2006). The objectives should clearly contribute to achieving the vision; be realistic, achievable and measurable; take a holistic and integrated approach; and include both short and medium-term activities as well as long-term planning (Australian Government, 2007). Robbins & DeCenzo (2008) further argue that objectives and goals should be difficult enough to require some stretching and effectively increase employee performance and organisational productivity. Moreover, employees should participate in **goal setting** and the goals should be prioritised.

Planning constitutes a vital aspect for cross-border destinations and special planning considerations are therefore necessary. There is a certain necessity for **collaborative planning**, as destinations are perceived as a whole on behalf of the customer, which is why destinations need to be planned as a whole, just like an enterprise. An umbrella planning system is essential (provided by a cross-border DMO, for example), which sets the framework for development (Bieger, 2008). Timothy (2001) explains that it is significant to learn what is happening on the other side of the border. It would be desirable to try to bring together the different plans and to see where cooperation would be feasible in order to mitigate negative effects, while enhancing the benefits. Kios (1986, cited in Timothy, 2001) believes that the planning world does not end at the border. Thus, differing planning traditions (e.g. participatory bottom-up vs. highly controlled, centralised top-down approaches) need to be taken into consideration (Timothy, 2001). The tourism plan is supposed to be flexible, adaptable and creative (Costa, 2006), which ameliorates the responsiveness to global trends in tourism.

Constructive participatory planning has the ability to streamline procedures, increase efficiency (Currie et al., 2009), open up new opportunities, create innovative solutions (Youcheng, 2008), and increase continuity and cohesion amongst stakeholders. It basically provides a guiding hand to the direction, form and structure of tourism development and ensures that tourism development promotes a competitive and sustainable destination, thereby ensuring greater competitiveness (Crouch, 2007). The management literature also suggests that higher profits can be made from formal planning (Robbins & DeCenzo, 2008). For such benefits to occur, stakeholders ought to be consulted.

2.7 Marketing settings

As the focus of the paper is on internal managerial aspects, it could be argued that marketing should not be part of this section, as marketing undoubtedly illustrates externalisation per se. There are, however, certain aspects within the marketing framework – called 'settings' here – that require clear internal organisation and planning. Such marketing prerequisites are exceptionally important in cross-border destinations as explained below.

It is important to have a clear identity before marketing strategies can be developed for a destination. The **image** to be created in the consumers' minds must carry contents that most stakeholders at the destination can identify with. A **common identity** is therefore essential (Hartmann, 2006), which should be in line with the Unique Selling Points (**USPs**) of the area. When the USPs are commonly accepted and the identity is settled, managers can elaborate upon the **distinctive positioning** of the destination brand. 'Positioning' refers to where, in the mind of the tourist, the destination is located compared to its competitors. Crouch (2007) argues that destinations with a coherent and clear competitive position with strong supportive branding usually perform better in gaining the attention of potential tourists. Thus, an **umbrella brand or theme** for recognition and consistency would be a desirable target for cross-border destinations (WTO, 2007).

The following step in the marketing process is the formulation of a holistic **marketing strategy**. Such a strategy should be innovative (Heath, 2003) as marketing is not just about brochures and adverts (Page, 2007). Instead, modern marketing extends beyond promotion and selling to embrace all aspects of the marketing mix, with a focus on satisfying visitor needs and wants as the primary aim of destination marketing. Marketing strategies should be increasingly targeted at certain markets and those key markets ought to be understood well so that relationships can be built (Dwyer et al., 2009). Moreover, it is important to continuously maintain a **customer orientation** in order to strengthen one's ability to respond to shifting market demands (Hassan, 2000). This explains why marketing is directly linked to ongoing research (see 5.10) in which current and new emerging markets can be identified (Australian Government, 2007).

It is a common position amongst cross-border researchers that **marketing activities in cooperation** with other regions (or even countries) lead to an increase in competitiveness. This involves cooperation in tourism marketing management, marketing planning, implementation, and control of designed programs (Tosun et al., 2005). Even though each player has to sacrifice some degree of national interest in planning and marketing efforts for the good of the greater unit (Timothy, 2001), higher degrees of efficiency, integration, balance, and harmony can result from marketing across boundaries (Timothy, 1999). According to various authors (Timothy, 1999; Tosun et al., 2005), collaboration can be particularly helpful in decreasing marketing budgets. Moreover, a wider audience can be reached, tourism potential can be maximised (Timothy, 2001) and a higher promotional impact on potential visitors can be gained (Palmer & Bejou, 1995). Greater diversification of products, creation of a 'whole destination', increased bargaining power of countries against tour operators and further opportunities for increased cooperation in other fields can be additional advantages (Tosun et al., 2005). A common website, cross-border events and product packaging across borders could be a good starting point to go in a new direction.

Various types of **marketing tools** must be tried and implemented. Those may include, amongst others, direct mail, direct sales, trade shows, print advertising, familiarisation tours, publications and brochures, events and festivals (Presenza et al., 2005), co-op ad programs, annual meetings, convention sales and ticket sales (Murdaugh, 2005). Moreover, the internet, social networks and e-marketing should be applied more aggressively (WTO, 2007). Another precious marketing tool which is often underestimated is word of mouth (WOM). It is important to accept its importance (Page, 2007) and reinforce its influence.

The **message** to be communicated can be manifold. It is increasingly obvious that for many people the feeling of going beyond their familiar environment to visit a place that may be culturally, politically and economically different motivates them to cross a border (Bieger, 2008). It can therefore be argued that the inherent 'border characteristic' should be incorporated in promotions and strategies. This is in line with Timothy's viewpoint that promotional efforts can focus on the borderland location as a competitive advantage (Timothy, 2001). Furthermore, Dwyer et al. (2009) state that emphasising the emotional benefits associated with a valued set of experiences is a modern approach to marketing.

2.8 Innovation

Academics suggest the following for **defining the term innovation**: change of some sort (Page, 2007); producing or selling a new product, service or process; or continuous improvement (relentlessly trying to find ways to improve and enhance a company's products and processes) (Pearce & Robinson, 2009). As already touched upon in preceding sub-sections, innovation and its implications bring along with them valuable advantages for the management of a destination and can add the necessary competitive supplement in the very dynamic tourism world. It has been explained that the organisational structure, for example 'learning organisation' and 'organic organisation' (Robbins & DeCenzo, 2008); human resources with a need for constant education and training (Dwyer et al., 2009); and more flexible and adaptable planning approaches (Costa, 2006) may constitute an increase in innovation potential (**stimulators for innovation**).

Tourism researchers argue that the **need for innovation** is rooted in the fact that the world is increasingly turbulent and rapidly changing (Dwyer et al., 2009), triggering extreme fluctuations in visitor arrivals (Russel, 2006) and consumer tastes (Page, 2007), as well as decreasing lead time to react to changes (European Tourism Research Institute, 2005). Hence, it is becoming ever more crucial to never stop learning (from consumers, competitors or employees), to boost radical innovation (Poon, 1993) and to continue combining knowledge, expertise and capital resources through collaborative management (Bramwell & Lane, 2000 cited in Youcheng, 2008).

Innovation can be applied in various directions and in diverse ways. Bieger (2008) suggests product, process, and market innovation to respond to strong international competition and Hjalager (2002) adds management, logistics and institutional innovations. Schumpeter (1952, cited in Page, 2007) was an early bird in identifying different types of innovation for each particular tourism case. He included the introduction of a new good or quality improvement of an existing good, the introduction of a new method of production, opening a new market, new sources of supply, and the creation of a new type of industrial organisation. The number of **types of innovations** is certainly too large to go into further depth here, but it shows the various possibilities for organisations to apply innovation according to their specific needs.

Many researches combine the theory of innovation with **new technologies** as 'push-factors' (Hjalager, 2002). Deresky (2008) states that for global competitiveness, using the internet has become important. This is supported by Buhalis (2000) who claims that marketing in particular can become more innovative through the application of new technologies and the internet. This can involve e-business, e-marketing and e-commerce (WTO, 2007).

A good example of innovation in tourism is Scotland, with its various ideas to trigger the innovative character of the country. Such ideas include, amongst others, the Scottish Tourism Innovation Group, a Tourism Innovation Day, a Tourism Innovation Toolkit, an Annual Innovation Development Award and a Destination Development Programme (Page, 2007). As these initiatives not only foster innovative thinking amongst industry players but also stimulate teamwork and cooperation, such ideas could prove to be very convenient for cross-border destinations.

One final remark on innovation is required: underlining the need for **continuous improvement** rather than once off 'set-and-forget' activities (Australian Government, 2007).

2.9 Spirit

The following sub-section was included, as it contains aspects that were neglected in the majority of literature on the competitiveness of destinations, but significantly pointed out in cross-border literature as well as in international management literature. To start with, the overall **organisational culture** of an enterprise or a DMO can have implications on the way employees work and act. The organisational culture is a set of important assumptions and beliefs or meanings (often unstated) that members of an organisation – or people identifying with the organisation – share in common. The organisational culture should ideally be based on strong **mutual relationships**, a sense of community and **group emphasis** as well as on **care and trust** (Pearce & Robinson, 2009 and Robbins & DeCenzo, 2008). Moreover, ethical operations (Dwyer & Kim, 2003); business transparency (Enright & Newton, 2005); and clear, mutually agreed upon **values, principles** and **management practices** are quintessential characteristics of organisational culture.

Another factor that is also of particular relevance for cross-border enterprises and also applicable to cross-border destinations is **cultural backgrounds**. Culture is a sensitive and highly philosophical concept, which constantly requires a careful approach and well-conceived actions. Certain values, understandings and assumptions are usually passed down through generations and are therefore deeply embedded in every society (Deresky, 2008). Most commonly, this culture affects attitudes and behaviours which need to be understood and appreciated by others from different cultures. Stereotypes in a cross-culture business environment are out of place. Therefore, cultural sensitivity should be practiced and parochialism (assuming one's own management techniques are best and should be adhered to) avoided (Deresky, 2008). This will reduce cross-cultural conflicts and 'communication barriers' (Timothy, 2000) and produce fertile settings for synergies based on diverse attitudes and competencies (French, 2010). Furthermore, a feeling of belonging and greater self-reliance (Böhn, 2004) through strong group bonding could result.

Based on such positive feelings, the efficiency of the organisation will rise towards greater competitiveness.

Besides organisational culture and cultural backgrounds, the following criteria related to this topic were found in academic literature:
- **Shared interest** and **willingness to cooperate** are essential (Wachowiak, 2006);
- Having a **regional identity** among key players can increase motivation in common activities (Blatter, 1997);
- Having a common language allows for informal interaction and intensive communication (Blatter, 1997);
- Face-to-face contact is important (Prokkola, 2007);
- Common problems on both sides of the border may provide a stimulus for cooperation (Prokkola, 2007);
- A **consultative management approach** can contribute to a general feeling of involvement and the belief that one's views are significant, which, in turn, triggers **motivation and commitment** (Mason et al., 2000).

2.10 Research and knowledge exchange

This sub-section briefly outlines the significance of tourism research, its useful contents and the implications of sharing information amongst stakeholders. For DMOs, conducting research is a typical, administrative role which entails the collection and analysis of data (Laws, 1995). It is always a competitive advantage to use multiple sources of information and to conduct research rather than relying on instinct (Camner, 2005). After diving into the existing literature, it is obvious that 'research' should be part of every model or framework on competitiveness: authors, such as Heath (2003), Dwyer et al. (2004), Page (2007) and Crouch (2007), incorporate it as a crucial managerial feature. The DMO's task is to gather knowledge about forces of change ahead of time (European Tourism Research Institute, 2005) and to disseminate information gathered to its members in a timely manner (Crouch, 2007).

The content gathered through research can be diverse. Besides early **awareness of emerging trends** (political, economic, social, technological, demographic and environmental) (Dwyer et al., 2009), key **competitors can be identified** (Enright & Newton, 2005) and visitor needs understood for effective product development (Crouch, 2007). On the one hand, the Australian Government (2007) distinguishes between **demand-side research**, including target market analysis on consumer expectations, satisfaction and perceptions or effectiveness of current marketing communications, and **supply-side research**, which focuses on the assessment of tourism activities (e.g. products, services, experiences and partnerships). On the other hand, Nadler Trojan (2005) separates research into **destination research** (including visitor volume, market share, image etc.) and **DMO performance reporting** (representing sales volumes, for example). Both concepts have their advantages and should therefore be considered further for destination management. With the help of profound research, organisational goals and policies can be set, a tourism master plan formulated and long-term marketing and operational plans implemented (Nadler Trojan, 2005). Particularly with regard to marketing, the literature suggests an accumulation of positive results as well as strong connections to research. As this would go into too much into detail, it is only referred to here, for example Buhalis (2000), for further reference.

Apart from looking at sheer research, this sub-section also covers the **exchange of information** and **sharing experiences** (Wachowiak, 2006) for the enhanced competitiveness of destinations. This can be achieved, for example, via external relationships with other companies (Rodríguez-Díaz & Espino-Rodríguez, 2008). As already stated within the human resources framework, personnel exchanges and joint training efforts can lead to sharing and gaining knowledge (Timothy, 1999). Scott et al. (2008) provide a nice explanation of current changes in the management of knowledge by arguing that there is a shift from 'knowledge is power' to **'sharing is power'**. According to the authors, this creates **'communities of knowledge'** at the destination level. Such concepts could be fortified through the internet or destination knowledge portals (Scott, et al. 2008) and are particularly suitable for cross-border destinations.

Finally, it is important to note that research should be updated regularly and results should not be taken for granted for a longer time frame.

2.11 Resource management

Initially, this paper was not going to elaborate upon the resources of a destination, as they present another pillar of destination competitiveness outside the scope of this research project. However, the extensive literature review revealed the importance and relevance of including 'resource *management*' in this theoretical compilation on cross-border destination competitiveness. In this context, resources include cultural, social and environmental ones.

With the era of sustainable tourism and the mushrooming of 'green' tourism concepts, many researchers underline the advantages of applying careful resource management in destinations. The Ritchie and Crouch model incorporates 'resource stewardship', which contains efforts to **preserve** fundamental qualities and assets (Crouch, 2007). The authors say it is an 'obligation' to adopt a **caring mentality** when it comes to the precious resources of a destination geared towards long-term 'sustainable competitiveness'. The necessity of integrating resource management into models and concepts of destination competitiveness is also underlined by other authors (see for example Poon, 1993; Heath, 2003; Dwyer et al., 2009).

Within cross-border destinations, resource management requires **joint management** if different countries utilize a natural resource (e.g. a lake). The protection of natural and cultural resources becomes a complex and important task if contrasting political systems and issues of sovereignty emerge (Timothy, 2001). The ideal situation for managing valuable resources across borders would constitute **integrated** management of the resources within the destination as a whole (Rodríguez-Díaz & Espino-Rodríguez, 2008). A common policy for shared resources would certainly simplify a cooperative management approach. Such initiatives could be consolidated by combining valuable assets and selling a corporate cross-border product.

The concept of resource management asks for proper **visitor management**, which would imply the control of positive and negative impacts. In Crouch and Ritchie's model, visitor management revolves around monitoring and controlling visitor numbers (where necessary) or behaviour (if applicable) (Crouch, 2007). According to Laws (1995), influencing tourists' behaviour in particular is an emerging concept of destinations. It is argued that the visitor management task calls for close industry cooperation and that DMOs should take the lead in coordinating such initiatives (Crouch, 2007).

Resource management can assume various shapes. The literature suggests that this can take the form of **protective policy formulation** (Laws, 1995), **carrying capacity** and **limits of acceptable change** (Page, 2007), **sustainability principles** to reduce the environmental effects of operations (Dwyer et al., 2009), environmental **promotion programs** and environmental **education** (Hassan, 2000) as well as research and **monitoring environmental impacts** of tourism (Dwyer & Kim, 2003).

2.12 Monitoring

The final building block represents the necessary controlling and monitoring activity which ensures that **processes are regularly reviewed and results are checked**. This is necessary to see whether these processes are accomplished as planned and – if necessary – to correct any significant deviations (Robbins & DeCenzo, 2008). According to the Australian Government (2007), this monitoring is of great importance in light of constantly **changing circumstances**, both externally and within a destination. Through the monitoring and evaluation process, the effectiveness and impact of current policies and strategies can be assessed, which is necessary since forecasts and predictions are difficult, if not impossible (Crouch, 2007), to make in the very dynamic tourism industry. If possible, monitoring and evaluating should be done in close cooperation with other stakeholders. For DMOs, it is beneficial when not only their own programs, but also those of their members are monitored (Crouch, 2007).

The evaluation program should not only be concerned with the performance of strategies and processes, but also with the **performance of human resources**. This is particularly helpful since staff can easily **learn from mistakes** and perform better in the future (Page, 2007). It is also possible in this context to evaluate training efforts, as touched upon in sub-section 2.5 (Wachowiak, 2006).

Another topic fitting into this framework is the **delivery of quality**, which is an emerging concept of destinations (Laws, 1995). New managerial ideas involve **actively listening to consumers** (Poon, 1993) and focusing on **enhancing the experience** (Heath, 2003). The experience, according to Crouch (2007), should ideally be an integrated one, assembled and delivered as a complete package through the close collaboration of all stakeholders. If the visitors' positive experience is ensured, increased satisfaction, delivered brand promise, increased repeat visits and enhanced destination reputation (Australian Government, 2007) will result. Hence, quality control should be made a priority in the monitoring process.

One final aspect within this broad topic of monitoring is **risk and crisis management**, which implies the preparedness and capacity to deal with crises or disasters. Destinations that are able to respond more effectively or are even able to prevent or minimise them certainly fortify their competitive position, which makes such management a crucial responsibility for forward-looking destinations (Crouch, 2007). Risk management strategies may include staff education or training to prepare them to act confidently and appropriately in case there is a disaster (Dwyer et al., 2009). For cross-border destinations, a clear and **comprehensive crisis management plan** for the whole destination and all involved stakeholders would be a positive starting point.

2.13 Summary and shortcomings

After extensively consulting the literature, the theories and concepts of destination management and marketing; cross-border areas and tourism; stakeholder management; collaboration, networking and partnerships in tourism; competitiveness of destinations as well as international and cross-cultural strategic management were compiled into twelve criteria. Those criteria are 'Organisational set-up', 'Human resource management', 'Tasks, roles and responsibilities', 'Stakeholder management', 'Connections, 'Tourism strategy and planning', 'Marketing settings', ' Innovation', 'Spirit', 'Research and knowledge exchange', 'Resource management' and 'Monitoring'. While guided by existing theories, these particular internal management criteria were compiled by the author of this report and are by no means conclusive.

In a final step, the twelve internal strategic destination management criteria the author attached importance to are allocated in an overview on the following page. While closely interlinked with the other boxes, each box plays its own part in pushing a destination to higher levels. The framework was tested on the heterogeneous case study of Lake Constance in Central Europe in 2010 and helped to identify managerial shortcomings, for which recommendations were formulated.

Overview of internal strategic destination management criteria

Tourism Strategy & Planning	Linkages	Stakeholder Management	Tasks, Roles & Responsibilities	Human Resources Management	Organisational Set-up
• Destination development strategy
• Assessment of current situation (SWOT)
• Common vision
• Strategic objectives
• Participative goal setting
• Collaborative planning	• Establishment of a relation
• Benefits of cooperation
• Challenges of cooperation
• Cross-border partnerships
• Maintenance of relations
• Possible deceleration and continuation of relations	• Views of stakeholders
• Coordination
• Identification of stakeholders
• Understanding of stakeholders' claims
• Communication with stakeholders
• Community as a stakeholder	• Coordination of activities
• Core business definitions
• Task distribution
• Leadership & advocacy
• Supervision
• Decision-making processes	• Training, education & development
• Involvement & empowerment
• Knowledge & skills
• Incentives & social events
• Motivation
• Rewards & compensation
• Variation & challenge	• Organic bureaucracy
• Decentralisation
• Holistic, integrated management approach
• Boundaryless organisation
• Chain of command
• Learning organisation
• Adaptive management
• Good governance principles

Control & Monitor	Resource Management	Research & Knowledge Exchange	Spirit	Innovation	Marketing Settings
• Review processes & control results
• Changing circumstances
• Performance of HR
• Learning from mistakes
• Delivery of quality
• Active listening to consumers
• Enhancing the experience
• Risk & crisis mgmt
• Comprehensive crisis mgmt plan	• Preservation
• Caring mentality
• Joint / integrated mgmt
• Visitor mgmt
• Protective policy formulation
• Carrying capacity
• Limits of acceptable change
• Sustainability principles
• Promotion programmes & education
• Monitoring impacts	• Awareness of trends
• Identification of competitors
• Demand-side research
• Supply-side research
• Destination research
• DMO performance reporting
• Information exchange
• Share of experiences
• 'Sharing is power'
• 'Communities of knowledge'	• Organisational culture
• Mutual relationships
• Group emphasis, care & trust
• Values, principles & management practices
• Cultural backgrounds
• Shared interests & cooperation willingness
• Regional identity
• Consultative mgmt
• Motivation & commitment	• Definition of innovation
• Organisational structure, HR & planning approaches as stimulators
• Need for innovation
• Types of innovation (e.g. product, market & mgmt innovations)
• New technologies
• Continuous improvement	• Image & common identity based on USPs
• Distinctive positioning
• Umbrella brand / theme
• Marketing strategy
• Customer orientation
• Marketing activities in cooperation
• Marketing tools
• Marketing message

3 Table of contents

Australian Government (2007): Best Practice Destination Management Planning Framework, [online] viewed 14 June 2010, verfügbar unter: http://www.ret.gov.au/tourism/Documents/Tourism%20Industry%20Development/Best_Practice_Destination_Management_Planning_Framework.pdf [14.06.2010]

Bieger, T. (2008): Management von Destinationen, 6. Aufl., München.

Bieger, T./Beritelli, P./Laesser, C. (2009): Size matters! Increasing DMO effectiveness and extending tourism destination boundaries, in: Tourism 57 (3), S. 309-327.

Blatter, J. (1997): Explaining crossborder cooperation: a border-focused and border external approach, in: Journal of borderlands studies, [online] verfügbar unter: http://www.unilu.ch/files/Explaining-Crossborder-Cooperation.pdf, [30.06.2010].

Böhn, S. (2004): Destination Development – The case of the cross border area of Latvia, Estonia and Russia, in: Petrillo, C/Swarbrooke, J (Hg.): Networking & Partnership in Destination Management (proceedings of the ATLAS Annual Conference 2004), April 03-06, 2004, Naples.

Bolson, F. (2005): Alliances, in: Harrill, R. (Hg.) Fundamentals of destination management and marketing, EIACVB, Michigan.

Bornhorst, T./Brent Ritchie, J./Sheehan, L. (2010): Determinants of tourism success for DMOs & destinations: An empirical examination of stakeholders' perspectives, in: Tourism Management 31 (5), S. 572-589.

Bramwell, B./Lane, B. (2000): Tourism collaboration and partnerships – Politics, practice and sustainability. Clevedon.

Buhalis, D. (2000): Marketing the competitive destination of the future, in: Tourism Management 21 (1), S. 97.

Caffyn, A. (2000): Is there a tourism partnership lifecycle?, in: Bramwell, B./Lane, B. (Hg.) Tourism collaboration and partnerships – Politics, practice and sustainability, Clevedon, Kap. 11.

Camner, D. (2005): Human Resources, in: Harrill, R. (Hg.) Fundamentals of destination management and marketing, EIACVB, Michigan, Kap. 8.

Costa, C. (2006): Tourism planning, development and the territory, in: Buhalis, D./Costa, C. (Hg.) Tourism Management Dynamics – trends, management and tools, Oxford, Kap. 25.

Crouch, G./Ritchie, J. (1999): Tourism, Competitiveness, and Societal Prosperity, in: Journal of Business Research 44 (3), S. 137-152.

Crouch, G. (2006): Destination Competitiveness: Insights into attribute importance, International Conference of Trends, Impacts and Policies on Tourism Development (June 15-18) Heraklion, [online] verfügbar unter: http://tourism-conference.eap.gr/pdf%20files/Crouch,%20G.pdf [14.06.2010].

Crouch, G. (2007): Modelling destination competitiveness: A Survey and Analysis of the Impact of Competitiveness Attributes, CRC for Sustainable Tourism Pty Ltd., Australia.

Currie, R./Seaton, S./Wesley, F. (2009): Determining stakeholders for feasibility analysis, in: Annals of Tourism Research 36 (1), S. 41-63.

d'Angella, F. & Go, F. (2009): Tale of two cities' collaborative tourism marketing: Towards a theory of destination stakeholder assessment, in: Tourism Management 30 (3), S. 429-440.

Deresky, H. (2008): International Management – Managing across borders and cultures (text and cases), 6. Aufl., New Jersey.

Dredge, D./Pforr, C. (2008): Policy networks and tourism governance, in Scott, N., Baggio, R. Cooper, C. (Hg.) Network analysis and tourism – from theory to practice, Clevedon, Kap. 6.

Dwyer, L/Kim, C. (2003): Destination Competitiveness: Determinants and Indicators, in: Current Issues in Tourism 6 (5), S. 369-414.

Dwyer, L./Edwards, D./Mistilis, N./Roman, C./Scott, N. (2009): Destination and enterprise management for a tourism future, in: Tourism Management 30 (1), S. 63-74.

Dwyer, L./Mellor, R./Livaic, Z./Edwards, D./Kim, C. (2004): Attributes of destination competitiveness: a factor analysis, in: Tourism Analysis 9 (1/2), S. 91-101.

Enright, M./Newton, J. (2004): Tourism destination competitiveness: a quantitative approach, in: Tourism Management 25 (6), S. 777-788.

Enright, M./Newton, J. (2005): Determinants of Tourism Destination Competitiveness in Asia Pacific: Comprehensiveness and Universality, in: Journal of Travel Research 43 (4), S. 339-350.

European Tourism Research Institute (2005): Tourism of Tomorrow - Travel Trends and Forces of Change, ETOUR May 2005, [online] verfügbar unter: http://www.miun.se/upload/Etour/Publikationer/Utredningsserien/U200527.pdf [14.06.2010].

Ferreira, A. (2004): Networking and partnership for the tourism development and management in the historic city. The case of Faro, in: Petrillo, C./Swarbrooke, J. (Hg.): Networking & Partnership in Destination Management (proceedings of the ATLAS Annual Conference 2004), April 03-06, 2004, Neapel, Kap. 7.7.

French, R. (2010): Cross-Cultural Management in work organizations, 2. Aufl., London.

Hales, C. (2006): Organizations and management in the future, in Buhalis, D./Costa, C. (Hg.): Tourism Management Dynamics – trends, management and tools, Oxford, Kap. 10.

Hartmann, K. (2006): Destination Management in Cross-border Regions, in: Wachowiak, H. (Hg.): Tourism and borders: contemporary issues, policies, and international research, Hampshire, Kap. 6.

Hassan, S. (2000): Determinants of Market Competitiveness in an Environmentally Sustainable Tourism Industry, in: Journal of Travel Research 38 (3), S. 239.

Heath, E. (2003): Towards a Model to Enhance Destination Competitiveness: A Southern African Perspective, in: Journal of Hospitality & Tourism Management 10 (2) S. 124-141.

Hjalager, A. (2002): Repairing innovation defectiveness in tourism, in: Tourism Management 23 (5), S. 465.

Ioannides, D./Nielsen, P./Billing, P. (2006): Transboundary Collaboration in Tourism: the Case of the Bothnian Arc, in: Tourism Geographies 8 (2), S. 122-142.

Jamal, T./Jamrozy, U. (2006): Collaboration networks and partnerships for integrated destination management, in: Buhalis, D./Costa, C. (Hg.): Tourism Management Dynamics – trends, management and tools, Oxford, Kap 18.

Laws, E. (1995): Tourist destination management: issues, analysis and policies, London.

Mason, P./Johnston, M./Twynam, D. (2000): The World Wide Fund for Nature Arctic tourism project, in: Bramwell, B./Lane, B. (Hg.): Tourism collaboration and partnerships – Politics, practice and sustainability, Clevedon, Kap. 5.

Melián-González, A./García-Falcón, J. (2003): Competitive potential of tourism in destinations, in: Annals of Tourism Research 30 (3), S. 720.

Mission Opérationnelle Transfrontalière (2006) Practical guide to transfrontier co-operation, Council of Europe,[online] verfügbar unter: http://www.espaces-transfrontaliers.org/en/studies/practical_guide_en.pdf [30.06.2010].

Murdaugh, M. (2005): Marketing, in: Harrill, R. (Hg.): Fundamentals of destination management and marketing, Michigan, Kap. 3.

Nadler Trojan, R. (2005) Tourism research and performance reporting, in: Harrill, R. (Hg.): Fundamentals of destination management and marketing, Michigan, Kap. 4.

Page, S. (2007): Tourism Management – managing for change, Oxford.

Palmer, A./Bejou, D. (1995) Tourism Destination Marketing Alliances, in: Annals of Tourism Research 22 (3), S. 616.

Pearce, J./Robinson, R. (2009): Formulation, implementation and control of competitive strategy, 11. Aufl., New York.

Pechlaner, H./Tschurtschenthaler, P. (2003): Tourism Policy, Tourism Organisations and Change Management in Alpine Regions and Destinations: A European Perspective, in: Current Issues in Tourism 6 (6), S. 508-539.
Poon, A. (1993): Tourism, Technology and competitive strategies, New York.
Presenza, A./Sheehan, L./Ritchie, J.R.B. (2005): Towards a model of the roles and activities of destination management organizations, Association for Tourism and Leisure Education (ATLAS).
Prokkola, E. (2007): Cross-border Regionalization and Tourism Development at the Swedish-Finnish Border: "Destination Arctic Circle", in: Scandinavian Journal of Hospitality & Tourism 7 (2), S. 120-138.
Reed, M.G. (2000): Collaborative tourism planning as adaptive experiments in emergent tourism setting, in: Bramwell, B./Lane, B. (Hg.): Tourism collaboration and partnerships – Politics, practice and sustainability, Clevedon, Kap. 13.
Reid, L./Smith, S./McCloskey, R. (2008): The effectiveness of regional marketing alliances: A case study of the Atlantic Canada Tourism Partnership 2000–2006, in: Tourism Management 29 (3), S. 581-593.
Ritchie, J./Crouch, G. (2000): The competitive destination: a sustainability perspective, in: Tourism Management 21 (1), S. 1.
Ritchie, J./Crouch, G. (2002): Overview Presentation on Destination Management and A Conceptual Framework for an Index of Destination Competitiveness, WTO Think Tank on Tourism Destination Management, [PowerPoint, online] verfügbar unter: http://www.powershow.com/view/9f0f6-ZDU3M/Overview_Presentation_on_Destination_Management_and_A_Conceptual_Framework_for_an_Index_of_Destination_Competitiveness_powerpoint_ppt_presentation [14.06.2010].
Robbins, S./DeCenzo, D. (2008): Fundamentals of management – essential concepts and applications, 6. Aufl., New Jersey.
Roberts, L./Simpson, F. (2000): Developing partnership approaches to tourism in Central and Eastern Europe, in: Bramwell, B./Lane, B. (Hg.): Tourism collaboration and partnerships – Politics, practice and sustainability, Clevedon, Kap. 12.
Rodríguez-Díaz, M./Espino-Rodríguez, T. (2008): A Model of Strategic Evaluation of a Tourism Destination Based on Internal and Relational Capabilities, in: Journal of Travel Research, 46 (4), S. 368-380.
Ruddy, J./Flanagan (2000): Tourism Destination Marketing – Gaining the competitive edge, Tourism Research Centre, Dublin.
Russel, R.A. (2006): Innovation, creativity and competiveness, in: Buhalis, D./Costa, C. (Hg.): Tourism Management Dynamics – trends, management and tools, Oxford, Kap. 11.
Sautter, E./Leisen, B. (1999): Managing Stakeholders: A Tourism Planning Model, in: Annals of Tourism Research 26 (2), S. 312.
Scott N./Baggio, R./Cooper, C. (2008): Network analysis and tourism – from theory to practice, Clevedon.
Timothy, D.J. (1999): Cross-border partnership in tourism resource management: international parks along the US-Canada border, in: Journal of Sustainable Tourism 7 (3/4), S. 182.
Timothy, D.J. (2001): Tourism and Political Boundaries, London.
Tosun, C./Timothy, D.J./Parpairis, A./McDonald, D. (2005): Cross-Border Cooperation in Tourism Marketing Growth Strategies, in: Journal of Travel & Tourism Marketing 18 (1), S. 5-23, [online] verfügbar unter: http://www.atlas-euro.org/pages/pdf/WUbarcelona/WU%20txt%20Juvan-Presenza%20et%20al_model%20of%20roles%20and%20activities%20of%20DMO.pdf [Juni 2010].
Vanhove, N. (2005): The economics of tourism destinations, Oxford.

Vodeb, K. (2006): Cross-border tourism cooperation of Slovenia and Croatia, Tourism & Hospitality Management 12 (2), S. 199-211.
Wachowiak, H. (Hg.) (2006): Tourism and borders: contemporary issues, policies, and international research, Hampshire.
WTO (2007): A practical guide to tourism destination management, Madrid.
Youcheng, W. (2008): Collaborative Destination Marketing: Understanding the Dynamic Process, in: Journal of Travel Research 47 (2), S. 151-166.

WIOLETTA FRYS

Die Bedeutung der neuen Tourismuspolitik der EU und der fremdenverkehrsrelevanten EU-Förderpraxis für die grenzüberschreitenden touristischen Destinationen

1 Einführung

Die Durchführung von grenzüberschreitenden touristischen Projekten ist eine Herausforderung, die wächst, wenn man dabei eine EU-Förderung anstrebt. Um den externen Rahmenbedingungen bei der Konzeption förderfähiger Projekte auf dem Weg zu einer grenzübergreifenden touristischen Destination gerecht zu werden, ist die Kenntnis des EU-Förderapparates von großer Bedeutung. Hauptsächlich für die Akteure, die EU-förderfähige Maßnahmen konzipieren möchten, ist es von besonderer Relevanz, die Botschaften und Voraussetzungen der Europäischen Kommission zu kennen und zu berücksichtigen. Im Beitrag werden demnach die bedeutendsten Aspekte des Stellenwerts des Tourismus als Querschnittsbereich in der EU, der neuen und durch das Subsidiaritätsprinzip gekennzeichneten europäischen Tourismuspolitik und deren Träger sowie der fremdenverkehrsrelevanten EU-Förderpraxis näher gebracht. Die grundlegenden Angaben zu den Hintergründen der einschlägigen EU-Förderung können Antworten auf viele formelle Fragen bei der Konzeption und Antragstellung von künftigen touristischen EU-Projekten liefern.

Grenzüberschreitende touristische Kooperationsräume zeichnet häufig eine hohe räumliche, rechtliche, finanzielle und kulturelle Heterogenität aus, die jegliche Zusammenarbeit auf dem Weg zu einer gemeinsamen touristischen Destination erschwert. Die von typischen Schwierigkeiten aufgrund nationaler Randlagen und Barrierewirkungen von Grenzen betroffenen grenzüberschreitenden Gebiete prägt oftmals eine hohe Anzahl von Verflechtungen. Diese Verflechtungen begünstigen die Entstehung zahlreicher öffentlicher und privater Einrichtungen, die Kooperationspartner aus verschiedenen Teilregionen zusammenführen und deren gemeinsame Aktivitäten aufeinander abstimmen und fördern. Dabei werden zahlreiche touristische und tourismusnahe grenzüberschreitende Maßnahmen durchgeführt. Für alle grenzübergreifenden Initiativen ist eine einschlägige Förderung durch die Europäische Union von großer Bedeutung und ermöglicht gerade im Tourismusbereich die Realisierung von Projekten, welche sich finanziell nicht selbst tragen können.

2 Die Rolle des Tourismus in der EU und seine Auswirkungen auf die europäische Tourismuspolitik

Aufgrund der Globalisierung, des demographischen Wandels und der Mobilitätsentwicklung wächst der Tourismus zu einem der weltweit größten Wirtschaftszweige. Das ökonomische Gewicht des Fremdenverkehrs[1] in Europa erfordert Maßnahmen zur Ausrichtung und Entwicklung dieses Wirtschaftssektors. So ist aus europäischer Sicht Tourismuspolitik gleichzeitig ein Instrument zur Unterstützung allgemeiner wachstums- und beschäftigungspolitischer Ziele, wobei die umweltpolitische Zielsetzung einen zunehmenden Stellenwert erlangt (vgl. EUROPÄISCHES PARLAMENT 2010). Die Tourismusentwicklung wirkt sich positiv auf andere Wirtschaftszweige wie Verkehr, Bau, Einzelhandel und weitere Dienstleistungsbereiche aus.

Neben der wirtschaftlichen Bedeutung des Fremdenverkehrs zeigt sich aber noch ein anderer Mehrwert des Tourismus. Ein nachhaltiger Tourismus (der Bedürfnisse der gegenwärtigen Generation befriedigt, ohne die Lebensbedingungen künftiger Generationen zu beeinträchtigen) trägt zur Steigerung der Attraktivität der europäischen Regionen in vielerlei Hinsicht bei. Neben den touristischen Infrastrukturprojekten erfolgt dies vor allem durch die Bewahrung und Aufwertung des Natur- und Kulturerbes zu touristischen Zwecken in verschiedenen Bereichen, von der Kunst über das Handwerk und die lokale Gastronomie bis hin zum Artenschutz.
Darüber hinaus spielt Tourismus für die Europäisierung eine große Rolle. Das Reisen fördert die Völkerverständigung sowie den interkulturellen Dialog durch das Zusammenführen unterschiedlicher gesellschaftlicher, wirtschaftlicher und kultureller Gruppen. Dadurch wird eine europäische Identität gestärkt. Ferner werden die europäischen Werte sowie das gemeinsame Erbe durch den Tourismus der Außenwelt präsentiert (vgl. EUROPÄISCHE KOMMISSION 2006a, S. 2f.).

Die wachsende wirtschaftliche und soziale Rolle des Tourismus in der Europäischen Union führt zu steigenden Anforderungen an eine entsprechende Tourismuspolitik. Neben der Grundvoraussetzung, Rahmenbedingungen für einen reibungslosen Fremdenverkehr zu sichern, stellt die Förderung europäischer Tourismuswirtschaft und Tourismusregionen ein wichtiges Ziel der Europäischen Union dar, wenn auch diese Unterstützung zugleich häufig diversen europäischen Politikfeldern zu- und untergeordnet ist (vgl. auch Freyer 2006, S. 410f.):

---

[1] Die Europäische Union ist mit 370 Millionen Besuchern aus aller Welt (und damit 40 % aller Touristen weltweit) das wichtigste Reiseziel der Welt. Diese Besuche erbrachten Einnahmen in Höhe von 266 Milliarden EUR (Angaben für 2008) (vgl. EUROPÄISCHE KOMMISSION 2010: 3).

„Der Tourismus berührt als Querschnittsbereich eine Vielzahl von europäischen Politikfeldern. Dies gilt zum Beispiel für die Freizügigkeit von Personen, Waren und Dienstleistungen, für kleine und mittlere Unternehmen, für Verbraucherschutz, Umwelt und Bekämpfung des Klimawandels, wie auch für die Verkehrs-, Regional- und sogar Weltraumpolitik. Die in diesen Bereichen getroffenen Maßnahmen können sich direkt oder indirekt auf den Tourismus in der Union auswirken" (EUROPÄISCHES PARLAMENT 2010).

Obwohl der EG-Vertrag (vgl. hierzu Europäische Union 2006a) dem Fremdenverkehr keinen eigenen Vertragstitel widmet, darf die EU, aufgrund Artikel 3 (1) dieses Vertrags, Maßnahmen im Bereich des Fremdenverkehrs beschließen (vgl. EUROPÄISCHE UNION 2006a, S. 44f. und vgl. EUROPÄISCHES PARLAMENT 2010). Mit dem zunehmenden Einfluss auf den nationalen Tourismus und die nationale Tourismuspolitik unterstützt die Union den europäischen Fremdenverkehrssektor. Die Wirkung der EU zeigt sich beispielsweise in dem Beschluss der Pauschalreiserichtlinie, in der Liberalisierung des Flugverkehrs, im Erlass von Umweltrichtlinien und -verordnungen und nicht zuletzt in der Entwicklung und Bereitstellung der Förderprogramme, die auch touristische Projekte finanzieren.

Die von der EU erlassenen Richtlinien haben grundsätzlich als Gemeinschaftsrecht Priorität vor dem nationalen Recht und gelten für alle Mitgliedsstaaten. Da aber das Subsidiaritätsprinzip im Bereich des Tourismus weitgehend angewendet wird und in den Staaten der heutigen EU immer noch unterschiedliche Regelungen der wirtschaftlichen Rahmenbedingungen im Dienstleistungsbereich vorhanden sind, bestehen gerade in der Tourismuswirtschaft weiterhin Hindernisse auf dem Weg zu marktgerechten, wettbewerbsstarken und europaweit agierenden Tourismusunternehmen (vgl. FREYER 2006, S. 411f.). Aufgrund des Subsidiaritätsprinzips sind tourismuspolitische Entscheidungen zunächst auf Ebene der Mitgliedsstaaten und entsprechend dem nationalen Recht zu treffen. Nach Art. 5 des Vertrags zur Gründung der Europäischen Gemeinschaft werden die Grundsätze des Subsidiaritätsprinzips wie folgt präzisiert:

„In den Bereichen, die nicht in ihre ausschließliche Zuständigkeit fallen, wird die Gemeinschaft nach dem Subsidiaritätsprinzip nur tätig, sofern und soweit die Ziele der in Betracht gezogenen Maßnahmen auf Ebene der Mitgliedsstaaten nicht ausreichend erreicht werden können und daher wegen ihres Umfangs oder ihrer Wirkungen besser auf Gemeinschaftsebene erreicht werden können" (EUROPÄISCHE UNION 2006a, S. 46).

Während die EU bereits handelt, wenn sie ihrer Ansicht nach effektiver als die Nationalstaaten agiert, erwarten die Mitgliedsstaaten einen EU-Einsatz erst dann, wenn sie ihn als absolute Notwendigkeit betrachten (vgl. HUMMER/BOHR 1992, S. 69). Meinungsunterschiede sind dabei vorprogrammiert. Aufgrund der steigenden Bedeutung des Fremdenverkehrs in der EU sowie wegen unterschiedlicher nationaler Gesetze, die die Homogenität der touristischen Entwicklung stören, wird eine einheitliche europäische Tourismuspolitik auf Basis der Zustimmung aller Mitgliedsstaaten immer relevanter.

Des Weiteren stehen weltweit neue expandierende Reiseziele mit innovativen Produkten und Dienstleistungen in direkter Konkurrenz zum europäischen Reisemarkt, wodurch in der EU ein geringerer Zuwachs von Besuchern aus aller Welt im Vergleich zum internationalen Durchschnitt verzeichnet wird. Wenn auch Europa die am häufigsten bereiste Region der Welt ist, befindet es sich in einem ständig wachsenden weltweiten Wettbewerb (vgl. EUROPÄISCHE KOMMISSION 2006a, S. 3). Somit sind die Steigerung der Wettbewerbsfähigkeit und Sicherung der Spitzenposition Europas als nachhaltige Reisedestination die primären Ziele der europäischen Tourismuspolitik. Laut Definition der Tourismusförderung gehören hierzu alle Aktivitäten der öffentlichen Körperschaften, die der erfolgreichen Entwicklung des Fremdenverkehrs zugutekommen. Mithin sind diese sowohl finanzielle Mittel aus öffentlichen Haushalten als auch die Tourismuspolitik selbst (vgl. BURCHARD 1988, S. 572f.). Da es sich bei der Förderung des europäischen grenzüberschreitenden Fremdenverkehrs neben der Kofinanzierung somit auch um politische Unterstützung handelt, die wiederum ein breites Förderspektrum bietet, wird im Folgenden einerseits die europäische Tourismuspolitik im Allgemeinen und andererseits die europäische materielle Förderpraxis, die für den Tourismus von Bedeutung ist, näher betrachtet. Ferner beeinflussen zwischenstaatliche rechtliche Vereinbarungen in der Europäischen Union ebenso den Tourismus, wie etwa das Schengener Abkommen (1985), das seit dem Jahr 1995 in immer mehr EU-Mitgliedsstaaten den Abbau der Kontrollen an den Binnengrenzen und die Einführung des freien Personen- und Warenverkehrs bewirkt und damit das Reisen erleichtert. Andere rechtliche Rahmenbedingungen spiegeln sich direkt wider in einer förderlichen grenzüberschreitenden und transnationalen Zusammenarbeit, auch im Tourismusbereich.

3   Die neue europäische Tourismuspolitik und ihre Zielsetzungen

Erst seit einer kurzen Zeit kann man von einer Tourismuspolitik auf europäischer Ebene sprechen. Nach dem Zweiten Weltkrieg war die europäische Wirtschaft auf den Wiederaufbau der zerstörten Güter, die Lebensmittelproduktion und das Transportwesen fokussiert. Erst nachdem sich die Wirtschaft in Europa in der Folgezeit des Krieges erholt hatte, nahm die Nachfrage nach Reisen zu. Neben dem Wirtschaftsaufschwung diverser europäischer Länder und dem damit einhergehenden Bevölkerungswachstum, zunehmender Verstädterung, Verbesserung der Einkommen, der Transportmöglichkeiten, des Kommunikationswesens und des Tourismusgewerbes, trug die gleichzeitig zunehmende Freizeit als Folge steigender Tech-

nisierung und verkürzter wöchentlicher Arbeitszeit zur Entwicklung des Tourismus in Europa bei (vgl. THOMAS 1998, S. 26f. und vgl. FREYER 2006, S. 22).
Die Entwicklung der europäischen Tourismuspolitik erleichtert diverse Beschlüsse und Mitteilungen auf europäischer Ebene; zu den wichtigsten gehören die in der Tabelle 1 chronologisch dargestellten Ereignisse:

Datum	EU-Beschlüsse bzw. Mitteilungen und der Mehrwert für den Tourismus
10. April 1984	Die erste Entschließung des Rates zum Bereich Tourismus. Dabei wurde die Bedeutung des Fremdenverkehrs für die europäische Integration anerkannt und die Europäische Kommission ersucht, Vorschläge für den Tourismussektor zu unterbreiten. Die Entschließung umfasste Erleichterungen in folgenden tourismuspolitischen Grundsätzen: - Freizügigkeit und Schutz der Touristen, - Verbesserung der Arbeitsbedingungen im Fremdenverkehr, - Entwicklung des Verkehrswesens, - Förderung der Regionalentwicklung, - Erhaltung des europäischen Erbes.
22. Dezember 1986	Beschluss zum Einsatz eines Beratenden Ausschusses für den Fremdenverkehr
22. Januar 1988	Entschluss des Europäischen Parlaments zur Erleichterung, Förderung und Finanzierung des Tourismus. Gleichzeitig wurde die Ernennung des Jahres 1990 zum „Europäischen Jahr des Tourismus" vorgeschlagen.
22. Dezember 1988	Beschluss des Rates über ein Aktionsprogramm zum Europäischen Jahr des Tourismus. Das Aktionsjahr wurde durch die Europäische Kommission geleitet, die im Verlauf des Jahres insgesamt 269 Tourismusprojekte förderte. Trotz Kritik an der Organisation wegen zu kurzer Vorbereitung und einer dadurch geringen Wahrnehmung durch die Öffentlichkeit sowie eines sehr stark eingeschränkten Budgets von 3,6 Mio. ECU, konnten wertvolle Erfahrungen für die grenzüberschreitende Kooperation im Tourismus gewonnen werden.
17. Dezember 1990	Beschluss des Rates über ein Zweijahresprogramm zum Aufbau einer gemeinschaftlichen Fremdenverkehrsstatistik.
24. April 1991	Basierend auf den Erfahrungen mit dem Europäischen Jahr des Tourismus hat die Kommission einen Aktionsplan der Gemeinschaft zur Förderung des Tourismus vorgeschlagen.
11. Juli 1991	Die Entschließung des Europäischen Parlaments über eine gemeinschaftliche Fremdenverkehrspolitik.
7. Februar 1992	In dem in Maastricht unterzeichneten Vertrag über die Europäische Union wurde zum ersten Mal vertraglich geregelt, dass der Tourismus zu den europäischen Gemeinschaftsaufgaben gehört, wenn auch die europäischen Kompetenzen in touristischen Fragen gleichzeitig durch das festgelegte Subsidiaritätsprinzip begrenzt blieben.
13. Juli 1992	Der Rat beschloss den Aktionsplan der Gemeinschaft zur Förderung des Tourismus unter Federführung der Kommission. Für die Ausführung der touristischen Maßnahmen des für drei Jahre (1993-1995) geplanten Aktionsplans wurden Fördergelder in Höhe von 18 Mio. ECU veranschlagt.
14. Februar 1994	Entschließung, in der sich das Europäische Parlament auf den Fremdenverkehr auf dem Weg in das Jahr 2000 bezog.

123

4. April 1995	Die Europäische Kommission legte das Grünbuch „Die Rolle der Union im Bereich Fremdenverkehr" vor.
23. November 1995	Eine „Richtlinie des Rates über die Erhebung statistischer Daten im Bereich Tourismus" wurde erlassen, die eine weitgehend einheitliche statistische Erfassung des Fremdenverkehrs und damit die Vergleichbarkeit der Daten in den EU-Mitgliedsstaaten einführte.
6. November 1997	Entschluss des Europäischen Parlaments zur Mitteilung der Kommission über die Bekämpfung des Sextourismus mit Kindesmissbrauch: Forderung von Maßnahmen gegen Reisebüros, Fluggesellschaften und Hotelketten, die den Sextourismus begünstigen.
28. April 1999	Die Mitteilung der Kommission „Beschäftigungspotenzial der Tourismuswirtschaft" auf der Basis eines Expertenberichts über die Wachstums- und Beschäftigungspotenziale in der Tourismuswirtschaft, der bis 2010 eine erhebliche Expansion in diesem Bereich prognostizierte.
21. Juni 1999	Schlussfolgerungen des Rates, in denen folgende vier Handlungsfelder unterbreitet wurden: - Förderung von Informationsverbreitung und -austausch, - Verbesserungen bezüglich Ausbildung und Qualifizierung in der Tourismusbranche, - Qualitätsverbesserungen für touristische Produkte und Dienstleistungen, - Förderung des Umweltschutzes und der nachhaltigen Tourismusentwicklung.
18. Februar 2000	Beschluss des Europäischen Parlaments zu Tourismus und Beschäftigung: Vorschlag zur Koordinierung der Gemeinschaftspolitiken zur Förderung der vom Tourismus abhängigen Beschäftigung mit den nationalen Beschäftigungspolitiken sowie zur Erhöhung der Qualitäts- und Sicherheitsstandards des touristischen Angebots in Europa.
13. November 2001	Die Europäische Kommission veröffentlichte eine Mitteilung über die verbesserte Zusammenarbeit im europäischen Tourismus. In der Bekanntgabe hat sie die Festlegung eines Handlungsrahmens vorgeschlagen, welcher auf dem offenen Verfahren der Koordinierung aller einschlägigen Akteure beruht. Gleichzeitig wurden mehrere Maßnahmen und Handlungsvorschläge für die unterschiedlichen touristischen Akteure präsentiert. Diese Verkündung sollte zu einer künftigen nachhaltigen und wettbewerbsfähigen Tourismusentwicklung durch die Verbesserung von Information, Ausbildung und Qualität sowie den Einsatz neuer Technologien verhelfen. Seit 2002 wird als Folge der vorangegangenen, oben genannten Mitteilung der Kommission jährlich ein Europäisches Tourismus-Forum mit hochrangigen Vertretern aus der Tourismuswirtschaft, den europäischen Institutionen und den Regierungen der EU-Mitgliedsstaaten organisiert. Die Erstellung und Umsetzung einer europäischen Agenda für den Tourismus (s. u.) ist ein Beispiel für eine Maßnahme zur Förderung einer nachhaltigen touristischen Entwicklung.
14. Mai 2002	Beschluss des Europäischen Parlaments über die Zusammenarbeit für die Zukunft des Tourismus in Europa: Notwendigkeit gemeinsamer Hilfestellung für den kriselnden Sektor.
21. November 2003	Die Kommission gab ihre Mitteilung „Grundlinien zur Nachhaltigkeit des europäischen Tourismus" bekannt. Darin unterstrich sie die Rolle der wirtschaftlichen, sozialen und ökologischen Nachhaltigkeit des europäischen Tourismus als wichtigen Beitrag zur nachhaltigen Entwicklung in Europa und in der Welt sowie als Voraussetzung für die Lebensfähigkeit, das Wachstum, die Wettbewerbsfähigkeit und den ökonomischen Erfolg dieser Branche. Im Jahr 2004 setzte daraufhin die Kommission die Sachverständigengruppe „Nachhaltigkeit im Tourismus" ein, deren Mitglieder – Vertreter von Industrieverbänden, Behörden von Mitgliedsstaaten, internationalen

	Organisationen (z. B. Welttourismusorganisation) sowie Repräsentanten von Reisezielen und Gewerkschaften – den Umweltfragen eine besondere Beachtung schenken. Im Februar 2007 legte die Gruppe einen Ergebnisbericht „Action for more sustainable European Tourism" vor.
8. September 2005	Beschluss des Europäischen Parlaments zu Tourismus und Entwicklung: Forderung von Reinvestitionen der vom Tourismus erwirtschafteten Gewinne in die lokale Entwicklung der Destinationen zwecks Armutsbekämpfung und Gewährleistung der nachhaltigen Entwicklung dieser Gebiete. Das Europäische Parlament verabschiedete gleichzeitig eine (vom Ausschuss für Verkehr und Fremdenverkehr ausgearbeitete) Entschließung zu den neuen Perspektiven und neuen Herausforderungen für einen nachhaltigen europäischen Tourismus. Die Forderungen des Parlaments bezüglich unterschiedlicher Einflüsse einer EU-Politik für den Tourismus betrafen: - Qualität und Wettbewerbsfähigkeit der Dienstleistungen, - Sicherheit im Tourismus, - neue Initiativen für einen nachhaltigen Fremdenverkehr, - Kenntnis und Förderung des Tourismus in Europa, - Zusammenhang zwischen Verkehr und Tourismus, - von der Europäischen Gemeinschaft geförderte Strukturmaßnahmen, - Abstimmung von Rechtsvorschriften der Gemeinschaft, - den Tourismus im damals zu verabschiedenden Vertrag über eine Verfassung für Europa.
17. März 2006	Die Europäische Kommission veröffentlichte die Mitteilung „Eine neue EU-Tourismuspolitik: Wege zu mehr Partnerschaft für den europäischen Tourismus". Basierend auf den bisherigen Erfahrungen und angesichts der erläuterten aktuellen Herausforderungen im Tourismus wurden dort neue tourismuspolitische Ansätze formuliert, wie vor allem Vorschläge zu einer optimierten Nutzung der EU-Finanzierungsinstrumente im Zeitraum 2007-2013, die Modifizierung bestehender Rechtsvorschriften sowie Förderung des nachhaltigen Tourismus.
19. Oktober 2007	Die Europäische Kommission legte die „Agenda für einen nachhaltigen und wettbewerbfähigen europäischen Tourismus" vor. Dort wurden die tourismuspolitischen Zielsetzungen, Handlungsrahmen und Grundsätze präsentiert, die einem Gleichgewicht zwischen der Touristenzufriedenheit, den Belangen der natürlichen und kulturellen Umwelt sowie der Wettbewerbfähigkeit von Reisezielen und Unternehmen zugute kommen sollen. Gleichzeitig wurde die Vorlage eines Fortschrittsbewertungsberichts für das Jahr 2011 angekündigt.
16. Dezember 2008	Entschließung des Europäischen Parlaments über die Aspekte der regionalen Entwicklung des Fremdenverkehrs in Küstenregionen, in der es die Einführung eines Europäischen Tages des Küstentourismus vorschlägt.
30. Juni 2010	Mitteilung der Kommission an das Europäische Parlament, den Rat, den Europäischen Wirtschafts- und Sozialausschuss und den Ausschuss der Regionen: Europa – wichtigstes Reiseziel der Welt: ein neuer politischer Rahmen für den europäischen Tourismus. Hier wurde ein ehrgeiziger Rahmen abgesteckt, dessen Ziel die Schaffung einer wettbewerbfähigen, nachhaltigen, modernen und verantwortungsvollen europäischen Tourismusbranche ist.

Tabelle 1: EU-Beschlüsse und Mitteilungen und der Mehrwert für den Tourismus

Quelle: eigene Darstellung nach EUROPÄISCHE KOMMISSION 2010a, EUROPEAN COMMISSION 2010c, EUROPÄISCHES PARLAMENT 2010, EUROPÄISCHE KOMMISSION 2006a, S. 8, EUROPÄISCHE KOMMISSION 2007, S. 2 u. 4ff., EUROPÄISCHE GEMEINSCHAFTEN 1992, S. 26, EUROPÄISCHES PARLAMENT 2006, EGGERT 2000, S. 112f., FREYER 2006, S. 412, MUNDT 2006, S. 496f. und THOMAS 1998, S. 117

Die europäische Tourismuspolitik wird von häufiger Kritik begleitet. In der Vergangenheit wurde ihr das Fehlen eines übergeordneten Leitbildes und einer gemeinsamen Zielsetzung vorgeworfen. Die Zersplitterung in der Tourismuspolitik führte zu einer Unüberschaubarkeit der einzelnen Förderaktivitäten, was wiederum zu dem monierten Gießkannenprinzip bei der Verteilung von Fördermitteln beiträgt. Auch eine nicht ausreichende Berücksichtigung der Umweltaufgaben[2] in den Zuschussprogrammen stand in der Kritik (vgl. EGGERT 2000, S. 117, vgl. THOMAS 1998, S. 78 und vgl. FEIBEL 1990, S. 94f.). Generell wird gegenüber dem jungen Politikbereich, dessen Anfänge in den 1980er Jahren liegen und der sich Ende der 1990er Jahre noch in einer Experimentierphase befand, beanstandet, dass „der politische Stellenwert des Tourismus [...] noch nicht seiner wirtschaftlichen und sozialen Bedeutung in der Union [entspricht]" (THOMAS 1998, S. 124). Allerdings werden oft förderliche EU-Aktionen von den Mitgliedsstaaten – aus Furcht vor Eingriffen in ihre nationale Politik – selbst abgelehnt, was die Ausführung der EU-Tourismuspolitik zusätzlich erschwert. Ein Beispiel dafür ist die Ablehnung des von der Europäischen Kommission vorgeschlagenen Mehrjahresprogramms zur Förderung des europäischen Tourismus „PHILOXENIA" (1997-2000) durch Deutschland. Die Bundesregierung begründete ihre Haltung mit der Skepsis bezüglich der Zuständigkeit der Kommission für eine so konkrete Form der Tourismuspolitik, aber vor allem mit dem Zweifel an der Erfüllung des Subsidiaritätsprinzips (vgl. EGGERT 2000, S. 116f.).

Des Weiteren erschweren gegensätzliche Interessen der nördlichen hoch industrialisierten Entsendeländer und der wirtschaftlich weniger entwickelten südlichen Empfängerländer innerhalb der Europäischen Union die Formulierung tourismuspolitischer Ziele der EU. Während der Norden schwerpunktmäßig die Umweltfragen, den Schutz von Natur- und Kulturerbe sowie Dienstleistungsqualität in den Vordergrund stellt, ist im Süden vor allem ein quantitatives Wachstum privater Dienstleistungen im Tourismus von Bedeutung, manchmal zuungunsten der öffentlichen Angebote. Die Rolle der Tourismuspolitik besteht hierbei darin, einerseits den Ausgleich solcher unterschiedlicher Interessen und andererseits eine Qualitätserhöhung im Tourismus sowie eine bessere Arbeitsmarktsituation anzustreben (vgl. MUNDT 2006, S. 496).
In der Mitteilung „*Eine neue EU-Tourismuspolitik: Wege zu mehr Partnerschaft für den europäischen Tourismus*" von 2006 hat die Kommission eine neue europäische Tourismuspolitik, die die Maßnahmen der EU-Mitgliedsstaaten ergänzen soll, vorgeschlagen.

„*Zentrales Ziel dieser Politik wird es sein,* **durch den nachhaltigen Ausbau des Tourismus in Europa und weltweit, die Wettbewerbsfähigkeit der europäischen**

---

[2] Beispielsweise soll eine EU-Förderung von Hotelbaumaßnahmen bis zu 80 % erfolgt sein, ohne dass Umweltfragen dabei einbezogen wurden (vgl. FEIBEL 1990, S. 95).

Tourismusindustrie zu stärken und mehr und bessere Arbeitsplätze zu schaffen" (EUROPÄISCHE KOMMISSION 2006a, S. 4, Hervorhebung im Original).

Die Durchführung dieser Politik soll auf einer engen Partnerschaft der Kommission mit den Behörden der Mitgliedsstaaten und Interessengruppen aus der Tourismusbranche basieren. Die Koordinierung innerhalb der Kommission sowie innerhalb der nationalen Behörden, die Kooperation verschiedener Interessengruppen und die Einrichtung spezieller Fördermaßnahmen sollen Instrumente dieser Politik darstellen (vgl. ebd.).

Der Schwerpunkt der neuen Tourismuspolitik liegt auf folgenden Themen (vgl. EUROPÄISCHE KOMMISSION 2006a, S. 5ff., vgl. EUROPÄISCHE GEMEINSCHAFTEN 2006 und vgl. EUROPEAN COMMISSION 2010a und 2010b):

3.1 Tourismusrelevante Querschnittsmaßnahmen

Bessere Rechtsetzung:
- Berücksichtigung der Wettbewerbsfähigkeit der Tourismusbranche in der Folgenabschätzung bei Vorschlägen für neue fremdenverkehrsrelevante Rechtsvorschriften,
- Prüfung schwebender Legislativvorschläge und
- Vereinfachung geltender EU-Rechtsvorschriften.

Koordinierung der Politikbereiche:
- Förderung der Wettbewerbsfähigkeit der europäischen Tourismusindustrie mit den Instrumenten anderer EU-Politikbereiche, die ohnehin den Tourismus direkt oder indirekt beeinflussen sowie
- weiterhin effiziente, zeitnahe und transparente Mitteilung der tourismusbezogenen Pläne gegenüber den Mitgliedern des Beratenden Ausschusses für den Fremdenverkehr zwecks besseren Informationsflusses von den öffentlichen Behörden zu den Interessengruppen auf nationaler, regionaler und lokaler Ebene.

Optimierte Nutzung der vorhandenen EU-Finanzierungsinstrumente:
Verstärkter Einsatz bestehender europäischer Finanzinstrumente zugunsten des Tourismus im Zeitraum 2007–2013 und zwar insbesondere[3]:

---

[3] Zu den tourismusrelevanten EU-Förderinstrumenten, die vor der Zeitperiode 2007–2013 eingesetzt wurden, vgl. Kapitel 5.

- Unterstützung der Entwicklung der Tourismusunternehmen, -dienstleistungen und -infrastruktur, der beruflichen Mobilität sowie der Ausbildungsprogramme und Schulungen aus den Strukturfonds, dem Europäischen Fonds für regionale Entwicklung (**EFRE**) und dem Europäischen Sozialfonds (**ESF**),
- Einsetzung des **Kohäsionsfonds** zur Förderung der Umwelt- und Verkehrsinfrastruktur,
- Deklarierung des Tourismus als potenziellen Pilotsektor in einem neuen Mobilitätsprogramm für Auszubildende und junge Erwachsene im Rahmen des Programms **„Leonardo Da Vinci"**,
- Förderung von Maßnahmen zugunsten der Umwelt und Landschaft im ländlichen Raum, der Qualität der landwirtschaftlichen Produktion, der Kulturerbeaufwertung im ländlichen Tourismus und der Diversifizierung der ländlichen Wirtschaftsstruktur durch den neuen Europäischen Landwirtschaftsfonds für die Entwicklung des ländlichen Raums (**ELER**), vor allem in den neuen EU-Mitgliedsstaaten und den Kandidatenländern, aufgrund der Steigerung der touristischen Attraktivität der ländlichen Gebiete,
- Unterstützung des Ökotourismus als Beschäftigungsalternative für die Fischer, die von der Umstrukturierung des Fischereisektors betroffen sind durch den Europäischen Fischerfonds (**EFF**); Förderung der Umstellung auf tourismusbezogene Tätigkeiten, der Kleinfischerei und der Tourismusinfrastruktur,
- Einsatz der Mittel des neuen **„Rahmenprogramms für Wettbewerbsfähigkeit und Innovation (2007-2013)"** zur Stärkung der Wettbewerbsfähigkeit der kleinen und mittleren Unternehmen (KMU) auch in der Tourismusbranche sowie
- Tourismus fördernde Studien über Informations- und Kommunikationstechnologie, Satellitenanwendungen, das Kulturerbe und die Bodennutzung im Rahmen des **„siebten Rahmenprogramms der Europäischen Gemeinschaft für Forschung, technologische Entwicklung und Demonstration (2007-2013)"**.

3.2 Förderung des nachhaltigen Tourismus

Eine europäische Agenda 21 für den Tourismus:
- Ausarbeitung einer europäischen Agenda 21 für den Tourismus auf der Basis der Mitteilung *„Grundlinien zur Nachhaltigkeit des europäischen Tourismus"* (2003) sowie der Arbeiten der 2004 eingerichteten Sachverständigengruppe „Nachhaltigkeit im Tourismus".

Sondermaßnahmen zur Förderung der Nachhaltigkeit im Tourismus:
- Ermittlung und Austausch nationaler und internationaler Lösungen zur Förderung tourismusorientierter KMU sowie in Angelegenheiten „Tourismus für alle",

- Untersuchung der wirtschaftlichen Bedeutung einer verbesserten Zugänglichkeit für Behinderte im Tourismussektor,
- Veröffentlichung eines Buches über die Schaffung von „Lernenden Räumen in der Tourismuswirtschaft" zur Förderung der Weiterqualifizierung im Tourismus,
- Untersuchung der Beschäftigungsentwicklung im Küsten- und Seetourismus,
- Bewertung der Wirkung des elektronischen Geschäftsverkehrs auf die Tourismuswirtschaft und
- umfassender Kampf gegen die sexuelle Ausbeutung von Kindern durch Touristen.

3.3 Förderung des Wissens über den Tourismussektor und die Öffentlichkeitswirkung

Mehr Wissen über den europäischen Tourismus:
- Förderung der zeitnahen, ausführlichen, zuträglichen und vergleichbaren Tourismusstatistiken auf europäischer und nationaler Ebene als Grundlage für wirksame Entscheidungen.

Mehr Werbung für europäische Reiseziele:
- Einrichtung eines Europäischen Portals[4] für Reiseziele mit zahlreichen praktischen Informationen über Europa und
- Untersuchung der Auswirkungen von Kultur- und Sportevents in den europäischen Städten und Regionen auf die tourismusnahen KMU.

Mehr öffentliche Aufmerksamkeit für den Tourismus:
- Ausrichtung (seit 2002) des jährlichen Europäischen Tourismusforums von jeweils einem anderen Mitgliedsstaat in Zusammenarbeit mit der Kommission sowie
- zuteilwerden von größerer öffentlicher Aufmerksamkeit gegenüber dem europäischen Tourismussektor durch die von Ratspräsidentschaften veranstalteten Ministertreffen und Konferenzen.

Die oben vorgestellten Bereiche der aktuell ausgeführten Tourismuspolitik stellen einen bedeutenden Fortschritt für die Entwicklung des europäischen Tourismus dar. Da jedoch die Europäische Union keine (vertraglich geregelte) direkte Kompetenz im Tourismus hat und somit höchstwahrscheinlich auch in Zukunft keine tourismusspezifischen Gesetze verabschieden wird, ist die „neue Tourismuspolitik" kein Rechtsrahmen, sondern ein Handlungsrahmen, in dem sich die Europäische Kommission mit allen ihren Initiativen bewegt. Der Tourismus bleibt ein Querschnitts-

---

[4] vgl. hierzu www.visiteurope.com.

bereich[5], gleichwohl überprüft die Kommission die einzelnen EU-Politikbereiche und Gesetzesvorhaben hinsichtlich ihrer Auswirkungen auf den europäischen Tourismus, um die zuständigen Generaldirektionen darauf aufmerksam zu machen. Weiterhin informiert sie die tourismusorientierten Interessenträger über Vorhaben auf der EU-Ebene, die sich auf den Tourismus auswirken könnten, damit die Interessen der Tourismusindustrie bei den zuständigen Stellen vertreten werden.

In dem neuen EU-Vertrag wurde der Tourismus auf der EU-Ebene aufgewertet. Aus dem den Fremdenverkehr betreffenden Abschnitt mit dem neuen Titel XXI „Tourismus" und dem neuen Artikel 176 b geht jedoch klar hervor, dass die Europäische Union im Bereich Tourismus weiterhin keinerlei Harmonisierung der nationalen Gesetze und Regulierungen anstrebt. Die Aufgaben, die durch die EU-Tourismuspolitik verfolgt werden und denen sich die EU im Tourismusbereich in Zukunft hauptsächlich widmen wird, sind folgende:

– die Anregung für die Schaffung eines günstigen Umfelds für die Entwicklung der Unternehmen im Tourismussektor und
– die Unterstützung der Zusammenarbeit zwischen den Mitgliedsstaaten, insbesondere durch den Austausch bewährter Praktiken.

Die diese Ziele verfolgende Tätigkeit der EU besteht in der Ergänzung der in den Mitgliedsstaaten durchgeführten Maßnahmen im Tourismussektor, vor allem durch die Förderung der Wettbewerbsfähigkeit der Unternehmen der Union im Tourismus (vgl. RAT DER EUROPÄISCHEN UNION 2007, S. 97).

Angesichts des Subsidiaritätsprinzips ist es allerdings immer noch umstritten, ob die Entscheidungsbefugnisse der EU-Gremien im Tourismus genauso weitreichend sein sollen wie z. B. im Verkehrswesen, Verbraucherschutz oder in Umweltfragen. Diese Politikbereiche spielen gewiss im Tourismus bereits eine große Rolle. So wurde beispielsweise die Reiserechtsrichtlinie (die 1990 u. a. einen Insolvenzschutz für Pauschalreisende in das nationale Reiserecht aller Mitgliedsstaaten einführte) im Rahmen der EU-Verbraucherschutzpolitik erlassen und die Verkehrspolitik betrifft von sich aus einen Kernbereich des Fremdenverkehrs (vgl. MUNDT 2006, S. 496). Auch viele grenzüberschreitende Tourismusprojekte werden im Zuge der Regionalpolitik realisiert, während die Umweltpolitik u. a. den Schutz des Naturerbes und der Artenvielfalt zum Ziel hat, was dem Tourismus förderlich ist.

---

[5] Da der Tourismus ohnehin viele Bereiche betrifft und von verschiedenen Politikentscheidungen abhängt, scheint es die einzige Möglichkeit zu sein, ihn in der jetzigen Rolle als Querschnittsbereich zu belassen. Nichtsdestotrotz werden die Nachteile dieser Lösung kritisiert. EGGERT (2000, S. 103f.) weist darauf hin, dass die Überschneidung vieler Politikbereiche zu gravierenden Koordinations- und Informationsproblemen führt und dadurch die Effektivität der Arbeit beeinträchtigen kann, wie beispielsweise der Mangel des Kontakts zwischen den zuständigen Generaldirektionen während der Organisation des Programms „Kulturhauptstadt Europas" oder die unzureichende Abstimmung der Regionalpolitik mit der damaligen Generaldirektion XXIII für Unternehmenspolitik, Handel, Tourismus und Sozialwirtschaft hinsichtlich der Strukturfondsmittelvergabe.

4 Die Träger der europäischen Tourismuspolitik

Die europäische Tourismuspolitik wird vor allem von staatlichen Institutionen der Europäischen Union gestaltet. Im Folgenden werden die allgemeinen EU-Institutionen und dann diejenigen, die die Tourismuspolitik beeinflussen, vorgestellt. Dann wird auf die Aufgaben einiger, die insbesondere für den Tourismus relevant sind, näher eingegangen. Die kurze Vorstellung der wichtigsten, der Tourismuspolitik dienlichen privatwirtschaftlichen Organisationen auf europäischer Ebene beschließt die Darstellung der EU-Trägerlandschaft.

Gegenwärtig gibt es **folgende Organe der Europäischen Union:**
– *die Europäische Kommission,*
– *das Europäische Parlament,*
– *den Rat der Europäischen Union,*
– *den Gerichtshof der Europäischen Gemeinschaft* und
– *den Europäischen Rechnungshof.*

Diese Institutionen werden durch die **Finanz- und Finanzierungsinstitute** ergänzt, nämlich durch *die Europäische Zentralbank* und *die Europäische Investitionsbank*. Der Kommission, dem Europäischen Parlament und dem Rat stehen mit *dem Europäischen Wirtschafts- und Sozialausschuss* sowie *dem Ausschuss der Regionen* zwei **beratende Organe** zur Verfügung.

Die Anliegen der Unionsbürger und -einwohner sowie der Unternehmen und Organisationen in der Europäischen Union **bei Missständen in den EU-Organen und Institutionen** repräsentiert *der Europäische Bürgerbeauftragte*.

Die Interessen der EU-Bürger in Sachen **Schutz personenbezogener Daten**, die in den Organen und Einrichtungen der EU verarbeitet werden, vertritt *der Europäische Datenschutzbeauftragte*.

Die EU-Organe, die sich auf die EU-Tourismuspolitik auswirken, stellt die Abbildung 1 dar:

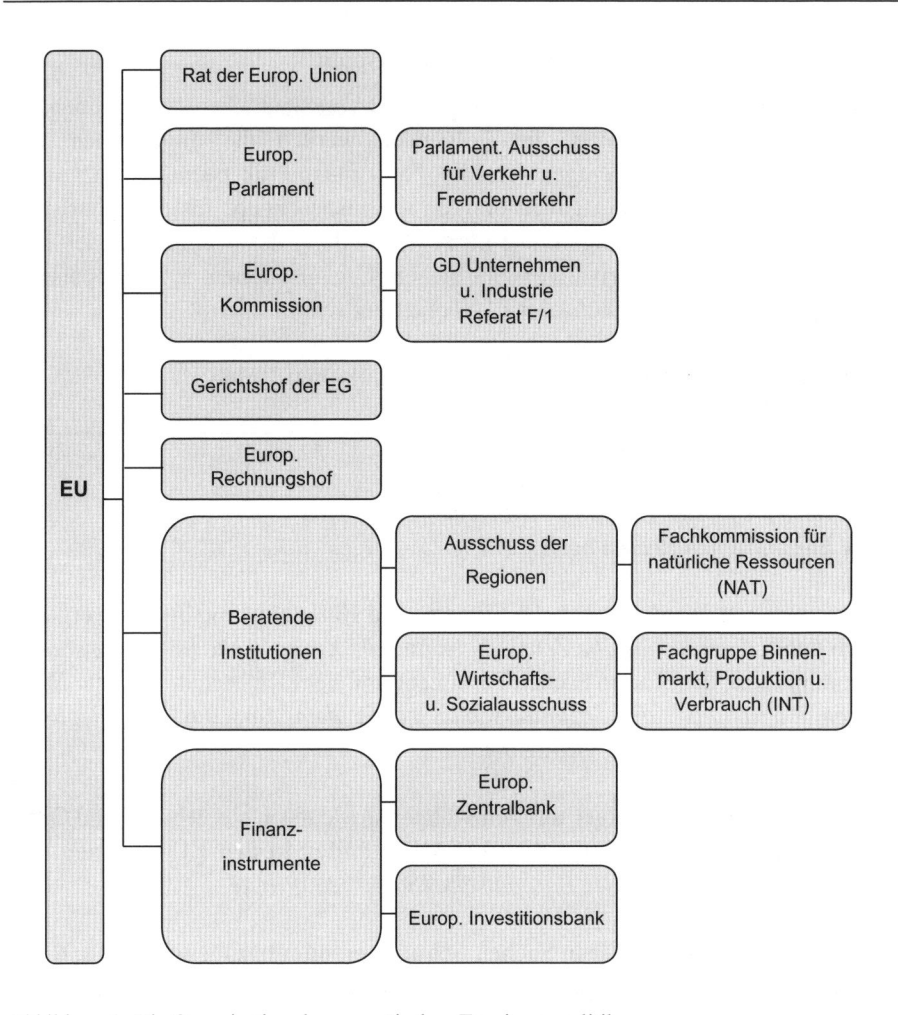

Abbildung 1: Die Organisation der europäischen Tourismuspolitik
Quelle: eigene Darstellung nach Freyer 2006, S. 414, Europäisches Parlament 2011a, Ausschuss der Regionen 2011, European Commission 2011 und Eurpean Economic and Social Committee 2011

Die wichtigsten tourismusrelevanten politischen Aufgaben der Kommission, des Parlaments und des Rates, die als „institutionelles Dreieck" gelten (vgl. FREYER 2006, S. 413), sowie derer Beratungsgremien werden wie folgt charakterisiert:

Die Europäische Kommission stellt einen Motor und zugleich ein ausführendes Organ für die EU-Politik dar. Einerseits erarbeitet sie Vorschläge für neue europäische Rechtsvorschriften, die sie dem Europäischen Parlament und Rat der EU vorlegt. Andererseits besitzt sie Verwaltungs- und Kontrollbefugnisse, indem sie z. B. die programmliche Ausgestaltung und praktische Umsetzung der EU-Politiken sicherstellt, ein quasi ausschließliches Initiativrecht hinsichtlich der gemeinschaftlichen Gesetzgebungsakte hat oder darauf achtet, dass die vertragliche EU-Gesetzgebung angewendet wird (vgl. FREYER 2006, S. 414 und vgl. DEPONDT 2005, S. 147).

Die Tourismuspolitik ist innerhalb der Europäischen Kommission der Generaldirektion (GD) „Unternehmen und Industrie" (Direktorat F mit dem Referat F/1 „Tourismus") zugeteilt (vgl. EUROPEAN COMMISSION 2011). Bis 1999 wurde sie von der GD XXIII (Unternehmenspolitik, Handel, Tourismus und Sozialwirtschaft) vertreten, was laut manchen Kritikern für den politischen Stellenwert des Tourismus auf EU-Ebene vorteilhafter war (vgl. FREYER 2006, S. 414). Allerdings sind noch weitere Generaldirektionen unmittelbar oder mittelbar mit dem Fremdenverkehr beschäftigt, wie beispielsweise GD „Regionalpolitik", GD „Umwelt", GD „Beschäftigung, soziale Angelegenheiten und Chancengleichheit", GD „Bildung und Kultur", GD „Binnenmarkt und Dienstleistungen", GD „Energie und Verkehr", GD „Gesundheit und Verbraucherschutz".

Das Europäische Parlament vertritt die Völker der EU-Mitgliedsstaaten und ist die einzige supranationale Einrichtung, deren Mitglieder demokratisch in allgemeiner Direktwahl gewählt werden (vgl. EUROPÄISCHES PARLAMENT 2011b). Das Parlament plädiert für eine gemeinsame Tourismuspolitik, die auf einem gemeinsamen Vorgehen der EU-Mitgliedsstaaten beruht. Die Prüfung der europäischen Gesetzgebung, die Genehmigung des EU-Haushaltes, die demokratische Kontrolle der anderen Organe der EU und das Erlassen vielfältiger Gesetze gehören zu den Aufgaben dieser Institution (vgl. FREYER 2006, S. 414). Sie umfasst zwanzig ständige parlamentarische Ausschüsse, auf die sich die Abgeordneten zur Vorbereitung ihrer Arbeit im Plenum verteilen. Jeder der Ausschüsse befasst sich mit besonderen Bereichen. Für den Tourismus ist der Ausschuss „Verkehr und Fremdenverkehr" zuständig (vgl. EUROPÄISCHES PARLAMENT 2011a). Dabei betreffen andere Ausschüsse (wie „Regionale Entwicklung", „Kultur und Bildung", „Beschäftigung und soziale Angelegenheiten", „Umweltfragen, Volksgesundheit und Lebensmittelsicherheit" oder „Binnenmarkt und Verbraucherschutz") durchaus tourismusrelevante Gebiete, die den Querschnittsbereich wiederum beeinflussen.

Der Rat der Europäischen Union (Ministerrat, Rat), der auf Ebene der Minister der EU-Mitgliedsstaaten zusammentritt und damit als Interessenvertretung der einzelnen Mitgliedsstaaten agiert, hat eine Entscheidungs- und Koordinierungsfunktion. Durch das Erlassen von Rechtsvorschriften der EU stellt er das wichtigste Gesetzgebungsorgan der Europäischen Union dar. Der Ministerrat entscheidet zumeist gemeinsam mit dem Europäischen Parlament, mit dem er auch den Haushaltsplan festsetzt. Zu den Aufgaben des Rates gehört u. a. die Koordination der allgemeinen Wirtschaftspolitiken der Mitgliedsländer. Er ist auch für die Zusammenarbeit zwischen den Regierungen der EU-Staaten auf dem Gebiet gemeinsamer Außen- und

Sicherheitspolitik, Justiz und Inneres zuständig (vgl. RAT DER EUROPÄISCHEN UNION 2011 und vgl. FREYER 2006, S. 415).

Beratende Institutionen der EU
Der Ausschuss der Regionen und der Europäische Wirtschafts- und Sozialausschuss haben beratende Funktionen, dennoch ist in bestimmten Bereichen die Anhörung ihrer Stellungnahmen obligatorisch. Beide Gremien vertreten unterschiedliche Interessengruppen.

Die Aufgabe des **Ausschusses der Regionen (AdR)** ist das Vertreten der Interessen der regionalen und kommunalen Gebietskörperschaften der Europäischen Union sowie die Gewährleistung ihrer Beteiligung am europäischen Integrationsprozess. Die Mitglieder des Ausschusses sind von den EU-Regierungen vorgeschlagene Kommunal- oder Regionalpolitiker, oft Landräte oder Bürgermeister von Großstädten. Der AdR wird obligatorisch durch den Rat und die Kommission sowie fakultativ durch das Europäische Parlament angehört. Zu den Bereichen des Ausschusses mit Anhörungspflicht gehören u. a.: Kultur, Bildung, Umwelt, Verkehr, grenzüberschreitende Zusammenarbeit, Strukturfonds sowie wirtschaftlicher und sozialer Zusammenhalt. Die 344 Ausschussmitglieder verteilen sich auf sechs Fachkommissionen, die für verschiedene Bereiche zuständig sind. Die Kommissionen bereiten Plenartagungen vor, während derer die Stellungnahmen des AdR verabschiedet werden. Nach der neuesten Aufteilung der Zuständigkeiten der Fachkommissionen, beschäftigt sich nur die Fachkommission für natürliche Ressourcen (NAT) mit dem Tourismus (vgl. AUSSCHUSS DER REGIONEN 2011, vgl. KOMISJA EUROPEJSKA 2006, S. 32f., vgl. DEPONDT 2005, S. 71 u. 78 und vgl. AUSSCHUSS DER REGIONEN 2006, S. 4).

Der Europäische Wirtschafts- und Sozialausschuss (EWSA) vertritt Interessen der Arbeitgeber, Arbeitnehmer (Gewerkschaften) und anderer wirtschaftlicher und sozialer Interessengruppen wie Landwirte, Handwerker, Verbraucherverbände, Umweltschutzorganisationen, Wissenschaftler etc. Seine Hauptaufgaben sind die Beratung des Rates, der Kommission und des Europäischen Parlaments bei der Gesetzgebung, die Ermutigung der Bürgergesellschaft zu einer stärkeren Beteiligung an den politischen Entscheidungen in der EU sowie die Stärkung der Bürgergesellschaft in Drittstaaten (vgl. KOMISJA EUROPEJSKA 2006, S. 30f.). Der EWSA hat das Anhörungsrecht in vielen Politikfeldern, wie beispielsweise Industrie-, Umwelt-, Sozial-, Bildungs- oder Beschäftigungspolitik (vgl. LINSENMANN 2006, S. 227). Im Rahmen der Zuständigkeiten der Ausschussfachgruppen ist die Fachgruppe Binnenmarkt, Produktion und Verbrauch (INT) mit den Dienstleistungen im Tourismus beschäftigt (vgl. EUROPEAN ECONOMIC AND SOCIAL COMMITTEE 2011).
Betrachtet man die staatlichen Träger von tourismuspolitischen Aktionen innerhalb der Europäischen Union, wird der Querschnittscharakter der Tourismuspolitik sehr

deutlich, da viele fremdenverkehrsrelevante Maßnahmen in Verbindung mit anderen Politikbereichen vorgenommen werden. Eine institutionelle Neuorientierung der europäischen Tourismuspolitik ist seit langer Zeit die Hauptforderung für eine gemeinsame EU-Tourismuspolitik (vgl. FREYER 2006, S. 413). Darüber hinaus wird der Europäischen Union ein Mangel an Legitimität und damit Bindekraft für ihre Entscheidungen zur Last gelegt. Dies resultiere aus demokratischen Defiziten der Union, wie dem Fehlen einer Reihe von für ein Parlament typischen Rechten beim Europäischen Parlament. So wird beispielsweise die Europäische Kommission nicht vom Parlament gewählt und der Rat als ein gesetzgeberisches Organ trifft viele Entschlüsse, die in einer parlamentarischen Demokratie sonst von den gewählten Volksvertretern getroffen würden (vgl. MUNDT 2006, S. 497f.).

Neben den vorgestellten staatlichen Organen der EU gehören zu den Trägern der europäischen Tourismuspolitik auch einige **privatwirtschaftliche Organisationen**, die auf europäischer Ebene agieren. Es handelt sich dabei um private Institutionen und Wirtschaftsverbände, wie z. B. ETC, ETAG oder HOTREC (vgl. FREYER 2006, S. 415):

- **Die European Travel Commission (ETC)** ist die Dachorganisation für 36 nationale Tourismusorganisationen (z. B. Deutsche Zentrale für Tourismus) mit dem Hauptziel, Ideen und Erfahrungen untereinander auszutauschen sowie Europa als Destination weltweit zu vermarkten[6].
- **Die European Travel & Tourism Action Group (ETAG)** hat die Intensivierung der fachlichen Zusammenarbeit zwischen nationalen Regierungen, Tourismusorganisationen und touristischen Leistungsträgern sowie den Abbau der tourismushemmenden Beschränkungen und die Förderung des europäischen Tourismus zum Ziel. Die ETAG arbeitet mit der EU-Kommission und dem Europäischen Parlament zusammen. Während die UNWTO und OECD zu seinen Partnern gehören, zählen zu den Mitgliedern der ETAG u. a. folgende Organisationen: ATLAS, ETC, EUTO, IATA.[7]
- **Die confederation of national associations of hotels, restaurants and cafés (HOTREC)** vertritt Interessen von Hotel- und Gastronomiebetrieben in 24 europäischen Ländern und fördert die Zusammenarbeit ihrer Mitglieder (40 nationale Unternehmens- und Arbeitgeberverbände). Wirtschaftliches Wachstum und Schaffung neuer Arbeitsplätze im Bereich der Hotellerie und Gastronomie sind ebenfalls die Ziele der Organisation.[8]

---

[6] vgl. auch EUROPEAN TRAVEL COMMISSION 2011.
[7] Die erwähnten Organisationen gehören zu den öffentlich-staatlichen bzw. privaten Trägern auf internationaler Ebene, die Schlüsselbereiche der Tourismuswirtschaft darstellen:
- UNWTO – World Tourism Organization,
- OECD – Organisation for Economic Co-operation and Development,
- ATLAS – Association for Tourism and Leisure Education,
- EUTO – European Union of Tourist Officers und
- IATA – International Air Transport Association.

[8] vgl. auch HOTREC 2011.

5   Die finanzielle Förderung des Tourismus durch die EU

Da der Fremdenverkehr in der Europäischen Union einen Querschnittsbereich darstellt und die Tourismuspolitik nach wie vor kein Einzelbereich innerhalb der EU-Politik ist, gibt es keine für den Tourismus speziell eingerichteten Förderprogramme. Dennoch bietet die EU eine breite Palette an Förderprogrammen für bestimmte Regionen sowie Natur- und Kulturräume, im Bereich der grenzüberschreitenden Zusammenarbeit, Landwirtschaft, Umwelt, Bildung, Kultur, Beschäftigung etc., die sich direkt oder indirekt auf den Tourismus auswirken können. Für folgende Politikbereiche werden auf der EU-Ebene erhebliche Fördermittel bereitgestellt (vgl. HERKSTRÖTER 2006, S. 1):

- Beschäftigung, Soziales und Chancengleichheit (v. a. Frauen),
- Unternehmen,
- Bildung und Kultur,
- Energie und Verkehr,
- Forschung und Entwicklung,
- Fischerei,
- Umwelt,
- Gesundheit und Verbraucherschutz,
- Informationsgesellschaft,
- Ländliche Entwicklung,
- Regionalentwicklung in strukturschwachen Regionen sowie
- Außenbeziehungen der EU.

Für den Zeitraum 2007-2013 ist Wachstum und Beschäftigung in allen Regionen und Städten der Europäischen Union die wichtigste Botschaft der Kohäsions- und Regionalpolitik. Zur Verfolgung dieser Zielsetzung sind für diese Förderzeit Finanzmittel in Höhe von 308 Mrd. Euro vorgesehen, welche damit die bisher höchste (vgl. Tabelle 2) strukturpolitische Zuwendung der EU darstellen (vgl. EUROPÄISCHE KOMMISSION 2010b).

Zeitraum	Finanzmittel
1989-1993	75 Mrd. Euro
1994-1999	161 Mrd. Euro
2000-2006	195 Mrd. Euro
2007-2013	308 Mrd. Euro

Tabelle 2: Die Finanzmittel der gesamten EU-Strukturfonds
Quelle: eigene Darstellung nach EUROPEAN COMMISSION 2001 und EUROPÄISCHE KOMMISSION 2010b

Die EU-Strukturfonds, wie Europäischer Fonds für regionale Entwicklung (EFRE) und Europäischer Sozialfonds (ESF), nehmen den Hauptanteil der fremdenverkehrsrelevanten europäischen Fördermittel ein. Sie umfassen mehrere Finanzierungsinstrumente zur Unterstützung von Maßnahmen, die dem Abbau der Entwicklungsunterschiede zwischen den einzelnen Regionen und EU-Mitgliedsstaaten dienen. Somit soll der wirtschaftliche und soziale Zusammenhalt der EU gestärkt werden. Zur Ergänzung der Fördermaßnahmen der EU-Strukturfonds in bestimmten Bereichen konzipierte die Europäische Kommission **Gemeinschaftsinitiativen**, d. h. transnationale Förder- oder Aktionsprogramme. Diese wurden unter nationaler Kontrolle koordiniert und in die Praxis umgesetzt. Mit Hilfe der Gemeinschaftsinitiativen wurden Probleme angegangen, die auf nationaler Ebene nicht angemessen lösbar sind und gleichzeitig gemeinsame Schwierigkeiten der regionalen Entwicklung betreffen (vgl. DEPONDT 2005, S. 129, vgl. HERKSTRÖTER 2006, S. 4 und vgl. EUROPÄISCHE KOMMISSION 2008).

Die Überwindung von wirtschaftlichen, sozialen und politischen Problemen, vor denen, die an den nationalen Grenzen gelegenen Gebiete stehen, entwickelte sich zum prioritären Ziel der Europäischen Union, die vielfältige regionalpolitisch wirksame Maßnahmen fördert.

Im Jahre 1989 hat die Europäische Kommission (gemäß Artikel 10 der EFRE-Verordnung) zum ersten Mal die Arbeit von 14 Gruppen grenzüberschreitender Pilotprojekte mit rund 21 Mio. Euro unterstützt. Diese Projekte hatten die Aufgabe, sich mit zwei Aspekten der strukturellen Entwicklungsschwierigkeiten von Grenzgebieten zu beschäftigen:

– einerseits mit der institutionellen Trennung der Grenzgemeinschaften einschließlich der wirtschaftlichen und sozialen Trennung, die eine kohärente Verwaltung der Ökosysteme verhindert,
– andererseits mit der Randlage der Grenzregionen in der Relation zu den jeweiligen nationalen Wirtschaftszentren.

Auf der Grundlage dieser Pilotprojekte (vgl. EUROPÄISCHE KOMMISSION 2000, S. 1) ist am 25.07.1990 die Gemeinschaftsinitiative INTERREG von der Kommission der Europäischen Gemeinschaften gemäß Art. 11 der Verordnung (EWG) Nr. 4253/88 und Art. 3 Abs. 2 der Verordnung (EWG) Nr. 4254/88 eingeleitet worden (vgl. AUTEXIER 1993, S. 100). Das Förderprogramm im Bereich des EFRE ist damit zur Finanzierung der grenzübergreifenden Zusammenarbeit gegründet worden und wurde zur EU-Gemeinschaftsinitiative mit der größten Finanzmittelausstattung. Sein primäres Ziel war, die strukturschwachen Regionen an den Binnen- und Außengrenzen der Europäischen Union zu stärken und zur gemeinsamen, nachhaltigen Entwicklung dieser Gebiete beizutragen. Somit sollte die Initiative, neben der Bekämpfung der ökonomischen Entwicklungsprobleme grenznaher Gebiete, die trennende Wirkung der Nationalgrenzen abschwächen und das Zusammenwachsen Europas begünstigen.

Die Kommission hat drei Arten von Maßnahmen vorgeschlagen (vgl. EUROPÄISCHE GEMEINSCHAFTEN 1990, S. 4), die zugleich der Entwicklung grenzüberschreitender touristischer Destinationen zuträglich sein sollten:

1) Die gemeinsame Planung und Durchführung von grenzüberschreitenden Programmen.
2) Maßnahmen zur Verbesserung des grenzübergreifenden und grenznahen interregionalen Informationsflusses zwischen öffentlichen Stellen, privaten Organisationen und freien Wohlfahrtsverbänden innerhalb der betreffenden Gebiete.
3) Die Schaffung gemeinsamer institutioneller und administrativer Strukturen, um die grenzüberschreitende Zusammenarbeit zu stützen und zu fördern.

INTERREG wurde in den Grenzgebieten eingesetzt, die zum einen unter die ursprünglichen einschlägigen strukturpolitischen Ziele der EU fielen: Ziel 1 (Gebiete mit Entwicklungsrückstand), Ziel 2 (Gebiete mit industriellem Niedergang) und Ziel 5b (rückständige ländliche Gebiete). Zum anderen konnten Gebiete auf der dritten Verwaltungsebene der Nomenklatur statistischer Gebietseinheiten (NUTS-3) gefördert werden. Die Gebietskörperschaften der NUTS-3-Ebene stellen beispielsweise Landkreise und kreisfreie Städte in Deutschland, Departements in Frankreich, Arrondissements in Belgien oder das gesamte Großherzogtum Luxemburg dar.

Bei den förderfähigen Projekten konnten maximal 50 % ihrer Gesamtkosten aus den INTERREG-Mitteln kofinanziert werden. Lediglich in den Ziel-1-Regionen war eine 75 %ige Bezuschussung seitens der EU möglich.

Da Grenzgebiete Kontaktzonen kultureller Vielfalt verschiedener Nationalitäten bilden und somit naturgemäß einen fremdenverkehrsrelevanten Anreiz ausüben, stellt eine Vielzahl von touristischen Projekten in diesen Gebieten einen beträchtlichen Anteil an den INTERREG-unterstützten Einzelmaßnahmen dar. Darüber hinaus wird die positive Wirkung des Fremdenverkehrs im Rahmen der Regionalpolitik geschätzt. Demnach trägt der Tourismus dazu bei,

„die Isolation einiger Gebiete zu verringern und ihre Entwicklung zu fördern. Fremdenverkehr und Kultur können zudem die Begegnung zwischen den Menschen fördern und Grenzen beseitigen. Beide Bereiche sind bei den Strukturmaßnahmen stark vertreten. Es gibt zahlreiche Programme mit Förderschwerpunkten, die sich insbesondere der Entwicklung der Infrastruktur widmen oder die touristische Projekte oder Projekte zum Schutz des Besitzstandes fördern. Die Gemeinschaftsinitiative INTERREG (...) ermöglicht es, diese Art von Projekten grenzüberschreitend zu fördern. Zu den Schwerpunkten der innovativen Maßnahmen gehört es, Regionen zu ermuntern beim Thema regionale Identität zusammenzuarbeiten" (EUROPÄISCHE KOMMISSION 2006c).

Die dem Bereich der EU-Generaldirektion für Regionalpolitik zugeordnete Gemeinschaftsinitiative wurde im Laufe der Zeit modifiziert und fortentwickelt. Sie verlief zunächst in drei Phasen (INTERREG I (1990–1993), INTERREG II (1994–1999) und INTERREG III (2000–2006)), bis ihre Aufgabenerfüllung zu einem der drei Hauptziele der europäischen Strukturfonds für den Zeitraum 2007–2013 geworden ist.

Neben den erwähnten Strukturfonds existieren andere Finanzierungsinstrumente wie der **Kohäsionsfonds** (zur Unterstützung von EU-Ländern mit dem größten Entwicklungsrückstand), FIAF – das Finanzierungsinstrument für die Fischerei (für den Zeitraum 2007–2013 wurde ein Europäischer Fischerfonds (EFF) eingeführt) sowie so genannte **Aktionsprogramme** und **Einzelmaßnahmen**.

Die strukturpolitischen Finanzierungsmaßnahmen der EU beziehen sich auf die ursprünglichen Schwerpunktbereiche, die nach der Strukturfondsreform im Jahr 1988 in fünf Zielen ausformuliert waren. Nach der Reform der Strukturfonds 1993 wurden diese Ziele um das Ziel 6 erweitert, welches angesichts des EU-Beitritts Finnlands und Schwedens die Förderung von Regionen mit einer Bevölkerungsdichte von weniger als acht Einwohnern je km^2 vorsah. In der nächstfolgenden Reform im Jahr 1999 wurden die strukturpolitischen Zielsetzungen für den Zeitraum 2000–2006 in drei Zielbereichen kumuliert. Schließlich fand für den Zeitraum 2007–2013 eine erneute Zuordnung der Ziele statt, die in der Tabelle 3 dargestellt wird:

Ziel	Inhalt	Finanzierungs-instrumente	Mittel in Mrd. EUR
Konvergenz	Förderung der das Wachstum steigernden Bedingungen und Faktoren zur strukturellen Anpassung der Regionen und Mitgliedsstaaten bei regionalem BIP pro Kopf von unter 75 % des EU-Durchschnitts (ähnelt dem vormaligen Ziel 1)	EFRE ESF Kohäsionsfonds	251,1
Regionale Wettbewerbs-fähigkeit und Beschäftigung	Verbesserung der Wettbewerbsfähigkeit, Attraktivität sowie Beschäftigung in Regionen auf regionaler bzw. nationaler Ebene (Europäische Beschäftigungsstrategie) (ähnelt dem vormaligen Ziel 2 und 3)	EFRE ESF	49,1
Europäische territoriale Zusammenarbeit	Unterstützung der grenzübergreifenden, transnationalen und interregionalen Zusammenarbeit in grenzüberschreitenden Regionen oder Regionen, die Teil transnationaler Kooperationsgebiete sind (entspricht der Gemeinschaftsinitiative INTERREG)	EFRE	7,8

Tabelle 3: Die strukturpolitischen Ziele und Zuordnung der zuständigen Finanzierungsinstrumente (im Zeitraum 2007-2013)
Quelle: eigene Darstellung nach EUROPÄISCHE KOMMISSION 2006b, o. S.

Zur Verwirklichung dieser Ziele werden lediglich drei Finanzierungsinstrumente eingesetzt: der EFRE, der ESF und der Kohäsionsfonds.[9] Die bisherigen vier Gemeinschaftsinitiativen (INTERREG, URBAN, EQUAL, LEADER) sind als solche abgeschafft worden, dennoch stellen ihre Prioritäten Bestandteile von einzelnen Zielen der EU-Politiken dar. So fand eine Eingliederung der EQUAL-Vorränge (Gemeinschaftsinitiative von ESF) in das Ziel „Wettbewerbsfähigkeit und Beschäftigung" der Strukturfonds statt und die städtische Entwicklung (ehemalige URBAN-Aufgabe) gehört zu den, auf der Grundlage des Nationalen Strategischen Rahmenplans erstellten, jeweiligen regionalen Programmen. Während die ländliche Entwicklung (vormals LEADER) insbesondere innerhalb der Gemeinsamen Agrarpolitik (GAP) angesiedelt wurde und in Form eines neuen Landwirtschaftsfonds der GD „Landwirtschaft" finanziert wird, ist die regionale Zusammenarbeit (INTERREG) ein vollgültiges Ziel der Strukturfonds geworden (vgl. WEIMARER DREIECK 2006, o. S.). Im Juli 2006 wurden neue Strukturfondsverordnungen[10] für den Einsatz der drei Kohäsionsinstrumente im Zeitraum 2007–2013 beschlossen.

---

[9] Außerhalb der Kohäsionspolitik hat man einen neuen Europäischen Fonds für Ländliche Entwicklung und einen Europäischen Fischerfonds eingerichtet.

[10] Dabei handelt es sich um eine allgemeine Verordnung (EG) Nr. 1083/2006 zur Anwendung der drei Kohäsionsinstrumente (EFRE, ESF, Kohäsionsfonds) sowie Verordnung (EG) Nr. 1080/2006 über den EFRE, Verordnung (EG) Nr. 1081/2006 über den ESF sowie Verordnung (EG) Nr. 1084/2006 über den Kohäsionsfonds (vgl. EUROPÄISCHE UNION 2006c).

Somit sind die signifikantesten Aufgaben und Interventionsbereiche der Fonds wie folgt gelagert (vgl. Abbildung 2):

```
                        ┌─────────────────────────┐
                        │ Finanzierungsinstrumente │
                        └─────────────────────────┘
                    ↙              ↓              ↘
            ┌────────┐       ┌────────┐       ┌──────────────┐
            │  EFRE  │       │  ESF   │       │ Kohäsionsfonds│
            └────────┘       └────────┘       └──────────────┘
            ┌────────────────────────────────────────────────┐
            │                  Aufgaben                       │
            └────────────────────────────────────────────────┘
```

- Förderung öffentlicher und privater Investitionen zum Abbau des regionalen Ungleichgewichts,
- Unterstützung von EU-weiten Programmen in den Bereichen regionale Entwicklung, wirtschaftlicher Wandel, verbesserte Wettbewerbsfähigkeit und territoriale Zusammenarbeit,
- schwerpunktmäßige Finanzierung von Forschung, Innovation, Umweltschutz und Risikoverhütung sowie Infrastrukturinvestitionen v. a. in den am wenigsten entwickelten Regionen.

- Verbesserung der Anpassungsfähigkeit von Beschäftigten und Unternehmen,
- Verbesserung des Zugangs zu Beschäftigung und der Beteiligung am Arbeitsmarkt,
- Förderung der sozialen Eingliederung durch die Bekämpfung von Diskriminierung sowie durch die Erleichterung des Zugangs zum Arbeitsmarkt für benachteiligte Personengruppen,
- Unterstützung von Partnerschaften für Reformvorhaben auf den Gebieten Beschäftigung und Eingliederung.

- Förderung von Investitionen in den Bereichen Umwelt und transeuropäische Verkehrsnetze in den EU-Mitgliedsstaaten mit einem Bruttonationaleinkommen (BNE) von weniger als 90 % des Gemeinschaftsdurchschnitts (EU-25).

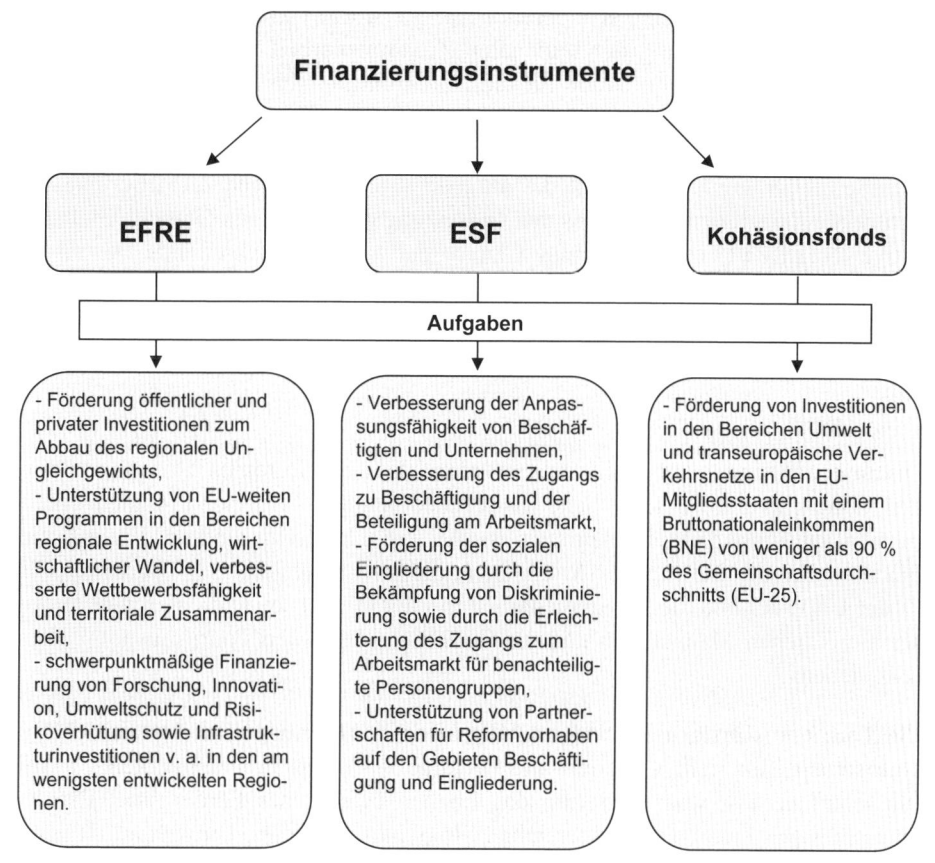

Abbildung 2: Finanzierungsinstrumente der EU-Kohäsionspolitik und ihre Aufgaben
Quelle: eigene Darstellung in Anlehnung an Europäische Kommission 2006b, o. S.

Zur Erleichterung der grenzüberschreitenden, transnationalen und interregionalen Zusammenarbeit zwischen regionalen und lokalen Behörden wurde des Weiteren mit einer Verordnung (EG) von 2006 (Nr. 1082/2006) die Einrichtung von Kooperationsverbünden mit eigener Rechtspersönlichkeit unter der Bezeichnung „Europäischer Verbund für territoriale Zusammenarbeit" (EVTZ) beschlossen. Das neue Instrument der Zusammenarbeit auf gemeinschaftlicher Ebene setzt sich aus den jeweiligen Mitgliedsstaaten, regionalen und lokalen Gebietskörperschaften und/oder Einrichtungen des öffentlichen Rechts (auf fakultativer Basis) zusammen. Zu seinen Befugnissen gehört die Vertretung seiner Mitglieder, insbesondere aber der ihm angehörigen regionalen und lokalen Behörden (vgl. Europäische Union 2006b, S. 19f.).

Die grenzübergreifende, transnationale und interregionale Zusammenarbeit in der EU stellt eines der drei strukturpolitischen Ziele der Gemeinschaft dar (vgl. Tabelle 3), das aus dem EFRE-Topf gefördert wird. Dabei sind 72 % der verfügbaren Mittel für die grenzübergreifende Zusammenarbeit vorgesehen, während der transnationalen und interregionalen Kooperation ca. 20 % bzw. knapp 8 % zugute kommen.[11] Bei der Förderung der regionalen Zusammenarbeit über Grenzen hinweg setzt sich die Europäische Union für die Durchführung gemeinsamer Projekte ein, die den betreffenden Regionen neue Möglichkeiten eröffnen und zur Überwindung der wirtschaftlichen, sozialen und politischen Probleme, die Grenzgebiete oftmals begleiten, beitragen. Somit stellt das aktuelle strukturpolitische Ziel „Europäische territoriale Zusammenarbeit", das der Zielsetzung der bisherigen Gemeinschaftsinitiative INTERREG entspricht, eine Chance dar, grenzüberschreitende Destinationen zu stärken, indem man förderfähige touristische Projekte in den nationalen Grenzgebieten Europas konzipiert.

6 Fazit

Zusammenfassend kann festgestellt werden, dass die Europäische Union ihrem Ziel, politische und wirtschaftliche Rahmenbedingungen für freien Fremdenverkehr zu schaffen, immer näher gekommen ist. Als Gründe hierfür sind der Europäische Binnenmarkt, das Schengener Abkommen, die Mitwirkung bei der Tourismuspolitik der UNWTO und die Zusammenarbeit mit der OECD sowie die Kofinanzierung der touristischen Maßnahmen und die Gestaltung der neuen Tourismuspolitik hervorzuheben.

Die Tourismusförderung wird als Mittel der Tourismuspolitik betrachtet. Die Tourismuspolitik stellt vor allem die wichtige Rolle des Fremdenverkehrs in der Wirtschaft heraus, was wiederum das Fließen öffentlicher Fördermittel für den Tourismus aus anderen Politikbereichen (Regional-, Verkehr-, Umweltpolitik usw.) begünstigt. Das Spektrum der EU-Unterstützung des Fremdenverkehrs reicht dennoch weit über die direkte materielle Hilfe hinaus. Die Initiierung oder der Erlass von tourismusförderlichen Vorschlägen, Beschlüssen, Richtlinien, wissenschaftlichen Studien sowie die daraus resultierende Öffentlichkeitswirkung spiegeln ebenfalls die Verfolgung der Tourismuspolitik wider.

Leider stellt die Tourismuspolitik lediglich einen Handlungsrahmen dar, in dem sich die Europäische Kommission, mit allen oben vorgestellten Initiativen, bewegt und somit die neue Tourismuspolitik umsetzt. Dies bedeutet, dass die Europäische Union nach wie vor keine vertraglich geregelten Kompetenzen im Tourismus hat und deshalb keine tourismusspezifischen Gesetze verabschieden kann. Das Schaffen eines eigenen Rechtsrahmens für Tourismus würde eine direkt auf Fremdenverkehr bezogene Gesetzlage ermöglichen. Da der Tourismus ohnehin viele Bereiche betrifft und von verschiedenen politischen Entscheidungen abhängt, wird

---

[11] Die Prozentzahlen stellen eigene Berechnungen nach EUROPÄISCHE KOMMISSION (2006b, o. S.) dar.

er weiterhin als Querschnittsbereich betrachtet und im Rahmen mehrerer EU-Politikfelder unterstützt, auch wenn diese Lösung Probleme in sich birgt. So führt die Überschneidung vieler Politikbereiche zu gravierenden Informations- und Koordinationsschwierigkeiten, nicht nur bei den Projekte ausführenden Akteuren, sondern auch zwischen den zuständigen Generaldirektionen.

Im Zuge des neuen EG-Vertrages ist Tourismus auf der EU-Ebene aufgewertet worden. Jedoch geht aus dem den Fremdenverkehr betreffenden Abschnitt mit dem neuen Titel XXI „Tourismus" (der vorherige EG-Vertrag widmete dem Tourismus keinen eigenen Vertragstitel) und dem neuen Artikel 176 b klar hervor, dass die Europäische Union im Bereich Tourismus weiterhin keinerlei Harmonisierung der nationalen Gesetze und Regulierungen anstrebt.

Neben den Einschränkungen sind die **Stärken der europäischen Tourismuspolitik** zusammenzufassen. Zum einen sieht der erwähnte Artikel 176 b des neuen EG-Vertrags die Unterstützung der Entwicklung von Unternehmen im Tourismussektor sowie der Zusammenarbeit und des Austausches zwischen den Mitgliedsstaaten vor. Zum anderen werden die einzelnen EU-Politikbereiche und Gesetzesvorhaben hinsichtlich ihrer Auswirkungen auf den europäischen Tourismus überprüft und die zuständigen Generaldirektionen darauf aufmerksam gemacht. Weiterhin werden die tourismusorientierten Interessenträger über Vorhaben auf der EU-Ebene, die sich auf den Tourismus auswirken könnten, informiert. Außerdem stellen die vermittelten Schwerpunkte der aktuell ausgeführten Tourismuspolitik einen bedeutenden Fortschritt für die Entwicklung des europäischen Tourismus dar.

Sicherlich ist das Fehlen eines Rechtsrahmens auf EU-Ebene für grenzüberschreitende touristische Destinationen nachteilig, es ist allerdings zu bedenken, dass die Existenz einer gleichwertigen EU-Tourismuspolitik neben anderen Politiken zu Kollisionen der Gesetze führen könnte, da Tourismus deren Bereiche tangiert. Des Weiteren kann der Tourismus aus verschiedenen politikübergreifenden Gesetzen profitieren. So ist beispielsweise seit dem 01.08.2007 die Perspektive gegeben, den so genannten „Europäischen Verbund für territoriale Zusammenarbeit" (EVTZ) zu gründen, der die Durchführung und Verwaltung von grenzüberschreitenden Kooperationsmaßnahmen (unabhängig von der finanziellen Beteiligung der EU) ermöglicht. Ein EVTZ kann von Regionen, lokalen Gebietskörperschaften, einzelstaatlichen Behörden, Einrichtungen des öffentlichen Rechts und Verbänden gegründet werden.

Die seit Jahren stets zunehmende **Komplexität und restriktive Reglementierung der Strukturfondsvorschriften der Europäischen Union** bei geförderten Maßnahmen wird zwar oft moniert, ist jedoch unumgänglich, um dauerhafte und nachhaltig wirkende Projekte ins Leben zu rufen. Um die Idee der Europäisierung kontinuierlich zu verwirklichen, ist die Ausweitung der Verwaltungs- und Kontrollverfahren in den Strukturfonds notwendig. Hierbei werden besonders hohe Ansprüche an die Projektträger wie auch die Projektpartner gestellt und seitens der Verwaltungsbehörden überwacht. Man sollte auf die Kontrollen und Prüfverfahren der Europäischen Kommission mit Verständnis blicken, auch hinsichtlich der Tatsache, dass die Nichtbeachtung der europäischen Vorschriften zur Rückzahlung von EU-Fördermitteln führen kann. Durch die sukzessive Verschärfung des Verfahrens bei der Subventionsvergabe auf der EU-Ebene gewinnt man den Eindruck, dass sich die Trägerlandschaft nur aus starken Projektträgern zusammensetzen kann und kleinere Akteure von Anfang an weniger Chancen auf die Projektführung haben, da sie beispielsweise nicht in Vorleistung treten können. Andererseits ist die INTERREG-Förderung eine Anschubfinanzierung. Die Projektträger und -partner sollen schon in der Ausführungsphase indizieren, dass sie die Projekte nach dem Ablauf der EU-Förderung finanziell weitertragen können.

Die grenzüberschreitenden Destinationen können gerade durch ihre Ausrichtung auf eine grenzübergreifende Kooperation bei der EU-Förderung profitieren. Oftmals werden die Inhalte von INTERREG-Projekten kritisiert, da sie noch zu wenig auf gemeinsame Belange von grenzüberschreitenden Räumen ausgerichtet sind. Die Europäische Kommission wies auf diese Schwächen von INTERREG-Projekten wie folgt hin:

*„In zahlreichen Fällen läßt sich der **tatsächlich grenzüberschreitende Charakter von INTERREG noch nicht klar erkennen**, was insbesondere für die großen INTERREG-Programme gilt, die sich im Wesentlichen auf Infrastrukturen und die endogene Entwicklung in den verschiedenen Grenzregionen beziehen. Die Grenzprogramme wurden noch allzu häufig parallel und unter einem nationalen Blickwinkel entwickelt und anschließend der Europäischen Kommission gemeinsam mit dem Nachbarland vorgelegt. Daher handelt es sich häufig lediglich um nationale Projekte, die sich auf Grenzprobleme beziehen, die in den Begleitausschüssen auf beiden Seiten behandelt werden. Zuweilen werden nationale Grenzprojekte auch in einer Art 'Paket' zusammengefaßt und zu grenzüberschreitenden Maßnahmen erklärt"* (EUROPÄISCHE KOMMISSION 2000, S. 4, Hervorhebung im Original).

Der unmittelbare Anreiz europäischer Fördermittel ist oft der Grund zur Entstehung von Kooperationen überhaupt, da die Fördermöglichkeiten an die Bedingung der grenzüberschreitenden Zusammenarbeit gekoppelt sind. Somit helfen die Fördergelder auch, eine Plattform für grenzüberschreitende Zusammenarbeit zu schaffen, wobei das Fortbestehen der Projekte oft nicht gewährleistet werden kann. Oftmals funktioniert eine Kooperation nur solange, wie die Zwänge zur täglichen Zusammenarbeit, die durch INTERREG vorgegeben werden, existieren. Unabhängig davon, ob sich einstig geförderte Projekte nach dem Abschluss der EU-Förderung selbst weitertragen können, werden im Laufe der Zeit die administrative Zusammenarbeit entkrampft und Grundlagen für weitere gemeinsame Vorhaben geschaffen.

Die grenzüberschreitenden touristischen Destinationen leisten durch ihren Charakter einen für die Europäische Union sehr relevanten regionalpolitischen Beitrag. Die grenzüberschreitenden Projekte haben somit gute Aussichten, durch EU-Fördermittel begünstigt zu werden. Während der Planung und Ausführung von grenzübergreifenden Projektbausteinen sowie der Angebotsgestaltung und Vermarktung von ausgeführten Angebotsmodulen ist eine Kooperation unentbehrlich und zur Instandhaltung der geschaffenen touristischen Infrastrukturen sind grenzüberschreitende Managementkonzepte notwendig. Ressourcen-, Interessen- und Zielkongruenz bei Kooperationspartnern tragen somit zur Europäisierung bei und sind sehr relevant für die Entwicklung förderfähiger Projekte und die Bewilligung der Fördermittel.

Der Mehrwert von grenzüberschreitenden touristischen Destinationen für die EU äußert sich in einer wirtschaftlichen Stärkung von strukturschwachen Grenzgebieten, indem beispielsweise schon existierende Stellen gesichert und neue Arbeitsplätze geschaffen werden. Gleichzeitig gewinnen die Destinationen eine beschäftigungspolitische und soziale Bedeutung für die Grenzgebiete, zumal angenommen wird, dass durch neue grenzüberschreitende Projekte im Zuge der Synergieeffekte Arbeitsplätze in anderen Bereichen, insbesondere in den Hotel- und Gaststättenbetrieben der Projekträume, gesichert werden. Man kann davon ausgehen, dass die Beherbergungsbranche und Gastronomie dauerhaft vom Bestehen der touristischen Projektangebote profitiert.

Des Weiteren tragen grenzüberschreitende touristische Zielgebiete zum Abbau der nationalen Vorbehalte beiderseits der Grenze und zum Vorantreiben der „europäischen Idee", sowie zur Förderung der europäischen Identität und Integration der Einwohner der Destinationen bei. Durch die Ausführung gemeinsamer Projekte entsteht bereits auf der institutionellen Ebene der Kooperationen das „Wir-Gefühl". Die Verfolgung der INTERREG-Zielsetzung hat nämlich den Zweck, eine Plattform zu schaffen, auf der die sowohl privaten als auch öffentlichen Akteure jenseits der Grenze durch gemeinsame Verwirklichung eines grenzüberschreitenden Projektes lernen, zusammenzuarbeiten. Die Realisierung des konkreten touristischen Produktes soll dazu verhelfen, die unterschiedlichen Mentalitäten und Auffassungen innerhalb der Behörden abzuschwächen und die verschiedenartigen Richtlinien in den Ländern kompatibel zu machen. Des Weiteren sollen, gemäß den INTERREG-Voraussetzungen, touristische Produkte geschaffen werden, die aufbauend auf den Gemeinsamkeiten grenzüberschreitender Gebiete sowohl im Bewusstsein der Gäste als auch der Einheimischen die Grenze in den Hintergrund rücken und die Einwohner grenzüberschreitender Regionen näher zusammenbringen.

7 Literatur

Ausschuss der Regionen (2006): Vorschlag an die Plenarversammlung betreffend die neuen Zuständigkeiten und die Zusammensetzung der Fachkommissionen des AdR (Artikel 44 der Geschäftsordnung) (R/CdR 385/2005 Punkt 5 fin (FR/EN) JB/AK/CD/bb vom 16. Februar 2006), Brüssel.

Ausschuss der Regionen (2011): Commission for Natural Resources (NAT): Competences, [online] verfügbar unter:
http://www.cor.europa.eu/pages/CommissionDetailTemplate_NAT.aspx?view=folder&id=24 417a3c-4b30-4683-b8c4-2af6ce1ad09b&sm=24417a3c-4b30-4683-b8c4-2af6ce1ad09b [13.02.2011].

Autexier, C. (1993): Gemeinsame lothringisch-saarländische administrative Einrichtungen und Verfahrensweisen. Rechtsgutachten, 15. April 1993 (études et documents du c.e.j.f., n° 6), Saarbrücken.

Burchard, R. (1988): Tourismuspolitik und Tourismusförderung in der Bundesrepublik Deutschland. – In: Storbeck, D. (Hg.): Moderner Tourismus. Tendenzen und Aussichten (= Materialien zur Fremdenverkehrsgeographie 17), Trier, S. 559-583.

Depondt, J. (2005): 250 Fragen über Europa und die europäische Politik (Eine CONF-SFE-Ausgabe), 10. Aufl., Brüssel.

Eggert, A. (2000): Tourismuspolitik (Materialien zur Fremdenverkehrsgeographie 13), Trier.

Europäische Gemeinschaften (1990): Mitteilung C(90) 1562/3 an die Mitgliedsstaaten zur Festlegung von Leitlinien für die von ihnen im Rahmen einer Gemeinschaftsinitiative für Grenzgebiete aufzustellenden operationellen Programme (INTERREG), in: Europäische Gemeinschaf-ten (Hg.): Amtsblatt C 215 vom 30.08.1990, Luxemburg, S. 4-10.

Europäische Gemeinschaften (1992): Beschluß des Rates vom 13. Juli 1992 über einen Aktionsplan der Gemeinschaft zur Förderung des Tourismus, in: Europäische Gemeinschaften (Hg.): Amtsblatt L 231 vom 13.08.1992, Luxemburg, S. 26-32.

Europäische Gemeinschaften (2006): Mehr Partnerschaft für den europäischen Tourismus, [online] verfügbar unter: http://europa.eu/legislation_summaries/enterprise/industry/n26107_de.htm [13.02.2011].

Europäische Kommission (Hg.) (2000): Gemeinschaftsinitiative INTERREG II 1994-1999: Eine erste Bilanz (Informationstext der Dienststellen der Europäischen Kommission), Brüssel.

Europäische Kommission (Hg.) (2006a): Eine neue EU-Tourismuspolitik: Wege zu mehr Partnerschaft für den europäischen Tourismus (Mitteilung der Kommission, KOM(2006) 134 vom 17.3.2006), Brüssel.

Europäische Kommission (Hg.) (2006b): Regionen und Städte im Zeichen von Wachstum und Beschäftigung: Die Verordnungen zur Kohäsions- und Regionalpolitik für 2007-2013 im Überblick (Informationsblatt: inforegio), Brüssel.

Europäische Kommission (2006c): Regionalpolitik. Strukturmaßnahmen für den Fremdenverkehr und die Kultur, [online] verfügbar unter:
http://www.ec.europa.eu/regional_policy/themes/cultur_de.htm [15.01.2008].

Europäische Kommission (Hg.) (2007): Agenda für einen nachhaltigen und wettbewerbsfähigen europäischen Tourismus (Mitteilung der Kommission, KOM (2007) 621 vom 19.10.2007), Brüssel.

Europäische Kommission (2008): Regionalpolitik: Glossar Inforegio Deutsch. FIAF. EFRE. Gemeinschaftsinitiative. ESF, [online] verfügbar unter:
http://www.ec.europa.eu/regional_policy/glossary/glos2_de.htm#f [08.01.2008].

Europäische Kommission (2010a): Europa – wichtigstes Reiseziel der Welt: ein neuer politischer Rahmen für den europäischen Tourismus (Mitteilung der Kommission, KOM (2010) 352 endgültig vom 30.06.2010), Brüssel.

Europäische Kommission (2010b): Regionalpolitik Inforegio: Die Verordnungen zu den EU-Strukturfonds 2007-2013, [online] verfügbar unter: http://www.ec.europa.eu/regional_policy/sources/docoffic/official/regulation/newregl0713_de.htm [13.02.2011].

Europäische Union (2006a): Konsolidierte Fassung des Vertrags zur Gründung der Europäischen Gemeinschaft, in: Europäische Union (Hg.): Amtsblatt der Europäischen Union C 321 vom 29.12.2006, Luxemburg, S. 37-186.

Europäische Union (2006b): Verordnung (EG) Nr. 1082/2006 des Europäischen Parlaments und des Rates vom 5. Juli 2006 über den Europäischen Verbund für territoriale Zusammenarbeit (EVTZ), in: Europäische Union (Hg.): Amtsblatt der Europäischen Union L 210 vom 31.7.2006, Luxemburg, S. 19-24.

Europäische Union (Hg.) (2006c): Amtsblatt der Europäischen Union L 210 vom 31.7.2006, Luxemburg.

Europäisches Parlament (2006): Europäisches Parlament - Leitfaden. 4.15.0. Der Fremdenverkehr, [online] verfügbar unter: http://www.europarl.europa.eu/facts/4_15_0_de.htm [12.10.2007].

Europäisches Parlament (2010): Fremdenverkehr, [online] verfügbar unter: http://www.europarl.europa.eu/parliament/expert/displayFtu.do?language=de&id=73&ftuId=FTU_4.16.html [13.02.2011].

Europäisches Parlament (2011a): Das Parlament: Ausschüsse, [online] verfügbar unter: http://www.europarl.europa.eu/activities/committees/committeesList.do?language=DE [13.02.2011].

Europäisches Parlament (2011b): Das Parlament und seine Organisation, [online] verfügbar unter: http://www.europarl.europa.eu/parliament/public/staticDisplay.do;jsessionid=2D4C9DD32EA0F9AD7BAD0AC8DE8DB6B9.node2?language=DE&id=45 [13.02.2011].

Europäisches Parlament (2001): INTERREG III 2000-2006. Cohesion Forum, Brussels, 21-22 May 2001, [online] verfügbar unter: http://www.ec.europa.eu/regional_policy/sources/slides/interregintro.ppt [13.02.2011].

European Commission (2010a): EU tourism policy, [online] verfügbar unter: http://ec.europa.eu/enterprise/sectors/tourism/promoting-eu-tourism/tourism-policy/index_en.htm [05.02.2011].

European Commission (2010b): European policies for tourism, [online] verfügbar unter: http://ec.europa.eu/enterprise/sectors/tourism/promoting-eu-tourism/tourism-related-policies/index_en.htm [05.02.2011].

European Commission (2010c): Community's commitment for Tourism, [online] verfügbar unter: http://ec.europa.eu/enterprise/sectors/tourism/promoting-eu-tourism/community-commitment-tourism/index_en.htm [05.02.2011].

European Commission (2011): Enterprise and Industry. Organisation Chart, [online] verfügbar unter: http://www.ec.europa.eu/enterprise/dgs/doc/org_chart_en.pdf [13.02.2011].

European Economic and Social Committee (2011): European Economic and Social Committee: Single Market, Production and Consumption (INT), [online] verfügbar unter: http://www.eesc.europa.eu/sections/int/index_en.asp [13.02.2011].

European Travel Commission (2011): Welcome to the European Travel Commission, [online] verfügbar unter: http://www.etc-corporate.org [13.02.2011].

Feibel, A. (1990): Das Europa des Einheitlichen Binnenmarktes und der touristische Mittelstand. – In: Braun-Moser, U. (Hg.): Europäische Tourismuspolitik, Sindelfingen, S. 91-95.

Freyer, W. (2006): Tourismus. Einführung in die Fremdenverkehrsökonomie. 8. Aufl., München/Wien.

Grossregion (2010): Gründungsversammlung des Europäischen Verbundes für Territoriale Zusammenarbeit (EVTZ) INTERREG „Programm Großregion", [online] verfügbar unter: http://www.granderegion.net/de/news/2010/05/20100527_EVTZ_INTERREG_GROSSREGION/index.html [13.02.2011].

Herkstörter, B. (2006): Projektfinanzierung leicht gemacht. Die erfolgreiche Beantragung öffentlicher Mittel für die EU- und Modellprojektförderung, 2. Aufl., Renningen.

HOTREC (2007): HOTREC – Home, [online] verfügbar unter: http://www.hotrec.org [13.02.2011].

Hummer, W./Bohr, S. (1992): Die Rolle der Regionen im Europa der Zukunft - Subsidiarität - Föderalismus – Regionalismus in vergleichender Betrachtung.- In: Eisenmann, P./Rill, B. (Hg.): Das Europa der Zukunft. Subsidiarität, Föderalismus, Regionalismus. (= Reihe Zeitgeschehen – Analyse und Diskussion, Bd. 5), Regensburg, S. 65-101.

Komisja Europejska (Hg.) (2006): Jak działa Unia Europejska. Przewodnik po instytucjach unijnych, Brüssel.

Linsenmann, I. (2006): Europäischer Wirtschafts- und Sozialausschuss, in: Weidenfeld, W./Wessels, W. (Hg.): Europa von A bis Z. Taschenbuch der europäischen Integration (Schriftenreihe der Bundeszentrale für politische Bildung, Bd. 393), 9. Aufl., Bonn, S. 226-228.

Mundt, J. W. (2006): Tourismus, 3. Aufl., München/Wien.

Rat der Europäischen Union (2007): Entwurf eines Vertrags zur Änderung des Vertrags über die Europäische Union und des Vertrags zur Gründung der Europäischen Gemeinschaft (CIG 1/1/07 REV 1 vom 5. Oktober 2007), Brüssel.

Rat der Europäischen Union (2011): Politik, [online] verfügbar unter: http://www.consilium.europa.eu/showPage.asp?id=243&lang=de&mode=g [03.02.2011].

Thomas, U. (1998): Europäische Tourismuspolitik (Materialien zur Fremdenverkehrsgeographie 44), Trier.

Weimarer Dreieck (2006): Das lokale und regionale Europa im Herzen des Weimarer Dreiecks. Deutsch-französisch-polnische Tagung 14.-15.9.2006 (Unveröffentlichtes Dossier), Krakau.

Teil 3
Grenzüberschreitende Werte und Kernkompetenzen

PIETRO BERITELLI, ROLAND SCHERER

Die Bildung stabiler grenzüberschreitender Institutionen – Ein steiniger Weg kooperativen Verhaltens am Beispiel der Internationalen Tourismusregion Bodensee

1   Einführung

Im grenzüberschreitenden Tourismus werden auf der Angebotsseite oft Initiativen und Projekte unterschiedlichster Art präsentiert und diskutiert. Diese sind entweder auf Initiative einzelner Unternehmen getrieben (z. B. Skigebietsverbindung zwischen Ischgl, A und Samnaun, CH) oder durch die öffentliche Hand gefördert (z. B. INTERREG-Projekte der EU). Gerade bei Letzteren steht die Nachhaltigkeit der Projekte durch die Bildung stabiler und mit den notwendigen Kompetenzen und Kapazitäten ausgestatteten Organisationen im Vordergrund. Zu oft erweisen sich jedoch die Gründung einer Organisation oder eines langfristig funktionierenden Netzwerkes als Herausforderung (Rüfenacht, 2010).

Eine der wenigen und noch heute, nach rund 15 Jahren weiterhin existierenden Organisationen stellt die Internationale Tourismus Bodensee GmbH (IBT) in Konstanz dar. Was ist hier anders als in anderen Regionen gelaufen? War es ein glücklicher Zufall? Waren es die richtigen Rahmenbedingungen oder die Akteure?

Im vorliegenden Beitrag wollen wir mit Hilfe des Beispiels der IBT aufzeigen, dass die Bildung von Institutionen, die sich aus grenzüberschreitenden Initiativen im Tourismus ergeben, alles andere als auf glücklichen Zufälle beruhen.

Mithilfe klassischer Theorien aus der Kooperationsforschung lässt sich ableiten, was die verschiedenen Organisationen und Akteure rund um den Bodensee getrieben hat, die IBT zu gründen und noch heute zu unterstützen. Im folgenden Abschnitt präsentieren wir eine Reihe von Erklärungsansätzen für die facettenreiche Realität von Kooperationsbeziehungen zwischen Akteuren und Organisationen, um dann im darauffolgenden Abschnitt den Fall der IBT strukturiert zu durchleuchten. Eine kritische Würdigung mit Fazit liefern dem Leser die nötigen Hinweise, wohin nicht nur die Zukunft der IBT, sondern auch diejenige des grenzüberschreitenden Kooperationsmanagements im Tourismus gehen könnte.

2 Theorien und Erklärungsansatz

2.1 Kooperationsmanagement im Tourismus

Einerseits hat Kooperation eine managementbezogene Komponente. Dabei stehen Fragen der Gestaltung und Steuerung von Kooperationsbeziehungen im Vordergrund. Sie reichen von der Suche nach den richtigen Partnern mit gemeinsamen Zielen, zur Entwicklung einer geeigneten Strategie mit Maßnahmen und zum Aufbau der notwendigen Kompetenzen und Kapazitäten (Belz & Bieger, 2004; Laux & Soller, 2012). In touristischen Destinationen ist dieser Aspekt aufgrund der unterschiedlichen Interessengruppen auf Ebene von Unternehmen und Institutionen eine Grundvoraussetzung für das Funktionieren des Systems (Bieger, 2008). Fallstudien aus verschiedenen Regionen der Welt thematisieren vor allem die Art und Weise, wie die unterschiedlichen Interessengruppen miteinander kooperieren (Aas, Ladkin, & Fletcher, 2005; Getz, Anderson, & Sheehan, 1998; Presenza, Sheehan, & Ritchie, 2005; Sheehan & Ritchie, 2005; Yüksel, Bramwell, & Yüksel, 2005). Oft werden jedoch die Rahmenbedingungen des Zusammenspiels ungenügend klargestellt. Denn bei touristischen Destinationen kommen drei spezifische Phänomene vor, welche den Kontext des Zusammenlebens und der gemeinsamen Entwicklung prägen.

1) Die Tragik der Allmende (Hardin, 1968): Wesentliche Teile der touristischen Produkte entstehen mithilfe von und sind eingebettet in natürliche und kulturelle Ressourcen, aber auch in Artefakte mit diffusem Wert, wie ein Markenname. Die Übernutzung dieser Ressourcen kann nur schwer verhindert werden; sie sind weder mit einem klaren Preis versehen noch sind die Verfügungsrechte, welche normalerweise den Einfluss und das Verhalten der Organisationen und Akteure bestimmen (Coase, 1960), klar ermittelt und identifizierbar.

2) Das Gefangenendilemma (Axelrod & Hamilton, 1981): Fehlende Informationen und eine kurzfristige Optik verleiten die einzelnen Akteure und Organisationen zu eigennützigem Verhalten. Dieses Verhalten führt mittel- bis langfristig nicht nur zu Kosten für die Allgemeinheit, sondern auch für die handelnden Akteure.

3) Public choice/ kollektive Handlungen (Olson, 1965): Trittbrettfahrerverhalten in Gemeinschaften zeigt sich in der Regel bei kleinen, schwach ausgestatteten Akteuren. Die Anerkennung von kollektiven Gütern ist geringer, (1) je grösser die Gruppen und je mehr Akteure vorhanden sind (es wird einfacher sich hinter der Masse zu verstecken), (2) je homogener diese sind (alle nutzen dieselbe Ressource auf dieselbe Weise) und (3) je weniger institutionelle Strukturen das Verfolgen gemeinsamer Ziele ermöglichen (z. B. durch eine Gemeinde oder eine Tourismusorganisation).

Jenseits dieser Herausforderungen, die sich aus dem Kontext des Systems ergeben und die Spielregeln der Organisationen in und zwischen den Destinationen prägen, gibt es eine verhaltensbezogene Komponente von Kooperationen. Diese stellt mehr die Motive kooperativen Verhaltens und weniger die Mechanismen in den Vordergrund.

2.2 Theorien kooperativen Verhaltens

Bei der Erklärung kooperativen Verhaltens treffen wir immer wieder auf sechs Theorien/Ansätze: (1) Spieltheorie, (2) rationale Entscheidungen, (3) Transaktionskostentheorie, (4) institutionelle Analyse, (5) Ressourcenabhängigkeit, (6) sozialer Austausch.

Kooperatives Verhalten in touristischen Destinationen lohnt sich, wenn strategisch vorgegangen wird (Spieltheorie: Von Neumann & Morgenstern, 1944), speziell in Gemeinschaften und Regionen (Bardhan, 1993; Carpenter, Daniere & Takahashi, 2004). Das strategische Vorgehen maximiert die eigenen Vorteile (rationale Entscheidung: Arrow & Hahn, 1971). Dabei wird in Aussicht gestellt, dass die im Kooperationsprozess entstehenden Kosten gering sind (Transaktionskostentheorie: Williamson, 1979). Die Akteure müssen berücksichtigen, dass sie in einem Kontext operieren, in welchem zwischen den Institutionen Regeln und Normen herrschen (institutionelle Analyse: North, 1971) und die Institutionen mit unterschiedlichen Ressourcen ausgestattet sind, welche unterschiedliche Machtpositionen zur Folge haben (Ressourcenabhängigkeit: Pfeffer & Salancik, 1978), speziell im Destinationsmanagement (Beritelli & Laesser, 2011; Denicolai, Cioccarelli & Zucchella, 2009; Jamal & Getz, 1994; Timothy, 1998). Schließlich wird kooperatives Verhalten gefördert, wenn die Akteure in der Gemeinschaft einen Reputationsgewinn und eine (auch nicht-monetäre) Belohnung erwarten (sozialer Austausch: Blau & Alba, 1982; Ekeh, 1974; Emerson, 1962; Homans, 1962), speziell im Tourismus (Aas, et al., 2005; Pesämaa & Hair Jr, 2007, 2008).

Die Theorien ersetzen sich nicht, sondern ergänzen sich gegenseitig, sodass die zentralen Dimensionen des kooperativen Verhaltens von Akteuren, Institutionen und Organisationen aus unterschiedlichen Blickwinkeln ein Gesamtbild ergeben. Abbildung 1 illustriert die Theorien und zeigt, wie sie sowohl formelles als auch informelles kooperatives Verhalten erklären.

Langfristiges kooperatives Verhalten unter den Akteuren und Institutionen lässt sich nur festigen, wenn formelle Voraussetzungen (Ressourcenausstattung, Abhängigkeiten, Gewinnerwartungen) und informelle Werteinstellungen (gegenseitiges Vertrauen, persönliches Engagement, zwischenmenschliche Beziehungen) durch eine wirksame Kommunikation über mehrere Runden gestärkt werden.

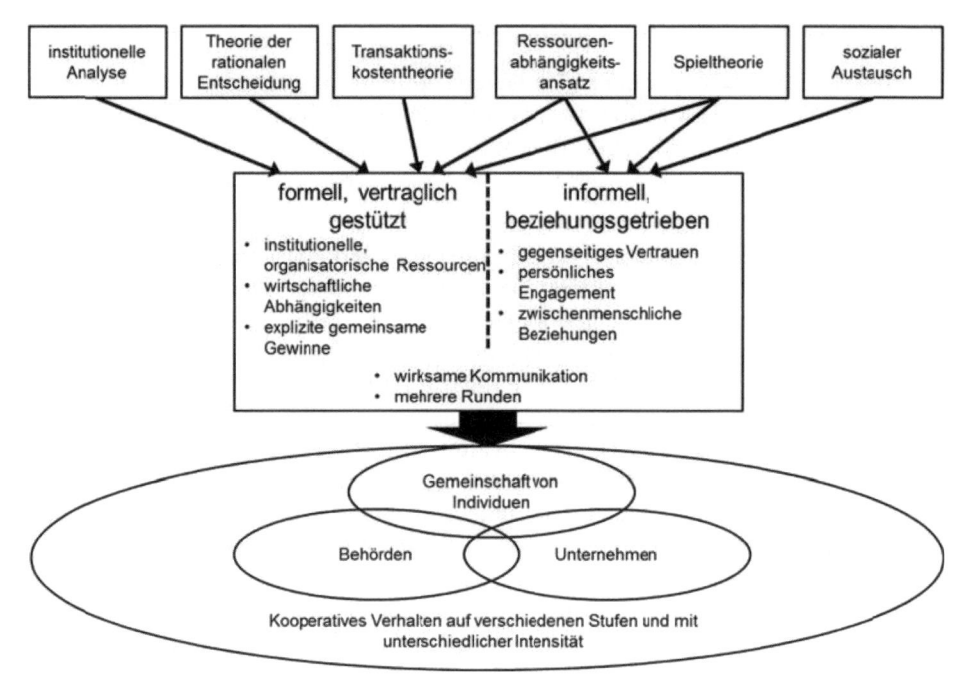

Abbildung 1: Theoretische Fundierung kooperativen Verhaltens in Gemeinschaften
Quelle: Beritelli 2011

2.3 Nachhaltige Führung grenzüberschreitender Institutionen – Ein Modellversuch

Abgeleitet aus den obigen Dimensionen kooperativen Verhaltens lässt sich ein Modell des langfristigen Kooperationsverhaltens ableiten, welches gerade die Bildung und Weiterentwicklung gemeinsamer Initiativen zu stabilen Organisationen und Institutionen erklärt (siehe Abbildung 2).

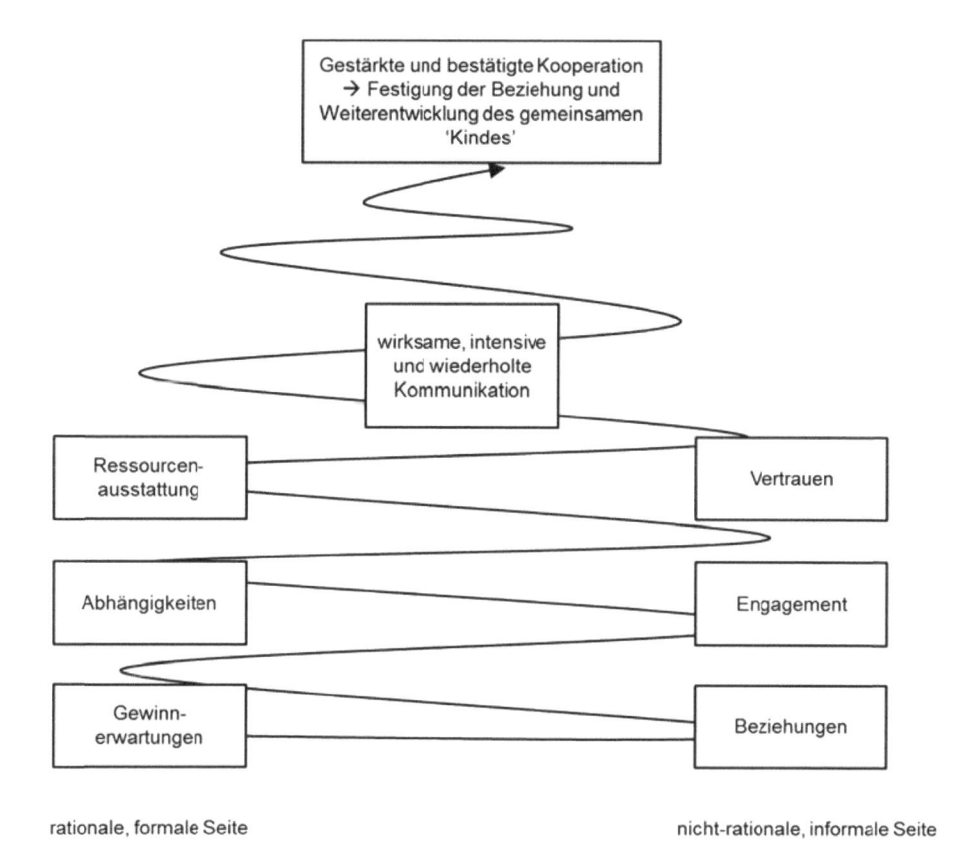

Abbildung 2: Sich positiv verstärkender Kreislauf des kooperativen Verhaltens. Quelle: eigene Abbildung.

3 Das Beispiel der internationalen Tourismusregion Bodensee – Eine lange und bewegte Geschichte

3.1 Ausgangslage

Die internationale Tourismusregion Bodensee ist eine der wichtigsten Tourismusdestinationen im voralpinen Raum. Sie umfasst dabei traditionell einen Raum, an dem vier Nationalstaaten beteiligt sind: Deutschland, Österreich, Schweiz und Liechtenstein. Im Mittelpunkt dieser Destination liegt der Bodensee, der als touristische Marke weit über die Regionsgrenzen hinaus bekannt ist. Knapp 90 % der Deutschen kennen den Bodensee, ca. 88 % waren bereits einmal dort. Die Bodenseeregion bietet abwechslungsreiche und vielfältige Landschaftsräume: sie reichen vom Hochgebirge des Säntis bis hin zu den Ufergemeinden des Bodensees und den städtischen Zentren Konstanz, Bregenz und Friedrichshafen.

Im Gegensatz zu anderen (grenzüberschreitenden) Destinationen gibt es in der Bodenseeregion keine einheitliche Regionsabgrenzung, je nach Blickrichtung werden die Grenzen oft unterschiedlich definiert. Grundsätzlich kann aber zwischen einem unmittelbaren Uferbereich und einem umliegenden Einzugs- und Angebotsbereich unterschieden werden, wobei gerade bei den umliegenden Räumen unklar ist, was nun zur Bodenseeregion gehört und was nicht.

Der Tourismus ist in der Bodenseeregion ein wichtiger Wirtschaftsfaktor, der jährlich einen Umsatz von 1,8 Mrd. Euro in der Region generiert. Rund 7,5 Mio. Übernachtungen wurden hier im Jahr 2010 gezählt. Am stärksten profitiert davon die deutsche Uferseite, die ca. 55 % aller Übernachtungen generiert. Die Bodenseeregion ist jedoch nicht nur für Übernachtungsgäste interessant, sondern zieht jährlich knapp 32 Mio. Tagesausflügler an. Der Ausflugsverkehr konzentriert sich dabei auf Attraktionspunkte in unmittelbarer Nähe des Sees wie z. B. die Insel Mainau, die Pfahlbauten in Unteruhldingen oder die Insel Reichenau. Die Bodenseeregion wird auch von den ca. 4 Mio. Einwohnern als (Nah-) Erholungsraum geschätzt.

Schon seit Ende des 19. Jh. wird im Bereich des Tourismus grenzüberschreitend zusammengearbeitet. Bereits zu dieser Zeit wurden erste touristische Vermarktungsorganisationen gegründet, die – wenn auch in neuer Form – heute noch Bestand haben. Ebenfalls wurde damals bereits eine Abstimmung der touristischen Angebote über die Grenzen hinweg vorgenommen. Lange Zeit wurde die grenzüberschreitende Vermarktung der Bodenseeregion im Rahmen des Internationalen Bodensee Verkehrsvereins (IBV) wahrgenommen. In diesem engagierten sich neben zahlreichen touristischen Leistungsträgern auch die Städte und Gemeinden der Region. Der damalige IBV verfügte nur über ein begrenztes Budget, das vor allem für Marketingmaßnahmen verwendet wurde. Er verfügte auch nicht über eigene Personalkapazitäten, vielmehr wurde die Geschäftsführung vom damaligen Tourismusverband Bodensee-Oberschwaben wahrgenommen. Mitte der 1990er Jahre fand eine Neuorganisation der bestehenden Tourismusorganisationen in der Bodenseeregion statt. Ziel dieser Neuorganisation sollte eine spürbare Professionalisierung des Tourismusmarketings sein. Im Zuge dieser Neuorganisation wurde die Internationale Bodensee Tourismus GmbH (IBT) gegründet, deren Aufgabe die touristische Vermarktung des gesamten Bodenseeraums sein sollte. Gesellschafter der IBT waren zu Beginn der Tourismusverband Bodensee-Oberschwaben (TBO) – in dem die Gemeinden der drei deutschen Landkreise Bodensee, Konstanz und Ravensburg Mitglied waren – und der IBV. Beide Gesellschafter bündelten ihre operativen Geschäftstätigkeiten in der neuen Gesellschaft mit Sitz in Konstanz.

Nach einigen Jahren geriet diese neue Tourismusorganisation in substanzielle Finanzprobleme, die fast zur Insolvenz des Unternehmens geführt hätten. Ursächlich für diese Entwicklung war u.a. die komplexe Gesellschafterstruktur und die damit zusammenhängenden Governance-Probleme. Um die IBT erhalten zu können, fand eine grundsätzliche Veränderung der Gesellschafterstruktur des Unternehmens statt. Anstelle der (deutschen) Gemeinden, die vor allem im TBO organisiert waren, wurden die (deutschen) Landkreise Gesellschafter. Auf der Schweizer, österreichischen und liechtensteinischen Seite waren es dagegen die jeweiligen Tourismusorganisationen, die Gesellschafter wurden. Weiterhin Gesellschafter blieb der IBV, in dem jetzt aber nur noch touristische Leistungsträger Mitglied sind. Die Gesellschafter leisten entsprechend ihren Gesellschaftsanteilen einen finanziellen Zuschuss, aus dem die meisten Aktivitäten der IBT finanziert werden. Im Zusammenhang mit dieser Veränderung wurde der Tourismusverband Bodensee-Oberschwaben aufgelöst. Damit existierte für das deutsche Bodenseegebiet keine Organisation mehr, die auf einer überörtlichen Ebene für den Tourismus zuständig war. Im Gegensatz dazu sind in Vorarlberg, Liechtenstein und in den Schweizer Gebieten leistungsfähige Destinationsmanagementorganisationen entstanden.

Nachdem diese Krise erfolgreich bewältigt und die Gesellschafterstruktur der IBT neu organisiert war, konnte sich diese grenzüberschreitende Tourismusorganisation in den letzten Jahren weiterentwickeln und sich bei den touristischen Leistungsträgern, Tourismusorganisationen und den öffentlichen Institutionen in Deutschland, Österreich und der Schweiz als wichtiger, koordinierender ‚Player' etablieren. Trotz der bisherigen Erfolge ist eine Reihe von Herausforderungen zu meistern, welche die Komplexität und die Unterschiedlichkeit des Tourismus im gesamten Bodenseeraum und als Folge für die IBT selbst widerspiegeln:

— Flächenmäßig, bezogen auf die Frequenzen, auf die Anzahl der Leistungsträger und der öffentlichen Institutionen ist die deutsche Seite des Bodensees weitaus größer und wichtiger. Hier sind auch die Ansprüche an die IBT vielseitiger. Während auf Österreichischer und Schweizer Seite die Tourismusorganisationen kompakte Räume in einer relativ schlanken organisatorischen Konfiguration vermarkten, sind auf der Deutschen Seite eine Vielzahl von Regionen, mit entsprechenden Produkten sowie Tourismusorganisationen unterschiedlicher Territorialstufen vorhanden.
— Die Stärke der Marke ‚Bodensee' und der politische Wille auf internationaler Ebene rechtfertigen die Unterstützung einer Tourismusorganisation, welche die gemeinsamen Bedürfnisse der unterschiedlichen Leistungsträger und Regionen rund um den Bodensee auf optimale Weise befriedigt. Die Ausgangslage in den drei Ländern ist jedoch unterschiedlich. So ist der Löwenanteil der Finanzierung der deutschen Partner durch öffentliche Mittel sichergestellt (v.a. Kreise), während die österreichischen und schweizerischen Partner (inkl. FL) sich über finanzielle Zuschüsse der Tourismusorganisationen an der IBT beteiligen. Diese Tourismusorganisationen stehen nicht in direktem Konkurrenzverhältnis zur IBT, nehmen jedoch ein Aufgabenportfolio wahr, das (auch wenn für ein kleineres Gebiet) sehr ähnlich demjenigen der IBT ist. Die knappen Mittel bei diesen Organisationen führen zu einer Anspruchshaltung, die von der IBT verlangt,

ausgewählte, nicht zu den eigenen Tätigkeiten redundante, Aktivitäten zu finanzieren und eine möglichst hohe Effizienz und Wirksamkeit der bei der IBT eingesetzten Mittel zu fordern.
- Unterschiedlich ist auch die Ausgangslage in den Landkreisen auf der deutschen Seite. Wir treffen auf fragmentierte Angebote mit stellenweise starken Attraktionen und Leitbetrieben, zwei Bundesländern mit eigenen Tourismusorganisationen, einzelne starke lokale Tourismusorganisationen, viele sehr kleine Tourist-Infos, zahlreiche Gemeinden, etc.
- Zwischen den einzelnen Teilregionen bestehen auch Konkurrenzsituationen, die möglicherweise zu Spannungen gerade bei der konkreten Marktbearbeitung führen können. Dies gilt vor allem für die Bearbeitung der Stammmärkte, da z. B. der süddeutsche Markt nicht nur für den engeren Bodenseeraum von zentraler Bedeutung ist, sondern auch für die Bergregionen in Vorarlberg oder der Schweiz.

Diese Ausgangslage hat in der Vergangenheit dazu geführt, dass unter den Gesellschaftern, aber auch im erweiterten Kreis der Leistungspartner unterschiedliche Auffassungen über die konkreten Aufgaben der IBT und deren Finanzierung aufeinander getroffen sind. Diese unterschiedlichen Auffassungen führten im Jahr 2010 fast dazu, dass die nicht-deutschen Gesellschafter kündigen und sich aus der gemeinsamen Gesellschaft zurückziehen wollten. Diese Kündigungen konnten schlussendlich verhindert werden, indem man einen gemeinsamen Strategieprozess für die internationale Tourismusregion begann, der im Frühjahr 2012 abgeschlossen wurde und dessen Ergebnisse bereits in Teilbereichen umgesetzt werden.

Die unterschiedlichen Perspektiven für und Erwartungen an die IBT sind natürlich Folge der inhärenten Komplexität und Vielseitigkeit des touristischen Bodenseeraums. Die IBT kann in der Welt der Tourismusorganisationen als ‚etablierter Neotyp' verstanden werden. Erstens koordiniert und vermarktet die IBT nicht ein klar abgegrenztes politisch-administratives Territorium, sondern orientiert sich an den von den Gästegruppen gelebten Destinationsräumen und am ‚Markenraum Bodensee'. Zweitens bedient die IBT einen internationalen Raum, in welchem unterschiedliche Institutionen (öffentlich rechtlich, gemischtwirtschaftlich, privatwirtschaftlich) auf unterschiedlichen Ebenen (lokal, regional, Landesebene) operieren. Die IBT muss also eine variable Geometrie sowohl auf Nachfrage- als auch auf Angebotsseite berücksichtigen (Bieger, Laesser, & Beritelli, 2011). Diese sehr speziellen Herausforderungen gilt es, langfristig zu meistern.

Die IBT verfügt heute über ein Geschäftsmodell, welches aufzeigt, was sie für wen tun muss und was sie tun kann. Die Erwartungen der Gesellschafter und der erweiterten Kreise aus dem touristischen Bodenseeraum sind klarer denn je, müssen jedoch regelmässig in Gesprächen und Treffen sowie periodisch durch institutionalisierte „runde Tische" erneuert und angepasst werden. Die Finanzierungsmechanismen sind, auch wenn sehr unterschiedlich, allen Beteiligten klar. Auch klar sind die Gründe, die dazu führen, dass Leistungsträger, Tourismusorganisationen und die öffentlichen Institutionen (Kreise, Gemeinden, etc.) in unterschiedlichen Gebieten unterschiedliche Erwartungen an die IBT haben. Nichtsdestotrotz stellt die IBT ein innovatives, wohl einzigartiges Beispiel in Europa dar, wie Tourismusorganisationen effizient und wirksam operieren können. Die IBT ist ein funktionierendes Modell einer Destinationsmanagement-Organisation der sogenannten 3. Generation. Diese Organisationen zeichnen sich aus durch variable Geometrie, Orientierung an marktgetriebenen Produkten, hybride und transparente Finanzierung sowie einen hohen Selbstfinanzierungsgrad. Sie erlauben es, innerhalb der bisherigen Strukturen mit weiterhin knappen Mitteln einen möglichst hohen Hebeleffekt des eingesetzten Geldes zu erzielen und gleichzeitig den neuen Aufgaben des Destinationsmarketings gerecht zu werden, um im Wettbewerb der Destinationen Schritt zu halten.

4 Fazit und Ausblick

Die Entwicklung der touristischen Strukturen in der internationalen Bodenseeregion zeigt auf, wie problematisch die Zusammenarbeit in einer grenzüberschreitenden Organisation sein kann. Sie zeigt sehr deutlich, wie wichtig kooperatives Verhalten innerhalb einer derartigen DMO der 3. Generation ist. Gerade die Erfahrungen aus dem strategischen Positionierungsprozess, in dem die Tourismusexperten in den vergangenen drei Jahren grenzüberschreitend intensiv zusammengearbeitet haben, belegen eindrücklich die Bedeutung der nicht-rationalen und informalen Aspekte der Kooperation, wie sie in Abbildung 2 dargestellt sind: Durch die intensive Zusammenarbeit ist hier zwischen wichtigen Akteuren Vertrauen entstanden, hat sich das Engagement zur grenzüberschreitenden Zusammenarbeit deutlich erhöht und sind schlussendlich auch (enge) persönliche Beziehungen zwischen diesen Akteuren entstanden. Vor diesem Hintergrund sind die Zukunftsperspektiven für die grenzüberschreitende Tourismusorganisation IBT als sehr positiv zu beurteilen. Andererseits zeigen die aktuellen Bestrebungen der deutschen Landkreise, für ihr Gebiet eine eigene Destinationsmanagementorganisation aufzubauen, wie es sie bereits in den drei anderen Ländern am Bodensee gibt, wie fragil derartige kooperative Tourismusorganisationen sind. Eine von den beteiligten Tourismusexperten als „richtig" angesehene Organisationsstruktur, wird möglicherweise aufgrund der Zielsetzungen von Regionalpolitikern verhindert. Hier wird die Problematik wieder deutlich, wenn territorialorientierte Politiker und funktionalorientierte Tourismusexperten aufeinandertreffen.

5 Literatur

Aas, C./Ladkin, A./Fletcher, J. (2005): Stakeholder collaboration and heritage management, in: Annals of Tourism Research 32 (1), S. 28-48.
Arrow, K. J./Hahn, F.H. (1971): General competitive analysis, San Francisco.
Axelrod, R./Hamilton, W.D. (1981): The evolution of cooperation, in: Science 211 (4489), S. 1390-1396.
Bardhan, P. (1993): Analytics of the institutions of informal cooperation in rural development, in: World Development 21 (4), S. 633-639.
Belz, C./Bieger, T. (2004): Kooperationsfähigkeiten, in: Belz, C./Bieger, T. (Hg.): Customer Value, Frankfurt/St. Gallen, S. 339-367.
Beritelli, P. (2011): Cooperation among prominent actors in a tourist destination, in: Annals of Tourism Research 38 (2), S. 607-629.
Beritelli, P./Laesser, C. (2011): Power dimensions and influence reputation in tourist destinations: Empirical evidence from a network of actors and stakeholders, in: Tourism Management 32, S. 1299-1309.
Bieger, T. (2008): Management von Destinationen, 7. Aufl., München.
Bieger, T./Laesser, C./Beritelli, P. (2011): Destinationsstrukturen der 3. Generation – Der Anschluss zum Markt, St. Gallen, S. 34.
Blau, J.R./Alba, R.D. (1982): Empowering nets of participation, in: Administrative Science Quarterly 27 (3), S. 363-379.
Carpenter, J. P./Daniere, A.G./Takahashi, L.M. (2004): Cooperation, trust, and social capital in Southeast Asian urban slums, in: Journal of Economic Behavior & Organization 55 (4), S. 533-551.
Coase, R.H. (1960): The problem of social cost, in: The journal of Law and Economics 3 (1), S. 1.
Denicolai, S./Cioccarelli, G./Zucchella, A. (2011): Resource-based local development and networked core-competencies for tourism excellence, in: Tourism Management 31, S. 260-266.
Ekeh, P.P. (1974): Social exchange theory: The two traditions, London.
Emerson, R.M. (1962): Power-dependence relations. American Sociological Review 27 (1), S. 31-41.
Getz, D./Anderson, D./Sheehan, L. (1998): Roles, issues, and strategies for convention and visitors' bureaux in destination planning and product development: a survey of Canadian bureaux, in: Tourism Management 19 (4), S. 331-340.
Hardin, G. (1968): The tragedy of the commons, in: Science 162 (3859), S. 1243-1248.
Homans, G.C. (1962): Sentiments & activities: essays in social science, New York.
Jamal, T. B./Getz, D. (1994): Collaboration theory and community tourism planning, in: Annals of Tourism Research 22 (1), S. 186-204.
Laux, S./Soller, J. (2012): Kooperationsbildung als Erfolgsstrategie für touristische Unternehmen, in: Soller, J. (Hg.): Erfolgsfaktor Kooperation im Tourismus, Berlin, S. 29-55.
North, D. C. (1971): Institutional change and economic growth, in: The Journal of Economic History 31 (1), S. 118-125.
Olson, M. (1965): The logic of collective action, Cambridge, MA.
Pesämaa, O./Hair Jr, J.F. (2007): More than friendship is required: an empirical test of cooperative firm strategies, in: Management Decision 45 (3), S. 602-615.
Pesämaa, O./Hair Jr, J.F. (2008): Cooperative strategies for improving the tourism industry in remote geographic regions: An addition to trust and commitment theory with one key mediating construct. Scandinavian Journal of Hospitality and Tourism 8 (1), S. 48-61.
Pfeffer, J./Salancik, G.R. (1978): The external control of organizations: a resource dependence perspective, New York.

Presenza, A./Sheehan, L./Ritchie, J. R. B. (2005): Towards a model of the roles and activities of destination management organizations, in: Journal of Hospitality, Tourism and Leisure Science 3, S. 1-16.

Rüfenacht, M. (2010): Struktur, Wirkung und Nutzen von internationalen Destinationskooperationen am Beispiel des INTERREG IV A Oberrhein Projektes: Tourism Upper Rhine Valley, Master Thesis, Universität St. Gallen, St. Gallen.

Sheehan, L. R./Ritchie, J.R.B. (2005): Destination stakeholders exploring identity and salience, in: Annals of Tourism Research 32 (3), S. 711-734.

Timothy, D.J. (1998): Cooperative tourism planning in a developing destination, in: Journal of Sustainable Tourism 6 (1), S. 52-68.

von Neumann, J./Morgenstern, O. (1944): Theory of games and economic behavior. Princeton University Press, 1947.

Williamson, O.E. (1979): Transaction-cost economics: the governance of contractual relations, in: The Journal of Law and Economics 22 (2), S. 233-261.

Yüksel, F./Bramwell, B./Yüksel, A. (2005): Centralized and decentralized tourism governance in Turkey, in: Annals of Tourism Research 32 (4), S. 859-886.

HANSRUEDI MÜLLER

Qualitätsentwicklung im grenzüberschreitenden Raum – Grundlage für die Kompetenzentwicklung

1   Einleitung – Herausforderungen für den Tourismus

Touristiker stehen vor großen Herausforderungen: Die Globalisierung verstärkt den Konkurrenzdruck, die Strukturprobleme verstärken den Wandlungsdruck, die Rentabilitätsschwäche verstärkt den Finanzierungsdruck, die Finanzkrise verstärkt den Spardruck, die technische Entwicklung verstärkt den Innovationsdruck, der Wertewandel verstärkt den Anpassungsdruck und die Klimaänderung verstärkt den Diversifikationsdruck.

Trendstudien zum Reiseverhalten ergeben immer wieder ein ähnliches Bild: Die Reisenden werden individueller, spontaner, erfahrener und anspruchsvoller. Man reist häufiger, kürzer und möglichst billig. Zudem sollten Reisen immer sicherer, exotischer, erlebnisreicher und gleichzeitig erholsamer werden. In der Tendenz werden Touristen umweltsensibler und auch etwas umweltbewusster, handeln jedoch kaum umweltverantwortlicher und zeigen beim Reisen ein sehr opportunistisches Umweltverständnis: Umweltschäden werden immer dann wahrgenommen, wenn das persönliche Ferienglück in Frage gestellt ist.

Die Herausforderungen können zusammengefasst werden mit "get better, get cheaper, get more exciting, get more flexibel – or get lost". Gut, sich am chinesisches Sprichwort zu orientieren: „Wer den Wind der Veränderung spürt, sollte nicht Windwälle bauen, sondern Windmühlen."

2   Touristische Wegweiser – Qualitätsmanagement als Schlüssel

Vor dem Hintergrund dieser Herausforderungen und mit dem Ziel, eine wünschbare Zukunft wahrscheinlich zu machen, ist im Tourismus ein Entwicklungspfad zu suchen, der sich an den Prinzipien der Nachhaltigkeit, der Verantwortungsethik und der kulturellen Identität orientiert. Vier touristische Wegweiser sollen entsprechende Entwicklungsperspektiven skizzieren – dies- oder jenseits der Grenzen:

− Der Tourismus muss partizipativer und effizienter werden: Obwohl der Tourismus vielerorts ein hohes Entwicklungsstadium erreicht hat, sind seine Strukturen oft ineffizient. Es wird mühevoll versucht, viel zu viele Marken zu profilieren, um im wachsenden Konkurrenzkampf zu bestehen. Was der Gast sucht, ist jedoch ein umfassendes, gut koordiniertes Leistungsbündel, unabhängig von politischen Grenzen. Regionale und neigungstouristische Kooperationen sind zu fördern, Orte und Tourismusvereine sind in eigentliche Destinationen im Sinne von strategischen Geschäftsfeldern zusammenzuführen.

- Der Tourismus muss erlebnisreicher und qualitativ besser werden: Von einer qualitativen Tourismusentwicklung wird schon lange gesprochen. Eher neu ist die Forderung nach einem Total Quality Management und nach Erlebnis-Inszenierung. Für den anspruchsvoller werdenden Gast ist insbesondere wichtig, dass die gesamte Dienstleistungskette stimmt und eine erlebnisfördernde Atmosphäre herrscht.
- Der Tourismus muss umweltverträglicher und entschleunigt werden: Die ökologischen Gefahrenherde der touristischen Entwicklung sind längst bekannt. Es bleibt, sie ernst zu nehmen und präventiv zu versuchen, Umweltprobleme zu vermeiden. Der allgegenwärtige Mobilitätskonflikt kann ursächlich nur über den Faktor „Geschwindigkeit" wirksam gelöst werden. Deshalb ist auf eine Entschleunigung des Tourismus hinzuwirken.
- Der Tourismus muss authentischer und menschlicher werden: Unter dem Druck der Globalisierung werden die Angebote uniformer, Einzigartigkeiten verflachen. Der potentielle Gast sucht jedoch das Heimische, das Unverwechselbare, das Authentische. Menschlichen Qualitäten wie Gefühle, Empathie, Herzlichkeit oder Visionsvermögen sind aufzuwerten.

2.1 Dimensionen von Qualität

In Zentrum der Entwicklungsperspektiven stehen unterschiedliche Aspekte des Qualitätsmanagements: Die laufende Verbesserung der Infrastrukturen und der Servicequalität, der verantwortungsvolle Umgang mit der Umwelt und den Ressourcen sowie die Pflege der erlebbaren Atmosphäre mit einem geschickten Einsatz von Inszenierungsinstrumenten (vgl. Abbildung 1).

Der facettenreiche Begriff „Qualität" wird in der Management-Literatur recht unterschiedlich beschrieben. Die meisten Autoren sind sich jedoch einig, dass die Sicht beziehungsweise das Urteil des Kunden oder des Gastes den zentralen Maßstab darstellt. Damit wird der Anspruch einer objektiven Messbarkeit verworfen und die subjektive Bewertung durch den Kunden akzeptiert. So verstanden kann Qualität – unabhängig von politischen Grenzen – umschrieben werden als die wahrgenommene oder erlebte Beschaffenheit eines Produktes, einer Leistung oder einer organisatorischen Einheit, gemessen an den Erwartungen der anvisierten Zielgruppen (Müller 2004, S. 21).

Qualitätsentwicklung im grenzüberschreitenden Raum

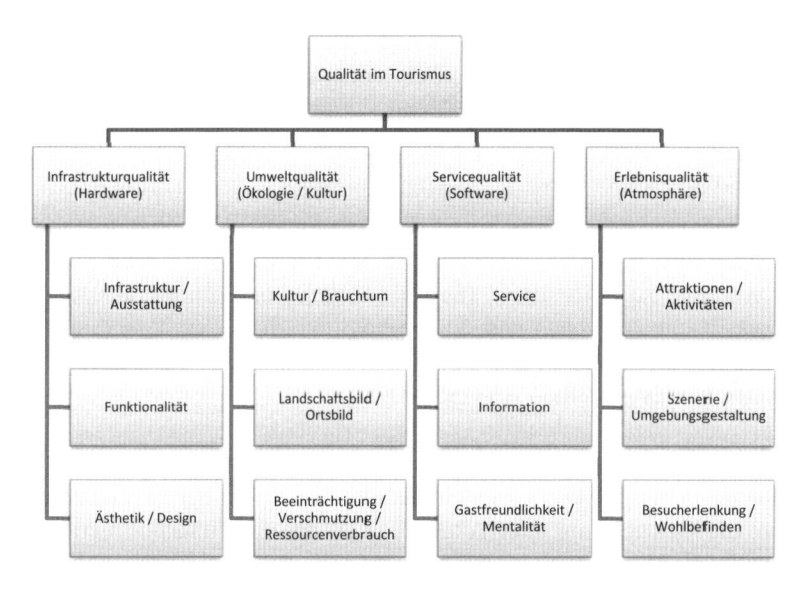

```
                        Qualität im Tourismus
    ┌───────────────────────┬──────────────────┬───────────────────┐
Infrastrukturqualität  Umweltqualität   Servicequalität    Erlebnisqualität
    (Hardware)       (Ökologie / Kultur)   (Software)       (Atmosphäre)
        │                   │                  │                   │
   Infrastruktur /      Kultur /           Service            Attraktionen /
    Ausstattung         Brauchtum                              Aktivitäten
        │                   │                  │                   │
   Funktionalität      Landschaftsbild /   Information         Szenerie /
                          Ortsbild                          Umgebungsgestaltung
        │                   │                  │                   │
   Ästhetik / Design   Beeinträchtigung /  Gastfreundlichkeit /  Besucherlenkung /
                       Verschmutzung /      Mentalität           Wohlbefinden
                       Ressourcenverbrauch
```

Abbildung 1: Qualitätsdimensionen im Tourismus
Quelle: Eigene Darstellung und Erweiterung in Anlehnung an Romeiss-Stracke 1995.

2.2 Dienstleistungs- oder Servicequalität

In den letzten Jahren hat innerhalb der Qualitätsdiskussion die Dienstleistungs- oder Servicequalität eine immer größere Bedeutung erlangt. In verschiedenen Studien wurde untersucht, auf welche Art und Weise Kunden resp. Gäste die Qualität von Dienstleistungen bewerten. Im Tourismus beeinflussen vier Aspekte die Erwartungen der Gäste: Die persönlichen Bedürfnisse resp. die spezifische Situation der Gäste, die Mund-zu-Ohr-Informationen der Gäste, die vergangenen Erfahrungen sowie die Kommunikation des Anbieters resp. der Preis des Angebotes.

Die Servicequalität hat sehr viele Ausprägungen, wie Parasuraman, Zeithaml und Berry (1992, S. 31) in verschiedenen Untersuchungen offen gelegt haben. Im Hinblick auf die Relevanz für touristische Dienstleistungsbündel wurden sie auf fünf Dimensionen verdichtet (Schweizer Tourismus-Verband 1997):

– *Zuverlässigkeit und Sicherheit:* Die Zuverlässigkeit von Betrieben oder Organisationen, die versprochenen Leistungen zeitlich und qualitativ erfüllen zu können;
– *Freundlichkeit und Entgegenkommen:* Die Fähigkeit von Betrieben oder Organisationen, auf Kundenwünsche einzugehen und diese rasch erfüllen zu können;
– *Leistungs- und Fachkompetenz:* Die Versicherung, dass die in Aussicht gestellte Leistungen kompetent und fachgerecht erbracht werden können;
– *Einfühlungsvermögen:* Die Fähigkeit der Mitarbeiterinnen und Mitarbeiter, sich in die Kunden einzufühlen und die Erwartungen und Bedürfnisse zu erkennen;

– *Annehmlichkeit des materiellen Umfeldes:* Das Erscheinungsbild, die Atmosphäre und die Ausstattung eines Betriebes oder einer Organisation.

2.3 Qualitätsmanagement

Das Qualitätsmanagement umfasst somit drei Aspekte: (1) Den *Qualitätsanspruch,* also das selbst festgelegte Leistungsniveau, um segmentspezifische Gäste- und Mitarbeiterwünsche zu befriedigen, (2) die *Qualitätentwicklung,* also die aktive Pflege dieses Leistungsniveaus und dessen kontinuierliche Verbesserung und (3) die *Qualitätssicherung,* also die bewusste Überprüfung des Leistungsniveaus sowie die Reaktionen bei festgestellten Abweichungen.

Wird Qualitätsmanagement umfassend verstanden, so spricht man auch von Total Quality Management (TQM). TQM steht für den Einbezug aller Bereiche und Mitarbeitenden, die Orientierung aller Aktivitäten an den Qualitätsanforderungen der Gäste sowie für die Verantwortung der obersten Leitung für die systematische Qualitätssicherung.

Nebst der Führungsverantwortung, der Gäste- und der Mitarbeiterorientierung spielt im Qualitätsmanagement auch die Prozessorientierung eine zentrale Rolle: Jedes Produkt oder jede Dienstleistung ist ein Ergebnis eines Leistungsprozesses, in dessen Verlauf ein Arbeitsvorgang mit dem folgenden verknüpft ist. Die Qualität der Einzelprozesse bildet die Qualität des Ganzen.

3 Das Qualitätsprogramm des Schweizer Tourismus – grenzüberschreitende Ausbreitung

Bereits 1997 haben die wichtigsten Dachorganisationen im Schweizer Tourismus beschlossen, eine gemeinsame Qualitätsoffensive zu starten und ein nationales Qualitäts-Gütesiegels zu lancieren. Mit der Vorbereitung des Programms und der Erarbeitung der entsprechenden Instrumente wurde das Forschungsinstitut für Freizeit und Tourismus (FIF) der Universität Bern beauftragt. Das Programm wird vom Schweizer Tourismus-Verband (STV) koordiniert.

3.1 Q-Gütesiegel Stufe I

Im Zentrum der *Stufe I* steht die *Qualitätsentwicklung.* Zur Steigerung des Qualitätsbewusstseins soll ein „Qualitätsvirus" gesetzt werden. In Seminaren werden sogenannte Qualitäts-Coaches der unterschiedlichen touristischen Unternehmen ausgebildet. Dabei lernen sie den Umgang mit den bereitgestellten Instrumenten und Hilfsmitteln zur Förderung und Messung der Servicequalität. Die Qualitäts-

Coaches sind anschließend für die Umsetzung der Qualitätsbestrebungen in den einzelnen Betrieben verantwortlich.

Im Zentrum der Stufe I steht das Instrument der Serviceketten: Für die wichtigsten Gästegruppen sind die Dienstleistungsketten im Hinblick auf mögliche kritische Ereignisse zu überprüfen, der „gute Service" in Form von Qualitätsstandards festzulegen und daraus erforderliche Maßnahmen abzuleiten.

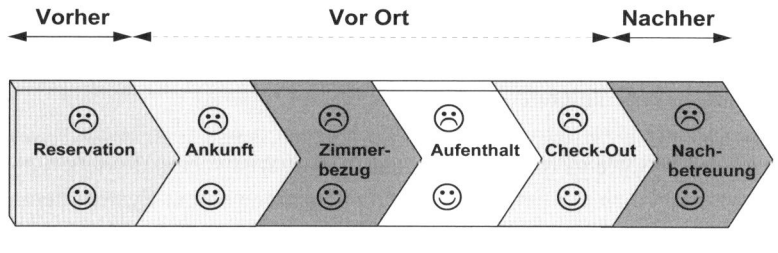

Abbildung 2: Servicekette mit kritischen Ereignissen und guter Qualität
Quelle: Schweizer Tourismus-Verband 1997, in Anlehnung an Romeiss-Strackel 995.

Die Vergabe des Qualitäts-Gütesiegels erfolgt aufgrund einer Selbstdeklaration, das heißt des Nachweises der Erfüllung definierter Anforderungen. Die formelle Prüfung sowie Stichproben werden durch eine Prüfstelle sichergestellt. Das Qualitäts-Gütesiegel wird für eine Periode von drei Jahren vergeben.

3.2 Q-Gütesiegel Stufe II

In der Stufe II wird die Qualitätssicherung sowie die Führungsqualität ins Zentrum gestellt und das Qualitätsmanagement-System weiterentwickelt. Voraussetzung ist die Erfüllung der Vorgaben für die Stufe I. Zur Förderung und Messung der Führungsqualität werden die in Stufe I eingeführten Instrumente vertieft. Zusätzlich wird die Gäste- und Mitarbeiterzufriedenheit gemessen und verlangt, dass mindestens fünf zentrale Prozesse mit allen Elementen, Abläufen, Vorgaben und Verantwortlichkeiten konkret festgelegt werden.

Die Qualitäts-Coaches werden zu Qualitäts-Trainern weitergebildet. Sie werden befähigt, die bereitgestellten zusätzlichen Hilfsmittel in den einzelnen Betrieben anzuwenden. Die Vergabe des Gütesiegels erfolgt aufgrund des Nachweises der Erfüllung definierter Anforderungen. Durch den obligatorischen Einsatz von Mistery-Persons, also von anonymen Testern, wird die externe Kontrolle verstärkt. Das Qualitäts-Gütesiegel wird wiederum für eine Periode von drei Jahren vergeben.

3.3 Q-Gütesiegel Stufe III

Zur Erlangung der Stufe III muss ein Betrieb ein international anerkanntes QMS erfolgreich implementieren. Als QMS werden ISO 9001:2008 sowie EFQM anerkannt: Wer offiziell nach ISO 9001:2000 zertifiziert ist oder bei der EFQM-Bewertung für Business Excellence mindestens 350 Punkte erreicht hat, wird mit dem Gütesiegel Stufe III ausgezeichnet. Zudem muss der Betrieb einen internen Q-Coach haben, der über das Q-Programm des Schweizer Tourismus Bescheid weiß, der sich bezüglich QMS weitergebildet hat und befähigt ist, die betriebsinternen Q-Maßnahmen zu koordinieren.

Mit Hilfe des 3-Stufen-Programms werden die touristischen Betriebe langsam an die Anforderungen an ein umfassendes Qualitätsmanagement-System herangeführt. Sie können das formale Anspruchsniveau selber wählen und ausbauen. Wenn genügend Betriebe einer Destination nach einer der drei Stufen zertifiziert sind, kann man davon ausgehen, dass die gesamte Destinationsqualität verbessert worden ist.

3.4 Die Internationalisierung des Q-Programms

Das Qualitäts-Programm des Schweizer Tourismus hat kurz nach der Lancierung bereits die Landesgrenzen überschritten. Baden-Württemberg war im Jahr 2000 die erste Destination, die das 3-Stufen-Programm übernahm, es im Bundesland implementierte und in Deutschland populär machte. Innerhalb von 10 Jahren haben sich alle Bundesländer der Offensive angeschlossen und sich zu „ServiceQualität Deutschland" zusammengeschlossen (vgl. Abbildung 3).

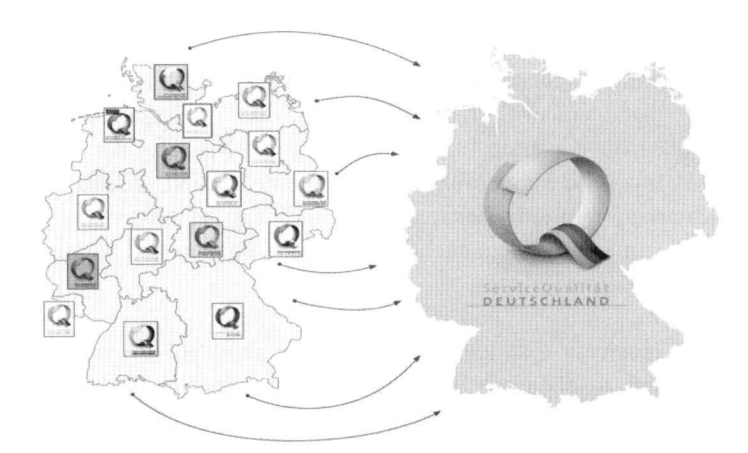

Abbildung 3: ServiceQualität Deutschland: Eine grenzüberschreitende Kooperation

Aber nicht nur Deutschland hat das Q-Programm des Schweizer Tourismus übernommen, sondern auch einige andere Länder und Organisationen haben es in unterschiedlicher Form interpretiert und implementiert: Tirol in Österreich, Griechenland, Lettland, Luxemburg und neu auch Belgien (vgl. Abbildung 4). Zudem hat die HOTREC (Hotels, Restaurants & Cafés in Europa) das Dreistufenmodell als Basis für ihr eigenes Qualitätsauszeichnungs-System „European Hospitality Quality" genutzt. Die Beispiele zeigen, dass Qualitätssysteme keine Grenzen kennen.

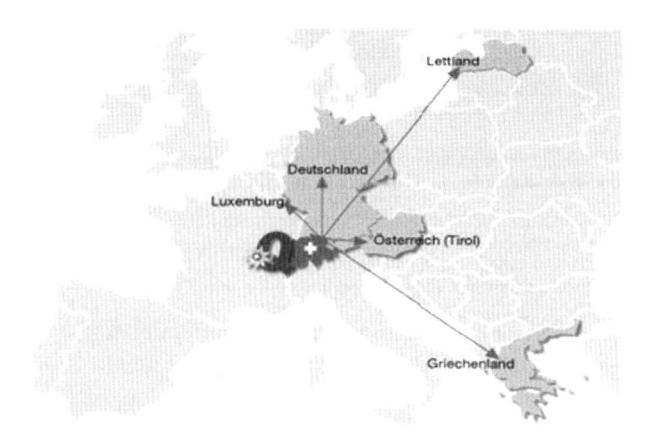

Abbildung 4: Die Internationalisierung des Q-Programms

4 Destinationsqualität – eine anspruchsvolle Aufgabe

Ausgangspunkt für eine Tourismusdestination ist die Tatsache, dass der Gast nicht eine einzelne Leistung eines Hotels, einer Bergbahn oder eines Sportzentrums nachfragt, sondern ein ganzes Leistungsbündel. Jeder Leistungsträger in einem Tourismusort profitiert von der Qualität der übrigen Leistungsträger oder wird durch die mangelnde Qualität der Partner beeinträchtigt. Die Wechselwirkungen sind groß.

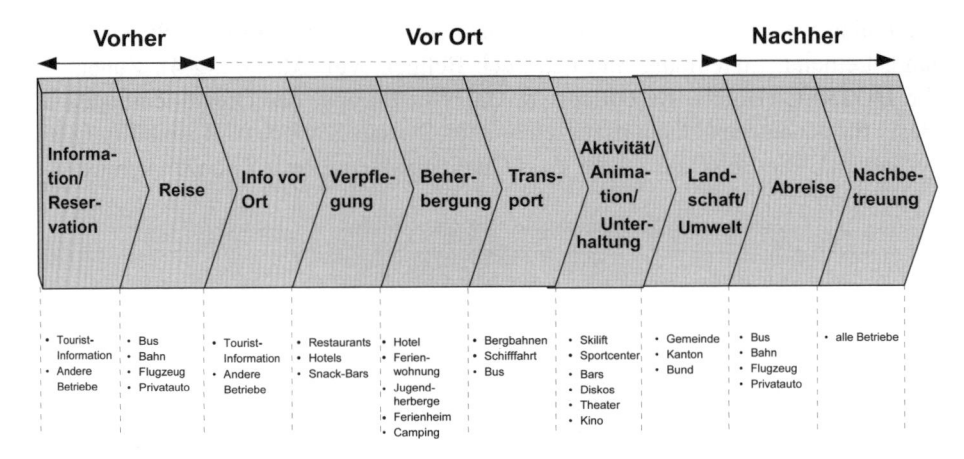

Vorher	Vor Ort						Nachher	
Information/ Reservation / Reise	Info vor Ort	Verpflegung	Beherbergung	Transport	Aktivität/ Animation/ Unterhaltung	Landschaft/ Umwelt	Abreise	Nachbetreuung
• Tourist-Information • Andere Betriebe	• Bus • Bahn • Flugzeug • Privatauto	• Tourist-Information • Andere Betriebe	• Restaurants • Hotels • Snack-Bars	• Hotel • Ferienwohnung • Jugendherberge • Ferienheim • Camping	• Bergbahnen • Schifffahrt • Bus	• Skilift • Sportcenter • Bars • Diskos • Theater • Kino	• Gemeinde • Kanton • Bund	• Bus • Bahn • Flugzeug • Privatauto	• alle Betriebe

Abbildung 5: Dienstleistungskette einer touristischen Destination

Es gibt verschiedene Destinationen, die diese Zusammenhänge erkannt und eine Qualitätsoffensive gestartet haben. Dabei wird fast immer darauf geachtet, möglichst alle am Tourismus Beteiligten einzubeziehen. Ziel ist es, das Qualitätsbewusstsein, die Gastfreundlichkeit und das Tourismusbewusstsein zu steigern.

Bewährte Vorzeigebeispiele sind:
- „Q for you" von Saas-Fee (CH)
- Service-Initiative Südlicher Schwarzwald (D)
- Qualitätsoffensive Bayern (D)
- Q Plus Kleinwalsertal (A)
- Enjoy Switzerland (CH)
- etc.

Am Beispiel von „Enjoy Switzerland", ein umfassendes Qualitätsprogramm, das bereits seit 2003 in nicht weniger als 21 Destinationen eingeführt wurde, kann deutlich gemacht werden, dass Destinationsqualitäts-Ansätze grenzüberschreitend sind: In der Enjoy-Destination Thurgau am Bodensee wurden die Qualifizierung und verbesserte Vermarktung der Gartenattraktionen als Kernprojekt ausgewählt. Diese Gartenattraktionen am Bodensee gehen aber weit über die Destination Thurgau hinaus (Reichenau, Mainau und Unteruhldingen liegen allesamt in Deutschland) und machen eine grenzüberschreitende Zusammenarbeit notwendig (vgl. Abbildung 6).

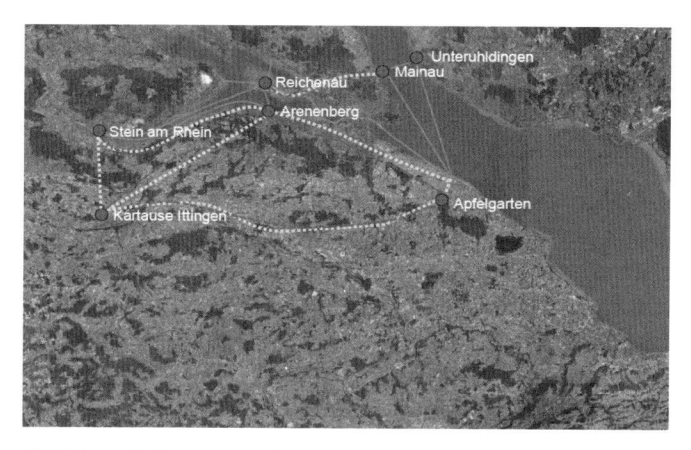

Abbildung 6: Gartenattraktionen als Schlüsselprojekt von „Enjoy Thurgau"

Diese Ansätze machen klar, dass eine Qualitätsverbesserung nicht nur durch große Investitionen in die Infrastruktur anzustreben ist. Vielmehr möchte man die Servicequalität ins Zentrum rücken. Gleichzeitig wird versucht, einen Innovationsschub bei allen Trägern auszulösen und zu erreichen, dass die betriebsinternen Abläufe überprüft und optimiert werden.

Aus Erfahrung können folgende Grundsätze für den Qualifizierungsprozess für Tourismusdestinationen abgeleitet werden:
1) Der Tourismusdirektor muss sich als integrierender Qualitätsmanager verstehen.
2) Eine umfassend verstandene Erlebnisqualität ins Zentrum stellen.
3) Einen kooperativen Bottom-up-Ansatz wählen, d. h. möglichst viele Leistungsträger vor Ort am Qualitätsbewusstseins-Prozess beteiligen und eine eigentliche Qualitätskultur entwickeln.
4) Einen Qualitätsrat mit viel Ausstrahlung, Visionsvermögen, Mut und Überzeugungskraft einsetzen sowie externe Berater als Moderatoren und Ideenlieferanten beiziehen.
5) Erfolgserlebnisse schaffen, d. h. Qualitätsviren mit Hilfe von Aktionen, Wettbewerben oder Auszeichnungen setzen.
6) Viel Geduld, Kreativität und Integrationsvermögen aufbringen, denn Destinationsansätze sind sehr anspruchsvoll.

5 Erlebnisqualität – Emotionen wecken und Zahlungsbereitschaft stärken

Nicht mehr nur Bedürfnisse stillen, sondern Erlebnisse schaffen sei „in", denn der moderne Mensch handelt zunehmend erlebnisorientiert, stellte Gerhard Schulze in seinem Standardwerk „Die Erlebnisgesellschaft" (1993) fest. Viele Untersuchun-

gen belegen, dass der Erlebniswert eines Produktes, eines Angebotes oder einer Dienstleistung immer stärker in den Mittelpunkt gestellt wird. Doch was sind eigentlich Erlebnisse, welche Zwecke erfüllen sie und welche Bedeutung kommt ihnen in unserer Zeit zu? Erlebnisse sind
– selbstbezügliche, „innere" Ereignisse: Sie werden bildhaft wahrgenommen und haben vorerst nur subjektiv eine Bedeutung;
– subjektiv: Sie sind abhängig von der einzigartigen Lebensgeschichte dessen, der sie erlebt;
– selbstwertsteigernd: Wer viele Erlebnisse hat, lebt kein banales Leben,
– unwillkürlich: Sie werden eher passiv erduldet als aktiv hergestellt;
– unbezweifelbar, wahr und richtig: Über Erlebnisse lässt sich nicht streiten;
– noch keine Erfahrungen: Erfahrung gewinnt man durch wiederholte, reflektierte und damit verarbeitete Erlebnisse (Hartmann 1996, S. 12).

Erlebnisse setzen also Ereignisse voraus, die aber erst durch Erkenntnisse zur persönlichen Erfahrung werden. Erlebnisse von Dienstleistungsunternehmungen können also kaum direkt hergestellt werden. Hingegen können Ereignisse wie Events oder besonders günstige äußere Situationen, die individuelle Erlebnisse begünstigen, geschaffen werden. Erlebnis-Inszenierung ist nur dann richtig verstanden, wenn versucht wird, eine besonders günstige Atmosphäre zu schaffen, die mit allen Sinnen wahrgenommen werden kann. In der Erlebnis-Inszenierung geht es um ein Gesamtkunstwerk von Materialien, Düften, Farben, Klängen, Formen und Ästhetik. Und vor allem um die Stimmigkeit der gesamten Dienstleistungskette. Am Anfang einer Inszenierung steht immer ein Thema, das mit Hilfe von fünf Instrumenten möglichst kohärent umgesetzt wird:
1) Attraktionen und Aktivitäten,
2) Gestaltung der Umgebung und der Szenerie,
3) Gästeorientierung und Besucherlenkung,
4) Sicherstellung des Wohlbefindens (Wohlfühlmanagement),
5) Möglichkeiten, dass Gäste sich selber in Szene setzen und damit zu Attraktionen für Andere werden können.

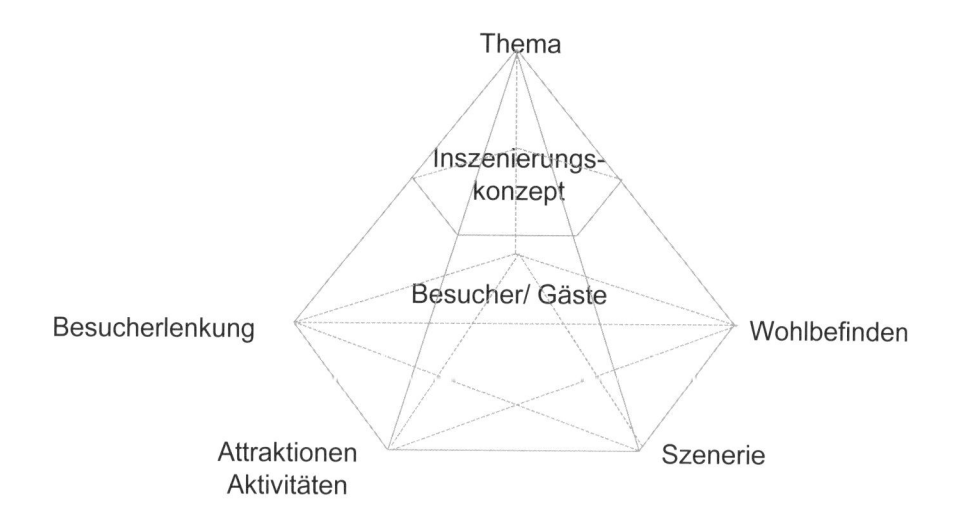

```
              Thema
               /\
              /  \
       Inszenierungs-
          konzept

         Besucher/ Gäste
Besucherlenkung              Wohlbefinden

     Attraktionen      Szenerie
     Aktivitäten
```

Abbildung 7: Die Instrumente der Erlebnis-Inszenierung. Quelle: Müller, Scheurer 2007, S, 14.

Bei solchen Überlegungen wird offensichtlich, dass es sich bei der Erlebnis-Inszenierung um eine hohe Kunst handelt, die Kunst nämlich, auf den Bauch zu zielen und nach Möglichkeit die Brieftasche zu treffen ... Gefragt sind Innovationsgeist, gepaart mit Verantwortungsbewusstsein und Einfühlungsvermögen.

6 Fazit – Qualität kennt keine Grenzen

Der Tourismus steht unter Veränderungsdruck. Veränderungen bringen immer Chancen und Gefahren mit sich. Die Chancen können nur genutzt werden, wenn die Qualität in all ihren Dimensionen stimmt: Die Infrastruktur-, Service-, Umwelt-, Erlebnis- und Kooperationsqualität. Qualität ist der Schlüssel für eine erfolgreiche Zukunftsgestaltung. Dabei sind die Qualitätsvorstellungen der Gäste ins Zentrum zu stellen und die haben sich weitgehend harmonisiert, sind also grenzüberschreitend geworden. Aber durch den Wegfall vieler Grenzen haben sich auch angebotsseitig die Dienstleistungs- und Wertschöpfungsketten ausgedehnt. Diese nachfrage- und angebotsseitige Internationalisierung machte es möglich, dass auch Qualitätsprogramme fast problemlos grenzüberschreitend anwendbar sind. Sie brauchen zwar Anpassungen an unterschiedliche Kulturen und Strukturen, doch hat sich das Qualitätsmanagement im Tourismus derart globalisiert, dass man gut daran tut, grenzüberschreitend voneinander zu lernen.

7 Literatur

Hartmann, H.A. (1996): Erlebe dein Leben, in: Freizeit in der Erlebnisgesellschaft, Opladen.
Müller, H.R. (2004): Qualitätsorientiertes Tourismus-Management, Bern.
Müller, H.R./Scheurer, R. (Hg.) (2007): Tourismus-Destination als Erlebniswelt – Ein Leitfaden zur Angebots-Inszenierung, 2. Aufl., Bern.
Parasuraman, A./Zeithaml, V.A./Berry, L.L. (1992), in: Bruhn, M. (Hg.): Qualitätsmanagement für Dienstleistungen, 2. Aufl., Berlin/Heidelberg.
Romeiss-Stracke, F. (1995): Service-Qualität im Tourismus, München.
Schulze, G. (1993): Die Erlebnisgesellschaft, 4. Aufl., Frankfurt a.M..
Schweizer Tourismus-Verband (1997): Qualitäts-Gütesiegel für den Schweizer Tourismus – Leitfaden (Autoren: Müller, H.R. et.al.), Bern.

GABI TROEGER-WEIß, SWANTJE GROTHEER

Schnittstellen grenzüberschreitender Kooperationen – das Projekt „Gute Nachbarschaft im bayerisch-tschechischen Grenzraum"

1 Einleitung

Elementare Basis für eine funktionierende grenzüberschreitende Zusammenarbeit sind positive Einstellungen und Offenheit für die Zusammenarbeit von Seiten der politischen, administrativen und gesellschaftlichen Akteure sowie der Bevölkerung der Grenzräume, die als Schnittstellen in den Kooperationen fungieren. Für eine erfolgreiche grenzüberschreitende Zusammenarbeit sind demnach neben „harten" Projekten (infrastrukturell-investive Maßnahmen und Projekte) „weiche" Maßnahmen sehr wichtig. Diese liegen z. B. im Bereich der Förderung von sozialen Kontakten, der grenzüberschreitenden Information, des Aufbaus regionaler Mentalitäten und Identitäten ebenso wie im kulturellen Bereich, in Bildung und Wissenschaft, der Jugendarbeit, der Freizeit, des Fremdenverkehrs oder der Bildung von Netzwerken. „Weiche" Maßnahmen können weiterhin als wesentliche Voraussetzung für die Umsetzung von harten grenzüberschreitenden Projekten gesehen werden.

Kooperationen in der Raum- und Regionalentwicklung sind in Grenzräumen deswegen von besonderer Bedeutung, weil auch dort die Herausforderungen des zunehmenden europäischen und globalen Wettbewerbs um Bevölkerung und Unternehmen an Bedeutung gewinnen und das Erfordernis zur Stärkung der wirtschaftlichen Entwicklungsdynamik und Standortattraktivität auf regionaler Ebene zunimmt.[1] Gleichzeitig haben Grenzregionen von ihren Grundvoraussetzungen her Nachteile für eine erfolgreiche wirtschaftliche und soziale Entwicklung, wie physiogeographische Merkmale, Peripherität bzw. große Entfernungen zu Zentren sowie geringe Bevölkerungsdichten.[2] Europäische Netzwerke, Partnerschaften und Pro-

---

[1] Demnach sind diese den Gründen für interkommunale und regionale Kooperationen, die nicht grenzüberschreitend stattfinden sehr ähnlich. Vgl. Fürst, Dietrich; Knieling, Jörg (2005): Kooperation, interkommunale und regionale, in: Akademie für Raumforschung und Landesplanung (Hg.): Handwörterbuch der Raumordnung, Hannover, S. 531-532.

[2] Vgl. Hoffarth, Melanie (2010): Potenziale der kulturellen Vielfalt, Bedeutung, Wirkungen und Handlungsrahmen zum Umgang mit kultureller Diversität in der Wirtschaftsförderung, Kaiserslautern, S. 18.

jekte gewinnen vor diesem Hintergrund zur Entwicklung von Grenzregionen ebenso an Bedeutung[3] wie Kreative Milieus als Basis für eine erfolgreiche Entwicklung, insbesondere auch ländlicher Regionen.[4]

Das nachbarschaftliche Verhältnis zwischen Bayern und der Tschechischen Republik hat sich seit der politischen Wende 1989 auch mit dem Anstoßen und Durchführen zahlreicher Aktionen und Projekte stetig fortentwickelt. Die Beziehungen sind gleichwohl teilweise noch von Vorurteilen und Ängsten, Informationsdefiziten sowie sprachlichen Verständigungsschwierigkeiten geprägt.[5] Dabei ist ein Blick auf die jeweils andere Seite der Grenze für beide Seiten wichtig, da sich der bayerisch-tschechische Grenzraum gemeinsam im Wettbewerb der Regionen in Europa besser positionieren und die mit der EU-Osterweiterung verbundenen Chancen und Vorteile nutzen kann. Hierzu kann auch eine gemeinsame Positionierung und Entwicklung als touristische Destination gehören, für die Kultur und Werte wesentliche Ausgangspunkte in der Bestimmung von Kernkompetenzen bilden.

Im bayerisch-tschechischen Grenzraum ist die kulturelle Diversität sehr hoch. Diese Tatsache wird in Zukunft von großer Bedeutung sein, da die kulturelle Vielfalt die wirtschaftsrelevanten Wahrnehmungen und Interaktionen im Grenzraum sowie seine Wahrnehmung von außen bestimmen wird. Kultur ist die Basis, auf der Menschen Wirtschaftsformen und -prozesse entwickeln. Vielfach wurde in Studien darauf hingewiesen, dass nicht nur die ökonomischen Unterschiede, sondern auch Kulturunterschiede die Entwicklung von Grenzregionen beeinflussen.[6]

Bei einer Zusammenarbeit von Partnern aus beiden Teilen der Grenzregionen, die beide entsprechend ihrer kulturellen Prägung ein und dasselbe Umfeld unterschiedlich wahrnehmen, ist die Entstehung von Konflikten häufig. Für die Qualität der Beziehungen sind Vertrauen und der Wille zur Zusammenarbeit entscheidend. Durch die Zugehörigkeit der Akteure zu verschiedenen Kulturen vergrößert sich bei grenzüberschreitenden Interaktionen die soziokulturelle Heterogenität, womit

---

[3] vgl. Bundesministerium für Verkehr, Bau und Stadtentwicklung (BMVBS); Bundesamt für Bauwesen und Raumordnung (BBR) (Hg.) (2007): Grenzüberschreitende Raumentwicklung zwischen Deutschland und der Tschechischen Republik, Forschungen Heft 122, Bonn, S. 23–24.

[4] vgl. Stech, Katrin (2002): Nachbarschaftliche Mentalität im bayerisch-tschechischen Grenzraum. Untersuchung im Rahmen des Pilotprojekts „Gute Nachbarschaft", Schriften zur Raumordnung und Landesplanung Band 10, Augsburg/Kaiserslautern, S. 6ff.

[5] Dies wurde insbesondere in der Vorstudie zur ersten Projektphase im Rahmen der durchgeführten empirischen Erhebungen festgestellt. Vgl. Stech, Katrin (2002): Nachbarschaftliche Mentalität im bayerisch-tschechischen Grenzraum. Untersuchung im Rahmen des Pilotprojekts „Gute Nachbarschaft", Schriften zur Raumordnung und Landesplanung Band 10, Augsburg/Kaiserslautern.

[6] vgl. Hoffarth, Melanie (2010): Potenziale der kulturellen Vielfalt, Bedeutung, Wirkungen und Handlungsrahmen zum Umgang mit kultureller Diversität in der Wirtschaftsförderung, Kaiserslautern, S. 38-39.

der Vertrauensaufbau und die Kommunikation miteinander schwieriger werden. An dieser Stelle knüpft das Projekt „Gute Nachbarschaft im bayerisch-tschechischen Grenzraum" an. Mit einer Vielzahl verschiedener Aktivitäten stärkt es die Handlungskompetenzen der (potenziellen) Akteure, um darüber die grenzüberschreitende Regionalentwicklung zu unterstützen.

2 Das Projekt „Gute Nachbarschaft im bayerisch-tschechischen Grenzraum"

Das Projekt „Gute Nachbarschaft im bayerisch-tschechischen Grenzraum" wurde als eine Art Fitnessprogramm für die Entwicklung des Grenzraumes sowie zur grenzüberschreitenden Kommunikations- und Bewusstseinsbildung nach einer Vorstudie[7] in drei Projektphasen von 2002–2008 durchgeführt. Schwerpunktthemen des Projekts waren die Förderung von interkultureller Kompetenz, ein intensiver Informationsaustausch über das rechtlich-administrative System beiderseits der Grenze, grenzüberschreitende Kinder- und Jugendarbeit sowie grenzüberschreitendes Informationsmanagement. Als Projekt des Bayerischen Staatsministeriums für Wirtschaft, Infrastruktur, Verkehr und Technologie wurde es phasenweise auch aus der europäischen Gemeinschaftsinitiative INTERREG IIIA finanziert und war in allen Projektphasen umsetzungsorientiert.

2.1 Ziele des Projekts „Gute Nachbarschaft im bayerisch-tschechischen Grenzraum"

Das Projekt hat in allen drei Phasen die Zielsetzung verfolgt, eine grenzüberschreitende Mentalität, Identität und Kreative Milieus im bayerisch-tschechischen Grenzraum zu schaffen sowie ein grenzüberschreitendes Informationssystem im bayerisch-tschechischen Grenzraum aufzubauen, um damit zur Herausbildung einer „Guten Nachbarschaft" beizutragen. Ohne auf einzelne Beispiele einzugehen, kann die Entwicklung einer guten Nachbarschaft dahingehend beschrieben werden, dass es das Ziel ist, zwischen räumlich aneinandergrenzenden Personen, Gruppen oder Gesellschaften, aktiv (im Sinne von Eigeninitiative) eine gemeinsame positive Entwicklung anzustreben, die auf
– gegenseitigem Wissen um Alltag und Kultur,
– einem gemeinsamen Problembewusstsein und
– einem sich daraus entwickelnden Zusammengehörigkeitsgefühl aufbaut.

---

[7] vgl. Stech, Katrin (2002): Nachbarschaftliche Mentalität im bayerisch-tschechischen Grenzraum. Untersuchung im Rahmen des Pilotprojekts „Gute Nachbarschaft", Schriften zur Raumordnung und Landesplanung Band 10, Augsburg/Kaiserslautern.

Nach dem Verständnis von im Rahmen des Projekts durchgeführten empirischen Erhebungen definieren sich „gut nachbarschaftliche Beziehungen" im Grenzraum in erster Linie durch folgende mentale, psychologische Kriterien:
- vorurteilsfreier Umgang miteinander,
- beiderseitiges Verständnis,
- Toleranz,
- Interesse aneinander, Aufgeschlossenheit,
- gegenseitiger Respekt und Achtung der Mentalität des anderen,
- partnerschaftliches Auskommen sowie
- Unkompliziertheit, Gelassenheit, Selbstverständlichkeit.

Um die Zielsetzungen zu erreichen, galt es Kontakt- und Informationsnetze in unterschiedlichen Bereichen aufzubauen, positive Einstellungen zu den jeweiligen Nachbarn zu erzeugen, bestehende Vorurteile mittel- bis langfristig abzubauen und mit den Maßnahmen sowohl auf die Bevölkerung als auch auf Multiplikatoren sowie Entscheidungsträger auf regionaler und kommunaler Ebene abzuzielen.

Für den Aufbau des grenzüberschreitenden Informationssystems war es zunächst das Ziel, Themenfelder zu identifizieren, in denen ein besonderer Informationsbedarf besteht. Die Bedarfsanalyse zeigte, dass insbesondere Informationen zu administrativen und rechtlichen Fragestellungen, zu interkultureller Kommunikation, Presse- und Medienarbeit sowie Fundraising- und Fördermöglichkeiten benötigt werden. Der Kooperationsraum Bayern-Böhmen war Untersuchungs- und Handlungsraum für das gesamte Projekt in den drei Laufzeiten.

2.2 Projektphasen – Maßnahmen und Ansätze zur Schaffung grenzüberschreitender Mentalität im bayerisch-tschechischen Grenzraum

Das skizzierte Ziel des Gesamtprojekts „Gute Nachbarschaft im bayerisch-tschechischen Grenzraum" wurde in drei Projektphasen mit unterschiedlichen Schwerpunkten bearbeitet, deren zentrale Ergebnisse nachfolgend dargestellt werden. In allen Projektphasen sind verschiedene Informationsveranstaltungen, Workshops und Handreichungen (Leitfäden) als Informationsinstrumente sowie empirische Erhebungen als Mittel zur Erfassung von Bedarf und Evaluation von Arbeitsschritten eingesetzt worden.

2.2.1 Erste Projektphase 2002–2003: Bedarfsermittlung und Umsetzung erster Projekte

In der ersten Projektphase stand zunächst die Analyse und Bewertung der Ausgangssituation im Untersuchungsraum im Vordergrund. Es wurden bestehende grenzüberschreitende Projekte und Aktivitäten bilanziert und daraus Perspektiven und Bedarfe für weitere Projekte abgleitet. Thematisch lag der Fokus bei der Ermittlung und Analyse des Bedarfs auf den durch die Vorstudie definierten Themenfeldern interkulturelle Kompetenz sowie Informationsstand bezüglich der rechtlich-administrativen Systeme von Bayern und der Tschechischen Republik.[8] Die in diesen Analysen erfassten Informations- und Aktivitätsbedarfe wurden genutzt, um die in den nachfolgenden Phasen anzugehenden und umzusetzenden Projekte auszuformulieren und die jeweiligen Adressatenkreise zu definieren. Zur Analyse dieser Bedarfe wurde eine Reihe von Workshops mit unterschiedlichen Zielgruppen durchgeführt, die gleichzeitig eine erste inhaltliche Sensibilisierung mit dem Thema „Gute Nachbarschaft im bayerisch-tschechischen Grenzraum" zum Ziel hatten.

Bereits in dieser Projektphase wurde das umfassende, zweisprachige Internetportal zum Thema „Gute Nachbarschaft" eingerichtet, welches im weiteren Verlauf zunehmend inhaltlich erweitert und ausgebaut wurde. Im Vorfeld der Einrichtung dieser Internetseite wurde ein Workshop mit Akteuren aus dem Grenzraum durchgeführt, um spezifische Informationsbedarfe und Anforderungen an eine solche Plattform abzufragen.

2.2.2 Zweite Projektphase 2004–2005: Grenzüberschreitende Informations- und Bewusstseinsbildung

In der zweiten Projektphase wurde mit einer Reihe von Maßnahmen auf die grenzüberschreitende Informations- und Bewusstseinsbildung hingearbeitet. Dabei wurde zunächst die Akzeptanz von Maßnahmen der ersten Phase mittels empirischer Erhebungen erfasst, um über deren Weiterführung entscheiden zu können sowie Anregungen für Veränderungen und neue Maßnahmen zu gewinnen.

Der Nutzen der Maßnahmen bezüglich verschiedener mentaler Einstellungen konnte dabei als positiv bewertet werden, da die überwiegende Mehrheit der bayerischen und tschechischen Befragten der Auffassung war, dass die verschiedenen Maßnahmen überwiegend zu einer Verbesserung bezüglich des Interesses am jeweiligen Nachbarn, der Akzeptanz der Kultur und Mentalität des Nachbarn, des Aufbaus von grenzüberschreitenden fachlichen Netzwerken sowie des Abbaus von Ängsten und Vorurteilen gegenüber den jeweiligen Nachbarn beigetragen haben und durch eine entsprechende Fortführung auch weiter beitragen könnten.[9] Obwohl

---

[8] vgl. Stech, Katrin (2004): Zur nachbarschaftlichen Mentalität im bayerisch-tschechischen Grenzraum – Untersuchung im Rahmen des Pilotprojektes „Gute Nachbarschaft", in: Schaffer, Franz; Spannowsky, Willy; Troeger-Weiß, Gabi (Hg.): Implementation der Raumordnung, Schriften zur Raumordnung und Landesplanung Band 15, Augsburg/Kaiserslautern, S. 336–337.

[9] In der empirischen Erhebung wurden unterschiedliche Akteure aus dem Grenzraum befragt, die in unterschiedlicher Form mit dem Projekt konfrontiert, bzw. in die verschiedenen Projektaktivitäten (Workshops etc.) eingebunden waren. Insgesamt haben 159 Personen an der Befragung teilgenommen.

auch kritische Bewertungen zu verzeichnen waren, zeigte sich, dass die Mehrzahl der Befragten einen Nutzen und Mehrwert aus der ersten Projektphase ziehen konnte. Als großer Erfolg konnte gewertet werden, dass eine breite Gruppe von Entscheidungsträgern und Experten im bayerisch-tschechischen Grenzraum für die Thematik der Notwendigkeit „Interkultureller Kompetenz" sensibilisiert wurde.

Förderung der interkulturellen Kompetenz in den Bereichen Handwerk und Tourismus: Workshops und Leitfaden
Auf beiden Seiten der bayerisch-tschechischen Grenze sind deutliche Unterschiede z. B. in den Umgangsformen, dem Kommunikationsstil, dem Rechtsverständnis, dem Verhandlungs- und Führungsstil, den Entscheidungsstrukturen, der Zeiteinteilung und in vielen weiteren Bereichen festzustellen. Daher entstehen häufig Missverständnisse, die aus mangelnden Kenntnissen der kulturellen, historischen und sozialen Hintergründe des Gegenübers resultieren.

Zur Vorbereitung eines Leitfadens „Interkulturelle Kompetenz" wurden in Zusammenarbeit mit deutsch-tschechischen Trainern der ICUnet.AG vier Workshops mit Vertretern aus Tourismus und Handwerk durchgeführt. Im Rahmen einer Fragerunde am Ende der jeweiligen Veranstaltung konnte durchgängig eine sehr positive Resonanz der Teilnehmer auf die Durchführung des Workshops festgestellt werden. Gleichzeitig bleibt die sprachliche Barriere eine wichtige Herausforderung bei der Zusammenarbeit, auch wenn das gegenseitige interkulturelle Verständnis gestärkt wird. Die Erarbeitung und Aufbereitung grundlegender Inhalte zur „Interkulturellen Kompetenz" im bayerisch-tschechischen Grenzraum als Leitfaden erfolgte mit der Gewichtung der praxisorientierten Anwendung bzw. Umsetzung der Informationen im Geschäftsalltag für den Adressatenkreis.[10] Hierzu gehören Empfehlungen für den Ablauf von Besprechungen, den Aufbau von Geschäftsbeziehungen, das Führen von Verhandlungen sowie Hinweise auf Weiterbildungsmöglichkeiten.

Grenzüberschreitende Zusammenarbeit im Bereich der bayerischen Haupt- und Realschulen und tschechischen Grund- (Sekundarstufe) und (Fach-) Oberschulen: Workshops und Leitfaden
Durch dieses Teilprojekt konnte der fachliche und persönliche Austausch zwischen bayerischen und tschechischen Lehrerinnen/Lehrern, Kindern/Jugendlichen und deren Eltern sowie die Zusammenarbeit der Schulen gefördert werden. Es wurden Workshops mit Haupt- und Realschulen durchgeführt, die dem grenzüberschreitenden Erfahrungs- und Meinungsaustausch und der Informationssammlung für einen Leitfaden, aber auch zum Kontaktknüpfen und fachlichen Gesprächen zwischen den Teilnehmern dienten. Die hohen Teilnehmerzahlen bayerischer und tschechischer Akteure, die zwischen 75 und 120 Teilnehmern pro Workshop lagen, beleg-

---

[10] vgl. Troeger-Weiß, Gabi (Hg.) (2006): Leitfaden zur Förderung interkultureller Kompetenz in Wirtschaft und Verwaltung im bayerisch-tschechischen Grenzraum, Kaiserslautern.

ten, dass auch 15 Jahre nach der Grenzöffnung im Bereich der Schulen großer Informations-, Handlungs- und Unterstützungsbedarf vorhanden war. Die Schüler und Schulen wurden als Schlüsselakteure für die langfristige Ausbildung einer guten nachbarschaftlichen Mentalität im Vorfeld der Projektphase identifiziert. Befragungen hatten gezeigt, dass bei Schülern der unteren und mittleren Klassenstufen in Bayern und in der Tschechischen Republik Informationsdefizite sowie Voreingenommenheit und Furcht die Einstellung zum jeweiligen Nachbarn prägen, wobei gleichzeitig eine Bereitschaft für den Aufbau gegenseitiger neuer Kontakte festzustellen war.[11]

Der zum Austausch und zur grenzüberschreitenden Zusammenarbeit für die Schulen entwickelte Leitfaden[12] enthält Informationen zu den Themen Schulsystem in Tschechien und Bayern, Vorgehensweise bei der Planung von grenzüberschreitenden Projekten, Fördermöglichkeiten, Finanzplanung und -verwaltung, Gestaltung der grenzüberschreitenden Zusammenarbeit sowie Kontaktadressen und Ansprechpartner.

Szenario-Workshops „Zukünfte/Bodoucnosti" an Schulen
Das Projekt „Zukünfte/Bodoucnosti" ist als Gemeinschaftsprojekt des Lehrstuhls Regionalentwicklung und Raumordnung der TU Kaiserslautern, dem Institut für prospektive Analysen (Berlin) und dem Koordinierungszentrum deutsch-tschechischer Jugendaustausch (Pilsen) durchgeführt worden. Ziel des Projekts war es, einen Dialog über die Entwicklungsperspektiven der Region als Ganzes anzustoßen, der insbesondere Jugendliche anspricht.

Angeleitet von jungen, eigens für das Projekt ausgebildeten Multiplikatoren, entwickelten Schülerinnen und Schüler aus sechs grenznahen Schulen Szenarien für den bayerisch-tschechischen Grenzraum im Jahr 2025. Die erarbeiteten Zukunftsbilder wurden auf einer Abschlussveranstaltung präsentiert und zur Diskussion gestellt. Die verschiedenen Veranstaltungen haben gerade Schüler, aber auch junge Erwachsene und Lehrer erreicht und somit in diesen Bevölkerungsgruppen eine Beschäftigung mit der zukünftigen Entwicklung der Grenzregion bewirkt. Eine Auswahl von Szenarien wurde redaktionell überarbeitet und in beiden Sprachen vertont sowie als CD veröffentlicht.

---

[11] vgl. Stech, Katrin (2002): Nachbarschaftliche Mentalität im bayerisch-tschechischen Grenzraum. Untersuchung im Rahmen des Pilotprojekts „Gute Nachbarschaft", Schriften zur Raumordnung und Landesplanung Band 10, Augsburg/Kaiserslautern, S. 42–48.
[12] vgl. Troeger-Weiß, Gabi (Hg.) (2006): Leitfaden zum grenzüberschreitenden Austausch im Bereich der bayerischen Haupt- und Realschulen und tschechischen Grundschulen (Sekundarstufe) und (Fach-)Oberschulen, Kaiserslautern.

Malwettbewerb in Kindergärten
Die Zielsetzung des Teilprojektes Mal- und Bastelwettbewerb mit dem Thema „Mein Freund, der lebt im Nachbarland" lag darin, Kinder auf spielerische Art und Weise an das jeweilige Nachbarland heranzuführen, um sie so Gemeinsamkeiten und Unterschiede entdecken zu lassen. Die Ausschreibung des Wettbewerbs erfolgte in Form eines Anschreibens mit entsprechenden Teilnahmekriterien an die Kindergärten des Grenzraums. Nach Einsendeschluss wählte ein Expertengremium die vier schönsten Arbeiten deutscher und tschechischer Kindergärten aus, die mit Gutscheinen im Wert von 200 Euro für neues Spielzeug honoriert wurden. Positiv hervorzuheben ist innerhalb dieses Modellprojektes die Öffentlichkeitsarbeit in Form der Einbeziehung der Presse auf beiden Seiten der Grenze und deren bereitwillige Beteiligung.

Zweisprachiges Informationssystem: Homepage „Gute Nachbarschaft"
Die Homepage des Projekts „Gute Nachbarschaft" wurde als zweisprachiges Informations- und Kommunikationssystem in zwei Themenschwerpunkten deutlich weiter ausgebaut. Die Themen „Fundraising und Sponsoring" sowie „Rechtlich-administrative Informationen" wurden mit erweiterten und neuen Inhalten in die Homepage eingepflegt, da hierfür ein breiter Informationsbedarf festgestellt wurde. Die Internetdarstellung zu „Fundraising und Sponsoring" enthielt Informationen über die Möglichkeiten von Kofinanzierungen vor allem auf der kommunalen Ebene, über Förderprogramme für Projektträger aus unterschiedlichen Bereichen und über die Sicherung und Fortführung von Projekten in der europäischen Förderperiode von 2007-2013. Die übersichtliche, schnell nachvollziehbare und zusammenfassende Darstellung von Programmen zur Unterstützung grenzüberschreitender Zusammenarbeit auf der europäischen sowie auf den Ebenen des Bundes und des Landes Bayern sowie Programme von Stiftungen, Verbänden, halböffentlichen Einrichtungen und anderen Organisationen, die an grenzüberschreitenden Fragestellungen interessiert sind, haben Akteuren aus dem Grenzraum die Möglichkeit gegeben ihre Projektideen mit bestehenden Finanzierungsmöglichkeiten sowie deren Antragstellung abzugleichen.

Durch den Aufbau eines rechtlichen Informationssystems wurden erste Schritte unternommen, um die bestehenden Informationsdefizite in diesem Bereich abzubauen und damit die Intensivierung der grenzüberschreitenden Beziehungen und die Entwicklung einer grenzräumlichen Mentalitätsbildung zu unterstützen. Inhaltlich stand der Fachbereich „Öffentliches Recht" im Vordergrund, in dem trotz eines zunehmenden Bedarfs das Angebot als besonders gering festzustellen war.

Bilanz der zweiten Projektphase
Da die Veränderung von Einstellungen, Meinungen, Vorurteilsstrukturen und Verhaltensweisen einen Prozess darstellt, der nicht innerhalb von zwei Jahren beendet

sein kann, war die Durchführung der zweiten Projektphase zwingend notwendig. Mit dem Projekt „Gute Nachbarschaft II: Aufbau einer raumbezogenen interkulturellen Kompetenz" konnten anhand der durchgeführten Teilprojekte weiterführende Impulse und neue Akzente für eine Verbesserung der nachbarschaftlichen Mentalität im bayerisch-tschechischen Grenzraum erzielt werden.

Die jeweils in den Teilprojekten gesetzten Ziele konnten zum überwiegenden Teil erreicht werden, wenn auch noch weiterhin Handlungsbedarf besteht. Schwierigkeiten bei der Umsetzung lagen vor allem darin, jene Zielgruppen in entsprechendem Maße zu erreichen, bei denen große Handlungsbedarfe gesehen werden wie z. B. bei Vertretern des Handwerks und bei Kindergärten – diese vor allem auf bayerischer Seite. Demgegenüber stehen die sehr erfolgreich verlaufenen Workshops und die Herausgabe des Leitfadens zur Zusammenarbeit im Schulbereich. Nach Abschluss dieser Projektphase war deutlich, dass sich eine Mentalitätsbildung erst über einen längeren Zeitraum realisieren lässt und demnach eine weitere Fortführung und Umsetzung von Projekten (insbesondere auch der Homepage als umfassendes und zweisprachiges Informationssystem) notwendig war.

2.2.3 Dritte Projektphase 2006–2008 Fitnessprogramm „Praxis der grenzüberschreitenden Zusammenarbeit"

Die dritte und letzte Projektphase knüpfte an die Ergebnisse, Erfahrungen und festgestellten Bedarfe der Vorangegangenen an, und wurde als Fitnessprogramm zur Praxis der grenzüberschreitenden Zusammenarbeit in zwei bayerischen Modelllandkreisen[13] umgesetzt. Neben der Fortführung und dem weiteren Ausbau der Medien- und Öffentlichkeitsarbeit wurde in dieser Phase ein Fitnessprogramm mit einem Schwerpunkt auf die Vermittlung von „Interkultureller Kompetenz" in den Modelllandkreisen umgesetzt. Auf Grundlage von schriftlichen Bewerbungen wurden die Landkreise Schwandorf und Regen als Modelllandkreise anhand der Kriterien Nachhaltigkeit der grenzüberschreitenden Projekte, Kontaktnetze und Zielgruppen ausgewählt.

Innerhalb des Projektteils „Medien- und Öffentlichkeitsarbeit" ging es darum, breite Bevölkerungsgruppen im gesamten bayerisch-tschechischen Grenzraum noch stärker auf das Thema „Gute Nachbarschaft" aufmerksam zu machen. Überdies sollte dieser Zielgruppe interkulturelles Wissen sowie Wissen über konkrete Möglichkeiten der grenzüberschreitenden Zusammenarbeit vermittelt werden, wozu zunächst auch mit den regionalen Medienvertretern die Bedeutung ihrer Funktion im Prozess der Entwicklung einer raumbezogenen interkulturellen Kompetenz im

---

[13] Da die dritte Projektphase im Auftrag des Bayerischen Staatsministeriums für Wirtschaft, Infrastruktur, Verkehr und Technologie (Abteilung Landesentwicklung) durchgeführt wurde, sind für die Umsetzung des Fitnessprogramms ausschließlich bayerische Landkreise gefördert worden.

Rahmen von individuellen Gespräche diskutiert wurde, um sie so zu einer Zusammenarbeit mit den Projektpartnern der „Guten Nachbarschaft" zu motivieren.

Wichtiges Element war weiterhin die Etablierung und Herausgabe eines Newsletters, der von einem breiten Akteurskreis abonniert wurde. Mit Hilfe des Newsletters konnten nicht nur eigene Projektaktivitäten, sondern in den unterschiedlichen Ausgaben zusätzliche Informationen zum Grenzraum (Aktivitäten der EUREGIONES, Fördermöglichkeiten, etc.) bekannt gemacht werden.

Neben der Etablierung des Newsletters wurde die Internetplattform www.gutenachbarschaft.info fortgeführt und umfassend neu strukturiert sowie aktualisiert, so dass sie für breite Nachfragegruppen im Grenzraum als eine Informationsmöglichkeit zur Verfügung stand. Die Analyse der Zugriffzahlen hat gezeigt, dass die Plattform regelmäßig genutzt wurde.

In Rahmen des Fitnessprogramms stand weiterhin die Vermittlung der Kernkompetenzen zur grenzüberschreitenden Zusammenarbeit im bayerisch-tschechischen Grenzraum im Zentrum des Interesses. Da diese gebündelt an einzelne Multiplikatoren erfolgen sollte, wurden zwei Landkreise an der Grenze ausgewählt, denen modellhaft durch eine jeweilige Workshopreihe die Kernkompetenzen vermittelt wurden. In beiden Landkreisen wurde eine Reihe von Veranstaltungen durchgeführt. Inhaltlich waren diese:
– Die Ausbildung von „Interkulturell Beauftragten",
– Informationsworkshops zu den Themen Fundraising und grenzüberschreitendes Projektmanagement sowie
– die Veranstaltung einer Projektbörse zur Information über grenzüberschreitende Projektaktivitäten.

Ausbildung „Interkulturell Beauftragter"
Die von der ICUnet.AG (Passau) entwickelte dreitägige Weiterbildung zum „Interkulturell Beauftragten" in der öffentlichen Verwaltung fand in beiden Modelllandkreisen mit einer guten Resonanz statt, wobei sich die Teilnehmerkreise aus unterschiedlichen Bereichen der öffentlichen Verwaltung zusammensetzten (Bürgermeister, Mitarbeiter des Landratsamtes, des Amts für Landwirtschaft, der Polizei, der Schulen, des Tourismusverbands etc.). Die Teilnehmer erhielten Informationen über die Themenbereiche Verhandlungsführung, Besprechungen, telefonische und schriftliche Kommunikation mit tschechischen Partnern, Hierarchiedenken, Formalismen, Struktur der kommunalen und staatlichen Verwaltung in der Tschechischen Republik u. a. mehr. Die angewandten Lehrmethoden legten besonderen Wert auf interaktive und erlebnisorientierte Elemente wie Simulationen und Rollenspiele, Diskussionen, Fallstudien und Videomaterial. Die in den Workshops erlernten Kenntnisse und Fähigkeiten können dazu beitragen den Mitarbeitern aus den Ver-

waltungen die Kommunikation mit den Partnern auf tschechischer Seite zu erleichtern und Hemmnisse im gegenseitigen Umgang weiter abzubauen.

Workshop „Finanzierung und Kofinanzierung von grenzüberschreitenden Projekten durch Fundraising" in Regen
Am Workshop „Finanzierung und Kofinanzierung von grenzüberschreitenden Projekten durch Fundraising" nahmen ca. 45 Personen aus dem Landkreis Regen teil. Verschiedene Stiftungen[14] sowie die EUREGIO Bayerischer Wald stellten Möglichkeiten der (Ko-)Finanzierung von grenzüberschreitenden Projekten vor und diskutierten diese mit den Teilnehmern der Veranstaltung anhand der von diesen vorgebrachten Projektideen und laufenden Projekte sowie bereits gemachten Erfahrungen und Herausforderungen bei der Beantragung von Fördermitteln. Mit der Information über Fördermöglichkeiten von grenzüberschreitenden Projekten kann ein wichtiger Beitrag dazu geleistet werden, dass Projektideen tatsächlich zur Umsetzung gelangen und damit die grenzüberschreitende Zusammenarbeit deutlich stärker aktiviert wird.

Projektbörse „Grenzüberschreitende Projekte im Landkreis Schwandorf"
Bei dem Auftaktworkshop des Programms „grenzüberschreitend fit" im Landkreis Schwandorf wurden von Seiten der Akteure der grenzüberschreitenden Zusammenarbeit die mangelnden Möglichkeiten sich mit anderen Projektverantwortlichen im Landkreis auszutauschen beklagt und um die Schaffung einer solchen gebeten. Aus diesem Grund wurde eine Projektbörse als Workshop durchgeführt, an dem grenzüberschreitende Projekte aus dem Landkreis Schwandorf vorgestellt sowie die Möglichkeit zum gegenseitigen Austausches geboten wurden. Neben dem gegenseitigen inhaltlichen Austausch wurden folgende Punkte diskutiert:
– Herausforderungen für erfolgreiche grenzüberschreitende Projektarbeit,
– Hindernisse und Probleme bei der Projektbeantragung, Kofinanzierung und Umsetzung von grenzüberschreitenden Projekten,
– Möglichkeiten zur verbesserten Vernetzung von Projektakteuren und -trägern innerhalb des Landkreises (über die Projektbörse hinaus) sowie
– Möglichkeiten zur Verstärkung der öffentlichen Wahrnehmung der laufenden Projekte.

An dieser Veranstaltung nahmen ca. 60 Personen teil. In den Diskussionen und Präsentationen ist sehr deutlich geworden, dass die meisten Projekte an Personen gebunden sind und ein Wissenstransfer der Projektergebnisse häufig nicht erfolgt. Im Bereich Wirtschaft sind die Projekte weniger an Personen als an Verbände und Behörden gebunden. Jedoch erfolgt hier häufig keine intensive Identifizierung mit

---

[14] Referenten der Bayerischen Sparkassenstiftung München, des Deutsch-Tschechischen Zukunftsfonds, der Allianz Kulturstiftung München sowie der EUREGIO Bayerischer Wald-Böhmerwald zeigten Möglichkeiten zur Förderung auf.

den Projekten. Ihre Durchführbarkeit hängt in der Regel von der Bewilligung von Fördermitteln ab. Unzufrieden sind die Akteure mit der Vernetzungsmöglichkeit der Akteure untereinander, sodass viele Projekte ohne Kenntnis voneinander, nebeneinander herlaufen. Deshalb wurde eine internetgestützte Projektübersicht gefordert. Die Projektakteure sehen die sprachlichen Unterschiede als Hindernis und würden die Einführung der tschechischen Sprache als Unterrichtsfach sehr begrüßen. Ein weiterer Aspekt betraf die bürokratischen Hürden der (Ko-)Finanzierung, die viele abhält EU-Mittel zu beantragen.

Aktivität „Interkulturelle Case Studies Tschechien"
Ergänzend zu dem in den beiden Modelllandkreisen durchgeführten Fitnessprogramm wurde das Projekt „Interkulturelle Case Studies Tschechien" für Berufsschüler umgesetzt. Innerhalb der Konzeptionsphase des Fitnessprogramms entstand die Projektidee für interkulturelle „Case Studies" für Berufsschüler. Die Fallstudien bringen die Schüler in realistische Situationen des jeweils anderen Kulturraums. Im Internet können auf „neutralen Grund" kulturkritische Situationen geübt werden. Der richtige Umgang mit Personen aus dem Nachbarland wird nicht nur aufgezeigt, sondern auch erklärt. Die Schüler gewinnen so nicht nur die Sicherheit, sich in bestimmten Situationen richtig zu verhalten, sondern werden auch an die Thematik des grenzüberschreitenden Berufsalltags herangeführt. Berufsschüler werden nach Abschluss ihrer Ausbildung vermehrt in beruflichen Situationen arbeiten, die es erfordern, erfolgreich und ohne Missverständnisse mit Menschen im jeweiligen Nachbarland zu arbeiten. Die Schüler haben anhand von internetgestützt Fallstudien spielerisch typische Situationen im bayerisch-tschechischen Berufsalltag erfahren und das richtige Verhalten gegenüber dem Nachbarn geübt. Die Fallstudien bringen die deutschen Schüler in realistische Situationen des tschechischen Kulturraums (Umgang mit tschechischen Partnern, Freunden, Kunden, Kollegen und Vorgesetzen im beruflichen und privaten Umfeld). Die kulturkritischen Momente (Critical Incidents) in der Interaktion mit den in Tschechien lebenden Menschen werden nicht nur aufgezeigt, sondern auch bezüglich ihres kulturellen Hintergrundes erklärt. Dadurch lernen die Schüler hinzu und können das erworbene Wissen sofort umsetzen. Sie gewinnen dadurch die Sicherheit, sich in bestimmten Situationen richtig zu verhalten und bekommen Lust, grenzüberschreitend zu denken und zu arbeiten.

Da die Entwicklung der Case Studies sowie die Programmierung des Lernprogramms erhebliche Personalkosten verursacht haben, hat der Lehrstuhls Regionalentwicklung und Raumordnung der TU Kaiserslautern zusammen mit der ICUnet-AG Passau und zwei Berufsschulen einen Förderantrag beim Deutsch-Tschechischen Zukunftsfonds gestellt und von diesem auch eine Förderung für die Projektumsetzung erhalten. Es wurden zunächst die Case Studies ausgearbeitet und anschließend das internetgestützte Portal zu deren Durchführung programmiert. Die Online Case Studies wurden länderspezifisch für Deutschland und Tschechien erarbeitet und in die entsprechende Muttersprache der Teilnehmer übersetzt. Sie wurden auf einer Homepage unter Verwendung eines Passwortes für die Schüler zugänglich gemacht.

Fazit der dritten Projektphase
Die dritte Projektphase des Projekts „Gute Nachbarschaft im bayerisch-tschechischen Grenzraum" hat zahlreiche Aktivitäten zur Förderung der Kernkompetenzen interkulturelle Kompetenz, grenzüberschreitendes Projektmanagement und Kenntnisse des Rechts und der Verwaltung im Nachbarland erfolgreich durchgeführt und die Ergebnisse auf dem Internetportal einer breiten Öffentlichkeit bereit gestellt. Auffallend war hierbei die besonders große Resonanz auf die angebotenen Workshops gegen Projektende sowie der mehrmals ausgesprochene Wunsch, dem Internetportal eine umfassende Projektbörse anzufügen sowie eine weitere Aktualisierung des Internetportals zu gewährleisten. Des Weiteren ist deutlich geworden, dass auch achtzehn Jahre nach der Grenzöffnung interkulturelles Handeln nicht durch Erfahrung gegeben ist und ein hoher Bedarf für die Vermittlung interkultureller Kompetenz und grenzüberschreitendes Projektmanagement sichtbar wird.

Für die weitere Unterstützung der Akteure in der grenzüberschreitenden Zusammenarbeit hätten sich aus den Erkenntnissen des Projekts „Gute Nachbarschaft" folgende Maßnahmen empfohlen:
– Eine Weiterführung des bilingualen Internetportals,
– der Aufbau einer Projektbörse/-datenbank und Implementation in das Internetportal,
– die Einarbeitung von weiteren Informationen zur (Ko-)Finanzierung,
– die weitere Pflege des rechtlich-administrativen Teils sowie
– die weitere Vermittlung interkultureller Kompetenz in der Grenzregion.

Da eine weitere Fortführung des Projekts und auch des umfassenden zweisprachigen Internetportals nicht finanziert werden konnten, ist es leider zur Einstellung des Portals und nicht mehr zur Fortführung der Aktivitäten gekommen. Insbesondere die Einstellung des Internetportals ist aus Gründen der dort vorhandenen umfassenden Informationen und der im Laufe der vorangegangen Projektphasen stetig angestiegenen Zugriffszahlen zu bedauern.

3 Das Projekt „Gute Nachbarschaft im bayerisch-tschechischen Grenzraum": Ansatz zur Verbesserung von Schnittstellen der grenzüberschreitenden Kooperation

Interkulturelle Kompetenzen und regionales Denken über Grenzen hinweg sind nicht nur im deutsch-tschechischen Grenzraum wesentliche Basis für eine funktionierende grenzüberschreitende Zusammenarbeit und Kooperation.

Die im Rahmen der drei Projektphasen der „Guten Nachbarschaft" durchgeführten Projekte – insbesondere die Workshops, Schulungen und Aktivitäten zur Steigerung des grenzüberschreitenden und interkulturellen Bewusstseins bei Kindern und Jugendlichen – zur Stärkung der grenzüberschreitenden Zusammenarbeit haben einen wichtigen Beitrag zur regionalen und kommunalen Entwicklung im Grenzraum geleistet. Die Förderung von guten nachbarschaftlichen Mentalitäten und der Aufbau von kreativen Milieus kann als wichtige Ausgangsbasis und Beitrag zur Schaffung von Arbeitsplätzen und zur Stärkung von Strukturen, z. B. in den Bereichen Einzelhandel und Tourismus gesehen werden. Die finanzielle Unterstützung durch die EU durch das INTERREG Programm hat einen wichtigen Beitrag zum Informations- und Erfahrungsaustausch geleistet. Das für das Projekt gesetzte Ziel der Schaffung einer guten nachbarschaftlichen Mentalität kann als eine hohe Herausforderung gesehen werden, dessen tatsächliches Erreichen der stetigen Weiterentwicklung und Unterstützung bedarf. Die vielfältigen Aktivitäten aus dem Projekt die Kinder und Jugendliche erreicht haben, können als wichtiger Grundstock für diese langfristige Aufgabe gesehen werden. Je früher positive persönliche Erfahrungen und eine Auseinandersetzung mit dem Nachbarland und der Grenzsituation stattfinden, desto größer ist die Chance, dass sich ggf. bestehende Vorurteile von den Eltern nicht auf die jüngere Generation übertragen. Damit ist ein Grundstein für eine langfristige Veränderung der gegenseitigen nachbarschaftlichen Mentalitäten gelegt worden, die für die zukünftige grenzüberschreitende Zusammenarbeit genutzt werden können, die eine Reihe von bislang noch nicht ausgeschöpften Entwicklungspotentialen aufweisen.

4 Handlungsempfehlungen für die Zukunft der grenzüberschreitenden Zusammenarbeit

Die Verflechtungen zwischen Unternehmen, Kommunen und unterschiedlichen Institutionen aus Bayern und der Tschechischen Republik sind in den vergangenen Jahren stetig gewachsen, werden weiterhin zunehmend mehr und finden in größeren räumlichen Zuschnitten statt. Vor diesem Hintergrund sind zukünftig Formen der Zusammenarbeit anzudenken, die in einem größeren räumlichen Umgriff stattfinden und nicht nur grenz- sondern auch bundesländerübergreifend sind. Solche grenzüberschreitenden Europaregionen können dazu dienen, insbesondere ländlich geprägte Grenzregionen (im bayerisch-sächsisch-thüringisch-tschechischen Grenzraum) gemeinsam selbstbewusst und stark zu positionieren. Für die Bewältigung gemeinsamer Aufgabenstellungen bieten sich dabei eine Reihe von Themengebieten an: Wirtschaft, Sozialwesen, Kultur, Bildung, Sport, Umwelt, Energie, Gesundheit und Demographie. Mithilfe der Gründung eines Europäischen Verbunds für territoriale Zusammenarbeit (EVTZ) besteht die Möglichkeit über die Weiterentwicklung bewährter Zusammenarbeit hinaus, innovative Formen der Kooperation auf neuen Terrains auszubilden, die bislang aufgrund der unterschiedlichen Gesetzgebungen und getrennten gesetzlichen Vorgaben nicht möglich waren.[15] Ein solcher EVTZ gibt den Europaregionen die Möglichkeit, Projekte zu entwickeln, die auch bindende Wirkung für die beteiligten Bundesländer entfalten. Damit können Projekte und Schwerpunkte noch deutlicher auf der regionalen Ebene definiert werden und somit die regionale Eigenentwicklung eines größeren räumlichen Zuschnitts und damit auch mit größerem Gewicht, eine neue Dynamik entfalten.

Für die zukünftige Förderperiode der EU von 2014 bis 2021 oder 2014 bis 2019/2025 ist eine Verstärkung der Förderung der EVTZ mit besonders innovativen und nachhaltigen grenzübergreifenden Projekten, die der Verwirklichung der Strategie Europa 2020 dienen, vorgesehen. Vor diesem Hintergrund ist die Positionierung als Europaregion unter Berücksichtigung der rechtlichen Möglichkeiten, die sich aus der Gründung von EVTZ ergeben, ein wichtiger Ansatzpunkt für die zukünftige Weiterentwicklung des (weiter gefassten) bayerisch-tschechischen Grenzraumes. Die Basis hierfür ist eine vertrauensvolle Zusammenarbeit, die mit vergangenen erfolgreich initiierten und noch laufenden Kooperationen wie den Euregionen und der Umsetzung „weicher Projekte" wie der Förderung einer guten Nachbarschaft bereits in einigen Teilregionen gelegt ist.

5 Literatur

Fürst, D./Knieling, J. (2005): Kooperation, interkommunale und regionale, in: Akademie für Raumforschung und Landesplanung (Hg.): Handwörterbuch der Raumordnung, Hannover, S. 531-533.

Hoffarth, M. (2010): Potenziale der kulturellen Vielfalt, Bedeutung, Wirkungen und Handlungsrahmen zum Umgang mit kultureller Diversität in der Wirtschaftsförderung, Kaiserslautern, Dissertation, Kaiserslautern, [online] verfügbar unter: http://kluedo.ub.uni-kl.de/volltexte/2010/2565/pdf/dissdrucks.pdf.

Stech, K. (2002): Nachbarschaftliche Mentalität im bayerisch-tschechischen Grenzraum. Untersuchung im Rahmen des Pilotprojekts „Gute Nachbarschaft", in: Schriften zur Raumordnung und Landesplanung Bd. 10, Augsburg/Kaiserslautern.

Stech, K. (2004): Zur nachbarschaftlichen Mentalität im bayerisch-tschechischen Grenzraum – Untersuchung im Rahmen des Pilotprojektes „Gute Nachbarschaft", in: Schaffer, F./

---

[15] vgl. Verordnung (EG) Nr. 1082/2006 DES EUROPÄISCHEN PARLAMENTES UND DES RATES vom 5. Juli 2006 über den Europäischen Verbund für territoriale Zusammenarbeit (EVTZ).

Spannowsky, W./Troeger-Weiß, G. (Hg.): Implementation der Raumordnung, in: Schriften zur Raumordnung und Landesplanung Bd. 15, Augsburg/Kaiserslautern, S. 335-346.

Troeger-Weiß, G./Kraus, M./Stech, K. (2003): Information und Bewusstseinsbildung der Bevölkerung und der Wirtschaft im bayerisch-tschechischen Grenzraum, in: Maier, J. (Hg.): Die EU-Osterweiterung auf die Tschechische Republik und ihre möglichen Auswirkungen auf das bayerische Grenzland, in: ARL-Arbeitsmaterial H. 302, Hannover, S. 68-106.

Troeger-Weiß, G. (2006): Leitfaden zur Förderung interkultureller Kompetenz in Wirtschaft und Verwaltung im bayerisch-tschechischen Grenzraum, Kaiserslautern.

Verordnung (EG) Nr. 1082/2006 DES EUROPÄISCHEN PARLAMENTES UND DES RATES vom 5. Juli 2006 über den Europäischen Verbund für territoriale Zusammenarbeit (EVTZ).

Teil 4
Grenzüberschreitendes Themenmanagement

DANIELA PAHL-HUMBERT

Die BodenseeErlebniskarte – eine grenzüberschreitende Destination-Card zur Vernetzung im Tourismus der Destination Bodensee

1 Das Produkt

Seit dem Jahr 2000 bietet die BodenseeErlebniskarte als Destination-Card die Plattform, auf der die Leistungsträger zu einem Produkt verbunden sind. Sie ist das Ergebnis eines Chipkarten-Projekts, wie sie Ende der neunziger Jahre vermehrt als Instrument für Marketing und als Produktplattform auf den Markt gebracht wurden. Für die Bodensee Region war es aber auch aufgrund der Heterogenität des Erlebnisraumes eine strategisch begründete Entscheidung.

Auf der BodenseeErlebniskarte sind Leistungsträger aus vier Ländern der Bodenseeregion vereint– denn neben den Anrainerstaaten Schweiz, Österreich und Deutschland ist auch das Fürstentum Liechtenstein Teil des Erlebnisraumes Bodensee. Die BodenseeErlebniskarte ist eine All Inclusive Card, die seit 2006 in drei Varianten angeboten wird. Neben der BodenseeErlebniskarte, die zu den rd. 180 Attraktionspunkten auch das Transportsystem der Ausflugs-Schifffahrt enthält, gibt es seit 2006 eine BodenseeErlebniskarte ohne das Angebot der Ausflugs-Schifffahrt sowie eine BodenseeErlebniskarte, die einen Rabatt auf den Eintrittspreis einiger Attraktionspunkte anbietet. Die BodenseeErlebniskarte ist damit in einer Kartenvariante zu einer Kombination aus All Inclusive Card und Rabattkarte geworden.
Alle Varianten der BodenseeErlebniskarte sind für Gäste und Kunden für die Gültigkeit von 3, 7 oder 14 Tagen zum Kauf erhältlich.

Seit Einführung der BodenseeErlebniskarte wird für das Clearing durchgängig die Offline-Systematik mit Speicherchipkarten angewandt. Nahezu alle eingebundenen Leistungsträger sind als Akzeptanzstellen mit entsprechenden Akzeptanzgeräten ausgestattet, lediglich sehr kleine Anbieter geben ihre Akzeptanzen ohne Technik an. Als Verkaufsstellen sind neben einigen Leistungsträgern und neben der Betreiberorganisation die Tourist-Informationen, Hotels, Reisebüros und Reiseveranstalter. Betreiber der BodenseeErlebniskarte ist die Internationale Bodensee Tourismus GmbH.

2 Vernetzung grenzüberschreitend

Die BodenseeErlebniskarte eint als Produktplattform die wichtigsten Attraktionspunkte in den vier Ländern um den Bodensee. Die räumliche Verteilung der Attraktionspunkte entspricht der Wahrnehmung und dem Aktionsradius des Bodenseegastes. Dabei zeigt sich eine Schwerpunktbildung am Nordufer des Bodensees in der Bewertung und Wahrnehmung durch den Gast, der zudem bestimmte Ziele unabhängig von der geographischen Lage bzw. Entfernung vom See als genauso wichtig einordnet. Beispiele sind hier die Säntisbahn, Schwägalp - Richtung St. Gallen – oder der Rheinfall in Schaffhausen.

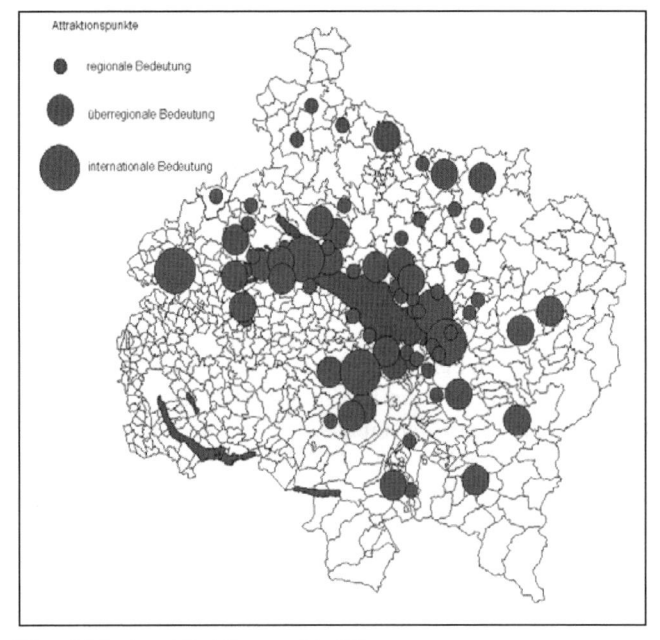

Abbildung 1a: Die wichtigsten Attraktionspunkte (1)
Quelle: Scherer & Strauf 2009, S. 11.

Die Schwerpunktbildung in der Nutzung durch den Gast innerhalb der BodenseeErlebniskarte fällt darüber hinaus noch eindeutiger aus. Dies wird im Modell der BodenseeErlebniskarte durch das Transportsystem der Ausflugschifffahrt, der Vereinigten Schifffahrtsunternehmen Bodensee und Rhein, noch begünstigt.

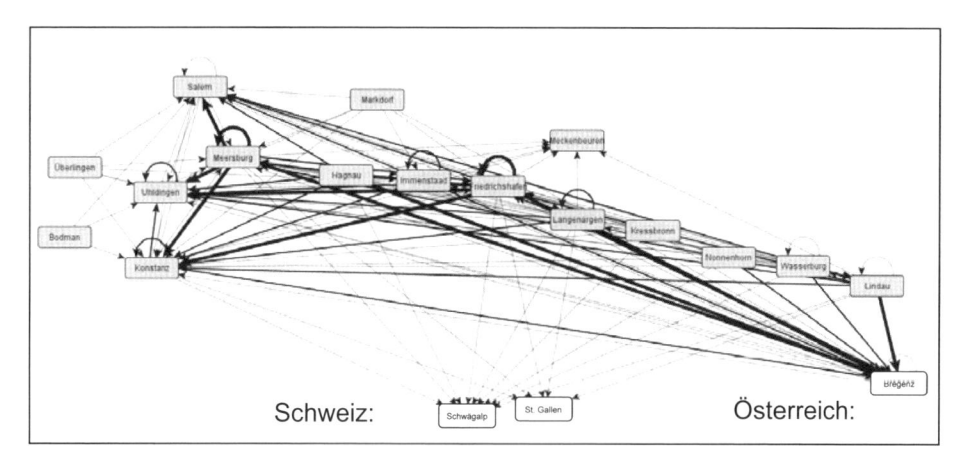

Abbildung 1b: Die wichtigsten Attraktionspunkte (2)

3 Nutzerprofil

Die Altersstruktur der Nutzer der BodenseeErlebniskarte weist den höchsten Anteil bei den Gästen zwischen 40 und 50 Jahren aus.

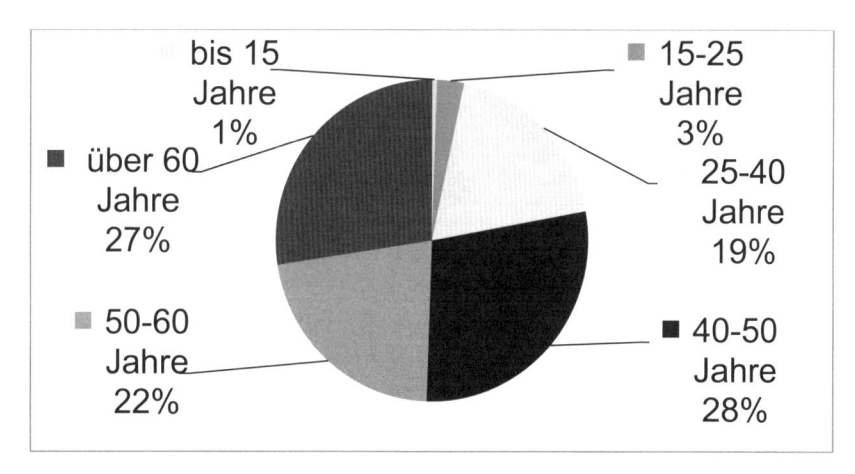

Abbildung 2: Die Altersstruktur der BodenseeErlebniskartennutzer
Quelle: IST-Analyse - des Instituts für Systemisches Management und Public Governance der Universität St. Gallen im Rahmen des INTERREG IV-Projektes „Positionierung Bodensee" des Projekts „Positionierung Bodensee: Auswertungen BodenseeErlebniskarte 2008

Ein Schwerpunkt lässt sich hinsichtlich der Herkunft der BodenseeErlebniskarten – Kunden ausmachen. Über 90 % der Käufer der All-inclusive-Card kamen in der Saison 2008 aus dem deutschen Quellgebiet, wobei ein großer Teil Baden-Württemberg zuzuordnen ist. Dies entspricht tendenziell dem Stammmarkt der Destination Bodensee.

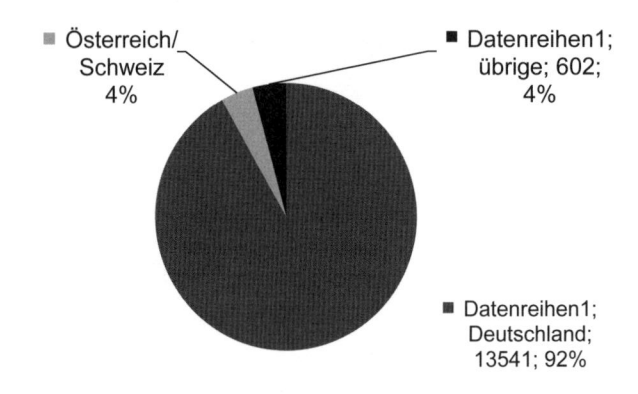

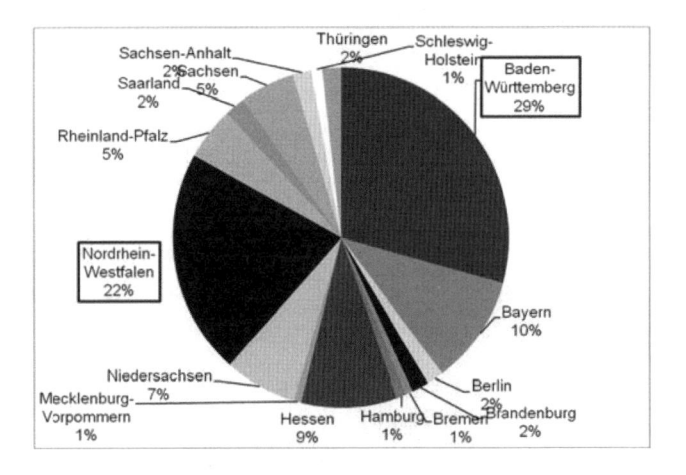

Abbildung 3 und 4: Die Herkunft der Gäste
Quelle: IST-Analyse - des Instituts für Systemisches Management und Public Governance der Universität St. Gallen im Rahmen des INTERREG IV-Projektes „Positionierung Bodensee"des Projekts „Positionierung Bodensee: Auswertungen BodenseeErlebniskarte 2008

Produktnutzen und Herausforderungen

Neben der Bündelungs- oder auch Plattformfunktion der Karte nach innen und außen können der BodenseeErlebniskarte viele positive Aspekte zugerechnet werden, unter anderem die Stärkung der Attraktivität der Urlaubsregion Bodensee [1].

---

[1] Vgl. Institut für Demoskopie Allensbach: Bodenseetourismus 2000 – Ergebnisse von Potenzialanalyse und Urlaubernachbefragung im Auftrag der Internationalen Bodensee Tourismus GmbH, S. 131

Die BodenseeErlebniskarte – eine grenzüberschreitende Destination-Card

Abbildung 5: Was verbindet der Gast mit dem Bodensee im positiven Sinne?:
Quelle: IST-Analyse des Instituts für Systemisches Management und Public Governance der Universität St. Gallen im Rahmen des INTERREG IV-Projektes „Positionierung Bodensee" zur Präsentation im Rahmen des Projekts „Positionierung Bodensee" 2010

Erst im Jahr 2010 haben Untersuchungen im aktuell laufenden Prozess zur Positionierung Bodensee ergeben, dass die Dichte an Ausflugsmöglichkeiten zu den im positiven Sinne mit der Bodenseeregion assoziierten Themen zählt. [2]
Die Erlebniskarte nutzt dem Übernachtungstourismus ebenso wie dem Tagestourismus.

Die BodenseeErlebniskarte wird während der ganzen Saison, die Bodenseedestination ist im klassischen Sinne eine Sommerdestination, angeboten und steht damit Übernachtungs- und Tagesgästen durchgehend zum gleichen Preis zur Verfügung. Die Absatzintensität entspricht weitgehend dem Verlauf der Übernachtungs- und Tagesausflugsfrequenzen.

Der Absatz an BodenseeErlebniskarten über die Gesamtsaison ist unter Berücksichtigung der Preiselastizität über die Jahre stabil. Der Absatz pendelte sich entsprechend nach den marktüblichen Preiserhöhungen ein und ist nach der Modifikation des Modells hin zu mehreren Varianten der Karte gleichbleibend.

Für den Gast ist der Erlebnisraum mit dem einheitlichen Produkt der BodenseeErlebniskarte erkenn-, erleb- und letztlich auch konsumierbar.

---

[2] Vgl. Modul 1 IST-Analyse des Instituts für Systemisches Management und Public Governance der Universität St. Gallen im Rahmen des INTERREG IV-Projektes „Positionierung Bodensee" unter der Projektleitung der Internationalen Bodensee Tourismus GmbH (IBT)

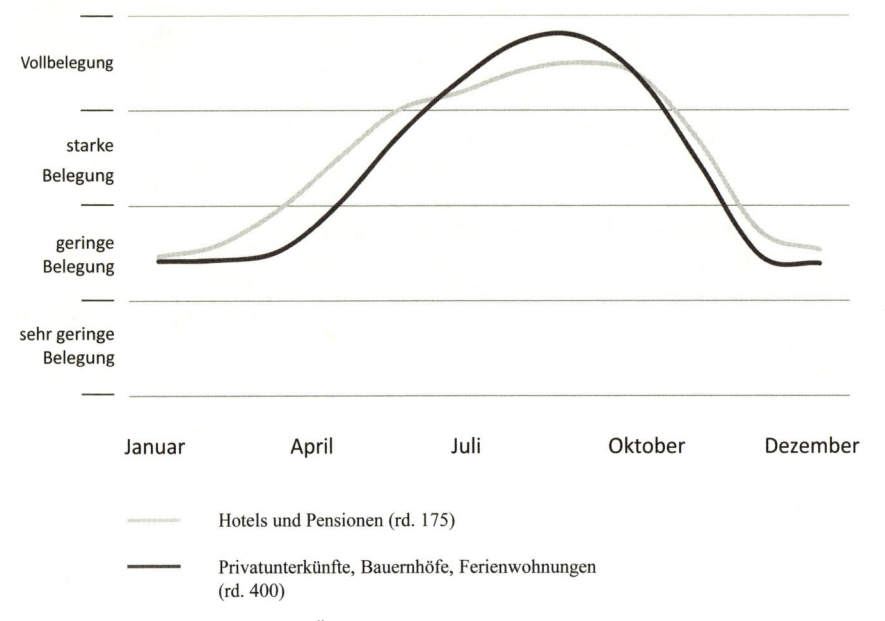

Abbildung 6: Saisonverlauf bei den Übernachtungen am Bodensee
Quelle: IST-Analyse des Instituts für Systemisches Management und Public Governance der Universität St. Gallen im Rahmen des INTERREG IV-Projektes „Positionierung Bodensee" zur Präsentation im Rahmen des Projekts „Positionierung Bodensee" 2010

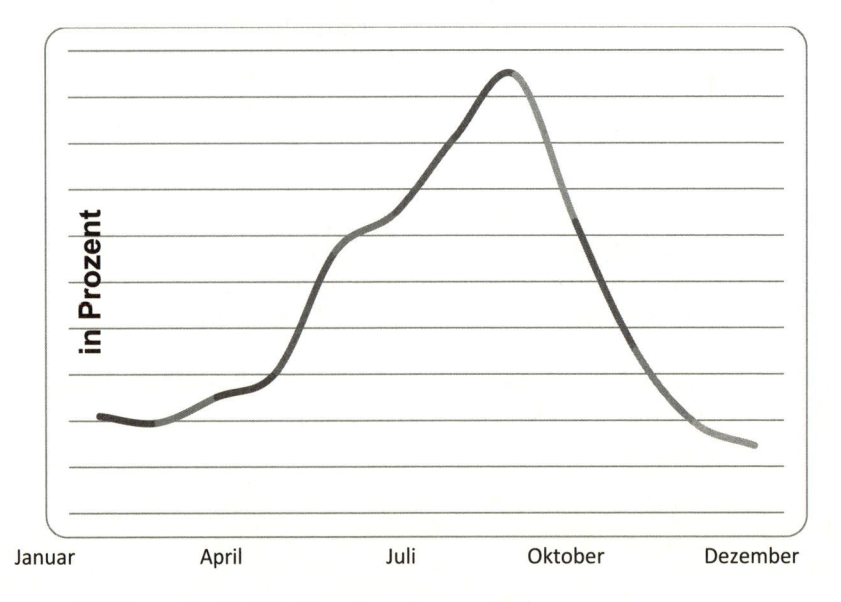

Abbildung 7: Saisonverlauf bei den Tagesbesuchern am Bodensee
Quelle: IST-Analyse des Instituts für Systemisches Management und Public Governance der Universität St. Gallen im Rahmen des INTERREG IV-Projektes „Positionierung Bodensee" zur Präsentation im Rahmen des Projekts „Positionierung Bodensee" 2010

Neben der Convenience für den Gast, ist die Frequenzsteigerung für die teilnehmenden Attraktionspunkte ein erklärtes Ziel von Destination-Cards. Beide Ziele erreicht die BodenseeErlebniskarte.

Dennoch unterliegt die BodenseeErlebniskarte anderen Herausforderungen und ist keine typische Destinationskarte. Dies ist begründet in der Größe der Destination in Fläche, Anzahl der Leistungsträger und der Ausflugsschifffahrt als Transportvernetzer, anstatt wie sonst üblich eines klassischen ÖV-Angebots. Hinzu kommt die Heterogenität durch die vier Nationalitäten, der Regionen innerhalb der Nationen sowie in den Gästeströmen. Das primäre potenzielle Entwicklungsziel ist daher nicht allein Frequenzsteigerung oder Volumenwachstum, sondern qualitatives Wachstum.

Anders als bei Destination-Cards in klassischen Bergdestinationen, dient die BodenseeErlebniskarte nicht zur Auslastung von beispielsweise Transportsystemen in einer Sommersaison nach oder zusätzlich zur Wintersaison. Sicher hat der Gast zusätzliche Frequenzen mit der BodenseeErlebniskarte in Attraktionspunkten ausgelöst oder hat weitere neue Attraktionspunkte frequentiert. In den anderen Fällen ist es jedoch für einige Leistungsträger – wenn sie beispielsweise als Leuchttürme besonders bekannt sind oder ohnehin in den Saisonspitzen eine hohe Auslastung haben – nicht interessant, wenn der Gast mit der All-inclusive-Card das Ausflugsziel besucht. Die verringerte Ausschüttung wird dann nicht durch insgesamt mehr Frequenzen ausgeglichen. Wir sprechen dann vom Kanibalisierungseffekt z. B. während der Saisonspitzen. Nicht berücksichtigt ist bei dieser Betrachtung der Marketingnutzen durch die gemeinsame Plattform, der darüber hinaus mittel- und langfristig wirkt. Ebenso wie eine differenzierte Einzelfallbetrachtung, sind über einen längeren Zeitraum Effekte, die durch den erhöhten Umsatz in Shops des Ausflugsziels oder für Indoorziele bei Schlechtwetterperioden eintreten, zu berücksichtigen.

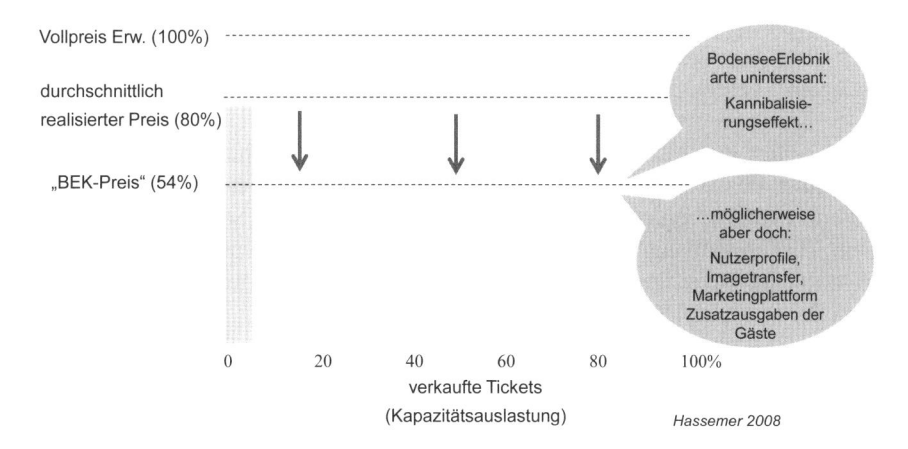

Abbildung 8. Nutzen für gut ausgelastete Leistungsträger während der Saisonspitzen
Quelle: Workshop zur Weiterentwicklung der BodenseeErlebniskarte; Einführung durch Prof. Dr. K. Hassemer

Außerhalb der Saisonspitzen kann es jedoch auch für diese Leistungsträger interessant sein, sich an der Destination-Card zu beteiligen.

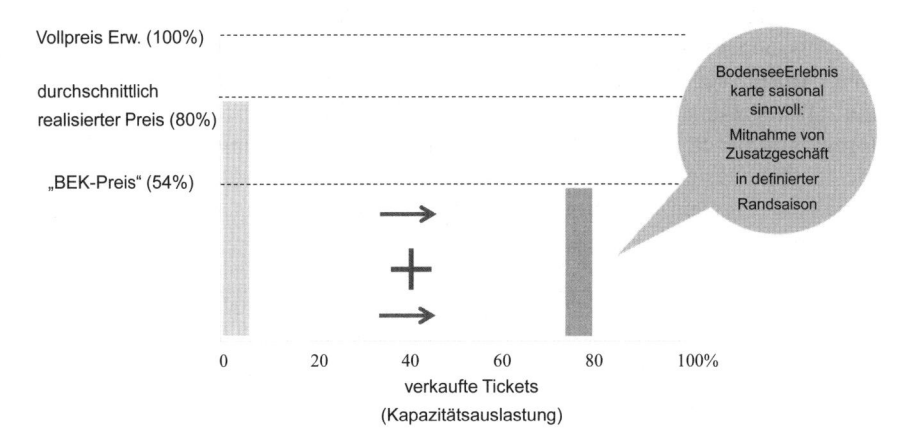

```
Vollpreis Erw. (100%)  ----------------------------------

durchschnittlich       ----------------------------------       BodenseeErlebnis
realisierter Preis (80%)                                         karte saisonal
                                                                    sinnvoll:
                                                                 Mitnahme von
                                                                 Zusatzgeschäft
„BEK-Preis" (54%)      ----------------------------------        in definierter
                                                                   Randsaison
                                →
                                +
                                →

              0    20    40    60    80    100%
                        verkaufte Tickets
                     (Kapazitätsauslastung)
```

Abbildung 9: Nutzen für Leistungsträger mit Schwächen in der Randsaison
Quelle: Workshop zur Weiterentwicklung der BodenseeErlebniskarte; Einführung durch Prof. Dr. K. Hassemer

Ziel muss daher für alle Attraktionspunkte des All-inclusive-Card-Systems sein, dass sich der Mengeneffekt insgesamt positiv auf den Umsatz über die gesamte Saison auswirkt.

Das aktuelle Modell der BodenseeErlebniskarte lässt die Berücksichtigung dieser unterschiedlichen Motivationen der Attraktionspunkte, sich an der Plattform zu beteiligen nicht ausreichend differenziert zu.

Die Weiterentwicklungen der BodenseeErlebniskarte, die nach Umsetzung des aktuellen Prozesses zur „Positionierung Bodensee" erfolgen, werden auch diesen Umständen Rechnung tragen.

Möglichkeiten der Flexibilisierung der Ausschüttungs-Konditionen an die Leistungspartner des All-inclusive-Card-Systems sind dabei ebenso Ansatzpunkte für die Weiterentwicklung, wie gezielte Produktvariationen zur Saisonverlängerung. In diesem Zusammenhang werden auch Ziele, die in der Hauptsaison bislang keine Motivation zur Beteiligung am All-inclusive-Card- Modell aufbringen konnten, als Partner der Produktplattform in Frage kommen.

Eine weitere Herausforderung liegt in der Verknüpfung mit anderen grenzüberschreitenden Transportsystemen des öffentlichen Verkehrs, wie der Tageskarte EUREGIO Bodensee, sowie mit regional vorhandenen All-inclusive- oder Umlageangeboten des Öffentlichen Verkehrs.

4 Zusammenfassung

Die BodenseeErlebniskarte vernetzt seit über zehn Jahren wichtige Attraktionspunkte in der Destination Bodensee über Ländergrenzen hinweg. Sie trägt zur Stärkung der Wettbewerbsfähigkeit, unter anderem als Marketinginstrument bei. Eine aus Sicht der Gäste schon zur Einführung der All Inclusive Card wahrgenommene Besonderheit der Destination Bodensee, die hohe Dichte an attraktiven Ausflugszielen, wird auch in einer Auswertung von Gästebefragungen rund zehn Jahre später als eine Stärke bewertet. Die Vernetzung der Attraktionspunkte als Partner innerhalb des Leistungsbündels zu einem Produkt der All Inclusive-Karte stärkt die grenzüberschreitende Identifikation mit der Destination Bodensee.

Die Weiterentwicklung der BodenseeErlebniskarte wird vor dieser Ausgangslage, auch unter Berücksichtigung der Entwicklungen im Zuge des genannten Projekts „Positionierung Bodensee", unter Einbeziehen der zukünftigen Gastansprüche, wie deren sich veränderndes Konsumverhalten sowie unter dem Aspekt des erfolgreichen Kundenbeziehungsmanagements erfolgen.

5 Literatur

Scherer, R./Strauf, S. (2010): IST-Analyse des Instituts für Systemisches Management und Public Governance der Universität St. Gallen im Rahmen des INTERREG IV-Projektes „Positionierung Bodensee" zur Präsentation im Rahmen des Projekts „Positionierung Bodensee" 2010.

JOSEF BÜHLER

Erfolgsfaktoren grenzüberschreitender Themen- und Produktlinienentwicklung im Tourismus

Die erfolgreiche Entwicklung grenzüberschreitender Themen und Produktlinien sowie deren Vermarktung hängen von einer bewussten und angepassten Gestaltung des jeweiligen interkulturellen Settings ab. Diese Aussage gilt in der Regional- wie Tourismusentwicklung sowohl an der innerdeutschen Grenze zwischen Ost und West als auch im deutschen Sprachraum zwischen Deutschland, Österreich und der Schweiz und natürlich an den Grenzen mit allen anderssprachigen Nachbarländern.

1 Erfolgsfaktoren für interkulturelle Settings

Die Gesamtheit der zu gestaltenden Rahmenbedingungen für eine interkulturelle Arbeitsbeziehung wird hier als interkulturelles Setting bezeichnet. Als Erfolgsfaktoren für interkulturelle Zusammenarbeit sind vor allem folgende vier zentralen Punkte zu nennen: Verstehen lernen, interkulturelle Kompetenzen organisieren, Verbindlichkeiten durch nachhaltige Managementstrukturen sichern sowie die Schaffung einer gemeinsamen Identität durch eine angepasste bzw. ausdifferenzierte Markenpolitik fördern.

1.1 Verstehen lernen

Dazu gehören die offensichtlichen Unterschiede wie Sprache, Recht und Organisationsstrukturen. Genauso wichtig sind aber auch das Verstehen lernen von Verhaltens- und Kommunikationsformen, von Politikkulturen und Arbeitsweisen, von Werthaltungen, Vorurteilen und Weltsichten. Auf beiden Seiten der Grenze ist bei den handelnden Personen Bewusstsein und Verständnis dafür zu entwickeln, wie im anderen Land wahrgenommen, empfunden, gedacht und gehandelt wird. Dieses Verstehen unterschiedlicher Verhaltens- und Denkweisen über Kulturen hinweg wird auch als interkulturelle Kompetenz bezeichnet. Sie hilft die kulturellen Unterschiede nicht nur zu verstehen, sondern sie produktiv wie kreativ zu nutzen. Eine Missachtung der interkulturellen Kompetenz kann zu Missverständnissen, Verärgerungen, Infragestellungen und letztendlich zum Scheitern der angestrebten Kooperation führen. In der Nachwendezeit waren in Deutschland beispielsweise die Begriffe „Bauer" und „Landwirt" in Ost und West hinsichtlich Betriebsmodell und -größe ganz unterschiedlich belegt. Das benutzte Wort führt je nach Ausgangspunkt zu unterschiedlichen Assoziationen. Ein unreflektierter Dialog, ohne Berücksichtigung der unterschiedlichen Wortbedeutung, hat die Umsetzung von „Urlaub auf dem Bauernhof"-Konzepten gefährdet. Ein anderes Praxisbeispiel stammt aus einem deutsch-rumänischen Tourismusprojekt. In Deutschland wird in der Außenvertretung wesentlich weniger auf die Einhaltung von gleichen Hierarchien geachtet wie in Rumänien. So verweigerte der Leiter eines rumänischen Institutes die Anfrage einer deutschen Doktorandin bezüglich der Herausgabe von Daten, weil er sie als höchst respektlos empfand. Aus kultureller Sicht wäre für ihn eine Anfrage der gleichen oder einer höhere Hierarchiestufe korrekt gewesen.

Interkulturelle Kommunikation
»Das Sichtbare hilft allein nicht weiter«

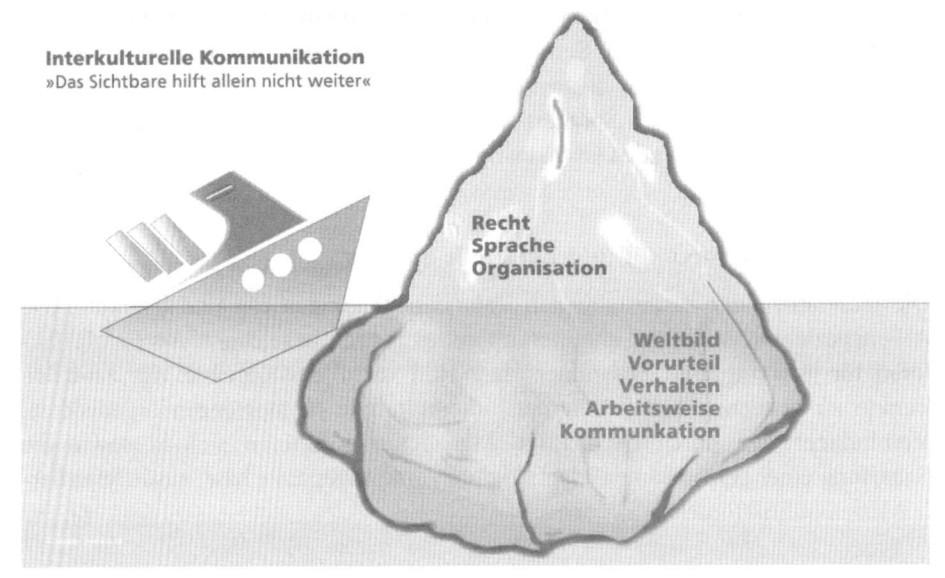

Recht
Sprache
Organisation

Weltbild
Vorurteil
Verhalten
Arbeitsweise
Kommunkation

Abbildung 1: Die nicht sichtbaren kulturellen Aspekte bilden die zentralen Gefahrenstellen interkultureller Zusammenarbeit

1.2 Kulturelle Kompetenzen organisieren

Kompetenzen sind „erlernbare, kognitiv verankerte (weil wissensbasierte) Fähigkeiten und Fertigkeiten, die eine erfolgreiche Bewältigung bestimmter Alltagssituationen ermöglichen. Im Kompetenzbegriff fallen Wissen und Können zusammen; er umfasst auch Interessen, Motivation, Werthaltungen und soziale Bereitschaften. Kompetenzen sind demnach kognitive Dispositionen für erfolgreiche und verantwortliche Denkoperationen oder Handlungen" (Lersch, 2007, S. 36).

Sprache und Rechtsysteme sind zugängliche und damit generell erlernbare Kompetenzfelder. Schwieriger sind all die verdeckten, meist nur im informellen Rahmen erfahrbaren Kompetenzen, wie Werte, Normen, Verhaltens- und Arbeitsweisen. Nationale Experten besitzen diese Kompetenzen. Konsequenterweise muss also dem Faktor 1, Bemühen um Verständnis, der Faktor 2, die Nutzung vorhandener Kompetenzen, folgen:

Die frühzeitige Bildung und Einbindung von interkulturellen Tandems oder transnational zusammengestellten Bietergemeinschaften von Consultingbüros hat sich daher als ein bewährtes Instrument in der Konzeptplanung und -entwicklung erwiesen. Diese Teams ringen gemeinsam um die Zielerreichung, qualifizieren sich gegenseitig und entwickeln abgestimmte Vorgehensweisen, die auf beiden Seiten der Grenze funktionieren, indem sie jeweils den nationalen Stand der Fachdiskussion einbringen und die Chance bieten, neue kreative Lösungen für einen „Brückenbau" zu entwickeln.

Diese Zusammenführung der interkulturellen Kompetenz muss sich über die Ebene der Projektpartner und der von ihnen beauftragten Bearbeiter unbedingt bereits in der Phase der Konzepterarbeitung auf die künftig kooperierenden Leistungsträger ausdehnen. Hier liegt oft ein Planungsmanko für ein adäquates interkulturelles Setting vor und dies ist die Ursache, warum einige INTERREG-Projekte nicht den Weg vom guten Konzept zur guten Praxis fanden.

1.3 Verbindlichkeit sichern durch nachhaltige Managementstrukturen

Nur selten gelang es bis jetzt, ein grenzübergreifendes Destinationsmanagement als feste Institution mit ausreichenden Handlungskompetenzen aufzubauen. Eine dieser Ausnahmen ist die Internationale Bodensee Tourismus GmbH mit neun kommunalen und einem nichtkommunalen Gesellschafter aus Deutschland, Österreich, der Schweiz und Liechtenstein.

Häufig weisen grenzüberschreitende Destinationen eine einseitige Gesellschaftsstruktur auf. Es sind weitgehend nur politische Vertreter der angrenzenden Gebietskörperschaften, teilweise noch ergänzt mit wenigen großen Leistungsträgern, eingebunden. Darüber hinausgehende Berücksichtigung bestehender Netzwerke und kleinerer Unternehmen sind nicht vorhanden.

In der Mehrzahl der Fälle richtet sich die Aufgabenstellung dieser grenzüberschreitend tätigen Organisationen auf eine nationale bzw. internationale Vermarktung. Nur in begrenztem Maße werden dabei grenzübergreifende Produktlinien (z. B. Radtourismus) oder Verbundmarketingmaßnahmen (z. B. Gästekarte) – und damit die vom Besucher gewünschten „Convenience-Produkte" vermarktet. In der Regel befinden sich in den Prospekten und Internetplattformen „nur" Produktkomponenten, die der Besucher selbst zusammenstellen kann.

Trotz dieser Schwächen sind diese institutionalisierten Kooperationsmodelle einen deutlichen Schritt weiter, als all jene, die – meist im Rahmen von INTERREG-Projekten - nur Kooperationsverträge mit beidseitig der Grenzen agierenden Destinationen haben.

In beiden Fällen kann eine weitere Managementebene zwischen Leistungsträger und Destination vertiefende grenzüberschreitende Verbindlichkeiten schaffen. Darunter zu verstehen sind touristische Unternehmensnetze, je nach Gestaltungsform auch „Regionale Wertschöpfungspartnerschaften" oder „Unternehmenscluster" genannt. Sie untersetzen Produktlinien mit attraktiven Angeboten und bringen sich – wie im Kapitel 2 beschrieben – in die Vermarktung mit ein.

Eine Ergänzung zu der von Vertretern der Politik und der Verwaltung dominierten Ebene der Destination, bietet die Schaffung eines neuen Kooperationsmodells auf der Ebene der zentralen Produktlinien. Sind Produktlinien und ggf. Marken für diese Produktlinien da, können sie auch unter unterschiedlichen Destinationsmarken in den jeweils nationalen Markt geführt werden (siehe Abbildung 2).

Häufig schränken bereits die in der Projektanlage festgelegten Settings die Erfolgsaussichten ein, wie ein Beispiel an der Grenze zwischen Frankreich und Deutschland zur gemeinsamen Vermarktung agrotouristischer (Verbund-) Angebote verdeutlicht. Hier bestand von Anfang an ein Ungleichgewicht zwischen den Projektträgern, denn in Frankreich war dies ein Nationaler Träger, in Deutschland „nur" eine Teildestination in Baden-Württemberg. Interkulturelle Kompetenzen wurden zwar im Rahmen einer Bietergemeinschaft eines deutsch-französischen Büros für die Bearbeitung der Studie gebündelt, zwei weitere wichtige Aspekte fanden aber keine Berücksichtigung: es wurde keine verbindliche Handlungs- und damit Vermarktungsebene abgesichert und die Ebene der Leistungsträger wurde explizit durch Fördervorgaben aus der Produktentwicklung ausgeschlossen.

Zusätzlich wurde die Bedeutung von gemeinsamen Identitäten unterschätzt, denn es zeigte sich kein Weg zu einer gemeinsamen Marke auf Destinations- oder auf der ggf. vorzubereitenden Produktebene. Zu unterschiedlich waren die agrotouristischen Profile, Markenverständnisse und Vermarktungsebenen. Eine Chance für ein zukunftsfähiges Modell hätte hier ein Unternehmensnetzwerk aus französischen und deutschen Leistungsträgern mit einer eigenen Produktmarke sein können.

1.4 Gemeinsame Identität schaffen durch angepasste Markenpolitik

Neben der unterschiedlichen nationalen Verankerung von Destinationen, stellt die interne Selbstwahrnehmung grenzüberschreitender Tourismusregionen eine besonders große Herausforderung für die Marktpositionierung dar. Regionale Identitäten sind in der Regel eng verbunden mit naturräumlichen Definitionen. Übergreifende Dachmarken, die am nationalen Markt funktionieren und auch sinnvoll sind (Bodensee, Erzgebirge etc.), finden im Innenverhältnis an ihren Rändern bzw. in ihren nationalen Säulen schwer eine auf Dauer stabile Zuordnung. Es besteht die Gefahr, dass im politisch geprägten Raum, die Selbstwahrnehmung mehr Trennendes, denn Gemeinsames beinhaltet.

Umso wichtiger ist es, eine regions- und grenzübergreifende, ggf. auch sektorenübergreifende Vernetzung und Zusammenarbeit auf Leistungsträgerebene zu organisieren. Hier bieten sich die nachfolgend beschriebenen Unternehmernetze an, durch die ein stabiler Nutzen durch gemeinsame Marktbearbeitung erreicht werden kann. Grenzüberschreitende Destinationen benötigen – mehr als andere Regionen – eine spezifische Markenarchitektur, die zielgruppenadäquate und grenzübergreifende Produktlinien forciert.

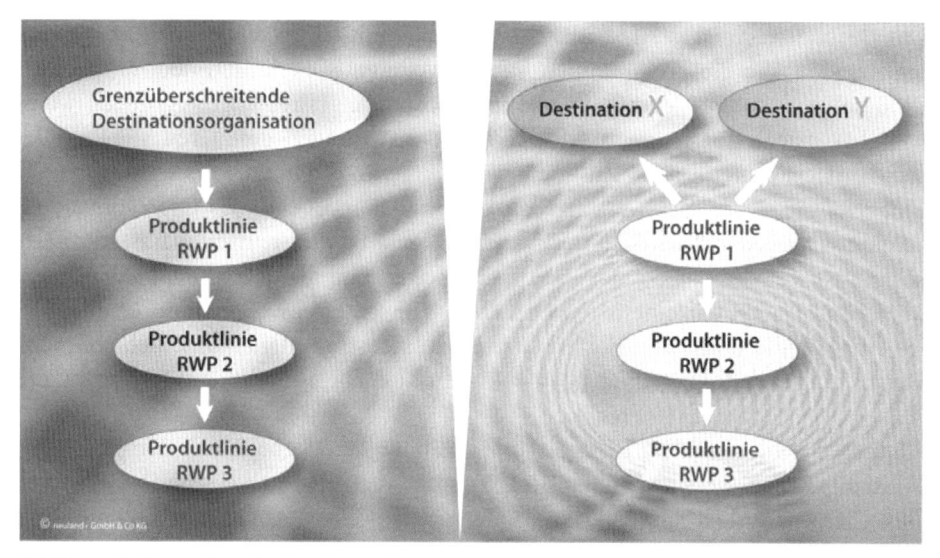

Abbildung 2: Grenzüberschreitende Produktlinienvermarktung funktioniert bei Vorhandensein und nicht Vorhandensein grenzübergreifender Destinationsorganisationen.

Gelingt dies, werden mehrere Vorteile erreicht: In einer so gestalteten neuen Markenarchitektur sind alle maßgeblichen Akteure in Produktlinien im Tourismus eingebunden und durch die Etablierung der einzelnen Produktmarken entwickelt sich die Positionierung der Destinationsmarke. Die Identifikation mit der Destination erfolgt somit auch über die Produktmarke.

2 Produktentwicklung über Wertschöpfungspartnerschaften

Attraktive Produkte und Produktlinien machen eine Grenzregion erst wettbewerbsfähig und begründen die Notwendigkeit einer (Destinations-)Marke. Die Definition der zentralen Produktlinien und deren Erlebbarkeit in der Region verleihen einer Marke ein wahrnehmbares und facettenreiches Alleinstellungsmerkmal und stützen deren Glaubwürdigkeit.

In der länderübergreifenden Teildestination Dübener Heide (Sachsen und Sachsen-Anhalt) findet sich diese Einsicht exemplarisch wieder. Fünf Produktlinien wurden länderübergreifend definiert: „Heidemagneten" (Naherholungsangebot); „Bestes aus der Dübener Heide" (Kulinarik); „Erlebnis Wildtier" (geführte Wildtierbeobachtungen); „Von Natur aus Gesund" (naturheilkundlicher Gesundheitstourismus); „Jugend.Abenteuer.Sport." (Klassenreisen, Feriencamps).

Das Besondere daran ist, dass alle Produktlinien mit Unternehmensnetzwerken untersetzt sind, die die Produktlinien tragen, weiterentwickeln und über ein weitgehend selbst bezahltes Verbundmarketing bei den angestrebten Zielgruppen wahrnehmbar macht. Im Rahmen von Kooperationsverträgen definieren sie Produktstandards, Formen der Zusammenarbeit und Kommunikation sowie die Finanzierung. Jedes Netzwerk hat ein eigenes Management, das über vorhandene Strukturen abgedeckt wird. In der Dübener Heide ist dies je nach Netzwerk unterschiedlich gelöst: Neben der Naturparkleitung und dem Regionalmanagement übernehmen auch einzelne Mitglieder der Netzwerke diese Funktion für alle. Der jeweilige Initiierungs- und Formierungsprozess des jeweiligen Unternehmensnetzwerkes ging vom Regionalmanagement in Zusammenarbeit mit dem Naturpark aus.

Ähnliches wird gerade im Erzgebirge im Rahmen der Vorbereitung der UNESCO-Weltkulturerbebewegung Montan-Region umgesetzt. Hier haben sich Betreiber von Besucherbergwerken und anderen industriekulturellen Anlagen, Geologie- und Landschaftsführer, Hotels und Gaststätten sowie weitere Leistungsträger zu einer gemeinsamen Produktentwicklung unter dem Dach des Tourismusverbandes Erzgebirge gebunden. Unter dem Label „Bergschätze des Erzgebirges" werden mit großem Facettenreichtum die montanhistorischen Angebote im Tagestourismus, aber auch im Mehrtagestourismus vermarktet. Dieses Unternehmensnetzwerk soll mit dieser Produktlinie perspektivisch auch auf den tschechischen Raum erweitert werden.

Michael (2007) unterscheidet drei Typen von geografisch abgegrenzten Unternehmensbeziehungen:
- Horizontale Kooperationen von Konkurrenzfirmen, die auf gleicher Stufe der Wertschöpfungskette stehen (z. B. Besucherbergwerke und Bergbaumuseen, die gemeinsam ein tagestouristisches Produkt abstimmen und vermarkten);

- Vertikale Kooperation von Unternehmen auf unterschiedlichen und nacheinander folgenden Stufen der Wertschöpfung (z. B. Mobilitätslösung über Busunternehmen als Zubringerdienst zum Besucherbergwerk);
- Diagonale Kooperationen von Unternehmen auf unterschiedlichen und nacheinander folgenden Stufen der Wertschöpfungskette (z. B. Paketangebote/Pauschalen der Besucherbergwerke mit auf derselben Wertschöpfungsstufe konkurrierenden „Zulieferern" aus den Bereichen Hotellerie und Gastronomie).

Betriebswirtschaftlich wie regionalökonomisch sind nach Wiegand (2010) diagonale Kooperationen im ländlichen Raum am erfolgreichsten. Dies berücksichtigt bereits das Modell der Regionalen Wertschöpfungspartnerschaften (RWP) von Bühler und Schubert (2008). Es geht davon aus, dass vertikale bzw. diagonale Kooperationen aufgrund sich wandelnder Marktanforderungen an Bedeutung gewinnen. Veränderte Verbraucherwünsche machen eine stärkere Zusammenarbeit von Unternehmen notwendig. Kriterien wie Regionalität, Qualität, Transparenz, Authentizität oder Nachhaltigkeit spielen für immer mehr Verbraucher eine wichtige Rolle.

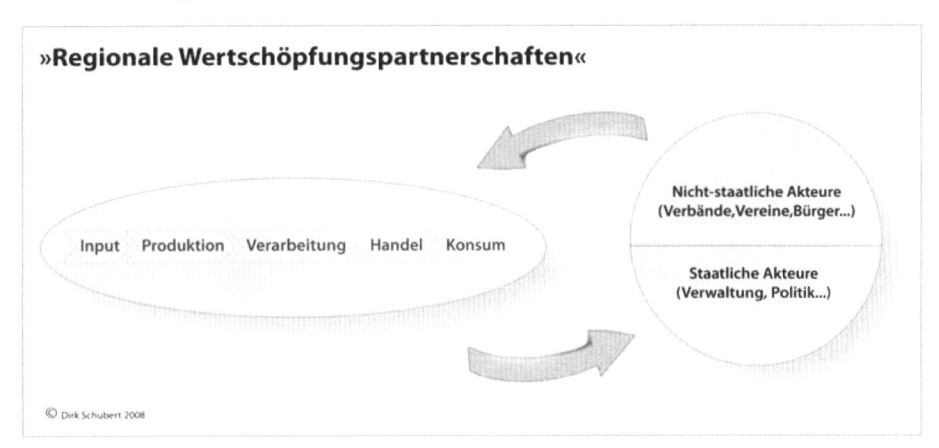

Abbildung 3: Wertschöpfungspartnerschaften als strategische Allianz zwischen Unternehmernetz und Destination bzw. Region

Regionale Wertschöpfungspartnerschaften (RWP) haben seit dem Bundeswettbewerb „Regionen Aktiv" Einzug in die Fachdiskussion und Praxis der Regionalentwicklung in Deutschland gehalten. Im Verständnis des RWP-Ansatzes sind darunter Unternehmensnetze entlang der Wertschöpfungskette zu verstehen, die gemeinsam verbindlich geregelte Produktstandards abstimmen, Marktinformationen austauschen sowie eine gemeinsame Idee für das Marketing und die Finanzierung verfolgen. Hinzu kommt ein weiteres besonderes Merkmal: Mit dem Unternehmensverbund verknüpft ist ein regionales Unterstützungsnetzwerk, z. B. das der Tourismusverbände. Oder allgemeiner formuliert: eine RWP ist eine strategische Allianz zwischen den Unternehmen eines regionalen Wertschöpfungsnetzes einer-

seits und einer Partnerschaft der zentralen Akteure der Region aus Politik, Verwaltung, Wirtschaft und Zivilgesellschaft andererseits.
Ziel der RWP ist die Generierung einer nachhaltigen regionalen Wertschöpfung durch die Inwertsetzung der regionalen Potenziale zum wechselseitigen Nutzen aller Beteiligten. Dazu werden regionale Wertschöpfungsketten mit Hilfe des grenzüberschreitenden Destinationsmanagements systematisch entwickelt und gestärkt. Erfolgreiche RWP zeichnen sich folgendermaßen aus:
- enge Interaktion, Kommunikation und Zusammenarbeit der unterschiedlichen Akteure, starke Führungspersönlichkeiten sowie ein professionelles Management;
- ausgeprägte regionale Identität und deren Vermarktung;
- konsequente Orientierung der Produkte und Leistungen am Kundennutzen und den regionalen Kernkompetenzen.

3 Anforderungen an ein grenzüberschreitendes Destinationsmanagement

Die strategische und organisatorische Aufstellung von länder- und grenzüberschreitenden Destinationen bzw. Kooperationsmodellen kann durch unterschiedliche Maßnahmen gefördert werden. Im Folgenden werden drei Möglichkeiten beschrieben, die zu einer erweiterten Handlungs- und damit auch Marktfähigkeit beitragen können.

3.1 Zentrale Produktlinien definieren und mit Unternehmernetzen untersetzen

Destinationsmanagement geht deutlich über die Vermarktung von Einzelanbietern und damit verbundenen Produktkomponenten hinaus, das Destinationsmanagement muss Produkte bzw. Produktlinien unterstützen. Dazu gehört der Aufbau von Unternehmernetzen in Form von Wertschöpfungspartnerschaften und Geschäftsnetzwerken ebenso wie die Bildung und das Managen von Clustern. Diese Strukturen führen – vor allem auch im ländlichen Raum - zu räumlicher Verdichtung und damit erst zur Wahrnehmung am Markt. So werden in wesentlich stärkerem Maße Innovationspotenziale in der Produktentwicklung und Ressourcen für ein abgestimmtes (Verbund-) Marketing erschlossen. Dem Kunden bietet dies zahlreiche Vorteile durch organisatorische Vorleistungen dieser Netzwerke (vgl. Wiegand 2007); zeitliche Abstimmung und Bündelung sowie räumliches Clustering der Angebote, integrierte Transportleistungen, buchungs- und abrechnungstechnische Erleichterungen – eben „Angebote aus einer Hand".

Kooperationsverträge zwischen den Unternehmen und dem bzw. den vermarktenden Destinationsmanagement(s) regeln Produkt- und Qualitätsstandards, Kooperationsformen, Entscheidungswege, Aufgabenverteilung sowie die Finanzierung der jährlich festzulegenden Marketingmaßnahmen, Produktentwicklungen und teilweise auch Qualifizierungen.

3.2 Erweitertes bzw. verändertes Aufgaben- und Kompetenzspektrum

Die Region und damit ihr Destinationsmanagement gehen eine neue Partnerschaft mit den formierten Unternehmernetzen und deren Produktlinien ein (Abbildung 3). Die Verantwortung für die Produkte bzw. Produktlinien liegen auf der Ebene der Leistungsträger-Verbünde, nicht beim Destinationsmanagement.

Letzteres unterstützt die Produktlinien durch ein entsprechendes Cluster- bzw. Wertschöpfungspartnerschafts-Management sowie mit Marketingdienstleistungen. Über die vorhandenen Kompetenzen im Innen- und Außenmarketing hinaus, ist durch das Destinationsmanagement weitere Unterstützung bei Moderation und Managen der Unternehmensnetze notwendig. In den Arbeitsplatzzuschnitten und -beschreibungen sind diese Aufgaben zu verankern. Nachqualifikationen sind ein Weg, die notwendigen Schlüsselkompetenzen zu erwerben.

Die benötigten Managementressourcen können häufig – gerade zu Beginn eines solchen Weges – nicht allein von den Unternehmen aufgebracht werden. Deshalb ist eine Unterstützung über ein Clustermanagement durch die Destination, über das Regionalmanagement oder eine Naturparkverwaltung ein wichtiger Beitrag zur Nachhaltigkeit von Unternehmensnetzen. In einer Reihe von Bundesländern (z. B. Bayern und Sachsen) können diese Managementstellen auch über die Förderung der ländlichen Entwicklung, der Wirtschaftsstrukturförderung und im Rahmen des Ziel 3 der EU (INTERREG) subventioniert werden.

3.3 Interkulturelle Kompetenzen durch Managementtandems

Grenzüberschreitendes Destinations- bzw. Clustermanagement benötigt feste Strukturen und ein bi- oder multinationales Team, das fachliche und interkulturelle Kompetenzen einbringt. Diese Arbeitsform sichert neben dem Wissenstransfer auch die kulturellen Standards der beteiligten Länder bezüglich Sprache, Umgang mit sozialen Hierarchien und Statusunterschieden, Gender-Verhältnissen, Kleiderordnung etc. und hilft den Leistungsträgern, diese interkulturellen Kompetenzen in der Zusammenarbeit mit den Partnern jenseits der Grenze weiterzuentwickeln.

Das binationale Tandem ist also neben dem Unternehmensnetz und der Destinationsorganisation der dritte Erfolgsfaktor für „nachhaltige grenzüberschreitende Managementstrukturen".

4 Literatur

Lersch, R. (2007): Kompetenzfördernd unterrichten, 22 Schritte von der Theorie zur Praxis, in: Pädagogik 12 (7), S. 36.
Michael, E. (2007): Micro-Clusters and Networks: The Growth of Tourism, Netherlands.
Schubert, D./Bühler, J. (2008): Regionale Wertschöpfungspartnerschaften in der ländlichen Entwicklung, Ein Leitfaden; Bundesministerium für Ernährung, Land-wirtschaft und Verbraucherschutz, Bonn, [online] verfügbar unter: www.regionale-wertschöpfung.de;
Englische Fassung 2009: A Guideline of the Management of Regional Value Added Partnerschips, [online] verfügbar unter: www.rubires.eu; www.neulandplus.de.
Wiegand, D. (2010): Was macht kulturwirtschaftliche Netzwerke erfolgreich?, in: LandInForm 3 (3), S. 18-19.

Teil 5
Grenzüberschreitende Attraktionspunkte und
Angebotsentwicklung

LUKAS SILLER, MIKE PETERS

Grenzübergreifende Kooperationen als Werkzeug für die Regionalentwicklung: Der Netzwerkgedanke am Beispiel eines kulturtouristischen Festivals*

*Die Publikation im vorliegenden Band erfolgt mit freundlicher Unterstützung des Südtiroler Bildungszentrums (SBZ). Dieser Beitrag wurde im Auftrag des SBZ verfasst und in ähnlicher Form auf www.sbz.name bereitgestellt.

Abstract

Die jüngste Strategieperspektive, die sich aus der ressourcenorientierten Sichtweise des strategischen Managements entwickelt hat, wird als relationale Sichtweise bezeichnet. Darin werden inter- und intraorganisationale Netzwerke als Ausgangspunkt für die Entwicklung von Wettbewerbsvorteilen betrachtet und die gemeinschaftliche Nutzung von Ressourcen als Basis für den Erfolg dargestellt.

Für Tourismusdestinationen spielt der Netzwerkgedanke eine besondere Rolle, da nur durch eine Kooperation zwischen den einzelnen Akteuren die Wettbewerbsfähigkeit einer Tourismusregion gewährleistet werden kann. Am Beispiel eines grenzübergreifenden Musikfestivals zeigt dieser Beitrag auf, welche positiven Auswirkungen die Zusammenarbeit zwischen verschiedenen Akteuren auf eine Region hat. Dabei wird der Aspekt der »Grenze«, die für die Region charakteristisch ist, selbst als wertvolle Ressource verstanden und durch Vernetzung zum zentralen Angebot für den Kulturtourismus. Für die Grenzregion wird dadurch nicht nur die Wettbewerbsfähigkeit als Tourismusdestination gefördert, sondern ihre ökonomische, ökologische und soziokulturelle Entwicklung abgesichert.

Diese Zusammenhänge werden durch die Leistungsbilanz des Festivals, durch eine Befragung mit Experten aus dem Bereich Kultur und Tourismus sowie durch eine Berechnung des volkswirtschaftlichen Nutzens der Veranstaltung untermauert.

1 Netzwerke und Management

Strategie kann als ein Plan zur Erreichung langfristiger Ziele definiert werden, der unter Anpassung der sich stets verändernden Rahmenbedingungen, durch die Allokation unternehmensspezifischer Ressourcen und unter dem Einfluss der psychologischen Faktoren der betroffenen Akteure, umgesetzt wird. Einfacher ausgedrückt versucht die Strategielehre Anleitungen dafür zu geben, wie Unternehmen im Wettbewerb erfolgreich sein können (Barney 2007, 15). Ziel der Führungsebene in jedem Unternehmen ist es also, Wettbewerbsvorteile gegenüber Konkurrenten aufzubauen und auf lange Sicht eine Wertsteigerung zu erfahren.

Durch den Hyperwettbewerb wurden etablierte Branchen und Märkte allerdings derart starken Veränderungen unterworfen, dass die beteiligten Akteure mit gänzlich neuen Gesetzmäßigkeiten konfrontiert waren (D'Aveni 1994). Zahlreiche traditionelle Organisationsformen, die sich bis dato durch starre hierarchische Strukturen auszeichneten, können diesen geänderten Anforderungen nicht mehr gerecht werden (Petrillo 2004, 5 f.) und die größte Herausforderung für Unternehmen und Organisationen ist es heute, sich den neuen Rahmenbedingungen anzupassen. Die Notwendigkeit, sich in neuen Strukturen zu organisieren wurde immer zwingender, weshalb eine Entwicklung hin zu Netzwerkorganisationen der nächste logische Schritt war. Die sog. »Leadership Company«, die durch ihre kooperative Struktur gekennzeichnet ist, war die Folge (siehe Abbildung 1, Hinterhuber 2007, 174 ff.).

Unternehmen schließen sich daher zunehmend zu Netzwerken zusammen, um dadurch mehr Flexibilität zu erreichen, Transaktionskosten und -risiken zu senken und gemeinsam einen höheren Gesamtoutput zu erzielen (Stahl & Friedrich von den Eichen 2005, 17 f.).

1.1 Die Relationale Sichtweise im Strategischen Management

Ausgangspunkt für die Vernetzungstheorie bildet die sogenannte »ressourcenorientierte Sichtweise«, die den Unternehmenserfolg in einer unterschiedlichen Ressourcenausstattung begründet; überdurchschnittliche Gewinne können demnach nur dann erzielt werden, wenn die internen Faktoren einer Unternehmung identifiziert, weiterentwickelt und optimal eingesetzt werden (Duschek & Sydow 2002, 430). Da bei Netzwerken allerdings stets die Gefahr besteht, dass Kooperationspartner die Grundlagen eines Wettbewerbsvorteils eines Partner- bzw. Konkurrenz-Unternehmens entdecken und für sich selbst in Anspruch nehmen, ist ein Agieren in Netzwerken nach einer ressourcenorientierten Sichtweise nicht vorstellbar: eine Zusammenarbeit ist in diesen Fällen stark von opportunistischen Absichten geprägt und wird durch eigennütziges Handeln negativ beeinträchtigt (Freiling 2005, 68 ff.).

Neue Forschungserkenntnisse mündeten schließlich in der »Relational View« (relationalen Sichtweise) und wurden bspw. durch Dyer & Singh (1998), Gulati (1999) und Duschek (2004) weiterentwickelt. Im Gegensatz zur Ressourcenorientierung stellen die so genannten »Netzwerkressourcen« – jene Ressourcen, auf die von den Kooperationspartnern gemeinschaftlich zurückgegriffen wird – eine zentrale Quelle für die Generierung von Wettbewerbsvorteilen dar (Duschek 2004, 61 ff.). Dieser Netzwerkperspektive folgend entstehen Wettbewerbsvorteile also durch den Zusammenschluss von Unternehmungen, die in Konkurrenz zu anderen Netzwerk-Organisationen stehen. Überdurchschnittliche Erträge werden hierbei als sog. »relationale Renten« erwirtschaftet, die durch Investitionen in netzwerkspezifische Ressourcen, einem interorganisationalen Wissensaustausch, einer ergänzten Ressourcenausstattung und einer insgesamt effektiveren Führungsstruktur erzielt werden (Dyer & Singh 1998, 660 ff.).

In der RV wird somit nicht mehr die Einzelorganisation zur Bezugseinheit der strategischen Ausrichtung sondern ein »strategisch aufeinander abgestimmtes Netzwerk« (Freiling 2005, 72); daraus folgt, dass die Kompetenzen, die aus einem Netzwerk hervorgehen, nicht mehr allein an eine einzige Unternehmung gebunden sind, sondern vor allem als interorganisationale Kompetenzen vorliegen. Im Gegensatz zur ressourcenorientierten Strategieperspektive sind unternehmensspezifische Ressourcen und Fähigkeiten nicht mehr allein zum Zweck der Aufrechterhaltung eigener Wettbewerbsfähigkeit isoliert, sondern werden im Sinne einer kollektiven Besserstellung und eines wechselseitigen Austausches genutzt. In der Folge muss ein Gleichgewicht zwischen Geben und Nehmen angestrebt werden, da Unternehmen somit nicht mehr als autonome und auf anonymen Märkten agierende Einheiten handeln, sondern als soziale Systeme, die in interorganisationalen Beziehungen eingebettet sind (Freiling 2005, 73).

1.2 Chancen und Risiken durch Kooperationen

In der Netzwerkforschung wird davon ausgegangen, dass sich Unternehmenskooperationen mehrfach positiv auf das Betriebsergebnis auswirken. Gerade die relationalen Renten sind es, aus denen ein direkter ökonomischer Nutzen gezogen werden kann. Dabei werden zwei Typen von Renten unterschieden (Kogut 2000, 413 f.):

1) *Burt-Renten* sind nicht dauerhaft und von eher instabiler Natur, weil sie aus einer eher egoistischen und einseitigen Ausnutzung einer Partnerschaft resultieren;
2) *Coleman-Renten* sind stabil und basieren auf vertrauensvollen Interaktionen von mehreren Partnern.

In beiden Fällen werden supranormale Gewinne bzw. Renten erwirtschaftet, die ausschließlich in einem Netzwerk entstehen können. Dauerhafte Wettbewerbsvorteile können somit auf beziehungsspezifischen Ressourcen, interorganisationalen Routinen für den Austausch und die Kombination von Wissen, komplementären

Ressourcen und Kompetenzen sowie einer effektiven institutionellen Rahmenordnung der Netzwerksteuerung und -kontrolle zurückgeführt werden (Duschek & Sydow 2002, Dyer & Singh 1998, 662 ff.).

Auch der größere Gesamtoutput von Netzwerkorganisationen spiegelt sich im Betriebsergebnis wider: einerseits kann die gemeinsame Marktstellung weiter verbessert werden und andererseits ist es dadurch möglich, flexibler auf Schwankungen in Angebot und Nachfrage von Seiten der Lieferanten und Abnehmer zu reagieren. Risiken werden durch die Zusammenarbeit deutlich reduziert (Stahl & Friedrich von den Eichen 2005, 17 f.).

Die positiven Auswirkungen von Netzwerke lassen sich auch auf einer individuellen Ebene bspw. in der Anpassung von Verhaltensweisen einzelner Personen und in einer höheren Zufriedenheit am Arbeitsplatz identifizieren. Auf Ebene von Organisationseinheiten und einzelner Unternehmungen führen Kooperationen vor allem zu einer Verbesserung der Betriebsergebnisse sowie zu einer Förderung von Innovation und sichern dadurch das Überleben von Organisationen (Brass et al. 2004, 797 ff.).

Andererseits können Netzwerke auch negative Auswirkungen auf eine Unternehmung haben, bspw. dann, wenn die Abhängigkeit zu den Partnern im Netzwerk zu stark wird. Bei einer einseitigen Beziehung kann dies sogar existenzbedrohend für die Organisation sein, da ein zu loser Verbund der Partner jederzeit aufgelöst werden kann (Sydow 2006, 404 f.).

Hinzu gesellt sich oftmals opportunistisches Verhalten, da durch vertraglich festgehaltene Abkommen nicht alle Szenarien angedacht und rechtlich abgedeckt werden können (Killich 2007, 21 f.). Werden Risiken also bewusst auf Dritte abgewälzt, so können Unternehmungen eine Kooperation dazu ausnutzen, um die eigene Verantwortung zu umgehen (Stahl & Friedrich von den Eichen 2005).

Bei Netzwerken, die sich durch eine polyzentrische Struktur auszeichnen (ohne ein sog. »fokales Unternehmen«, das die Führung einer Netzwerkorganisation übernimmt) kann es zudem zu einer nur teilweisen Beherrschung des Systems kommen. Dies wirkt sich negativ aus, da Kompetenzverluste zu erwarten sind (Sydow 2006, 402 ff.).

Die wohl größte Gefahr, die stets auf opportunistischem Verhalten beruht und die die Bedeutung von gegenseitigem Vertrauen unterstreicht, wird im sog. »Outlearning« einer Organisation gesehen (Hamel 1991, Well 2001, 149 f.): Da das Lernen von den Netzwerkpartnern eine primäre Aufgabe ist und Kooperationen in der Folge zu »Lern-Wettläufen« ausarten, müssen Netzwerke stets auch als kompetitive Zusammenarbeiten verstanden werden (Hamel 1991, Hamel et al. 1989, 88). Auch kann es durch eine zu starke Fokussierung auf die lokalen Beziehungen und bei einer gleichzeitigen Vernachlässigung von Bindungen zu Organisationen außerhalb des Netzwerks zum sog. »Lock-in-Effekt« kommen; eine zu starke Spezialisierung wird in dem Fall zur Schwachstelle, da sie zu einer größeren Unflexibilität führt (Schramm-Klein 2005, 550 f.).

Tabelle 1 zeigt eine zusammenfassende Gegenüberstellung der Chancen und Risiken durch die Netzwerkorganisation auf.

Chancen	Risiken
– Generierung relationaler Renten	– Abhängigkeit von Partnern
– Größerer Gesamtoutput	– Bewusste Abwälzung von Risiken
– interorganisationales Lernen	– Outlearning
– Steigerung der strategischen Flexibilität	– Unflexibilität durch zu starke Spezialisierung
– Minderung von Risiken	– Systembeherrschung nur teilweise möglich
– Förderung von Innovation	– Lock-in-Effekt
– Senkung des Kapitalbedarfs	– Verlust organisationaler Identität
– Erlangung von neuem Prozesswissen	– unkontrollierter Abfluss von Wissen
– Entwicklung kooperativer Kernkompetenzen	– Verlust von Kernkompetenzen
– Verbesserte Marktstellung	– Einbuße strategischer Autonomie
Positive Rückwirkungen auf das Betriebsergebnis	*Negative Rückwirkungen auf das Betriebsergebnis*

Tabelle 1: Chancen und Risiken durch Netzwerke (in Anlehnung an Sydow 2006)

2 Der Netzwerkgedanke im Tourismus

Da sich auch die Tourismuswirtschaft ähnlichen wie den oben beschriebenen Strukturänderungen gegenüber sieht, gewinnt die Diskussion zur relationalen Sichtweise bzw. zum Netzwerkgedanken auch in diesem Bereich eine immer größer werdende Bedeutung: Deregulierung, Privatisierung, neue Informations- und Kommunikationstechnologien sowie die sich in immer kürzeren Zyklen ändernden Trends, sind wesentliche Gründe dafür, dass auch im Tourismus bisher gültige Erklärungsmodelle an Bedeutung verlieren. Folgen davon sind einerseits die stattfindenden Fusions- und Konzentrationsprozesse in der Tourismusindustrie und andererseits die zunehmenden branchenübergreifenden Kooperationen (Pechlaner 2003, 28 f.).

2.1 Die Dienstleistungskette und Netzwerke in Destinationen

Destinationen sind Netzwerke, die ein Bündel unterschiedlicher Dienstleistungen darstellen (Stauss & Bruhn 2003, 7) und gemäß den Eigenschaften von Dienstleistungs-Produkten, eignen sich besonders Service-Güter für eine gemeinschaftliche Erstellung eines Angebotes.

Netzwerke im Dienstleistungsbereich werden wie folgt definiert (Ahlert et al. 2003, 52 f.): »Dienstleistungsnetzwerke bezeichnen die auf die Erbringung einer Dienstleistung ausgerichtete Zusammenarbeit von mehr als zwei rechtlich selbständigen Partnern, die jedoch zumindest in Bezug auf den Kooperationsbereich wirtschaftlich nicht unabhängig sind. [...] Die Beziehungen zwischen den die Dienstleistungen erbringenden Unternehmungen gehen dabei über rein marktliche Beziehungen hinaus (...).«

Abbildung 1 zeigt ein solches Dienstleistungsnetzwerk, das sich aus einzelnen Wertschöpfungsaktivitäten zusammensetzt, um durch Kooperation ein einheitliches Produkt anbieten zu können: dieses Gefüge aus interorganisationalen Beziehungen ist zur Produkt- oder Dienstleistungserstellung notwendig (Johnson et al. 2008, 111 ff.).

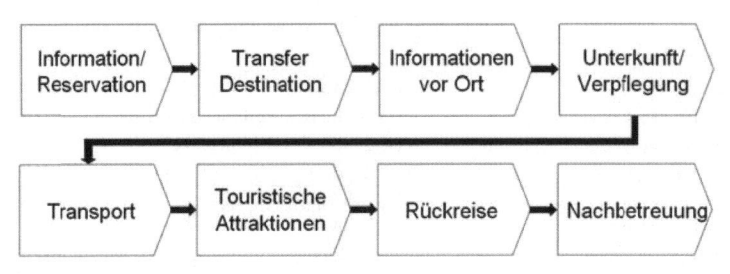

```
Information/     Transfer        Informationen    Unterkunft/
Reservation  →   Destination  →  vor Ort       →  Verpflegung
                                                        ↓
Transport    →   Touristische →  Rückreise     →  Nachbetreuung
                 Attraktionen
```

Abbildung 1: Die Dienstleistungskette im Tourismus (in Anlehnung an Bieger 2008)

Die große Herausforderung beim Management einer DL-Kette liegt somit in der Kooperation der einzelnen Glieder, denn nur dadurch kann das System zur Steigerung des Gesamtwertes beitragen: Ein Unternehmen bezieht die Ressourcen, welche in der Dienstleistungskette eingebettet sind von der jeweils vorgelagerten Stufe und entwickelt es insofern weiter, als dass es der Dienstleistung weiteren Wert zuführt (Pechlaner 2003, 28 f.).

Destinationen (wie auch Regionen) stellen somit per se Netzwerke von Einzelpersonen und Unternehmen dar. Eine noch stärkere Vernetzung erfolgt dann, wenn der Tourismus Kooperationen mit anderen Bereichen eingeht: Tourismus muss sich als interdisziplinäres Forschungsfeld nicht nur der Erkenntnisse von Basiswissenschaften wie der Volks- und Betriebswirtschaftslehre, der Soziologie, Psychologie, Geographie oder auch Anthropologie bedienen (Keller 2000, Freyer 2006, 37 f.), Bereiche wie Kultur, Sport, Ökologie treten aufgrund einer veränderten Nachfrage immer stärker in den Vordergrund.

Am Beispiel des boomenden Kulturtourismus wird deutlich, wie komplex sich eine Vernetzung im Tourismus gestalten kann. Dazu soll eine vertiefte Erklärung der grundlegenden Termini und Konzepte aus den unterschiedlichen Fachbereichen, die den Kulturtourismus bestimmen und prägen, erfolgen.

2.2 Management von Kultur und Tourismus

Beim Aufbau von Wettbewerbsvorteilen für eine Destination kommt den kulturellen Ressourcen eine entscheidende Rolle zu. Aus diesem Blickwinkel ist im Tourismus Kultur mit »Kapital« gleichzusetzen (Ooi 2002, 91). Flagestad & Hope (2001, 458) konstatieren in diesem Zusammenhang: »Without doubt, the attributes of local culture, natural and social environments are attractions in a destination, and as such also transmitters of value direct to the customer.«

Als Basis für den Erfolg in diesem Segment muss somit das Bewusstsein der Akteure über den Wert ebendieser kulturellen Ressourcen angesehen werden. Um Kulturtourismus einzugrenzen und zu bestimmen, soll deshalb vor allem der Frage nachgegangen werden, was im Zusammenhang mit Tourismus eigentlich als Kultur definiert wird.

In der wissenschaftlichen Literatur finden sich unzählige Herangehensweisen um »Kultur« begrifflich zu erfassen. Eine Unterscheidung zwischen einem eng gesteckten und einem weiter gefassten Kulturverständnis soll im Folgenden helfen, sich dem Begriff zu nähern (Worsley 2005, 13).

Ursprünglich wurde vor allem der Konsum von Hochkultur auf einer Reise als Kulturtourismus verstanden (Wagner 1990, Richards 2007, 2); dieser Standpunkt ist heute einer erweiterten Sichtweise gewichen, doch gilt die Hochkultur immer noch ein als ein besonders wichtiges Segment am Markt des Kulturtourismus (Richards 2007, Opaschowski 2008, 422 ff.).

Dies liegt daran, dass Kultur allgemeinhin in den »hohen Künsten« gesehen wird, die meist auf die gesellschaftlich anerkannten, sog. klassischen Künste (Literatur, Malerei, Bildhauerei und klassische Musik) reduziert werden. Meistens wird diese Art von Kultur von einer intellektuellen Elite dargeboten und von eher höheren bzw. höher gebildeten Gesellschaftsschichten konsumiert (Worsley 2005, 13).

Wird Kulturtourismus in sehr einseitiger Weise auf Hochkultur und Kunst reduziert, so ist dies insofern bedauerlich, als dass es sich hierbei um elitär besetzte Begriffe handelt (Kagelmann et al. 2003, 166). Dieses ursprüngliche, enge Kulturverständnis hat aus diesem Grund eine schrittweise Ausweitung erfahren und wich mit der Zeit einem weiter gefassten Kulturbegriff.

Eine erweiterte Auffassung betrachtet Kultur aus einer ganzheitlichen Sichtweise »zu der alle Überhöhungen unseres menschlichen Daseins, unseres Alltags beim Wohnen, beim Genießen von Freizeit und nicht zuletzt beim Reisen und Urlaubmachen [gehören]« (Wagner 1990, 12). Geht man im Kulturtourismus also von einem weit gefassten Begriff aus, so müssen andere Formen von Kultur auch inkludiert werden; bspw. unterscheidet die Soziologie zwischen Volks-, Populär-, Massen- und Hochkultur. Neben diesen Teilkulturen gibt es noch eine Vielzahl an Subkulturen, die in der Rangordnung der Klassifizierung ganz unten stehen und von denen oftmals Trends auf die übrigen Teilkulturen übergehen (Zembylas 2004, 59 ff.).

Ein solch breiter Kulturbegriff, der in einer ganzheitlichen Betrachtungsweise wurzelt, »besagt, dass Kultur als übersubjektive Ganzheit zu verstehen ist, in der Werte, Normen, Regeln und Handlungsstrategien solcherweise eingeschrieben sind, dass sie von den in dieser Gesellschaft lebenden Individuen zur Strukturierung von Gemeinschaftlichkeit und zur Bewältigung des Alltags genutzt werden können« (Schmid 2002, 41 f.).

Dieses Kulturverständnis hängt in weiterer Konsequenz stark mit dem Phänomen der regionalen Identität zusammen. Regionale Identität kann als das »lebensweltliche Hintergrundwissen« umschrieben werden, das durch Familie, dem städtischen oder dörflichen Umfeld, der Geschichte einer Sprachgruppe und einer Region, den erlebten Konfliktsituationen, den wirtschaftlichen Rahmenbedingungen sowie der Einbettung in Institutionen geprägt wird (Vavti & Steinicke 2006, 15). Nach Pernthaler (2007, 26) zählt zu regionaler Identität auch ein bestimmtes Maß an »Landesbewusstsein« (bzw. kollektiv Bewusstes und Unbewusstes), das als Phänomen die Bilder, Sagen, Mythen, Traditionen, Verhaltensweisen und Vorstellungen in sich vereint, welche von Generation zu Generation die Identität eines Volkes in seinem Land beeinflusst haben.

Die regionale Identität einer Volksgruppe wird durch Kriterien wie der eigenen Sprache, einer besonderen Kultur und Gesellschaftsordnung, der eigenen geschichtlichen Tradition, der Wirtschafts- und Sozialordnung, ökologischer Besonderheiten, siedlungsgeographischer und infrastruktureller Zusammenhänge sowie anderer politgeographisch begründeten Elementen bestimmt (Pernthaler 2007, 5 f.).

2.3   Kulturtourismus und Netzwerke

Kulturtourismus ist eine Tourismusform, die in der jüngsten Berichterstattung oftmals als »Boom-Segment« bezeichnet wird (Opaschowski 2008, 429 f.). Auch von offizieller Seite wird das Angebot für Kulturtourismus als ein Wachstumsmarkt eingestuft, das es zu fördern gilt (Amtsblatt der Europäischen Union C 110/01 2006, 1 f.).

Kulturreisen hat es in der Form von Bildungsreisen schon seit jeher gegeben, jedoch hat der Markt seit einigen Jahren besonders im Segment kultureller Ereignisse (Veranstaltungen, Festspiele, Festivals usw.) einen zusätzlichen Aufschwung erfahren (Bendixen 2006, 324 f.).: Gemäß der unterschiedlichen Auffassung des Kulturbegriffes, existieren auch verschiedene Vorstellungen über die Reichweite von Kulturtourismus bzw. über die Abgrenzung desselben (Hughes 2002, Steinecke 2007, 3).

Eine enge Auffassung von Kultur ist gerade im Zusammenhang mit Tourismus nicht zielführend und muss für den vorliegende Beitrag dementsprechend einem breit gefassten Kulturbegriff weichen (Lohmann & Mundt 2002). Kulturtourismus umfasst daher jegliche Form menschlichen Handelns, die in einem sozialen Kontext eingebettet ist und ihren Ausdruck in spezifischen Gegenständen, Verhaltensweisen und Werten findet (Steinecke 2007, 4). Eine in der deutschsprachigen Literatur oftmals verwendete Definition für das kulturelle Tourismussegment liefert Becker (1993, 8): »Der Kulturtourismus nutzt Bauten, Relikte und Bräuche in der Landschaft, in Orten und in Gebäuden, um dem Besucher die Kultur-, Sozial- und Wirtschaftsentwicklung des jeweiligen Gebietes durch Pauschalangebote, Führun-

gen, Besichtigungsmöglichkeiten und spezifisches Informationsmaterial nahezubringen. Auch kulturelle Veranstaltungen dienen häufig dem Kulturtourismus.«
Diese Definition stellt die materiellen und immateriellen Elemente der Kultur, die als Anziehungspukte für den Tourismus »inwertgesetzt« werden, in den Mittelpunkt, was wiederum an die Ressourcen-Perspektive in der Managementlehre erinnert: Kulturtourismus ist aus dieser Sicht eine Tourismusform, die auf kulturellen Ressourcen aufbaut (Steinecke 2007, Kolland 2003, 11).
Eine zweite Begriffserklärung, die einem ganzheitlichen Verständnis von Kultur nahe kommt und die die Eigenheiten und Rahmenbedingungen ländlicher Regionen (wie bspw. der alpinen Region Tirol) berücksichtigt, drückt Eder's Definitionsversuch aus (1993, 165 f.): »Kulturtourismus ist die schonende Nutzung kulturhistorischer Monumente und Relikte und die sachgerechte Pflege traditioneller regionsspezifischer Wohn- und Lebensformen zur Hebung des Fremdenverkehrs in der jeweiligen Region, mit dem Ziel, das Verständnis für die Eigenart und den Eigenwert einer Region in dem weiten Rahmen einer europäischen Kultureinheit zu erweitern und zu vertiefen, und zwar durch eine verstärkte Kommunikation zwischen den Bewohnern des europäischen Kontinents und durch eine sachlich richtige, vergleichende und diskursive Information über die Zeugnisse aus Vergangenheit und Gegenwart.«
Die Gründe für die Notwendigkeit einer Verknüpfung der Bereiche Kultur und Tourismus sowie die Vorteile aus einer Organisation im Netzwerk liegen auf der Hand, dennoch ist das Management von Kulturtourismus eine komplexe Aufgabe: Netzwerke müssen nicht nur als Koordinationsstelle dienen und sich mit der touristischen Aufbereitung von kulturellen Attraktionen auseinandersetzen, sondern meist auch eigenständige Organisationen und Institutionen, die nur zum Teil kommerziell interessiert sind, in die Netzwerkstruktur integrieren (Petrillo 2004, Bendixen 2006, 328). Durch Kooperation kann die Wettbewerbsfähigkeit einer Destination nicht nur gesteigert werden, sondern auch die Bedeutung der Kultur stärker hervorgehoben und die Ausarbeitung von Einzigartigkeit konsequenter verfolgt werden (Pechlaner & Raich 2004, 410 f.).
Grundprinzip einer Vernetzungsstrategie im Kulturtourismus bildet somit die Integration der endogenen kulturellen Ressourcen und der touristischen Dienstleistungskette mit dem Ziel, Einzigartigkeit und Einmaligkeit zu vermitteln und anzubieten. Beispiele für Vernetzungsstrategien stellen z.B. Destinationskarten-Systeme, Netzwerke von Kultureinrichtungen und -städten (gemeinsame Kommunikationsmaßnahmen durch Homepages, Printmaterialien oder Messeauftritten), Lehrpfade oder Themenstraßen dar (Steinecke 2007, 31 ff.). Vernetzung kann jedoch auch durch klassische Marketingmaßnahmen wie bspw. gemeinsame Werbekampagnen, Kalender oder durch Broschüren geschehen (Tighe 1986, 2 ff.).

2.4 Kulturtourismus und externe Effekte

»Das kulturelle Erbe ist auch für den Kulturtourismus eine unersetzliche, endliche Ressource – nicht viel anders als endliche Rohstoffe der Natur« (Bendixen 2006, 327). Einem nachhaltigen Umgang mit ebendiesen Ressourcen muss im Kulturtourismus breiter Raum gewidmet werden. Werden allerdings diese Ressourcen durch Investitionen in bestimmte Aktivitäten einer touristischen Destination in positiver oder negativer Art und Weise beeinflusst, so treten sog. »externe Effekte« auf (Flagestad & Hope 2001, 453).

Ein positiver externer Effekt wird demnach in einer Aktivität gesehen, die »mehr Besucher als üblich« anzieht und somit für eine zweite Aktivität (bspw. ein Museum) ebenfalls einen Besucherzuwachs erwarten lässt; ein negativer externer Effekt wird bspw. dann verzeichnet, wenn ein Hotel durch seine Aktivitäten einem anderen Hotel Gäste abwirbt. Auch können externe Effekte nicht nur zwischen Geschäftseinheiten (Beherbergungsbetriebe und Museumseinrichtungen), sondern auch zwischen Geschäftseinheiten und der Bevölkerung bzw. der Umwelt auftreten. Diese Art externer Effekte müssen bestmöglich ausgeglichen bzw. internalisiert werden, damit das Gleichgewicht wieder hergestellt werden kann (Flagestad & Hope 2001, 453 f.).

Damit die negativen Effekte nicht Überhand nehmen, muss eine Abstimmung der unterschiedlichen Interessen und Ziele der Bezugsgruppen erfolgen (Flagestad & Hope 2001, Fürst 2003, Ritchie & Crouch 2003, Murphy & Murphy 2004, 61): "[...] the practice of trading off one set of values for another ceases and, instead, tourism and cultural heritage management interests work toward the achievement of common goals" (McKercher & du Cros 2002, 2 f.).

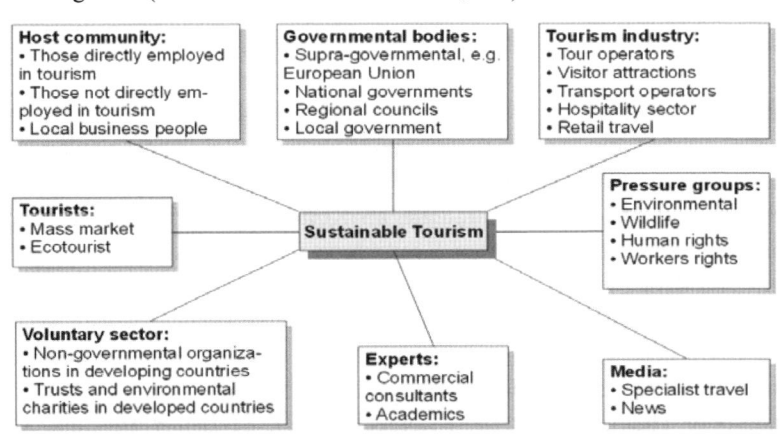

Abbildung 2: Schlüssel-Stakeholder für einen nachhaltigen Tourismus (Swarbrooke 2005)

Dieser Herausforderung sind die Akteure in vielen Fällen nicht gewachsen, weil es kein Verständnis für die Rolle des anderen gibt und die Zielsetzungen großteils zu unterschiedlich und inkompatibel sind (Martelloni 2007, Bendixen 2006, 328). Für eine ausgewogene Tourismuspolitik müssen aus diesem Grund sog. »Schlüssel-Stakeholder« (öffentlicher Sektor, Tourismus- Industrie, Freiwilligen-Organisationen, Interessensverbände, einheimischer Bevölkerung, Medien und Touristen) in die Entscheidungen mit eingebunden werden (Abbildung 2, Müller & Messerli 2006, Swarbrooke 2005, 85 ff.).In vielen Fällen wird so eine Neubewertung ökonomischer Ziele erforderlich, denn »[p]ures Gewinnstreben ist kurzsichtig. Weitsicht verlangt eine Vernunft, die dem ökonomischen Rationalismus weitgehend fremd geblieben ist« (Bendixen 2006, 327). Das Konzept der Nachhaltigkeit gewinnt dadurch immer weiter an Bedeutung (Flagestad & Hope 2001, Swarbrooke 2005, Ritchie & Ritchie 2002, Goeldner & Ritchie 2009, Fürst 2007, Ritchie & Crouch 2003).

Kulturtourismus stellt eine Form von nachhaltigem Tourismus dar und wird oftmals als sanfter bzw. intelligenter Fremdenverkehr bezeichnet; dies trifft aber nicht immer automatisch zu, weshalb es auch hierbei gilt, einige Gefahren (bspw. zu starker Fokus auf Konservierung von Kulturelementen, Gefahr der Kommerzialisierung, Verlust von Authentizität, geringe Qualität) bereits bei der Planung zu berücksichtigen (Swarbrooke 2005, 306 ff.).

Das Management der Nachhaltigkeit von kulturellen, ökologischen und natürlichen Ressourcen mit dem Ziel, ihren Wert als unterstützende Faktoren beizubehalten und zu vergrößern, ist eng verknüpft mit – und eine Bedingung für – den strategischen Erfolg einer Destination: Aus diesem Grund wird die nachhaltige Entwicklung einer Destination zu einer strategischen Zielsetzung (Flagestad & Hope 2001, 458).

Es muss somit auch das Ziel einer nachhaltigen Entwicklung im Kulturtourismus sein, ökonomische, ökologische und sozio-kulturelle Interessen in ein Gleichgewicht zu bringen (Freyer 2006, 382 ff.).

In bestimmten Destinationen, die wie der Alpenraum in besonderer Weise von den natürlichen Ressourcen abhängen, ist eine Entwicklung einer nachhaltigen Tourismusform von ungleich größerer Bedeutung (Schuckert et al. 2007, 132). Um die Auswirkungen des KT in seiner Gesamtheit bewerten zu können, müssen die wirtschaftlichen Effekte sowie ökologischen und soziokulturellen Auswirkungen gegeneinander aufgerechnet werden (Steinecke 2007, 14).

Anhand sog. »Umwegrentabilitätsrechnungen« bzw. »Kosten-Nutzen-Analysen« wird aufgezeigt, wie der Tourismus und insbesondere auch der KT zur Wertschöpfung in einer Destination beitragen; dabei wird versucht, die wirtschaftlichen Auswirkungen kultureller Veranstaltungen (bspw. und besonders bei Festivals oder Festspielen) zu errechnen.

Der Kulturtourismus hat bspw. in der Kulturhauptstadt Graz 2003 zusätzlich 156.000 Nächtigungen sowie 1.580 Arbeitsplätze gebracht und kann mit einem Wertschöpfungseffekt von 76 Mio. € beziffert werden. Eine Region wie Tirol kann jährlich aufgrund der zahlreichen Festivals mit einem Plus von rund 50.000 € rech-

nen, das alleine in der Probenzeit und durch die Mitarbeiter der Festival-Organisation entsteht (Tiroler Tageszeitung 2006a, b).
Im Kulturtourismus manifestiert sich der ökonomische Nutzen also auf drei Ebenen (Dreyer 2006, 9 ff.):
– Direkte Wirkungen: Umsätze, Einkommen für die Beschäftigten sowie das Steueraufkommen sind direkt berechenbar; hinzu kommt noch der Kaufkraftzufluss am Standort durch die Ausgaben der Kulturtouristen im Handel, im Gastgewerbe und für andere Dienstleister;
– Indirekte Wirkungen: Durch die Zulieferung von Waren und die Beanspruchung von Dienstleistungen profitieren eine Vielzahl von privaten und öffentlichen Einrichtungen;
– Nichtmonetäre Wirkungen: Eine Steigerung des Bekanntheitsgrades, ein Imagegewinn für die Destination und die Verbesserung des Wohn- und Freizeitraumes durch das kulturelle Angebot wirken sich insgesamt positiv auf die Attraktivität und wirtschaftliche Entwicklung einer Region aus; indirekte und nichtmonetäre Wirkungen lassen sich allerdings nicht oder nur erschwert quantifizieren.

Insgesamt leistet Kultur also einen wesentlichen Beitrag zum staatlichen Sozialprodukt und sichert dadurch unzählige Arbeitsplätze im nationalen und regionalen Wirtschaftssystem (Pöll 1983, 11 ff.). Im Besonderen gibt es bei der Finanzierung und Subventionierung von kulturellen Veranstaltungen zusätzliche positive »intangible Effekte«, die in der Folge die wirtschaftliche Situation einer Region auch langfristig beeinflussen (Bieger 2001, Scherer et al. 2003, 99):
– Netzwerkeffekte: Kooperationen zwischen Unternehmen können durch ihr Fortbestehen dadurch einen »Mehrwert« produzieren, indem Wissen und Know-How langfristig gesichert und eingesetzt werden (bspw. Unternehmenskooperationen, Destinationsmarketing);
– Kompetenzeffekte: Wissen und Fähigkeiten über bestimmte Prozesse und Produktionsabläufe können weiterentwickelt werden (z.B. Qualität der Dienstleistungen, DL-Cluster);
– Struktureffekte: Investitionen in materielle Infrastrukturen (Errichtung von Anlagen und Neubauten) und immaterielle Infrastrukturen (Dienstleistungen in Verkehrs-, Kultur- und Bildungseinrichtungen) werden nachhaltig genutzt;
– Image- und Markeneffekte: Markenbildung und Bewusstsein für Standort und Destination wird gefördert (bspw. Presseberichterstattung, Werbewert der Presseberichte, die bei Misserfolg allerdings auch negative Auswirkungen haben können).

Die ökologisch negativen Auswirkungen durch den Kulturtourismus sind meist relativ gering, weil Natur und Landschaft kaum in Anspruch genommen werden.

Wenn sich die Nachfrage punktuell konzentriert kann es dennoch zur Schädigung natürlicher Ressourcen, Zerstörung historischer Bausubstanz (Vandalismus oder Diebstahl) oder zu massiven Verkehrsproblemen kommen; dies geschieht vor allem durch die Veranstaltung kultureller Events, die massentouristische Ausprägungen haben (Steinecke 2007, 17 ff.).

Tritt Kulturtourismus also als ein Massenphänomen in Erscheinung, so sind die negativen externen Effekte in ökologischer Hinsicht dieselben, wie sie beim Tourismus im Allgemeinen auftreten: Umweltverschmutzung, Zerstörung intakter Naturlandschaft, Ruhestörungen, Überfüllung (räumlich) und Übernutzung natürlicher Ressourcen, stärkeres Verkehrsaufkommen samt Ausreizung von Parkmöglichkeiten sind nur einige Beispiele dafür (Easterling 2004, 49 ff.).

Als zusätzliche Herausforderung für das Management einer Destination gilt es, die Verträglichkeit des Fremdenverkehrs mit der Kultur vor Ort zu gewährleisten, denn »[d]ie Auseinandersetzung über Authentizität und verdinglichte Erlebniswelten, die Ausschöpfung der kulturellen Ressourcen, das kulturelle Bagage der Reisenden und die kulturelle Identität der Ortsansässigen, die nivellierte globale Servicekultur und die lokalen Eigenarten, die kulturelle Dimension der Nachhaltigkeit verlangen nach handlungsorientierten Lösungen, welche die Management-Wissenschaften bieten« (Keller 2000, 24 f.).

Wenn Reisende und Bereiste miteinander in Kontakt treten folgt eine Wechselwirkung zwischen verschiedenen »Kulturen«, die sich mehr oder minder gegenseitig beeinflussen (Thiem 1994, 27 ff.). Diese gegenseitige Beeinflussung birgt Chancen und Gefahren, bspw. kann es durch Identifikations- und Imitationseffekte einer offenen Gesellschaft in der Zielregion zur Akkulturation kommen (Bestandteile einer fremden Kultur werden aufgenommen) oder aber es erfolgt eine Stärkung der Kultur der Zielregion bzw. die Förderung einer pluralistischen Denkweise (Bieger 2008, 42).

Positive soziokulturelle Effekte sind aber vor allem im Stolz auf die eigene Kultur und in der Würdigung fremder Kulturen zu erwarten; dadurch wird auch ein Beitrag zur Völkerverständigung und zur Vergangenheitsbewältigung geleistet (Steinecke 2007, 20 ff.). Negative Auswirkungen sind in der Kommerzialisierung von Kultur oder in einer Musealisierung historischer Zustände zu sehen, wodurch ein authentisches Kulturerlebnis verhindert wird (Steinecke 2007, Swarbrooke 2005, 310).

Zusammenfassend können die Chancen und Risiken des Kulturtourismus aus ökonomischer, ökologischer und soziokultureller Sicht vergleichend dargestellt werden (siehe Tabelle 2).

Chancen	Risiken
– Nutzung des vorhandenen endogenen Kulturpotentials (Bauten, Relikte, Brauchtum etc.)	– Zerstörung des kulturellen Erbes durch eine massenhafte touristische Nachfrage
– positiver Imagefaktor für Destinationen	– Sättigung des Marktes durch Markteintritt neuer Wettbewerber
– große Wertschöpfung für die Region aufgrund der hohen Kaufkraft der Kulturtouristen	– hohe Investitions- und Ausbildungskosten aufgrund des ausgeprägten Anspruchsdenkens der Kulturtouristen
– beschäftigungsintensiver Sektor für hochqualifizierte Arbeitskräfte (Gästeführer, Reiseleiter)	– überwiegend Saison- bzw. Teilzeitarbeitsplätze mit relativ geringer Vergütung und fehlender sozialer Absicherung
– breite regionalwirtschaftliche Effekte durch eine räumliche Diversifizierung der Nachfrage	– punktuelle Belastungserscheinungen aufgrund der unterschiedlichen Attraktivität kultureller Einrichtungen (ausgeprägte Hierarchie)
– bessere Auslastung der Unterkunftskapazitäten aufgrund der zeitlichen Differenzierung der Nachfrage (Entzerrung der Saison)	– fehlende Ruheperioden für die Bevölkerung und die Beschäftigten in zweisaisonalen Tourismusdestinationen
– Bewusstwerden der eigenen Kultur und Entstehung eines neuen Regionalbewusstseins	– Kommerzialisierung des kulturellen Erbes durch Anpassung an die Erwartungen der Touristen (Akkulturationseffekte)
– Psychologische Stabilisierungseffekte in strukturschwachen Räumen (periphere Räume, Altindustrieregionen)	– Musealisierung historischer Zustände und damit Verhinderung einer zukunftsorientierten Entwicklung von Regionen
– Vermittlung eines globalen, pannationalen Denkens	– Zerstörung des authentischen Kulturerlebnisses durch zunehmende Gleichförmigkeit des Angebotes („Global Village")
– Beitrag zur Völkerverständigung und Vergangenheitsbewältigung	– Vernachlässigung »dunkler« Perioden der Geschichte

Tabelle 2: Chancen und Risiken durch den Kulturtourismus (Steinecke 2007)

Werden die potentiellen Gefahren kulturtouristischer Angebote berücksichtigt, so eignet sich »Kulturtourismus« aufgrund der zahlreichen positiven Auswirkungen bestens als »Werkzeug« zur Regional- und Städteentwicklung (Klein 2007, Bachleitner & Zins 1999, Diller 2003, Kulturmanagement Network 2006: 14, Peters & Pikkemaat 2004, 152 f.).

In der Regionalentwicklung wird jedoch die Einbeziehung und die Zusammenarbeit der verschiedenen Akteure als grundlegende Bedingung erachtet (Diller 2003). Dieser Herausforderung zur Entwicklung regionaler Netzwerke stellt sich auch die Europäische Union und unterstützt durch Förderprogramme besonders nationale und transeuropäische Netzwerke und Routen in ihrer Entwicklung hin zu kulturtouristischen Attraktionen in finanzieller Hinsicht (Amtsblatt der Europäischen Union C 110/01 2006, 2). Kultur wird in diesem Zusammenhang allerdings nicht ausschließlich als touristische Kernressource bewertet, sondern soll als weicher Standortfaktor zur Anziehungskraft einer Region für die Ansiedelung von Betrieben und Arbeitskräften beitragen (Amtsblatt der Europäischen Union C 110/01 2006, Martin et al. 2006, Opaschowski 2008, 431).

Kulturelles Kapital wird dadurch zu einem von sechs Basisfaktoren (neben Produktivkapital, Humankapital, institutionellem Kapital, infrastrukturellem Kapital, Wissenskapital), der zur regionalen Produktivität, Beschäftigung und Lebensqualität beiträgt und somit die Wettbewerbsfähigkeit einer Region stärkt (Martin et al. 2006, 1 ff.).

3   Das grenzübergreifende Musikfestival »XONG«

Die folgenden Erläuterungen sollen die theoretischen Ausführungen zur relationalen Sichtweise im Management und zum Netzwerkgedanken im (Kultur-)Tourismus anhand eines Fallbeispiels verdeutlichen: Das regionale und länderübergreifende Kulturfestival »Xong« dient zur ganzheitlichen Darstellung der Effekte einer kulturtouristischen Veranstaltung und zeigt dabei auch die Rückwirkungen eine grenzübergreifenden Netzwerkes auf. Um diese Zusammenhänge umfassend zu beschreiben, werden drei verschiedene Studien herangezogen:

1) die Leistungsbilanz des Veranstalters und eine kurze Analyse derselben;
2) eine qualitative Studie mit Experten aus dem Bereich Kultur und Tourismus;
3) eine quantitative Studie des volkswirtschaftlichen Nutzens der Veranstaltung.

Beim Festival selbst handelt es sich um eine zeitlich begrenzte kulturtouristische Veranstaltung, die 1999 vom Kulturverein »arcus raetiae« ins Leben gerufen wurde und seither jährlich im Dreiländereck Münstertal/Engadin (Schweiz), Oberes Gericht (Österreich), Vinschgau (Italien) stattfindet. Das Wort »Xong« leitet sich von der umgangssprachlichen Bezeichnung für »Gesang« (also »Gsong«) ab (XONG 2010).
Inhaltlich geht es dabei um die Auseinandersetzung mit der eigenen Kultur, um eine gegenseitige Inspiration von Tradition und Alltag sowie um die Möglichkeit, auf Distanz zur eigenen Kultur zu gehen und neue Blickwinkel für »fremde« Kulturen zuzulassen. Die Bewohner der Region sowie Gäste und Touristen sollen dazu animiert werden, Kultur nicht nur in der Freizeit zu nutzen, sondern diese auch in den Beruf und in den Alltag einzubinden. Eine kulturelle Auseinandersetzung soll gemäß der Grundidee auch eine nachhaltige Entwicklung der Region zur Folge haben (XONG 2010).
Das Festival soll durch einen hohen Anteil an einheimischen Besuchern und durch die Konzerte und Aktivitäten in Schulen, Höfen, Altersheimen, Dorfplätzen bzw. an Orten des täglichen Beisammenseins eine spürbare Authentizität ausstrahlen. Gerade die »Grenzen« in der Region, ob geografischer, kulinarischer, sprachlicher Natur, spielen eine zentrale Rolle: dadurch kann einerseits die Vielfalt der Region des Dreiländerecks bewusst gemacht werden, andererseits soll die Angst vor der Überschreitung von Grenzen genommen werden (XONG 2010).

Dieser Gedanke stellt auch gleichzeitig den Erfolg und die Einzigartigkeit der Veranstaltung dar und lässt Konrad Meßner, künstlerischer Leiter der Veranstaltung und Obmann des Kulturvereins, zu folgendem Schluss kommen: »Grenze ist kein Handicap! Grenze ist unser Kapital!« (MCI 2008). Von der Grundidee des Festivals ausgehend wird »Kultur« sehr breit gefasst und vor allem in der kulturellen Identität gesehen; Kultur wird als eine wertvolle Ressource begriffen, die die Einzigartigkeit der gesamten Destination maßgeblich prägt.

Das Netzwerk, das sich durch das Festival entwickelt hat, wurde durch den Kulturverein »Arcus Raetiae« aufgebaut. Zum Netzwerk können sowohl die Förderer (öffentliche Institutionen und Ämter sowie private Sponsoren), Medienpartner, die lokale Politik und Unternehmen, Touristiker und Herbergsbetriebe gezählt werden, wie auch Künstler, Festival-Teilnehmer und die einheimische Bevölkerung, die allesamt in die Organisation und Durchführungen der Ereignisse involviert sind. Das Netzwerk zielt dabei auf eine kulturelle Auseinandersetzung mit der Region ab und versucht dadurch die Basis für eine nachhaltige und ganzheitliche Entwicklung für die Grenzregion zu legen (XONG 2010).

3.1 Leistungsbilanz des Veranstalters

Der Veranstalter selbst hat versucht, über die Jahre hinweg die positiven Effekte des Festivals für die Region gesamtheitlich zu identifizieren. Die Erfolge durch die Veranstaltung wurden im Jahr 2007 als Leistungsbilanz veröffentlicht und werden in den folgenden Absätzen in deskriptiver Form zusammenfassend dargestellt (Arcus Raetiae 2007):

Im Zuge des Festivals wurden im besagten Jahr vier Musikwerkstätten, drei Kinderwerkstätten, eine Theaterwerkstatt mit Schlussaufführung, acht Konzerte, sechs Hoffeste, sechs Kulturwanderungen, Wirtshausmusik in elf Gasthöfen, »Feierabende« in fünf Altenheimen sowie vier mal Singveranstaltungen („Stimme stimmen") veranstaltet. Das Festival fand dabei insgesamt in 15 Orten im Dreiländereck statt: An zwei Orten in Tirol, an vier Orten im Engadin, an zwei Orten in Müstair und an sieben verschiedenen Schauplätzen im Vinschgau.

Monetäre Effekte konnten in direkter Weise vor allem durch die insgesamt 12.000 Besucher und die 4.000 Konzerteintritte verbucht werden. Die Hälfte dieser Besucher stammte aus der Region, die andere Hälfte konnte als Gäste und Touristen identifiziert werden, die eigens für das Festival angereist waren. Im Tourismus wurden 2.500 Nächtigungen verzeichnet, die über das Festivalbüro reserviert wurden; damit waren alle Unterkünfte ausgebucht und die Kapazitäten voll ausgeschöpft.

Ein solch positives Ergebnis konnte vor allem auch durch die optimale Vernetzung in der Region ermöglicht werden: 57 Vereine, Betriebe, Organisationen und Institutionen aus dem Dreiländereck waren als Partner und mit verschiedenen Rollen und Aufgaben bei der Organisation und der Durchführung des Festivals eingebunden;

das Organisationsteam, das aus 20 Personen bestand, konnte zusätzlich auf die Mithilfe von Freiwilligen vor Ort zählen. Überdies wurden enge Kontakte mit den Exponenten des Tourismus geknüpft sowie Gespräche mit dem Südtiroler Wirtschaftsring geführt. Das Medienecho schlug mit 28 Berichten in Südtirols Presse, 19 Berichten in der Schweizer Presse sowie 14 Berichten in Österreichs Presse nieder. Dokumentationen und Reportagen wurden vor allem im Österreichischen und Italienischem Rundfunk (Radio und TV), gesendet.

Doch konnten vor allem auch nicht-monetäre Rückwirkungen auf die Region verzeichnet werden; diese können am besten durch konkrete Beispiele verdeutlicht:
- Ein Türen-Hersteller fertigte für die Musik-CD des Festivals eine eigene Verpackung aus Holz an, die als Werbegeschenk an die Kunden des Unternehmens verteilt wurden;
- der Präsident der Vereinigung »Slow Food Italia« wurde durch seinen Festivalbesuch auf einen Gasthof in der Region aufmerksam, worauf dieser in den Slow-Food-Führer Italiens aufgenommen wurde;
- die Organisatoren des Festivals sowie die Bewohner der Region konnten durch die Teilnahme von bekannten Personen und Persönlichkeiten aus dem Kulturbereich (bspw. ein namhafter Kulturmanager aus Mexiko oder zwei international renommierte Regisseure aus Kanada) immer wieder besondere Anerkennung erfahren.

Insgesamt sind derlei positive Beispiele nicht nur als ökonomische Effekte zu bewerten (Werbung für einzelne Betriebe, für die Region oder das Festival), sondern verweisen allesamt »auf die Qualitäten vor Ort und zeigen Perspektiven auf« (Arcus Raetiae 2007). In diesem Sinne bildet die Kultur einen fruchtbaren Boden für Innovation, Weiterentwicklung und Stolz auf die eigene Region.

3.2 Förderung des kulturellen Bewusstseins (qualitative Studie)

Eine weitere Studie geht mittels qualitativer Forschungsmethodik verstärkt auf die nicht-monetären Effekte ein. Hierfür wurden 38 Interviews mit Personen durchgeführt, die über vertiefte Einblicke und Erfahrungen in den Bereichen Kultur und Tourismus verfügen: Dadurch sollte das Erfahrungswissen möglichst vieler Interessensgruppen (bspw. Tourismusindustrie, öffentlicher Sektor, nicht gewinnorientierte Unternehmen, Wirtschaft, Medien) sowie von Akteuren der kulturtouristischen Anbieterseite (bspw. den Managern kultureller Objekte, Veranstaltern von Kultur-Ereignissen, oder mit Beschäftigten in der lokalen Gastronomie) gesammelt werden. Ihre Meinung zur kulturtouristischen Veranstaltung »Xong« konnte dadurch im direkten Vergleich zu einer völlig entgegengesetzten Tourismusform, nämlich dem »Skiurlaub«, erhoben werden.

Die Gespräche folgten einem leitfadengestützen Interview mit offenen Fragen, wodurch verhindert wurde, dass durch suggestive Fragestellungen Einfluss auf den

Inhalt oder die Länge der Antworten genommen wurde. Ziel war es, die Komplexität eines möglichst breiten Ausschnittes der sozialen Wirklichkeit einzufangen (Zelger & Oberprantacher 2003).

Die Gespräche wurden nach der Methode »GABEK« durchgeführt und das erhobene Datenmaterial wurde mit der dazugehörigen Software systematisch ausgewertet; dadurch konnten Assoziationsnetze und kausale Beziehungen graphisch dargestellt werden (Zelger 2000). Diese Netzwerkgraphiken stellen die gedanklichen Verbindungen ausgewählter Begriffe dar, die häufiger als andere Begriffe mit bestimmten Themen in Verbindung gebracht werden; die Breite der Verbindungslinien beschreibt die Häufigkeit/Relevanz der verbundenen Themen (siehe Abbildung 3).

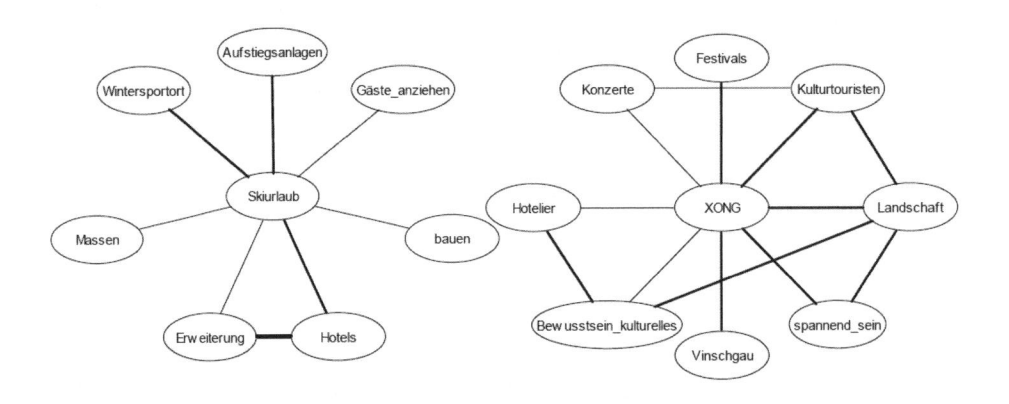

Abbildung 3: Skiurlaub vs. XONG, die Dicke der Linien zeigt die Anzahl der Aussagen, die den Verbindungen zugrunde liegen ≥ 2 (eigene Darstellung)

Die folgenden Thesen werden durch die Original-Aussagen untermauert und liegen der Grafik in Abbildung 2 zugrunde; sie sollen den Sachverhalt nochmals detailliert erläutern:
– Zur Gewährleistung von Skiurlauben sind Hoteleinrichtungen und zusätzliche Bauten nötig, damit genügend Kapazitäten zur Unterbringung hoher Besucherzahlen gesorgt werden kann. Während vor allem positive ökonomische Effekte durch die hohe touristische Anziehungskraft erwartet werden können, machen sich die negativen Effekte vor allem in ökologischer Hinsicht bemerkbar (»Zum Beispiel in Kambodscha, in Siem Reat, durch die Massen, die da kommen, haben die inzwischen ein wahnsinniges Grundwasserproblem. Die trocknen aus, weil sie so viele Hotels gebaut haben und alle das Wasser angezapft haben. Das ist genau so, als hätten sie den Skitourismus. Das hat dieselben Folgen.« »Wenn ich natürlich nur Leute herlocke, damit ich meine Skischaukel, die ich noch vergrößere und weiter vergrößere, noch besser besetze, dann hat das nichts mehr mit Kulturtourismus zu tun. Das ist dann für mich Massentourismus. Und

wir sind ein kleinräumiges Land. Bei uns ist das nicht drin. Sonst machen wir eben die Substanz kaputt. Das ist meine Überzeugung, so wie ich es erlebe.«)
- Das Musikfestival XONG zieht Gäste durch die Verbindung einer »spannenden Landschaft« mit einer Kultur-Veranstaltung an: Insgesamt unterstützt das Festival dadurch eine Stärkung des kulturellen Bewusstseins aller Akteure, negative Effekte werden weitestgehend ausgeklammert, wodurch ein sog. Qualitätstourismus« gefördert wird (»Und die Bilder, die Xong vermittelt, die reichen bis in den Herbst, wo sie immer noch mit den Eindrücken von Xong durch die Landschaft »hatschen« und sagen: »Mann, diese Kulturwanderung war spannend, da haben wir dieses Konzert erlebt und da hat die Wirtshausmusik gespielt, usw.« »Wir sind uns auch bewusst, dass das »Bewusst machen« auch nicht von heute auf morgen geht. Jetzt haben wir in neun Jahren gesehen was Xong bewirkt.«).

Zusammenfassend lässt sich XONG als Veranstaltung für einen qualifizierten Kulturtourismus und als sanfte Tourismusform beschreiben während der Skiurlaub als eine eher massentouristische Urlaubsform betrachtet wird: Der »spannenden Landschaft«, die gemeinsam mit den Konzerten des Festivals das kulturelle Bewusstsein der Einheimischen sowie jenes der Hotellerie und Kulturtouristen erweitert, stehen Hotelerweiterungen, eine rege Bautätigkeit, Massentourismus sowie Aufstiegsanlagen für den Wintersport gegenüber.

3.3 Volkswirtschaftlicher Nutzen (quantitative Studie)

Der wirtschaftliche Nebeneffekt, der von der grenzübergreifenden Veranstaltung ausgeht wurde in der Studie »Ökonomische Auswirkungen des Musikfestivals XONG« untersucht. Darin wurde der zusätzliche Nutzen, den Hotellerie, Handel oder Landwirtschaft erzielen bemessen, sowie die touristische bzw. kulturelle Anziehungskraft einer Region versucht zahlenmäßig zu erfassen.

Die sog. »Umwegrentabilität« wird dabei als Gradmesser herangezogen und beschreibt die Gesamtheit der volkswirtschaftlichen Erträge durch eine Veranstaltung. Die Studie kommt zusammenfassend zum Schluss, dass durch die Veranstaltung des Festivals im Jahr 2008 eine Umwegrentabilität in der Höhe von 540.000 € erwirtschaftet wurde. Diese Zahl setzt sich aus einem direkten Nutzen (Einnahmen durch Eintrittskarten für Konzerte, Wanderungen, Werkstätten, Teilnahmegebühren von Gemeinden, Höfen und Gasthöfen, Ausgaben der Besucher etc.) und einem indirekten Nutzen (wird in der Peripherie des Events erzielt und wird durch einen Multiplikationsfaktor errechnet) zusammen (MCI 2008).

Hinzu muss der sogenannte »Multiplikationseffekt« gezählt werden, worunter alle weiteren Investitionen fallen, die durch die Ausgaben des Festivals von Dritten (bspw. anderen Unternehmungen) getätigt werden. Diese Ausgaben wurden unter Berücksichtigung der durchschnittlichen Sparquote auf drei Investitionsstufen berechnet und belaufen sich insgesamt auf 1.000.000 € (MCI 2008). Hinzugezählt werden muss auch der Werbeeffekt für die Region, der sich zusätzlich auf rund 160.000 € beläuft; es handelt sich dabei um den Werbewert, den die Sendungen und Reportagen über das Festival für die gesamte Region haben (bspw. Wert einer Werbeminute im Fernsehen zu einer bestimmten Sendezeit, Wert einer Anzeige in den Printmedien, etc.) (MCI 2008).

Zusätzlich sollten Effekte mitberechnet werden, die sich zahlenmäßig nicht fassen lassen: Ein XONG-Gast konnte bspw. als Person identifiziert werden, der zwei bis drei Mal im Jahr in die Region zurückkehrt, über einen tendenziell höheren Bildungsgrad verfügt und eher höhere Ausgaben tätigt (Einheimische ca. 28 €, Gäste ca. 34 €); die Langzeitwirkungen, die sich durch diesen Gästetyp für den Tourismus im Dreiländereck ergeben, sollten aus diesem Grund nicht unbeachtet bleiben. Des Weiteren sollte jener Umsatz dazu gezählt werden, der durch die Mitwirkenden am Festival generiert wird. Beispielsweise bestätigt eine Untersuchung des Amtes für Weiterbildung, dass ca. 80% der bezahlten Künstler-Honorare wieder vor Ort ausgegeben werden (XONG 2010).

Weiter konnte die Analyse feststellen, dass XONG vor allem Besucher anspricht, die bewusst Wert auf Qualität setzen und »Individualität und Authentizität« suchen. Die Teilnehmer am Festival konnten eindeutig als »sanfte Touristen/Besucher« identifiziert werden, wodurch die Veranstaltungen insgesamt ein nachhaltiges Konzept verfolgt und positive Auswirkungen auf die gesamte Region hat (MCI 2008, XONG 2010)

4 Ausblick

Das Beispiel des grenzübergreifenden Musikfestivals »XONG« zeigt auf, was in den theoretischen Ausführungen diskutiert wurde: Kooperationen stellen einen Wettbewerbsvorteil für jede Organisation dar, besonders aber für den Erfolg kultureller bzw. touristischer Veranstaltungen wird die Vernetzung einzelner Dienstleistungen und Attraktionspunkte zu einem kritischen Faktor.

Ist es möglich – wie im dargestellten Fall – Kultur als »Netzwerkressource« von den Kooperationspartnern gemeinschaftlich zu nutzen, dann kann dadurch ein Mehrwert für die gesamte Region geschaffen werden. Das Thema der »Grenze« spielt dabei eine zentrale Rolle und stellt – dadurch dass es die kulturelle Identität der gesamten Region stark prägt – gleichsam das verbindende Element im Dreiländereck dar. Darauf gründet auch die Einzigartigkeit des kulturtouristischen Angebotes, dessen Profil durch die Zusammenarbeit stets weiter geschärft wird.

Den Organisatoren der Veranstaltung gelingt es im Netzwerk neben ihrer Funktion als Koordinationsstelle, auch die touristische Aufbereitung der kulturellen Attraktionen umzusetzen und die Schlüssel-Stakeholder, in die Netzwerkstruktur zu integrieren. Insgesamt kann dadurch nicht nur der Stellenwert der Kultur in der Region hervorgehoben, sondern auch die Wettbewerbsfähigkeit als Lebens- und Wirtschaftsraum (Tourismusdestination bzw. Standort für Betriebsansiedlungen) gesteigert werden: Die optimale Balance zwischen Kultur und Wirtschaft, zwischen den unterschiedlichsten Partnern und Interessen bzw. zwischen ökonomischen, ökologischen und soziokulturellen Effekten bewirkt eine positive und nachhaltige Entwicklung der gesamten Region:

– ökonomische Effekte: Die errechnete Umwegrentabilität sowie die zu erwartenden Multiplikationseffekte können als relationale Renten betrachtet werden, deren Erwirtschaftung nur im Verbund möglich ist. Von diesen Netzwerkeffekten, wie auch von den Kompetenz-, Image-, Marken- und Struktureffekten profitieren Wirtschaft und Einheimische nicht nur während der Zeit des Festivals, sondern insbesondere auf langer Sicht.

– ökologische Effekte: Da es sich im Beispiel um ein kulturtouristisches Angebot handelt, das für eine kleinere Teilnehmerzahl konzipiert wurde und das als »sanft« bezeichnet werden kann, bleiben massentouristische Phänomene aus. Eine schonende Nutzung natürlicher Ressourcen wird durch die Einbindung von Landschaft und Natur zur zwingenden Voraussetzung.

– soziokulturelle Effekte: Durch die Auseinandersetzung mit der Region und der eigenen Identität wird nicht nur der »Stolz« auf die eigene Kultur gefördert, es findet gleichzeitig auch eine Wertschätzung der benachbarten Bevölkerungsgruppen statt, wodurch ein wertvoller Beitrag zur Völkerverständigung geleistet wird; Vorurteile können dadurch abgebaut und Grenzen überschritten werden, was die künftige Entwicklung der Region weiter begünstigt.

Kulturelle Ressourcen (wie bspw. das Festival, das sich thematisch mit dem Thema der Grenze auseinandersetzt) stellen somit wichtige Basisfaktoren dar, die zur regionalen Produktivität, Beschäftigung und Lebensqualität beitragen und die Wettbewerbsfähigkeit einer Region entscheidend stärken. Das grenzübergreifende Netzwerk wird dadurch zu einem wirkungsvollen Werkzeug in der Regionalentwicklung.

5   Literatur

Ahlert, D.; Blaich, G.; Evanschitzky, H. (2003): Systematisierung von Dienstleistungsnetzwerken. In: Bruhn, M; Stauss, B. (Hrsg.): Dienstleistungsnetzwerke. Wiesbaden: Gabler, S. 31–59

Amtsblatt der Europäischen Union C 110/01 (2006): Europäischer Wirtschafts- und Sozialausschuss – Stellungnahme des Europäischen Wirtschafts- und Sozialausschusses zum Thema: Tourismus und Kultur: zwei Kräfte im Dienste des Wachstums. http://eur-lex.europa.eu/LexUriServ/LexUriServ.do?uri=OJ:C:2006:110:0001:0007:DE:PDF, Online: 22.08.2013.

Arcus Raetiae (2007): Leistungsbilanz XONG 2007. Presseaussendung via Mail info@raetia.net vom 19.09.2007

Bachleitner, R.; Zins, A. (1999): Cultural Tourism in Rural Communities: The Resident's perspective. In: Journal of Business Research 44 (3), S. 199–209.

Barney, J. B. (2007): Gaining and sustaining competitive advantage, 3. Aufl., New Jersey: Pearson Prentice Hall.
Becker, C. (1993): Kulturtourismus: eine Einführung. In: Becker, C.; Steinecke, A. (Hrsg.): Kulturtourismus in Europa: Wachstum ohne Grenzen? Trier: Europäisches Tourismus Institut, S. 7–9.
Bendixen, P. (2006): Einführung in das Kultur- und Kunstmanagement. 3. Aufl., Wiesbaden: VS Verlag für Sozialwissenschaften.
Bieger, T. (2001): Wirtschaftliche Nachhaltigkeit von Sport-Events am Beispiel der Ski WM 2003. In: Tourismus Journal 5 (1), S. 77–96.
Bieger, T. (2008): Management von Destinationen. 7. Aufl., München: Oldenbourg.
Brass, D.J.; Galaskiewicz, J.; Greve, H.R.; Tsai, W. (2004): Taking stock of networks and organizations: A multilevel perspective. In: Academy of Management Journal 47 (6), S. 795–817.
D'Aveni, R. (1994): Hypercompetition, The Free Press, New York.
Diller, C. (2003): Regionalentwicklung durch neue Kooperationen – von wem und für wen? In: Standort-Zeitschrift für angewandte Geographie 27 (2), S. 79–84.
Dreyer, A. (2006): Grundlagen des Kulturtourismus. Brandenburg: Service-Agentur des Hochschulverbundes Distance Learning mit Sitz an der FH Brandenburg.
Duschek, S. (2004): 'Interfirm resources and sustained competitive advantage', Management Revue 15 (1), S. 53–73.
Duschek, S.; Sydow, J. (2002): 'Ressourcenorientierte Ansätze des strategischen Managements – zwei Perspektiven auf Unternehmungskooperation', Wirtschaftswissenschaftliches Studium 31 (8), S. 426–431.
Dyer, J. H.; Singh, H. (1998): The relational view: cooperative strategy and sources of interorgnizational competitive advantage, Academy of Management Review 23 (4), S. 660–679.
Easterling, D. (2004): The Resident's Perspective in Tourism Research: A Review and Synthesis. In: Journal of Travel & Tourism Marketing 17 (4), S. 45–62.
Fitzsimmons, J.A.; Fitzsimmons, M. (2008): Service Management – Operations, Strategy, Information Technology. New York: McGraw-Hill International Edition.
Flagestad, A.; Hope, C.A. (2001): Strategic success in winter sports destinations: a sustainable value creation perspective. In: Tourism Management 22, Nr. 5, S. 445–461.
Freiling, J. (2005): Die Einordnung des Netzwerkgedankens in die Ressourcentheorie, In: H. K. Stahl; S. Friedrich von den Eichen (Hrsg.), 'Vernetzte Unternehmen – Wirkungsvolles Agieren in Zeiten des Wandels', Erich Schmidt Verlag, Berlin, S. 65–82.
Freyer, W. (2006): Tourismus – Einführung in die Fremdenverkehrsökonomie. 8. Aufl., München: Oldenbourg.
Fürst, D. (2003): Steuerung auf regionaler Ebene versus Regional Governance. In: Informationen zur Raumentwicklung 8 (9), S. 441–450
Fürst, D. (2007): Regional Governance – Concept, process, instrument? In: Nischwitz, G. (Hrsg.): Regional Governance – Stimulus for Regional Sustainable Development. München: Oekom-Verlag, S. 17–28.
Goeldner, C.R.; Ritchie, J.R.B. (2009): Tourism – Principles, Practices, Philosophies. 11. New York: Wiley.
Gulati, R. (1999): Network location and learning: The influence of network resources and firm capabilities on alliance formation, Strategic Management Journal 20 (5), S. 397–420.
Hamel, G.; Doz, Y.L.; Prahalad, C.K. (1989): Mit Marktrivalen zusammenarbeiten – und dabei gewinnen. In: Harvard Manager 11, Nr. 3, S. 87–94
Hamel, G. (1991): Competition for competence and inter-partner learning within international strategic alliances, Strategic Management Journal 12 (4), S. 83–103.

Hinterhuber, H. H. (2007): Leadership – Strategisches Denken systematisch schulen von Sokrates bis heute, 4. Aufl., Frankfurt am Main: Frankfurter Allgemeine Buch.
Hughes, H.L. (2002): Culture and tourism: a framework for further analysis. In: Managing Leisure 7, Nr. 3, S. 164–175.
Johnson, G.; Scholes, K.; Whittington, R. (2008): Exploring corporate Strategy – text and cases. 8. Aufl., Harlow: Pearson Education.
Kagelmann, J. H.; Scherle, N.; Schlaffke, M. (2003): Städtetourismus und populäre Kultur. In: Bachleitner, R.; Kagelmann, J. H. (Hrsg.): Kultur/Städte/Tourismus. München/Wien: Profil, S. 165–176.
Keller, P. (2000): Tourismus und Kultur: Management des Wandels. In: Keller, P.; Bieger, T. (Hrsg.): Tourism and culture – Managing change Bd. 42. St. Gallen: Edition AIEST, S. 21–31.
Killich, S. (2007): Formen der Unternehmenskooperation. In: Becker, T.; Dammer, I.; Howaldt, J.; Killich, S.; Loose, A. (Hrsg.): Netzwerkmanagement – Mit Kooperation zum Unternehmenserfolg. Berlin/Heidelberg/New York: Springer, S. 13–22.
Klein, A. (2007): Kulturtourismus als Entwicklungschance für Städte und Gemeinden. In: Grünewald-Steiger, A.; Brunotte, J. (Hrsg.): Forum Kultur: Kulturtourismus – Qualitäten des kultivierten Reisens. Wolfenbüttel: Bundesakademie für kulturelle Bildung, S. 34–49.
Kogut, B. (2000): The network as knowledge: Generative rules and the emergence of structure, Strategic Management Journal 21 (special issue), S. 405–425.
Kolland, F. (2003): Konfliktlinien im Kulturtourismus. In: Bachleitner, R.; Kagelmann, H. (Hrsg.): Kultur/Städte/Tourismus. München/Wien: Profil, S. 9–20.
Kulturmanagement Network (2006): Kulturmanagement Newsletter – Monatlicher Informationsdienst für Kultur und Management. http://www.kulturmanagement.net/downloads/newsletter/kmnl83.pdf. Version: Juli 2006. – Online: 22.04.2010.
Lohmann, M.; Mundt, W. J. (2002): Maturing Markets for Cultural Tourism: Germany and the Demand for the 'Cultural' Destination. http://www.ba-ravensburg.de/~mundt/cultural%20tourism.pdf. Version: 2002. – Online: 22.05.2009.
Martelloni, R. (2007): Nuovi territori – Riflessioni e azioni per lo sviluppo e la comunicazione del turismo culturale. Milano: Franco Angeli.
Martin, R.; Kitson, M.; Tyler, P. (2006): Regional competitiveness: an elusive yet key concept? In: Martin, R.; Kitson, M.; Tyler, P. (Hrsg.): Regional Competitiveness. Abingdon: Routledge, S. 1–9.
MCI (Management-Center Innsbruck) (2008): Ökonomische Auswirkungen des Musikfestivals XONG, Projektarbeit der Bachelor-Studiengänge "Management & Recht" und "Nonprofit-, Sozial- und Gesundheitsmanagement".
McKercher, B.; Cros, H. (2002): Cultural Tourism – The Partnership Between Tourism and Cultural Heritage Management. New York: The Haworth Hospitality Press.
Müller, H.; Messerli, P. (2006): Zu einem anderen Tourismus zumal Bergtourismus: Wegemarkierung. In: Glauber, H. (Hrsg.): Langsamer weniger besser schöner – 15 Jahre Toblacher Gespräche: Bausteine für die Zukunft. München: Oekom-Verlag, S. 237–244.
Murphy, P.E.; Murphy, A.E. (2004): Strategic Management for Tourism Communities – Bridging the Gaps. Clevedon/Buffalo/Toronto: Channel View Publications.
Ooi, C.S. (2002): Cultural Tourism and Tourism Cultures: The Business of Mediating Experiences in Copenhagen and Singapore. Copenhagen: Copenhagen Business School Press DK.
Opaschowski, H.W. (2008): Deutschland 2030: Wie wir in Zukunft leben. München: Gütersloher Verlagshaus.
Pechlaner, H. (2003): Tourismusdestinationen im Wettbewerb. Wiesbaden: Deutscher Universitäts-Verlag.

Pechlaner, H.; Raich, F. (2004): Network strategies in cultural tourism destinations – effects on the strategic value of cultural tourism. In: Keller, P.;Bieger, T. (Hrsg.): The future of SMEs in Tourism Bd. 46. St. Gallen: Edition AIEST, S. 401–413.

Pernthaler, P. (2007): Die Identität Tirols in Europa. Wien/New York: Springer.

Peters, M.; Pikkemaat, B. (2004): The Management of City Events: The Case of Bergsilvester in Innsbruck, Austria. In: Event Management 9 (3), S. 147–153.

Petrillo, C. (2004): Introductory issues and keynote presentations – the conference issues, In: C. Petrillo; J. Swarbrooke (Hrsg.), 'Networking & Partnerships in Destination Development & Management – Proceedings of the ATLAS Annual Converence 2004', Band 1, Enzo Albano Editore, Napoli, S. 5–10.

Pöll, G. (1983): Methodik der Umwegrentabilitätsrechnung im Kulturbereich. Linz: Druck- und Verlagsanstalt Gutenberg.

Richards, G. (2001): Cultural Attractions and European Tourism. Wallingford/Oxon/New York: CABI Publishing.

Richards, G. (2007): Cultural tourism – Global and Local Perspectives. NewYork/London/Oxford: The Haworth Hospitality Press.

Ritchie, R. J. B.; Ritchie, J. R. B. (2002): A framework for an industry supported destination marketing information system. In: Tourism Management 23 (5), S. 439–454.

Ritchie, B.; Crouch, G. (2003): The Competitve Destination – A sustainable Tourism Perspective. London: CAB International.

Scherer, R.; Riklin, F.; Bieger, T. (2003): Langfristige Wirkungen von Kulturevents: Das Beispiel Lucerne Festival. In: Bachleitner, R.; Kagelmann, H. (Hrsg.): Kultur/Städte/Tourismus. München/Wien: Profil, S. 93–108.

Schuckert, M.; Möller, C.; Weiermair, K. (2007): Alpine destination life cycles: Challenges and implications. In: Conrady, R.; Buck, Martin (Hrsg.): Trends and issues in global tourism 2007. Berlin/Heidelberg: Springer, S. 121–136.

Schmid, B. (2002): Biodiversität: Prinzip und Messbarkeit. In: Schweizerische Akademie der Geistes- und Sozialwissenschaften (Hrsg.): Alpenforschung – Kulturelle Diversität im Alpenraum. Bern: Schweizerische Akademie der Geistes- und Sozialwissenschaften, November 2002, S. 15–38.

Schramm-Klein, H. (2005): Wettbewerb und Kooperation in regionalen Branchenclustern. In: Zentes, J.; Swoboda, B.; Morschett, D. (Hrsg.): Kooperationen, Allianzen und Netzwerke Bd. 2. Aufl., Wiesbaden: Gabler, S. 531–556

Stahl, H. & Friedrich von den Eichen, S. (2005): Vernetzte Unternehmen – Wirkungsvolles Agieren in Zeiten des Wandels, Erich Schmidt Verlag, Berlin.

Stauss, B.; Bruhn, M. (2003): Dienstleistungsnetzwerke – Eine Einführung in den Sammelband. In: Bruhn, M.; Stauss, B. (Hrsg.): Dienstleistungsnetzwerke – Dienstleistungsmanagement Jahrbuch 2003. Wiesbaden: Gabler, S. 3–30.

Steinecke, A. (2007): Kulturtourismus. München: Oldenbourg Wissenschaftsverlag.

Swarbrooke, J. (2005): Sustainable Tourism Management. Wallingford: CABI Publishing.

Sydow, J. (2006): Management von Netzwerkorganisationen – zum Stand der Forschung, In: J. Sydow (Hrsg.), 'Management von Netzwerkorganisationen', 4. Aufl., Gabler, Wiesbaden, S. 387–472.

Thiem, M. (1994): Tourismus und kulturelle Identität. Bern, Forschungs-Institut für Freizeit und Tourismus der Universität Bern.

Tighe, A.J. (1986): The arts/tourism partnership. In: Journal of Travel Research 24 (3), S. 2–5.

Vavti, S.; Steinicke, E. (2006): Biographie, Identität und ethnische Vielfalt: Bedrohung und Chancen im Kanaltal (Italien). In: Europa Ethnica 63 (1), S. 12–20.

Wagner, F. A. (1990): Anleitung zur Kunst des Reisens – zur Kultur geschichte des Reiseführers. In: Thomas-Morus-Akademie (Hrsg.) Wegweiser in die Fremde? Reiseführer, Reiseratgeber, Reisezeitschriften Bergisch Gladbach: Thomas-Morus-Akademie Bensberg, S. 9–33.

Well, B. (2001): Ressourcenmanagement in strategischen Netzwerken. In: Ortmann, G.; Sydow, J. (Hrsg.): Strategie und Strukturation – Strategisches Management von Unternehmen, Netzwerken und Konzernen. Wiesbaden, S. 145–172.
Worsley, P. (2005): Classic conceptions of culture. In: Skelton, T. (Hrsg.); Allen, T. (Hrsg.): Culture and global change. London: Routledge, S. 13–22.
XONG (2010): Ökonomische Auswirkungen des Festival XONG. http://www.xong.net/xong/xong.php?Sel=2279 Online: 11.04.2010.
Zelger, J. (2000): Twelve Steps of GABEK/WinRelan – A Procedure for Qualitative Opinion Research, Knowledge Organization and Systems Development. In: Buber, R.; Zelger, J. (Hrsg.): Gabek II – Zur qualitativen Forschung/On qualitative research. Innsbruck/Wien/München: Studien Verlag, S. 205–220.
Zelger, J.; Oberprantacher, A. (2007): Processing of Verbal Data and Knowledge Representation by GABEK WinRelan. In: Forum Qualitative Sozialforschung (Online-Journal. http://www.qualtitative-research.net), 2003 (3).
Zembylas, T. (2004): Kulturbetriebslehre – Grundlage einer Inter-Disziplin. 1. Aufl., Wiesbaden: Verlag für Sozialwissenschaften.

PETER WOLF

Eigenes und Fremdes im Spiegel kulturhistorischer Ausstellungen. Erfahrungsberichte aus grenzüberschreitenden Projekten

Bayern und Böhmen sind durch eine Jahrhunderte währende gemeinsame Geschichte verbunden, bisweilen kriegerisch, vor allem im 20. Jahrhundert tragisch, zumeist aber in guter Nachbarschaft. Mit der Grenzöffnung 1989 trat dies wieder verstärkt ins Bewusstsein – in Bayern allerdings vor allem beschränkt auf die grenznahen Regionen. Für viele Menschen in den zentralbayerischen und – fränkischen Ballungsräumen blieb gerade die Tschechoslowakei und dann auch die Tschechische Republik eine terra incognita. Dies war einer der Gründe, warum das Haus der Bayerischen Geschichte seit Mitte der 1990er Jahre in unterschiedlichen Kooperationen Ausstellungsprojekte veranstaltete, die sich vor allem auf die Gemeinsamkeiten diesseits und jenseits des Böhmerwalds bzw. des Šumava bezogen. Der Verfasser dieser Zeilen war bei allen aufgeführten Projekten an der Konzeption und Durchführung beteiligt.

Im Folgenden sollen daher die Vermittlungsstrategien jener Ausstellungen in einem Erfahrungsbericht zusammengefasst und am Schluss gefragt werden, welche Rolle diese Projekte für das gemeinsame historische Verständnis in Grenzregionen gespielt haben.

1 Kooperationen mit dem Bergbau- und Industriemuseum Ostbayern

Zwei der genannten Projekte waren Ausstellungen mittlerer Dimension, die das Bergbau- und Industriemuseum Ostbayern in Schloss Theuern gemeinsam mit dem Haus der Bayerischen Geschichte realisieren konnte:

- 1996 "Gold im Herzen Europas / Zlato v srdci Evropy"[1]
- 2001 "Der seidige Glanz. / Hedvabný blesk. Zinn in Ostbayern und Böhmen"[2]

---

[1] Helmut Wolf (Hg.): Gold im Herzen Europas. Aufsätze und Katalog (= Schriftenreihe des Bergbau- und Industriemuseums Ostbayern in Theuern Bd.34), Theuern 1996.
[2] Der seidige Glanz. Zinn in Ostbayern und Böhmen / Hedvábní blesk. Cín v východním Bavorsku a v Čechách (= Schriftenreihe des Bergbau- und Industriemuseums Ostbayern, Bd.42), Theuern 2001.

Beide Sonderausstellungen in der Größe von etwa 800 m² Ausstellungsfläche wählten einen in der "Ausstellungslandschaft" eher ungewöhnlichen Ansatz. Er war dezidiert "interdisziplinär". Im Zentrum stand jeweils ein metallischer Rohstoff, dessen Gewinnung in der Vergangenheit sowohl für Ostbayern wie für Böhmen prägend war. Die geologischen und mineralogischen Grundlagen wurden jeweils zu Beginn der Ausstellung thematisiert, anschließend ging es um montanistische Gewinnungsmethoden sowie die Techniken der Aufbereitung. Insbesondere Böhmen wurde im hohen und späten Mittelalter zu einer der zentralen Edelmetall-Regionen Europas: Zu erinnern ist an die Goldgewinnung zur Zeit Kaiser Karls IV. in Bergreichenstein oder an die reichen Zinnerzgruben im Kaiserwald. In den Ausstellungen wurden auch Handelsrouten sowie die Wechselwirkungen der Finanzierung der historischen Bergbauregionen dargestellt – etwa der Einsatz Nürnberger Kapitals in Schlaggenwald/Horní Slavkov im 16. Jahrhundert. Wichtig war es uns zu zeigen, wie eng, wie alltäglich der Handelsaustausch zwischen bestimmten Städten beider Länder war. Den Schluss bildete jeweils die technische Umsetzung der Metalle heute – von der Halbleitertechnik bis hin zur verzinnten Konservendose. Insgesamt waren also in diesen Ausstellungen Forschungsergebnisse vieler Wissenschaften versammelt: Geologie, Mineralogie, Geographie (Wirtschaftsgeographie), Archäologie, Landesgeschichte mit Schwerpunkt Wirtschaftsgeschichte, Kunstgeschichte, Volkskunde und Ingenieurswissenschaften. Kennzeichnend für diese "Rohstoff-Ausstellungen" war auch, dass sie jeweils mit Partnern aus Tschechien realisiert wurden: So im Fall der Goldausstellung mit dem Technischen Nationalmuseum in Prag und im Fall der Zinnausstellung mit der Stiftung Georg Agricola im Kaiserwald sowie den Museen in Karlsbad und Eger.

Beide genannten Projekte waren zwar keine Landesausstellungen, zogen aber doch erhebliche öffentliche Aufmerksamkeit auf sich. Das galt insbesondere für die Ausstellung über "Gold", die über 40.000 Besucher anzog – der bisherige Rekord im Museum Theuern. Die Ausstellung zum "Zinn" konnte vergleichsweise weniger Besucher zählen – 11.000 Interessierte kamen nach Theuern selbst; etwa 5.000 Besucher sahen eine begleitende Schau im Donaueinkaufszentrum Regensburg.

Der verhältnismäßig gute Erfolg beider Ausstellungen zeigte uns ganz hautnah, dass Themen aus dem Bereich "Bayern – Böhmen" gerade in Ostbayern auf größeres Interesse stoßen. Dies stimmte überein mit den Erfahrungen vieler anderer Museen der Region diesseits und jenseits der Grenze und war für das Haus der Bayerischen Geschichte sicher auch ein Ansatzpunkt, um über "große Lösungen" nachzudenken. Auch daraus entstanden die beiden Landesausstellungen in Amberg und Zwiesel.

2   Bayerische Landesausstellung 2003: Winterkönig und Weißer Berg

Wie wenige andere Themen war das des „Winterkönigs" geeignet, die enge Verflechtung von Regional- und Landesgeschichte mit europäischen Strömungen zu verbinden. Der spätere Kurfürst von der Pfalz Friedrich V. hatte im Jahr 1619 nach der böhmischen Ständerevolution und dem berühmten "Prager Fenstersturz" die Wahl zum böhmischen König angenommen. Damit gab er gewissermaßen den Startschuss für die Internationalisierung eines Konflikts, der später als "Dreißigjähriger Krieg" in die Geschichtsbücher eingehen sollte. Dieser historischen Figur und ihrem Umfeld war im Jahr 2003 die Bayerische Landesausstellung „Der Winterkönig/Zimní král" gewidmet – eine Ausstellung, die im Geburtsort Amberg stattfand, und die nach dieser Zeit in verkleinerter Form in Den Haag und in Heidelberg zu sehen war.[3]

Die Besucher der Ausstellung erlebten, wie zwei Landesgeschichten, die man bisher immer getrennt gesehen hatte, ganz ähnliche Entwicklungen genommen hatten. Das spiegelt sich in einem erstaunten Kommentar wieder, den tschechische Besucher im Besucherbuch der Ausstellung hinterließen: "Wir kamen nach Amberg und stellten fest, dass hier unsere eigene Geschichte gezeigt wird". Genau das war auch unser Ziel: Die gemeinsame Geschichte dieser Region anhand gemeinsamer Erinnerungsorte ins Bewusstsein zu heben. Der zitierte Satz macht aber auch etwas sichtbar, was aus Gesprächen und Beobachtungen in der Ausstellung deutlich wurde: Viele tschechische Besucher scheinen sich zuvor nicht klar darüber gewesen zu sein, dass historische Ereignisse und Personen wie „Fridrich falcký", „Waldstejn", der Prager Fenstersturz 1618 oder die Schlacht am Weißen Berg 1620 ebenso zur bayerischen und deutschen wie zur böhmischen/tschechischen Geschichte gehörten. Und sehr viele deutsche Besucher waren erstaunt, wie eng die Kontakte in früheren Zeiten einmal gewesen waren – und dass man etwa die Geschichte der Oberpfalz nicht wirklich versteht, wenn man nicht zugleich die Geschichte Böhmens in den Blick nimmt.

Die Ausstellung hatte freilich mit einer massiven Hypothek zu kämpfen: Sie fand im Sommer 2003 statt – dem berühmten Jahrtausendsommer. Das reduzierte – wie übrigens in allen bayerischen Museen und Sammlungen – die Besucherzahlen, auch wenn wir mit klimatisierten Räumen werben konnten. Trotzdem fanden 81.370 Personen ihren Weg in die Ausstellung – und zugleich nach Amberg, das selbst für viele Besucher aus Nürnberg und erst recht aus München eine Entdeckung darstellte. Die Besucherbefragung ergab unter anderem folgende aufschlussreiche Ergeb-

---

[3]   Der Winterkönig. Friedrich V., der letzte Kurfürst aus der Oberen Pfalz. Amberg, Heidelberg, Prag, Den Haag, hg. v. Peter Wolf, Michael Henker, Evamaria Brockhoff, Barbara Steinherr, Stephan Lippold (= Veröffentlichungen zur Bayerischen Geschichte und Kultur 46/03), Augsburg 2003. Kurzführer in deutscher, englischer und tschechischer Sprache: The Winterking, Zimní král, Der Winterkönig, Kurzführer zur Bayerischen Landesausstellung 2003, Augsburg 2003. Vgl. den Katalog zur Folgeausstellung im Haags Historisch Museum: Groenveld, S.: De Winterkoning. Balling aan het Haagse hof, Den Haag 2003.

nisse: Das Durchschnittsalter der Besucher entsprach mit 51 Jahren dem der übrigen Landesausstellungen. Dabei war das Bildungsniveau zwar hoch (etwa 45 % hatten einen Fach/Hochschulabschluss). Interessant war aber, dass der Anteil mit niedrigem (10 %) oder mittleren Bildungsabschluss (21 %) deutlich über dem Anteil in anderen Landesausstellungen lag. Der überwiegende Teil interessierte sich für die Geschichte Bayerns und der Oberpfalz (33 % und 19 %).

Das Einzugsgebiet teilte sich auf wie folgt: Rund 17 % der Besucher kamen direkt aus Amberg und Umgebung, 19 % aus dem Großraum Nürnberg / Fürth / Erlangen, 6 % aus München, 43 % aus dem übrigen Bayern, 12 % aus anderen Bundesländern, allerdings nur 3 % aus dem Ausland. 69 % der Befragten gaben an, dass sie während ihres Aufenthalts auch die Stadt Amberg besichtigen würden; 37 % bezeichneten sich als Tourist in Amberg. Dabei handelte sich meistens um Tagesausflügler; trotzdem der durchschnittliche Aufenthalt in Amberg knapp 2 ½ Tage – eine wichtige Imagewerbung für die schöne, aber in Bayern und darüber hinaus doch eher unbekannte Stadt. Spätere Befragungen ergaben, dass viele der Besucher wiederkamen – ihnen hatte es die frühere Hauptstadt der Oberen Pfalz angetan. Durchschnittlich haben die Befragten in Amberg 48 Euro ausgegeben. Rechnet man Kinder ab, ergibt sich bei konservativer Schätzung ein Kaufkraftzufluss von rund 2,5 Mio. Euro.

Der Auslandsanteil entsprach den bisherigen Landesausstellungen. Vergleicht man also nur die Prozentzahlen, so ist der tschechische Besuch relativ gering – auch wenn hier Gruppenbesuche unterdurchschnittlich gewertet wurden und wir so wohl von etwa 5 % Besucher ausgehen können. Dieser relativ geringe Anteil lag wohl darin begründet, dass trotz zweisprachiger Ausstellungsbeschriftung und grenzüberschreitender Werbung das Genre „Landesausstellung" in Tschechien relativ wenigen Menschen vertraut war. Trotzdem wurde in der tschechischen Öffentlichkeit bewusst wahrgenommen, dass hier in einer kulturhistorischen Ausstellung die gemeinsame Geschichte gezeigt wurde. Das zeigt sich an einem wichtigen Detail: Die großen Museen (Nationalmuseum Prag, Kunstgewerbemuseum Prag, Westböhmisches Museum Pilsen etc.) machten in diesem Jahr ihre Betriebsausflüge nach Amberg. Viele Kontakte wurden im Vorfeld der Ausstellung geknüpft und halten bis heute an. So war diese Ausstellung auch Initialzündung für ein noch umfassenderes grenzüberschreitendes Projekt.

3 Bayerische Landesausstellung 2007: Bayern – Böhmen

Vier Jahre nach der eher gesamteuropäisch ausgerichteten Amberger Präsentation wagte das Haus der Bayerischen Geschichte sich an ein Thema, das eine Vielzahl nicht nur historischer sondern auch politischer Hürden versprach: Eine Gesamtschau der Beziehungsgeschichte Bayerns und Böhmens von den Anfängen bis heute.[4] Es gab schon seit langer Zeit die Planung, das Verhältnis Bayerns mit seinem direkten östlichen Nachbarn gründlich darzustellen. Im Jahr 2001 hatte sich die Bayerische Landesausstellung auf der Feste Oberhaus in Passau mit dem Thema "Bayern-Ungarn" auseinandergesetzt – auch dies zwei Länder, die zumindest im Früh- und Hochmittelalter direkte Nachbarn gewesen waren. Aber das ist lange her, was so manches erleichterte: direkte Konflikte jüngeren Datums, vor allem aber die Betroffenheit durch Protektorat und Vertreibung, fehlen beim Thema Bayern-Ungarn.

Bei Besucherbefragungen in früheren Ausstellungen war auch gefragt worden, ob denn das Thema "Die Slawen" auf Interesse stoßen würde. Dieses eher in die Frühgeschichte einzuordnendes Thema hat allerdings nur wenig Anklang gefunden. Das war wohl auch der Grund, warum man sich für den "breiten" Ansatz "Bayern – Böhmen" entschied. Ein solches Unternehmen war nur unter Einbeziehung vielfältiger wissenschaftlicher und politischer Kontakte möglich. Ohne Mithilfe vieler deutscher und tschechischer Institutionen vom tschechischen Kulturministerium angefangen über die Prager Akademie der Wissenschaften, dem Münchner Collegium Carolinum, dem Tschechischen Generalkonsulat und dem Tschechischen Zentrum in München, mehreren Universitätsinstituten bis hin natürlich zu unseren wichtigsten Partnern – den Museen – wäre ein solches Unternehmen von vornherein zum Scheitern verurteilt gewesen.[5]

Das Thema "Bayern-Böhmen" hätte man an vielen Orten präsentieren können: in Nürnberg oder Regensburg zum Beispiel. Die Entscheidung fiel schließlich auf Zwiesel im Bayerischen Wald, was in München und Prag zugegeben für einiges Kopfschütteln sorgte. Zwiesel ist eine kleine Stadt mit etwas über 10.000 Einwohnern, vor allem aber für eine Landesausstellung sehr abgelegen. Die Entscheidung zugunsten Zwiesels fiel schließlich vor allem wegen des vorbildlich renovierten Ausstellungsgebäudes und der Nähe der Grenze bei Bayerisch Eisenstein/Železná Ruda. So war die Ausstellung leicht per PKW oder Bahn auch von Tschechien aus erreichbar. Ein Vorteil konnte natürlich sein, dass der Bayerische Wald eine Tourismusregion ist – allerdings eine Region, die mit massiven Besuchereinbrüchen zu kämpfen hat. Und die "klassischen Besucher" von Landesausstellungen machen Tagesausflüge aus einem Ballungsraum heraus – und den gibt es in der Nähe von Zwiesel einfach nicht.

---

[4] Bayern – Böhmen. 1500 Jahre Nachbarschaft, hg. v. Rainhard Riepertinger, Evamaria Brockhoff, Ludwig Eiber, Stephan Lippold, Peter Wolf (= Veröffentlichungen zur Bayerischen Geschichte und Kultur 54/2007), Augsburg 2007.

[5] Zur Ausstellung gab das Collegium Carolinum auch einen Aufsatzband heraus: Robert Luft, Ludwig Eiber (Hgg.): Bayern und Böhmen. Kontakt, Konflikt, Kultur (= Veröffentlichungen des Collegium Carolinum, Bd. 111), München 2007.

Neben die komplett zweisprachige (deutsch-tschechisch) Zentralausstellung in Zwiesel, trat ein umfangreiches Begleitprogramm, das Orte – auch Erinnerungsorte – beidseits des Grenzverlaufs mit einschloss.[6] Dazu gehörten regionale Schwerpunktmuseen ebenso wie historische Festspiele oder die Kooperation der Nationalparks Bayerischer Wald/Šumava. Als Bezugsraum für die kulturhistorisch orientierte Hauptausstellung in Zwiesel nahmen wir ganz Bayern und ganz Böhmen in den heutigen Grenzen. Auch die – überproportional umfangreiche – Darstellung des 20. Jahrhunderts war eingebettet in die Gesamterzählung einer Jahrhunderte alten Beziehungsgeschichte. Entscheidend war: wir haben gleich gar nicht versucht, Vollständigkeit zu erreichen.

Die erste Frage: Wie ist der Rahmen zu stecken? Wenn man sich – wie beim Winterkönig – mit einer Person beschäftigt, kann man sich an dessen Leben, seiner Zeit orientieren. Hier mussten wir auswählen: Welche Phasen sind herauszuheben, wo legen wir Schwerpunkte? Wir haben uns bei der Auswahl des Gezeigten bewusst auf „Erinnerungsorte" einer grenzüberschreitenden Beziehungsgeschichte konzentriert.[7] Folgende Kategorien kann man unterscheiden:

- **Vergessenes und Verblüffendes:** Unter der Herrschaft Kaiser Karls IV. im 14. Jahrhundert gehörten große Teile der Oberpfalz und Frankens zum Herrschaftsbereich der böhmischen Krone, das sogenannte „Neuböhmen". Es war für viele Besucher aus Bayern und Tschechien völlig neu und sehr beeindruckend, dass in heute bayerischen Städten wie Sulzbach oder Auerbach Statthalter des böhmischen Königs residierten.

- **Präsentes:** Sehr wichtig für die heutige Geschichtswahrnehmung sind seit einigen Jahren die alten Handelswege: etwa die Goldene Straße von Prag nach Nürnberg oder auch die diversen Routen der „Goldenen Steige". Ob in Passau oder Prachatice: allein wegen der touristischen Präsenz des Themas fungieren die Goldenen Steige heute als starke Identifikationsorte für die grenzüberschreitenden Verbindungen. Historisches Gedächtnis knüpft sich nicht nur an die „großen Geschichten", sondern manchmal gerade an die sinnfälligen „kleinen".

- **Verdrängtes:** Auf dem Prager Altstädter Ring stand bis 1918 eine Mariensäule. Dieses Standbild der Maria Immaculata nahm das Motiv der heute noch bestehenden Mariensäule im Zentrum Münchens auf. Zwei Denkmäler in den Haupt-

---

[6] Zwei Broschüren, jeweils deutsch oder tschechisch: Haus der Bayerischen Geschichte (Hg.): Bayern – Böhmen, Treffpunkte / Bavorsko – Čechy. Setkání, Augsburg 2007.

[7] Eine ausführlichere Diskussion dieser „Erinnerungsorte" findet sich in meinem Beitrag: „Gemeinsame Erinnerungsorte, gemeinsame Sichtweisen? Ein Erfahrungsbericht aus zwei bayerisch-böhmischen Landesausstellungen, in: Collegium Bohemicum (Hg:), Deutschtschechisches Gesprächsforum. Konferenz der Arbeitsgruppe „Erinnerungsorte", erscheint voraussichtlich Ústí nad Labem 2011.

städten Böhmens und Bayerns symbolisierten den Sieg der „ecclesia militans" und die Verbindung der Hauptmächte der Gegenreformation im Reich. In Prag wurde die Mariensäule 1918 als Symbol habsburgischer Herrschaft gestürzt. In der Ausstellung zeigten wir eine zeitgenössische Kopie der Münchner Madonna und vor allem: das originale Haupt der Madonnenfigur von Prag: ein gewaltsam gestürzter, vielfach verdrängter und doch vielen bewusster Erinnerungsort und ein ideales Symbol für die Geschichte der Gegenreformation in beiden Ländern.

- **Verbindendes:** Auch der geistliche „Barock" kann in Tschechien auf eine sehr kontroverse Interpretationsgeschichte im 19. und 20. Jahrhundert blicken. Dennoch dürften heute die Meisterwerke der Schlossbaukunst und der Barockkirchen in Böhmen bei den meisten Menschen eher positive Zugehörigkeitsgefühle wecken. Eine böhmische Besonderheit und zugleich Exportartikel ist die sogenannte „kurvierte" Architektur, also lebendig schwingende Fassaden und Kirchenräume, für die vor allem die Baumeisterfamilie Dientzenhofer stand. Wir haben in der Ausstellung in einer filmischen Präsentation Großfotos bayerischer und böhmischer „Ikonen" der Dientzenhofer-Werke aufeinander folgen lassen: St. Nikolaus auf der Prager Kleinseite ebenso wie Kloster Banz in Oberfranken, die Kirche von Kloster Břevnov ebenso wie die Wallfahrtskirche Waldsassen: Identifikationsorte, die die Aussage „gemeinsamer Kulturraum" sinnfällig machten.

- **Auseinandertretendes:** Der Neuansatz „nationaler" Denkmäler des 19. Jahrhunderts führte zu merkwürdigen, zugleich verbindenden und trennenden Entwicklungen auch im Verhältnis Bayerns und Böhmens. Ein zwar in der Forschung, nicht aber der breiten Öffentlichkeit bekanntes Beispiel ist der „Slavín", jene böhmische Ruhmeshalle, die von der bayerischen Walhalla angeregt wurde. Das Originalmodell des „Slavín" war in Zwiesel ebenso zu sehen wie Bozetti der berühmten Plastik der Libussa – deren ausgeführter Bronzeguss heute als „Denkmal" das Foyer des Prager Nationalmuseums ziert. Entworfen hat auch diese böhmische Identifikationsfigur Ludwig von Schwanthaler – in Bayern bekannt als Schöpfer der Münchner Bavaria. Die dinglichen Repräsentanten der Nationalbewegungen des 19. Jahrhunderts – hier liegen sie noch ganz nah beisammen.

- **Trennendes und Verbindendes:** Nicht weniger als ein Drittel der Ausstellungsfläche war der Geschichte des 20. Jahrhunderts gewidmet: von 1918 bis zur Grenzöffnung 1989. Hier hatten wir es mit stark emotional besetzten und extrem unterschiedlich interpretierten Themen zu tun – vor allem für die Katastrophenjahre 1938 bis 1948. Wir haben uns für eine chronologische Darstellung entschieden, die die Aufeinanderfolge der Ereignisse betonte und dabei auch strittige Themen nicht ausklammerte – also zum Beispiel die Fluchtwelle von NS-Gegnern, Juden und Tschechen aus dem Sudetengebiet nach der deutschen Besetzung 1938 – aber natürlich auch ausführlich die Ereignisse um die wilden und organisierten Vertreibungen nach Kriegsende. Als Exponate waren – neben Überrestzeugnissen – vor allem Fotos und Filme mit Zeitzeugeninterviews eingesetzt. Schließlich gab es eine große Inszenierung zur Grenzsituation, die allen Menschen in Ostbayern und Tschechien – sofern sie alt genug sind – noch stark in Erinnerung ist und viele positive Reaktionen hervorrief.

Damit kommen wir zu den Reaktionen: Trotz der Randlage Zwiesels haben über 86.000 Besucher die Ausstellung "Bayern-Böhmen" gesehen. Aber die bloße Besucherzahl birgt nur wenige Aussagen darüber, wie die Ausstellung bewertet wurde, wie sie "ankam" und was sie vielleicht bewirkte. Hierfür wurde neben vielen Gesprächen vor Ort auch eine repräsentative Besucherbefragung mit Fragebögen in deutscher und tschechischer Sprache durchgeführt, die an der Universität Augsburg ausgewertet wurden.[8] Insgesamt haben wir außergewöhnlich positive Ergebnisse bei den Bewertungen erhalten: gute Noten für die Auswahl der Themen, der Exponate, für die Texte. Erfreulich hoch war der Anteil ausländischer Besucher mit 11 %. Wenn man Schulklassen und Gruppen aus Tschechien rechnet, die für den Fragebogen nach unseren Beobachtungen keine Zeit hatten: wohl 15 % plus x. Das ist ein sehr hoher, bei einer Landesausstellung zuvor noch nicht und seither nicht mehr erzielter Wert.

Erkennbar war, dass viele Besucher, gerade ältere, die Ausstellung mit sehr großem Detailinteresse betrachteten, d. h. nicht nur die Objekte ansahen, sondern auch sehr genau die Texte lasen und teilweise auch mit ihren Partnern oder ihrer Gruppe diskutierten. Die Darstellung des 20. Jahrhunderts mit seinen Verwerfungen am Schluss der Ausstellung wurde mit besonderem Interesse gesehen. Für viele Besucher, gerade solchen mit einem persönlichen Bezug, war es sehr wichtig, dass die Gemeinsamkeiten in der Ausstellung (Stichwort gemeinsamer Kulturraum) herausgestellt wurden – nicht nur das Trennende. Es gab das Bedürfnis nach den gemeinsamen Erinnerungsorten – ob das eine Figur war wie Karl IV., Architekturzeugnisse wie die Werke der Baumeisterfamilie Dientzenhofer oder einfach auch das Bier nach Pilsner Brauart, die ja von dem aus Vilshofen in Niederbayern stammenden Braumeister Josef Groll auf Initiative Pilsner Bürger entwickelt worden war.

Es gab freilich auch einige Situationen, in denen kontroverse Diskussionen zum Thema "Vertreibung" geführt wurden. Die „Fronten" liefen hierbei freilich selten zwischen Deutschen und Tschechen, sondern zumeist innerhalb der Gruppe deutscher Besucher, oft genug innerhalb von Gruppen der „Erlebnisgeneration" von

---

[8] Auswertung der Besucherbefragungen des Hauses der Bayerischen Geschichte unter: http://www.hdbg.de/basis/03_ausstellungen_besucherforschung.php.

Vertriebenen – sicher ein verständlicher Tribut an wiederaufkommende Emotionen und schlimme Erinnerungen.
Selbstverständlich gab es auch eine Vielzahl von Pressemeldungen zur Ausstellung, von denen hier wenige beispielhaft genannt werden sollen: So berichtet die „Welt am Sonntag" vom 20.5.2007: Die Bayerische Landesausstellung widme sich „mit beachtlichem Mut" der Geschichte der Beziehungen zwischen Bayern und Böhmen. Hervorgehoben wird die erfolgreiche Zusammenarbeit zwischen deutschen und tschechischen Beteiligten. Zitat: "Umso erstaunlicher ist es, dass es im Vorfeld zu keinerlei politischem Streit über historische Darstellungen oder ihre Bewertung gekommen ist." Vier Tage später ist in der „Süddeutschen" zu lesen: Es gebe zwischen beiden Nachbarn, die vieles verbinde, auch „vieles aufzuarbeiten (...), und so erstaunt es nicht, dass die Bayerische Landesausstellung in Zwiesel (...) vielschichtig informiert." Die Besucher könnten „auf Entdeckungsreise durch ein Stück turbulenter europäischer Geschichte gehen". Sehr oft wurde der Geist der Versöhnung beschworen und die Passauer Neue Presse wundert sich am 25.9.2007 beim Blick ins Gästebuch: „Die bei diesem mit vielen Emotionen besetzten Ausstellungsthema fast schon erwarteten politischen Hardliner-Kommentare und Hetzparolen fehlen erstaunlicherweise im Gästebuch." Eine Vielzahl von Artikeln widmete sich dem reichen Begleitprogramm, vor allem im Landkreis Regen und in der Stadt Zwiesel. Für den Ausstellungsmacher ist es im Rückblick immer wieder auch eine bewegende Lektüre, etwa wenn man im Fazit des Bayerwald-Boten vom 20.10.2007 liest: „Beim Thema „Bayern-Böhmen" ist das Eis gebrochen worden."

4   Fazit

Die Ausstellungen, von denen hier berichtet wurde, lieferten einen Blick von Bayern aus auf Böhmen und auf die gemeinsame Vergangenheit. Es gibt so viele Ausstellungserfahrungen wie es Besucher gibt. Damit ist es nicht nur wahrscheinlich, sondern geradezu konstitutiv für eine solche Ausstellung, dass die gleichen Ankerpunkte für Erinnerung unterschiedliche Sichtweisen hervorrufen. Nur folgen diese Sichtweisen nicht mehr nationalen Grenzen, sondern gehen auf die persönlichen Erfahrungen und Interessen der Besucher ein. Die Ausstellung ist ein Kaleidoskop von realen Überresten und Erinnerungen. Aus ihnen setzt sich ein Geschichtsbild zusammen. Dieses jeweils unterschiedliche Geschichtsbild folgt aber bestimmten Grundaussagen, die wir mit einer solchen Ausstellung transportieren wollten. So zum Beispiel, dass die längste Zeit Bayern, Franken und Böhmen zu einem Wirtschafts- und Kulturraum gehörten und weitaus mehr Gemeinsamkeiten vorhanden sind, als man gemeinhin wahrnimmt.

Es lässt sich festhalten, dass die Ausstellungen über manche historischen und kunsthistorischen Einzelerkenntnisse hinaus Grundlagenarbeit für das gemeinsame Verständnis einer Region geliefert haben. Darin liegt ihre langfristige Bedeutung, die weit über ihre Rolle als touristische „Destination" hinausweist. Der gesamte ostbayerische Raum wird durch seine Grenzlage geprägt – und zwar nicht erst seit der Zeit des Kalten Krieges. Bereits die Gründung des Deutschen Kaiserreichs 1871 bedeutete für den östlichen Teil Bayerns, dass das einstige Zentrum Mitteleuropas in eine Rand- und Grenzlage rutschte. Böhmen, Österreich waren auf einmal zum Ausland geworden. Das hat langfristige Folgen für die Wahrnehmung dieser Regionen in den politischen Entscheidungsgremien Bayerns – und natürlich auch im Tourismus. Es ist daher von grundlegender Bedeutung, die Grenzlagen nicht als gott- oder naturgegebene Phänomene zu sehen, sondern in ihrer historischen Gewordenheit, eher als Chance denn als Problem. Um dies deutlich werden zu lassen, sollten kulturhistorische Ausstellungen über Grenzregionen stets eine europäische Perspektive einnehmen, die nationale Grenzen überwindet. Das Haus der Bayerischen Geschichte hat dies in den letzten Jahren mit seinen deutschen, tschechischen und ungarischen Partnern erfolgreich durchgeführt und wird diese Bemühungen mit den Partnern aus Oberösterreich im Jahr 2012 fortsetzen: mit der grenzüberschreitenden Landesausstellung „Bayern – Österreich".

JITKA ZIGMUNDOVÁ

Attraktionen vernetzen: das Beispiel UNESCO-Weltkulturerbe Český Krumlov & Regensburg

1 Einführung

"Grenzen!? Ich habe nie welche gesehen. Aber ich habe gehört, sie sollen in den Köpfen mancher Menschen existieren." Das Zitat des norwegischen Wissenschaftlers und Abenteurers Thor Heyerdahl charakterisiert das zwanzigjährige Geschehen und die Entwicklung im Grenzgebiet der drei Länder, Tschechische Republik, Bundesrepublik Deutschland und Bundesrepublik Österreich nach dem Fall des Eisernen Vorhangs[1].

Es begann ein Kooperationsprozess von drei Nationen und ein Zusammenwachsen grenznaher Regionen. Die Grenzen in den Köpfen der Menschen fallen, was im Hinblick auf die bewegte Geschichte im 20. Jahrhundert keine einfache Aufgabe war und es bis heute nicht ist.

Zuerst wurden Netzwerke aufgebaut, gemeinsame Themen und Ziele festgelegt und zwischenmenschliche Kontakte gefördert. Diese waren die beste Voraussetzung für die Steigerung der Attraktivität der gesamten Region. Das eher ländlich geprägte Gebiet mit schönen historischen Städten und in Europa einmaliger Natur wurde früh als zukünftige touristische Destination erkannt. Der Tourismus gehörte in den vergangenen zwanzig Jahren zu den wichtigsten Themen der grenzüberschreitenden Kooperation und wurde massiv gefördert. Heute gilt er als eines der wirtschaftlichen Standbeine, hat aber immer noch Entwicklungspotential. Für die zukünftige Prosperität der gesamten Grenzregion war von Anfang an die schnelle Entwicklung des tschechischen Gebietes entscheidend. Außer ein paar Städte gab es keine Infrastruktur, die Wirtschaft war auf die kollektive Landwirtschaft ausgerichtet, die Bevölkerung verfügte größtenteils nur Grund- oder Mittelausbildung, die Verkehrsanbindung war schlecht oder nicht vorhanden. Der Tourismus musste bei Null starten. Bis Mitte der neunziger Jahre des vorigen Jahrhunderts wurden die in Deutschland und Österreich verkaufen Straßen- und touristischen Landkarten jenseits der deut-

---

[1] Die Verwaltungsgebiete Oberpfalz, Niederbayern (DE) und Oberösterreich, Niederösterreich (AT) und Bezirke Plzeňský, Jihočeský, Vysočina (CZ)

schen oder österreichischen Grenze nur als weiß markierte Flächen mit der Aufschrift TSCH.REPUBLIK nach dem römischen „HIC SUNT LEONES" konzipiert. Die aktuellen Straßen- und touristischen Landkarten sowie Broschüren markieren die Staatsgrenze nur zur Orientierung. Man kann behaupten, dass die Grenzregionen aus kartografischer Sicht bereits zusammengewachsen sind. Dahinter steckt die harte Arbeit tausender Menschen in allen drei Ländern.

Für die Zukunft hat die gleichmäßige Entwicklung des gesamten Gebietes Priorität, wobei die Städte Zugpferde der wirtschaftlichen Entwicklung werden sollen. Die dynamischen, lebendigen, wirtschaftlich starken und verkehrsmäßig gut vernetzten Städte gewährleisten die notwendige Infrastruktur und das Humankapital und werden zu Ausgangspunkten in der Entdeckung der gesamten Region.

Die Region soll sich auf der touristischen Karte Europas als Destination positionieren und braucht einzigartige Themen und starke Marken, um attraktiver und wettbewerbsfähiger zu sein. Das gesamte Gebiet verfügt über eine respektable Anzahl an Natur- und Kulturgütern. Es handelt sich um außergewöhnliche Schätze, die an die gemeinsame Geschichte und das Zusammenleben dreier Völker in Mitteleuropa erinnern.

Sieben Natur- und Kulturgüter der Region sind mit dem UNESCO-Welterbetitel ausgezeichnet[2]. Die Welterbestätten bieten ein einzigartiges Thema und der Welterbestatus ist die wahre globale Dachmarke. Touristische Destinationen, die sich mit dem Welterbestatus schmücken dürfen, haben auf dem globalen Markt einen deutlichen Wettbewerbsvorteil. So können diese einfacher um internationale Gäste werben und den Überseemarkt erschließen. Die Attraktionen prägen die Destinationen und erregen die Aufmerksamkeit und das Interesse der potenziellen Besucher und können zu Alleinstellungsmerkmalen und zugleich zum Differenzierungspotential der Destinationen werden. Mit dem Attraktionspunkt, der mit dem Welterbestatus dekoriert ist, gewinnt die ganze Region an Attraktivität, weil besonders diese Attraktionspunkte der touristischen Infrastruktur anziehen und für Wirtschaft und Investoren gleichermaßen interessant sind.

Das Welterbe kann unter allen oben genannten Voraussetzungen ein grenzüberschreitendes Thema und Kernprodukt der Dreiländer-Destination werden.
Ein Musterbeispiel der touristischen Entwicklung von Null und die Geschichte vom Aschenputtel am Eisernen Vorhang zu einer Prinzessin, die von der ganzen Welt besucht wird, ist die Stadt Český Krumlov. In Český Krumlov wurde nach dem Fall

---

[2] Regensburg (DE) und Salzkammergut/Hallstatt-Dachstein, Wachau (AT) und Český Krumlov, Holašovice, Telč, Třebíč, Žďár nad Sázavou - Zelená Hora (CZ)

des Eisernen Vorhangs in den Jahren 1990–2000 ein radikaler Strukturwandel durchgeführt. So wurde die Stadt innerhalb von wenigen Jahren zu einer touristischen Destination und zum Welterbe. Dieser Prozess war sehr schnell und einmalig, es galt „learning by doing", weil es in der ehemaligen Tschechoslowakischen Republik keine Beispiele und Kenntnisse des Destinations- und Welterbemanagements gab. Mit dem Welterbestatus wurde die Stadt zu einem Attraktionspunkt, und zwar ersten Rangs, weil die Welterbeliste eine sehr attraktive Reiseliteratur ist, die die Leser um die Welt führt.

2 Tourismus als weitere Ebene des historischen Raumes

Sollte das Welterbe der Region zur Kernkompetenz der grenzüberschreitenden Destination werden, ist es notwendig, die Bedeutung und den Sinn der Welterbekonvention (1972) zu akzeptieren. Die in der Welterbeliste eingetragenen Natur- und Kulturgüter müssen vor allem geschützt und für die zukünftigen Generationen bewahrt werden. Für das Destinationsmanagement und die Verwaltungsbehörden der grenzüberschreitenden Region, d. h. eines historischen Raumes, sollen also der Schutz und die Bewahrung des außergewöhnlichen universellen Wertes der regionalen Welterbestätten eine der höchsten Prioritäten haben. Unter Bewahrung und Pflege soll jedoch nicht Konservierung verstanden werden.

Auch die UNESCO setzt die Entwicklung der Welterbestätten voraus, bevorzugt und empfohlen ist sie natürlich nachhaltig zu gestalten. „Nachhaltige Entwicklung verbindet wirtschaftlichen Fortschritt mit sozialer Gerechtigkeit und dem Schutz der natürlichen Umwelt", erklärt Ringbeck (2008).

Die Prinzipien des Managements von Welterbestätten sind in den Richtlinien für die Durchführung des Übereinkommens zum Schutz des Natur- und Kulturerbes der Welt definiert (2008). Jede Welterbestätte muss über ein Managementsystem verfügen, wobei der Managementplan das Instrument und die Nachhaltigkeit die oberste Priorität sind. Eine Welterbestätte ist in der Regel ein Lebensraum für die Einwohner, sie ist ein *Standort*.

Der Tourismus wird als wichtiger Wirtschaftsfaktor und als Einnahmequelle für die Erhaltung und Instandsetzung von Welterbestätten, zugleich aber auch als ein sich positiv auswirkender Faktor in kultureller oder ökologischer Hinsicht verstanden. Die Prinzipien des Managements von regionalen Welterbestätten dürften somit als „best practice" für das Destinationsmanagement der grenzüberschreitenden Region dienen.

In erster Linie muss das Welterbe, darunter vor allem die Welterbestätten, die einen Teil von Städten bilden oder in urbanisiertem Gebiet liegen, unter Berücksichtigung diverser Interessen und Bedürfnissen verwaltet werden.
Daniel Fischer spricht im Skriptum zum Kurs „Cooperation & Network Management" der SMBS Salzburg vom 4.-5.11.2009 über *integriertes Standortmanagement* und definiert es als „die organisationsübergreifende Lenkung, Gestaltung und Entwicklung von Standorten aus einer Hand auf der Basis klar definierter Standortstrategien und über die Vernetzung von privaten und öffentlichen Akteuren im Rahmen öffentlich-privater Partnerschaften." Aus dem Modell des integrierten Standortmanagements, wie Fischer illustriert, ergibt sich, dass Tourismus ein vollwertiger Bestandteil des integrierten Standortmanagements ist (siehe Abbildung 1).

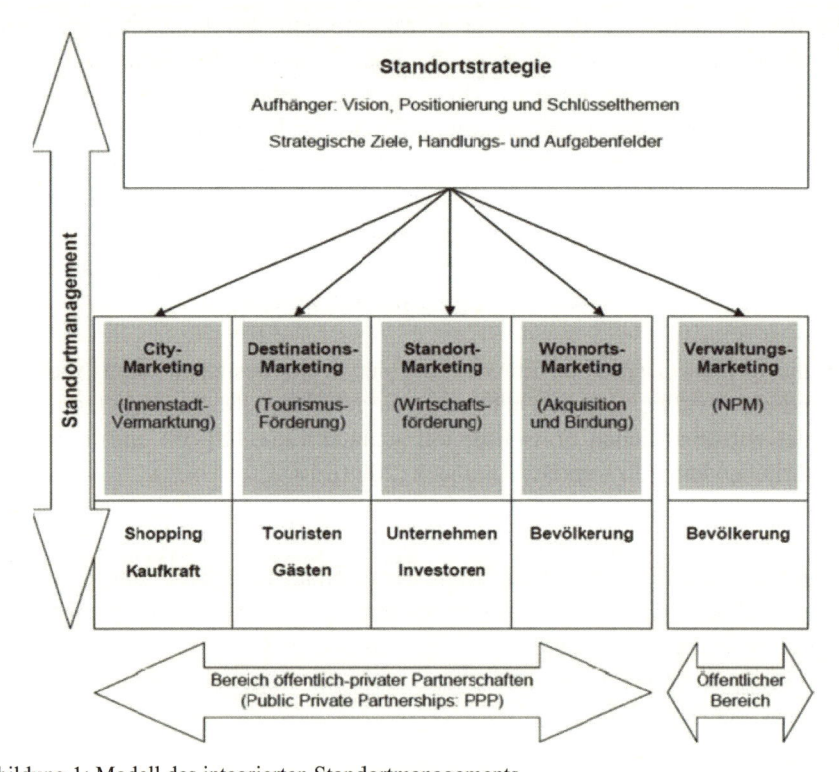

Abbildung 1: Modell des integrierten Standortmanagements
Quelle: Fischer, Daniel (2009): Skriptum zum Kurs „Cooperation und Network Management" der SMBS Salzburg, 4.-5.11.2009

Dieses Modell der Verwaltung entspricht der Forderung des Welterbekomitees, einen Managementplan für die Welterbestätten zu entwickeln und ihm zu folgen. Der Managementplan soll ein integriertes Verwaltungssystem einer Welterbestätte gewährleisten.

Insofern die UNESCO das Verwaltungssystem einer Welterbestätte als Stakeholder-Modell der Führung und Steuerung unter Einbeziehung der diversen Stakeholder versteht (siehe Richtlinien (2008) Abschnitt II.F. § 108 und 111), betont Fischer (2009) im Modell des integrierten Standortmanagements die Vernetzung von privaten und öffentlichen Akteuren.

Unter diesen Voraussetzungen kann man behaupten, dass Tourismus für die Welterbestätte, bzw. für eine grenzüberschreitende Destination kein komplementärer Geschäftsbereich ist, er ist nicht übergeordnet oder untergeordnet, sondern spielt eine wichtige Rolle im integrierten Standortmanagement.

3   Český Krumlov - das Konzept der Entwicklung zur Welterbedestination

3.1   Český Krumlov[3] Steckbrief

- Český Krumlov liegt in der Region Südböhmen , 180 km von der Hauptstadt Prag entfernt, an der Grenze zur Bundesrepublik Österreich (80 km von Linz, der Hauptstadt des Bundeslandes Oberösterreich entfernt), Passau ist in etwa 2 Autostunden zu erreichen;
- die gesamte Fläche des Stadtgebietes beträgt 2.216 Hektar;
- die Anzahl der Einwohner beträgt 13.214[4];
- die Stadt liegt auf 492 m Seehöhe;
- die Stadt erstreckt sich im Tal des Flusses Vltava[5] am Fuße der Gebirgsgruppe Blanský les mit dem Gipfel Klet (1.083 m ü. M.) Dieses Gebiet ist ein Naturschutzreservat, die gesamte Umgebung der Stadt besteht aus bewaldeter Hügellandschaft, der Fluss Vltava bildet romantische Mäander durch die Stadt und weil es kein „white water" ist, gehört die Vltava zu den beliebtesten Flüssen des Landes für Kanutouren;
- die durchschnittliche Jahrestemperatur beträgt 7,0°C, der Monat Januar ist der kälteste mit -2,9°C, der Winter ist sehr schneereich mit einer geschlossenen Schneedecke von 3 bis 4 Monaten;
- es gibt im Jahr durchschnittlich 38 Sommertage (Temperatur min. 25°C).

Die Fakten und Angaben siehe Strategischer Plan (2008).

Das historische Zentrum von Český Krumlov wurde am 4.Dezember 1992 auf der 16. Tagung des Welterbekomitees in Santa Fe in die Welterbeliste eingetragen.

---

[3]   In der deutschen Sprache wird der Name der Stadt als Böhmisch Krumau übersetzt.
[4]   Stand: 31.12.2010, die offizielle Angabe der Einwohnermeldestelle des Stadtamtes der Stadt Český Krumlov.
[5]   In der deutschen Sprache wird der Name des Flusses als Moldau übersetzt.

Die Tschechoslowakische Republik hat das historische Zentrum der Stadt im Jahre 1991 in die Vorschlagsliste eingefügt und als Begründung zu der Eintragung des Gutes in die Welterbeliste die Kriterien i., ii, iii, und iv. der Richtlinien (2008) gewählt. Die Experten der beratenden Institution ICOMOS haben während des Aufnahmeprozesses und der Evaluierung begutachtet, dass das historische Zentrum von Český Krumlov das Kriterium iv. erfüllt:

Český Krumlov ist ein hervorragendes Beispiel einer kleinen mittelalterlichen mitteleuropäischen Stadt, die die Struktur und Bauten im historischen Zentrum ihrer ökonomischen Bedeutung und der relativ ungestörten organischen Entwicklung für mehr als fünf Jahrhunderte zu verdanken hat.

Die Stadt Český Krumlov entwickelte sich in den Mäandern des Flusses, der einen wunderschönen landschaftlichen Rahmen bildet. Die Entwicklungen der Zeit ist deutlich aus ihren Gebäuden und ihrer städtebaulichen Struktur zu lesen. Český Krumlov ist ohne Zweifel das besterhaltene und repräsentativste lebendige Beispiel einer mittelalterlichen mitteleuropäischen Kleinstadt.

Das historische Zentrum von Český Krumlov wurde im Jahre 1992 gemeinsam mit den historischen Stadtzentren von Prag und Telc als eines der ersten drei Kulturgüter des Landes in die Welterbeliste eingetragen.

3.2 Der Weg zum Welterbetitel

Den gut erhaltenen mittelalterlichen Charakter des historischen Zentrums von Český Krumlov verdanken wir paradoxerweise den politischen und gesellschaftlichen Verhältnissen in Europa nach dem Zweiten Weltkrieg bis Ende der 80er Jahre. Noch die Wende des 19. und 20. Jahrhunderts bedeutete für die Stadt eine Zeit des wirtschaftlichen, gesellschaftlichen und kulturellen Aufschwungs. Die tschechische und deutsche Bevölkerung lebte im Großen und Ganzen in Frieden miteinander. Die Stadt hat sich verändert und ausgedehnt und um den mittelalterlichen Stadtkern wurde heftig gebaut, entstanden sind neue Schulgebäude, Krankenhaus, Eisenbahnanschluss mit Bahnhof.

Neue Bedürfnisse, technischer Fortschritt und zunehmender Verkehr ließen die Stadttore abspringen; das Wasserleitungssystem wurde modernisiert und der Friedhof vom Zentrum an den Stadtrand verlegt. Einige Gebäude im historischen Zentrum wurden umgebaut und fanden neue Nutzung, z. B. entstand am Hauptplatz das Gebäude der Sparkasse mit Postamt und Telefon- und Telegrafzentrale. Jedoch blieben der mittelalterliche Grundriss und Charakter des Zentrums erhalten.

Die beiden Weltkriege beendeten das Wachstum, die Mehrheit der deutschen Bevölkerung musste 1946-1947 die Stadt verlassen[6] und Český Krumlov wurde für die nächsten 40 Jahre zu einem Städtchen am Eisernen Vorhang. Die Stadt wurde während des Krieges nicht bombardiert und erlitt fast keine Kriegsschäden und Zerstörungen. Der historische Baubestand wurde lange Jahre vernachlässigt, für die neue, von allen Ecken des Landes ankommende Bevölkerung[7] wurden Plattenbauten am Stadtrand gebaut. Der Wohnungsbestand im historischen Zentrum wurde alt und war abgewohnt und ohne Errungenschaften des 20. Jahrhunderts wie sanitäre Einrichtungen, Anbindung an Wasserleitung, Zentralheizung oder an Gas und Strom. Viele Wohnungen und Häuser waren am Ende der 80er Jahre unbewohnbar und einige sogar baufällig. Trotzdem brachte die sozialistische Ära einige positive Entwicklungen für den Erhalt der historischen Bausubstanz und des Lebens im historischen Zentrum. In den Jahren 1969-1974 wurden eine Abwasserleitung und eine Kläranlage für die Papiermühle gebaut, um den Fluss Vltava von den stinkenden Abwässern zu reinigen. Im Jahre 1961 wurde die Umfahrungsstraße eröffnet, die den Verkehr vom historischen Zentrum verlagerte, und zu Beginn der 60er Jahre wurde der Felsen, auf dem die Burg und das Schloss emporragen, durch Betoninjektionen vor dem Zerfall gerettet und fixiert.

Im Jahre 1963 wurde das historische Zentrum von Český Krumlov samt der Schlossanlage zum Denkmalschutzgebiet erklärt und von der tschechoslowakischen Regierung wurde ein Sanierungsplan genehmigt, bei dem zirka 240 Millionen Kronen[8] freigegeben wurden. Leider verlief die Sanierung sehr langsam und oft wurden Handwerkarbeiten in schlechter Qualität und mit minderwertigen Materialien durchgeführt. Nach der Rückkehr in die Demokratie im Jahre 1989 musste schnell gehandelt werden, um den historischen Baubestand zu retten. *Die Eintragung des historischen Zentrums in die Welterbeliste war eine strategische Entscheidung und ein Impuls für eine einmalige Rettungsaktion.* Es wurde ein Plan der Revitalisierung und Privatisierung entwickelt und implementiert.

3.3 Management und Entwicklungsstrategie

„Um die alte, wertvolle Bausubstanz zu retten, war es notwendig zuallererst die Eigentumsverhältnisse zu konsolidieren und eine wilde Privatisierung zu verhindern." so beschreibt der erste demokratische Bürgermeister Jan Vondrous (2010)

---

[6]   Um 1900 lebten in Český Krumlov 8.325 Einwohner, davon 6.914 deutscher und 1.411 tschechischer Nation, 1945 8.692 Einwohner, 1947 zirka 3.000 Einwohner.
[7]   Im Jahre 1980 lebten in Český Krumlov 13.776 Einwohner.
     Alle Angaben wurden vom Buch Geschichte der Stadt Český Krumlov (2009) übernommen.
[8]   Nach dem heutigen Wechselkurs 24,5 CZK zu 1 EUR wären es zirka 9,8 Millionen EUR, aber damals hatte die Krone andere Wertigkeit und man müsste Kronen zur D-Mark umrechnen.

die Strategie. Im Jahre 1991 wurde die Gesellschaft mit beschränkter Haftung Entwicklungsfonds der Stadt Český Krumlov (im Folgenden zitiert als Entwicklungsfonds) als 100 % Tochtergesellschaft der Stadt Český Krumlov gegründet. Die Mitglieder der Hauptversammlung sind Stadträte. Der Bürgermeister, Vizebürgermeister und Direktor vertreten die Gesellschaft als Geschäftsführung. *Das Vermögen betrug 58 Immobilien im historischen Zentrum im Wert von zirka 400 Millionen Kronen[9]*. Im Jahre 1992 wurde von der Gruppe der externen Berater Barclays de Zoete Wedd Ltd., Komercni banka a.s., American Appraisal Czechoslovakia Ltd. und Horwath Consulting Ltd. die Strategie des Entwicklungsfonds bearbeitet und vorgelegt.

Zwei Säulen der zukünftigen Entwicklung der Stadt wurden definiert: Tourismus und Management von Immobilien im historischen Zentrum.
Jedes Haus wurde bewertet, Maßnahmen zur Revitalisierung samt der zukünftigen Nutzung wurden vorgeschlagen. Es wurden diejenigen Häuser ausgesucht, die für die Privatisierung geeignet waren, es wurde empfohlen, zu welchem Zweck diese Häuser danach benutzt werden sollen, inklusive Bedingungen, unter welchen die Privatisierung erfolgen soll. Die vom Verkauf der gewählten Häuser erworbenen Finanzmittel wurden als Kapital für die Revitalisierung der strategischen Häuser investiert. Die strategischen Häuser wurden als „stadtbildend" definiert, d. h. sie dürfen nie privatisiert werden.

Das Ziel war, das lebendige historische Zentrum zu bewahren, die Wohnfunktion und Infrastruktur für die Einwohner zu erhalten und die Finanzierung der Instandhaltung durch nachhaltiges Wirtschaften zu sichern. Die Einlage des Komplexes der alten Bürgerbrauerei in eine Stiftung ermöglichte es, diesen wertvollen Häuserkomplex zu retten und zu einem Kulturzentrum umzufunktionieren. So entstand im Jahre 1993 das Egon Schiele Art Centrum, heute eine namhafte Galerie der modernen Kunst.

Dieses einmalige und damals sehr mutige Projekt war auch eine Voraussetzung für die Gewinnung von Fördermitteln des Staates aus dem Programm „Die Rettung des architektonischen Erbes der Tschechoslowakischen (nach 1993 Tschechischen) Republik".

In den Jahren 1993 - 2008 wurden durch den Entwicklungsfonds die Investitionen für die Revitalisierung in Höhe von rund 400 Millionen Kronen realisiert, berichtet die Bilanz der Gesellschaft im Management Plan (2009).

---

[9] Der Wechselkurs CZK zu EUR im 1. Quartal 2011 beträgt zirka 24,5 CZK zu 1 EUR.

Die Gesellschaft wurde auch mit dem Management von Tourismus beauftragt. Aus dem Immobilien-Portfolio wurden einige Häuser definiert, die dem Tourismus strategisch dienen sollen. Im Haus am Hauptplatz neben dem Rathaus hat seit mehr als 15 Jahren 365 Tage im Jahr das Besucherzentrum INFOCENTRUM geöffnet.

Das mächtige Gebäude des ehemaligen Jesuitenkollegs, eine der Dominanten der Stadt, wurde als Hotel der 5-Sterne Kategorie bestimmt. *Der Verkauf an einen strategischen Investor mit dem Know-how Hotelbetrieb, mit internationalen Kontakten, sollte einen starken Partner beim Marketing der Destination als eine hochwertige Destination für anspruchsvolle Gäste aus aller Welt verschaffen.* Das Hotel wird heute von einem Hotelunternehmen aus Prag, das weitere zwei Hotels in Český Krumlov und in Prag im Besitz hat, betrieben und bietet 70 Zimmer und erstklassigen Service eines 5-Sterne Hauses. Besonders die amerikanischen und japanischen Gäste schätzen das Ambiente des Renaissancestils.

Mit der Gründung des Besucherzentrums INFOCENTRUM im Jahre 1994 wurde der touristische Service für Besucher gewährleistet, seit 1997 verwaltet der Entwicklungsfonds den Internetauftritt der touristischen Destination Český Krumlov und seit 2005 arbeitet die selbständige Abteilung Destinationsmanagement als touristische Autorität der Stadt Český Krumlov.

Die Gesellschaft Entwicklungsfonds der Stadt Český Krumlov spielt auch heute eine entscheidende Rolle im Management der Welterbestätte Český Krumlov. Im Immobilien-Portfolio befinden sich 45 strategische Objekte im historischen Zentrum, die nachhaltig bewirtschaftet werden. Damit sind die langfristige Finanzierung der Verwaltung und die Instandhaltung bei gleichzeitigem moderaten Profit für Investoren gesichert. *Die ursprüngliche Mission wurde im Jahre 2002 um die dritte Säule erweitert – das Projektmanagement von großen Entwicklungsprojekten der Stadt.* Hierfür als Beispiel dient die Übernahme des Truppenübungsplatzes der tschechischen Armee zur Sanierung und Vorbereitung eines neuen Wohnviertels in der Stadt.

Der wesentliche Teil des Welterbes ist der Komplex des Schlosses Český Krumlov. Das Schloss ist die Dominante der Stadt und der zweitgrößte Schlosskomplex des Landes nach der Prager Burg. Dank dem professionellen Management und großzügigen Investitionen des Staates wurde der Schlosskomplex innerhalb der letzten 20 Jahre sorgfältig und beispielhaft revitalisiert und ein effektives und modernes Besucherlenkungsmanagement eingeführt. *In den Jahren 2002 und 2008 wurde die Revitalisierung des Schlosses mit dem Grand Prix der Europäischen Union für die Denkmalpflege Europa Nostra geehrt.*

Das Schloss ist heute mit seinen sieben Besichtigungsrouten, dem Schlosspark und fast 400.000 Besuchern im Jahr nach der Prager Burg das zweitmeistbesuchte Schloss des Landes und die wichtigste Attraktion der touristischen Destination Český Krumlov. *„Das Investitionsvolumen im Schlossareal betrug in den letzten 20 Jahren fast 500 Millionen Kronen"*, bilanziert der Direktor des Schlosses Pavel Slavko (2010). Das Schloss ist Staatseigentum und hat seine eigene Verwaltung. Im historischen Zentrum befinden sich zirka 350 Objekte in Privatbesitz. Laut der Schätzung des Direktors des Entwicklungsfonds Miroslav Reitinger (2010) wurden *im Laufe der letzten 20 Jahre weitere 500 Millionen Kronen in die Revitalisierung der historischen Bausubstanz aus privater Hand investiert.*

Insgesamt mit Investitionen in die technische Infrastruktur wie Wasser-, Abwasser-, Strom- und Gasleitungen, Rekonstruktion von Straßen, Brücken und öffentlichen Plätzen und Räumen *wurden innerhalb der letzten zwanzig Jahre rund 3 Milliarden Kronen in das Welterbe „Das historische Zentrum von Český Krumlov" investiert. Die Verwaltung und der Schutz in Český Krumlov findet auf mehreren Ebenen statt:*

Staatliche Ebene
– Legislative Normen der Tschechischen Republik in Form von Gesetzen und Verordnungen, wobei die wichtigsten sind: das Denkmalschutzgesetz Nr. 20/1987 und das Bau- und Raumplanungsgesetz Nr. 183/2006.
– Die kompetenten Behörden sind das Kulturministerium und das Denkmalschutzamt der Tschechischen Republik.
– Das Schloss Český Krumlov wird als Staatseigentum vom Denkmalschutzamt geführt.
– Das Kulturministerium verwaltet die staatlichen und europäischen Förderprogramme für Denkmalschutz wie z. B. das Programm der Revitalisierung von Denkmalschutzgebieten. Seit 2008 wurde ein spezielles Förderprogramm für tschechische Welterbestätten eingeführt: hierbei werden die Bearbeitung von Managementplänen, Forschungs- und Vermittlungsprojekten gefördert. *Aus dem Programm der Europäischen Union IOP hat Český Krumlov im Jahre 2010 mehr als 330 Millionen Kronen Fördermittel für die Revitalisierung des Minoriten- und Klarissinnenkloster-Komplexes erhalten.*

Regionale Ebene
– Regionale Entwicklungsstrategien und Prioritäten.
– Das Bezirksamt der Region Südböhmen ist die erste Berufungsinstanz gegen Entscheidungen der Behörden der Stadt Český Krumlov.

- Das Südböhmische Bezirksamt ist der Träger der Südböhmischen Tourismuszentrale, die für das Destinationsmanagement der gesamten Region zuständig ist.
- Das Südböhmische Bezirksamt verwaltet und initiiert regionale Förderprogramme für Denkmalschutz, Naturschutz, Kultur. So werden z. B. erhöhte Baukosten aufgrund der Nutzung spezieller Materialien bezuschusst und damit die Revitalisierung von historischen Objekten gefördert.

Kommunale, lokale Ebene
- Die fundamentalen Planungs- und Führungsdokumente sind der Strategische Entwicklungsplan, der Raumordnungsplan und der Stadthaushalt.
- Verordnungen und Richtlinien der Stadtregierung, verabschiedet vom Stadtrat, wie z. B. Verordnung über die Kurtaxe und andere lokale Abgaben, Verordnung über die Nutzung von öffentlichen Flächen, Abfallentsorgungsverordnung, Marktordnung, Verkehrsregelung für das historische Zentrum u.a.
- Die Stadt hat eine eigene Regierung; für die Welterbeverwaltung und Welterbevermittlung ist ein Mitglied des Stadtrates verantwortlich, zurzeit die Vizebürgermeisterin mit dem Team der Abteilung für Raumplanung und Denkmalschutz des Stadtamtes.
- Das Destinationsmanagement, das Management von strategischen Immobilien im historischen Zentrum und das Projektmanagement von großen Entwicklungsprojekten der Stadt sind Aufgaben des Entwicklungsfonds.
- In Český Krumlov gibt es kein Welterbekoordinationsbüro.

Außer den oben genannten Maßnahmen und Instrumenten wurde für die Jahre *2009 - 2012 ein Masterplan zu Hochwasserschutzmaßnahmen am Fluss Vltava und dem Bach Polecnice aufgelegt.* Die erste Etappe auf dem Fluss Vltava wurde im Herbst 2010 abgeschlossen. Es handelt sich um ein Projekt mit dem Investitionsaufwand des tschechischen Staates von rund 90 Millionen Kronen. Das Hochwasser ist die größte Gefahr für die Welterbestätte, im August 2002 stand das historische Zentrum 6 Tage unter Wasser. Die Schäden wurden in dem Bericht über das Hochwasser in der Stadt Český Krumlov (2002) auf 391Millionen Kronen quantifiziert. Aus dem Fonds für Welterbe und internationale Unterstützung erhielt die Stadt 20.000 US-Dollar als Hilfe und Beitrag zur Beseitigung der Folgen der Naturkatastrophe.
Die Finanzierung der Verwaltung, des Schutzes und der nachhaltigen Entwicklung ist von mehreren Finanzquellen gewährleistet:
Staatshaushalt - nationale Förderprogramme, europäische Subventionen.
Bezirk Südböhmen - regionale Entwicklungsprogramme.

Stadthaushalt - jährliches laufendes Budget für Instandhaltung, Reinigung und operative Reparaturen, Personal- und Verwaltungskosten, langfristiges Kapitalbudget für Investitionen und Entwicklungsprojekte.

Entwicklungsfonds der Stadt Český Krumlov GmbH – die Einnahmen der Unternehmenstätigkeit werden in die Instandhaltung der strategischen Häuser im historischen Zentrum und in neue Projekte wiederangelegt. Hierfür beispielhaft ist der Kauf des Hauses und des Nachlasses des Fotoatelier Seidel, mit dem eine einzigartige Sammlung von fotografischen Glasplatten und ein komplettes Fotoatelier aus der ersten Hälfte des vorigen Jahrhunderts gerettet und als eine weitere Attraktion des Welterbes zugänglich gemacht werden konnte.

Die Vermittlung des Welterbes, Kommunikation und Öffentlichkeitsarbeit
Zu der Vermittlung der Zugehörigkeit zu dem Welterbe wird das Emblem des Welterbes verwendet. Die Nutzung des Emblems wird in den Richtlinien (2008) Abschnitt VIII. § 258 bis 279 geregelt. Das Welterbezentrum hat ein Emblem der Welterbestätte für das historische Zentrum von Český Krumlov geschaffen, siehe Abbildung 5.

Die Stadt hat außer dem historischen Stadtwappen auch das Logo als graphisches Symbol für Stadtmarketing bestimmt.
Das Logo stellt die Zugehörigkeit zu dem Welterbe in Form von der Inschrift UNESCO WORLD HERITAGE in sechs Sprachversionen dar, die Grundversion zeigt die Abbildung 6.

Abbildung 5: Emblem der Welterbestätte Historisches Zentrum der Stadt Český Krumlov
Abbildung 6: Logo Český Krumlov
Quelle: Handbuch für Symbole der Stadt Český Krumlov (2009)

Die Kommunikation und Öffentlichkeitsarbeit zum Thema Welterbe wird im Rahmen verschiedener Veranstaltungen praktiziert, wobei die junge Generation die Hauptzielgruppe ist. Als Beispiele sind zu erwähnen:
- Jedes Jahr im September werden im Rahmen der European Heritage Days der Öffentlichkeit verschiedene Denkmäler im historischen Zentrum und im Schlossareal zugänglich gemacht, überwiegend werden kürzlich renovierte Objekte präsentiert.

- Jedes Jahr im Dezember wird den Bürgern der Stadt von der Musikschule das „Konzert für die UNESCO" gewidmet.
- 2007: das 15-jährige Jubiläum der Eintragung in die Welterbeliste, das Projekt „Der Reiseführer durch meine Stadt" motivierte Schüler und Studenten von sieben Schulen einen Reiseführer über die Stadt mit dem Schwerpunkt Welterbe für Freunde zu erstellten.
- Der Workshop „UNESCO-Welterbestätten – das Erbe und Kapital für die Zukunft" fand unter Teilnahme von Herrn Horst Wadehn, Geschäftsführer des UNESCO Welterbestätten Deutschland e.V. statt.
- 2009: die erste schriftliche Erwähnung von Český Krumlov als Stadt aus dem Jahre 1309 war der Anlass, das 700-Jahre-Stadtjubiläum zu feiern. Alle Schulen nahmen an dem Projekt „Die Zukunft in 99 Jahren" teil, Kinder und Jugendliche haben ihre Vision der Stadt herausgebildet.
- 2012 – eine große Herausforderung und Chance für die ganze Region, die Welterbe-Idee zu forcieren und zu kommunizieren ist das 20-jährige Jubiläum der Eintragung in die Welterbeliste.

Die Stadt Český Krumlov ist als Gründungsmitglied der EUREGIO Sumava aktiv, arbeitet in der Drei-Länder-Gesellschaft und ist Mitglied der Organisation of World Heritage Cities (OWHC), der Tschechischen Welterbe-Vereinigung und der Assoziation der tschechischen historischen Städte, dadurch werden grenzüberschreitende, internationale und landesweite Kontakte, Erfahrungen und Ideen gepflegt und ausgetauscht.

3.4 Der Managementplan

Český Krumlov wurde im Jahre 1992 in die Welterbeliste aufgenommen. Erst ab dem Jahre 2005 ist der Managementplan verbindlicher Bestandteil der Nominierungsdokumentation und alle vorher aufgenommenen Welterbestätten müssen ihn nachträglich bearbeiten und dem Welterbekomitee vorlegen.

Die Stadt Český Krumlov ist seit Juni 2009 dabei, den Managementplan zu bearbeiten. Das Projekt wurde in zwei Etappen geteilt. Die erste, analytische Etappe wurde am Ende des Jahres 2009 abgeschlossen. Die zweite, bis Ende 2011 laufende Etappe definiert *Projekte, Maßnahmen und Ziele des Welterbemanagements, die in den Strategischen Entwicklungsplan der Stadt eingegliedert werden*. Damit werden die Verbindlichkeit des Managementplanes und die Finanzierung der Maßnahmen und Projekte gesichert.

Im Rahmen der Vorbereitung des Managementplanes wird ein elektronisches Informationssystem als eine Plattform der Sammlung und Bearbeitung von Informationen über den Zustand der Welterbestätte eingeführt. Die Basis des Systems ist

das Geographische Informationssystem GIS der Stadt, wo geographische, topographische, demographische u. a. Daten bewahrt und laufend aktualisiert werden. Dazu werden Daten der archäologischen, architektonischen Bauforschung samt der Festlegung der Grenzen und Pufferzonen der Welterbestätte eingefügt.
Der Managementplan wird ein Teil des Strategischen Entwicklungsplanes der Stadt. *Die Position der Welterbestätte und einer touristischen Destination wird damit zu einem Element des integrierten Standortkonzeptes.*

3.5 Welterbestätte Český Krumlov als Standort

Schon Mitte der 1990er Jahre wurde *die Strategie der zukünftigen Entwicklung der Stadt auf zwei wirtschaftliche Beine gestellt: Tourismus und Industrie.*
So eine kleine Stadt inmitten einer ländlich geprägten Region darf nicht nur auf dem Bein der Wirtschaft stehen. Der Tourismus schafft zwar zirka 3.000 Arbeitsplätze, ist aber sehr sensibel in Bezug auf die Abhängigkeit von internationalen Touristen und bei weltpolitischen Krisen kann der Absturz sehr schnell und schmerzhaft sein, wie übrigens die Situation nach dem 11. September 2001 oder nach dem Hochwasser 2002 und letztendlich während der Wirtschaftskrise gezeigt hat. Die Saisonalität des Tourismus lässt den Arbeitsmarkt schwanken.

In den Jahren 1995 - 2001 wurde die Industriezone am Rande der Stadt ausgebaut und zur Zeit siedeln dort acht Firmen, vorwiegend Niederlassungen von ausländischen Unternehmen wie Schwan Stabilo, ein Schreibwarenproduzent, Schwan Cosmetics, Produzent dekorativer Kosmetik oder Linde Pohony, Produzent von Triebwerken für Hubstapler und andere Maschinen. Ein traditioneller lokaler Produzent von Bilderrahmen ist die Firma Lira/Larson-Juhl.
Diese Firmen in der Industriezone beschäftigen zirka 3.000 Einwohner der Stadt und der umliegenden Region, bringen Know-how, beschäftigen Ingenieure und Leute mit Hochschulbildung und stärken die Kaufkraft der Bevölkerung. Für die Welterbestätte und touristische Destination sind diese Firmen wichtige Partner, die Produktion wird größerenteils exportiert und mit den Namen der Firma und des Produktes wird auch der Name der Stadt in der Welt kommuniziert. Alle diese Firmen nutzen die hervorragende Kulisse des historischen Zentrums für Events und Veranstaltungen für Geschäftspartner oder Kunden, ihre Aktivitäten sind ein wesentlicher Bestandteil des MICE Tourismus in Český Krumlov.

Im Rahmen des Corporate Social Responsibility Programmes der Firmen werden soziale oder kulturelle Projekte der Stadt sowohl finanziell als auch organisatorisch unterstützt, z. B. das Stadtfest der fünfblättrigen Rose, das Haus für Senioren oder Ausstellungen in der Galerie Egon Schiele Art Centrum.

Das Dasein der Firmen und der generierten Arbeitsplätze motiviert die Bevölkerung in Český Krumlov zu wohnen und zu bleiben. Die Arbeitslosenquote beträgt in den letzten zehn Jahren durchschnittlich 8 %, im Jahre 2010 9 %. 30 % der Bevölkerung sind jünger als 30 Jahre. Jedoch hatte die Stadt im Jahre 2007 mit 14.861 die höchste Einwohnerzahl. Seitdem sinkt leider die Anzahl der Bürger jedes Jahr um zirka 100 Personen bis zu den zum 31.12.2010 registrierten 13.214 Personen[10].

Der Hauptgrund des Verlustes ist die Abwanderung der jungen Familien in die umliegenden Ortschaften, wo im Gegensatz zur Stadt Český Krumlov Baugrundstücke für Einfamilienhäuser vorhanden sind. Der zweite Grund für die sinkende Bürgeranzahl ist die demografische Entwicklung, eine Alterung der Population verbunden mit einer sehr niedrigen Geburtenrate.

Es gibt in Český Krumlov keine Hochschule oder Universität, die Filiale des CEVRO Institutes mit der Akkreditierung für Hochschulausbildung bietet nur Distanzstudium und Weiterbildungskurse an. Junge Absolventen des Gymnasiums und der Kunstschule der Hl. Agnes verlassen wegen weiteren Studiums die Stadt.
Für den Kampf um Einwohner rüstet sich der Standort Český Krumlov mit dem Projekt eines neuen Wohnviertels im Areal des ehemaligen Truppenübungsplatzes der tschechischen Armee.

3.6 Welterbestätte Český Krumlov als touristische Destination

Man kann sagen, dass Český Krumlov prädestiniert war, eine touristische Destination zu werden. Vor dem Jahre 1989 gab es hier keinen Tourismus. Kleine, graue, verschollene Stadt am Eisernen Vorhang inmitten von ländlicher Region, keine Industrie und schlechte Verkehrsanbindung waren keine guten Voraussetzungen für den Tourismus. Es gab nur vier Hotels des staatlichen Betriebes und im Schloss war eine Exposition des sozialistischen Fortschritts zu sehen. Die Tourismusentwicklung mit der Rasanz eines Raketenstarts begann mit dem Fall des Eisernen Vorhangs. Die Neugier der Nachbarn aus Österreich und Deutschland und der Wechselkurs der Krone zu anderen europäischen Währungen brachten die erste Gästewelle. Reisen in die ehemaligen Länder hinter dem Eisernen Vorhang lagen im Trend. Eine nachhaltige und sorgfältige Revitalisierung des historischen Zentrums und des Schlossareals war der entscheidende Impuls dafür, dass Tourismus eines der Beine der zukünftigen Wirtschaft der Stadt geworden ist. Der Welterbestatus hat am Anfang wie ein Magnet funktioniert, die geschickte Politik des damaligen Bürgermeisters Jan Vondrous hat namhafte Persönlichkeiten in die Stadt gebracht.

---

[10] Die offizielle Angabe der Einwohnermeldestelle des Stadtamtes der Stadt Český Krumlov.

In den Jahren 1992–1995 besuchten Český Krumlov Prinz Charles, Prinz von Wales, die dänische Königin Margarethe II. mit Prinz Henrik, der schwedische König Karl XVI Gustaf mit Königin Silvia, zahlreiche Minister, Präsidenten, Diplomaten und Künstler. Eine spezifische Besuchergruppe waren Offiziere von diversen Armeen, weil das Areal des Übungsplatzes der Tschechischen Armee bis 2000 als Übungsareal für UN- und NATO-Friedenstruppen diente. Alle diese Besucher zogen die Aufmerksamkeit der Weltmedien auf sich und die kleine Stadt wurde weltweit gezeigt und genannt. Alle diese Besucher waren die besten Botschafter der Stadt in der Welt und haben ein sehr gutes Marketing gemacht. Mit dem Welterbestatus erhielt die Revitalisierung des historischen Zentrums und des Schlossareals die Priorität bei der tschechischen Regierung und der Rettungsplan konnte dank den staatlichen Zuwendungen realisiert werden.

„Unterbringungskapazitäten müssen erweitert werden, Hotelbetten der höheren Kategorie sind primär, um die individuelle und anspruchsvolle kultur- und bildungsorientierte Klientel zu gewinnen, ein modernes Parksystem und Parkplätze müssen geschaffen werden, der Tourismus muss gesteuert werden" waren die Schwerpunkte der empfohlenen Strategie von Horwath Consulting Ltd. in Tourism Development Plan for Český Krumlov (1992). In Český Krumlov gibt es eine hohe Konzentration von Attraktionen. Das Netz dieser Attraktionen auf relativ kleinem Gebiet ist die größte Prämisse für die Entstehung der touristischen Destination.
Der Welterbestatus trägt zur Positionierung auf dem internationalen Tourismusmarkt bei, der Welterbestatus wird zum Wettbewerbsvorteil im internationalen Wettbewerb der touristischen Destinationen, bilanzierten die Horwath Consultings Experten weiter.
Die Aufgabe der Tourismusentwicklung soll der Entwicklungsfonds übernehmen und realisieren. Die Einbeziehung von touristischen Dienstleistern, Kulturinstitutionen, Einzelhändlern und anderen touristisch relevanten oder interessierten Partnern in das Destinationsmanagement vermeidet Konflikte, bündelt die Finanzmittel und Kräfte, sichert eine konsequente und erfolgreiche Erreichung der strategischen Ziele, schrieben die wichtigsten Managementansätze von Horwath Consulting vor.

Český Krumlov - die touristische Destination 2010
- Das Besucherzentrum INFOCENTRUM auf dem Hauptplatz bietet touristischen Service 365 Tage im Jahr an.
- Das effektivste Marketinginstrument ist der Internetauftritt www.ckrumlov.cz.
- Seit dem Jahre 2005 arbeitet ein Team von professionellen Destinationsmanagern an der Vermarktung des Produktes „Das Welterbe Český Krumlov".
- Die Organisation und Finanzierung des Destinationsmanagements beruht auf dem Entwicklungsfonds und auf der Stadt, die Einbeziehung der verschiedenen Partner in die Steuerung der Destination ist kompliziert und eher für konkrete Projekte und Pläne möglich.

- Im Jahre 1992 standen 632 Gästebetten zur Verfügung, am 31.12.2010 waren es 4.568 Gästebetten (darunter 800 Hotelbetten der 4-5-Sterne Kategorie) mit insgesamt zirka 300.000 Übernachtungen pro Jahr[11].
- Das Egon Schiele Art Centrum besuchen jährlich zirka 45.000 Kunstliebhaber.
- Im Jahre 2004 wurde das Parksystem modernisiert und von dem Entwicklungsfonds übernommen, seit diesem Jahr gibt es exakte Zahlen der Auslastung der Parkkapazität von 850 Parkplätzen für Pkws und 50 Parkplätzen für Busse: im Jahre 2010 waren es 187. 861 Pkws und 5.436 Busse[12].
- Die 7 Besichtigungsrouten des Schlosses und den Schlosspark besuchen jährlich fast 350.000 Besucher, im Jahre 2010 wurde ein leichter Rückgang auf 292.684 Besucher verzeichnet[13].
- 4 Musikfestivals mit einer fast 20-jährigen Tradition, das Theaterfestival im Schlossgarten und 4 Stadtfeste locken jährlich zirka 95.000 kulturbegeisterte Besucher in die Stadt. Damit sind Kulturveranstaltungen nach dem Schloss die zweitwichtigste Attraktion der touristischen Destination Český Krumlov[14].

Die Tourismusstatistik der Tschechischen Republik bezieht sich nur auf die landesweiten und regionalen Zahlen, es wird keine Statistik für die einzelnen Städte geführt. Um die Tourismusentwicklung in der Stadt nachvollziehen und die Destination professionell steuern zu können, hat das Destinationsmanagement eine eigene Tourismusstatistik entwickelt und heute arbeitet es mit den seit 2001 verfügbaren Kennzahlen. Es gibt leider keine Kennzahlen der vorhergegangenen Jahre.

Die Kennzahlen über die Herkunftsländer der Besucher lassen sich nur z. B. aus der Anzahl der verkauften Sprachversionen des Stadtführers ableiten. Das Besucherzentrum INFOCENTRUM verkauft jährlich zirka 3.000 Český Krumlov-Reiseführer in 14 Sprachversionen, davon zirka 1.000 Stück in deutscher und zirka 500 Stück in englischer Version, es folgen japanische, tschechische, russische und griechische Versionen, wobei die englische Version universell für verschiedene Nationen ist.

Eine andere Möglichkeit, die so genannten qualitativen Kennzahlen zu erwerben, sind Besucherbefragungen. Die letzte Besucherbefragung wurde im April 2009 durchgeführt. Das Ziel war die Informationen über die Besucher der Stadt, die Attraktivität vorhandener Produkte und deren Qualität zu erwerben:
- 261 Besucher wurden befragt;

---

[11] Stand: 31.12.2010, die offizielle Angabe der Finanzabteilung des Stadtamtes der Stadt Český Krumlov als Verwaltungsstelle der lokalen Kurtaxe.
[12] Stand: 31.12.2010, die offizielle Angabe des Entwicklungsfonds der Stadt Český Krumlov.
[13] Stand: 31.12.2010, die offizielle Angabe der Schlossverwaltung,
[14] Stand: 31.12.2010, die offizielle Angabe des Entwicklungsfonds der Stadt Český Krumlov/Destinationsmanagement.

- Herkunftsländer: die Tschechische Republik, Russland, Deutschland, Japan und Österreich;
- 43 % kamen wiederholt;
- 50 % kamen auf Urlaub;
- Die Aufenthaltsdauer betrug im Durchschnitt 2,6 Tage;
- 72 % kamen als Individualgäste;
- Entscheidungsfaktor und Anziehungspunkt der Reiseentscheidung waren für 72 % architektonische Denkmäler und für 47 % der Welterbestatus, wobei bei den ausländischen Gästen der Welterbestatus mehr bekannt ist und eine wichtigere Rolle für ihre Reiseentscheidung spielt als bei tschechischen Gästen.
- Die Ausgaben in der Stadt betrugen pro Tag und Person im Durchschnitt 1.800 Kronen;
- Als attraktivste Produkte wurden Stadtführungen und Schlossbesichtigungen genannt;
- 80 % aller Befragten planten wiederzukommen;
- Sehr positiv wahrgenommen wurden sehr gut gepflegte Denkmäler, angenehme Atmosphäre der Stadt und das Sicherheitsgefühl, als Vorschläge zur Verbesserung wurden die Sauberkeit und zu viel Verkehr im historischen Zentrum genannt, angedeutet wurde auch der Servicegrad in Restaurants als Thema zur Verbesserung.

Aufgrund der besonderen Atmosphäre, dem hohen Grad an Authentizität und der erstklassigen Pflege des architektonischen Erbes rangiert Český Krumlov gemäß einer renommierten Expertenrunde aus den Bereichen Reise, Umwelt, Geschichte und Architektur mit 76 Punkten *auf Platz 16 unter den 109 Destinationen der Liste Historic Places Destinations des Magazins National Geographic Traveler*[15].

4 Schlussbemerkung

Was sind die wichtigsten Voraussetzungen zur Bildung einer grenzüberschreitenden Destination, einer Dreiländerdestination mit zwei Sprachen? *Im Grenzgebiet der Tschechischen Republik, der Bundesrepublik Deutschland und der Bundesrepublik Österreich muss der Prozess der gleichmäßigen Entwicklung des gesamten Gebietes fortgehen. Das Gleichgewicht bezieht sich auf Qualität, nicht auf Mittelmäßigkeit.* Die Region hat eine gemeinsame Geschichte, sie war einst ein kompaktes Gebiet und eine gepflegte Landschaft, dementsprechend ist diese Region reich an Natur- und Kulturgütern. Die einzigartigen Natur- und Kulturgüter sind die Attraktionspunkte, die in passender Kombination zu Themen und Produkten der grenzüberschreitenden Destination werden können. Sieben Natur- und Kulturgüter

---

[15] http://traveler.nationalgeographic.com/2008/11/historic-destinations-rated/list-text

sind auf der Welterbeliste aufgeführt, der Welterbetitel ist die wahre globale Marke und für die Grenzregion zum Kernthema und Kernprodukt für die Positionierung der Dreiländerdestination auf dem globalen touristischen Markt. *Das Dasein der sieben Welterbestätten ist für die Grenzregion eine Chance, gegenseitige Lern- und Wirtschaftseffekte auszuwerten.* Das Welterbestättenmanagement ist an der Nachhaltigkeit und Qualitätswerten ausgerichtet. Beim Respekt der beiden Werte wird Tourismus ein wichtiger Wirtschaftsfaktor der gesamten Region und zugleich auch die Einnahmequelle für die Erhaltung und Pflege von regionalen Welterbestätten sein.

Um die langfristige Wettbewerbsfähigkeit der Grenzdestination zu sichern, muss auf dem ganzen Gebiet eine moderne und hochqualitative Infrastruktur zur Verfügung stehen (Unterkunftskapazitäten, Freizeiteinrichtungen, Verkehrsanbindungen etc.) und die Kooperationen der regionalen Akteure müssen aktiviert werden.

In den vergangenen 20 Jahren wurden immense Summen aus nationalen und europäischen Fonds investiert, die Verkehrsinfrastruktur und grenzüberschreitende Verkehrswege sind jedoch immer noch nicht ausgebaut und ohne komfortable und unkomplizierte öffentliche Verkehrsanbindungen und grenzüberquerende Straßen wird die Dreiländerdestination nie vollwertig und wettbewerbsfähig. Um die Attraktionspunkte zu bündeln und marktfähige Produkte zu kreieren, ist ein aus der Gastsicht unkompliziertes Dreiländerverkehrssystem zu entwickeln. Sowohl ein funktionierendes Verkehrssystem, als auch die Ausbildung und Sprachkenntnisse aktivieren regionale Akteure zur intensiven und aktiven Kooperation im Tourismus. *Neben den Investitionen in die Verkehrsinfrastruktur sind Investitionen in die Ausbildung und Sprachfähigkeiten der Bevölkerung die am effektivsten ausgegebenen Finanzmittel.*

Die Stadt Český Krumlov und ihr Weg zum Welterbetitel und zur touristischen Destination stellt ein Beispiel eines langfristigen Entwicklungskonzeptes eines Standortes in der Grenzregion dar.

Die Zukunftsperspektive der grenzüberschreitenden Destination zwischen Moldau und Donau hängt an drei Voraussetzungen: grenzüberquerendes effektives Verkehrssystem, ausgebildete und sprachfähige Bevölkerung und Tourismusfachkräfte und dynamische, lebendige und wirtschaftlich starke Städte, wobei die Nachhaltigkeit und Lebensqualität für Menschen das höchste Geboe für regionale Politik und Management darstellt.

5 Literatur

Bericht über das Hochwasser in der Stadt Český Krumlov (2002): bearbeitet von der Hochwasserschutzkommission und verabschiedet von dem Stadtrat im September 2002, Český Krumlov.
Fischer, D. (2009): Skriptum zu dem Kurs „Cooperation und Network Management" der SMBS Salzburg, 4.-5.11.2009.
Handbuch für Symbole der Stadt Český Krumlov (2009)
Kubikova, A/Maskova, V./Minarova, J. et.al. (2009): Geschichte der Stadt Český Krumlov. Český Krumlov, S. 42-79.
Management Plan für das historische Zentrum der Stadt Český Krumlov, 1. Phase: Bearbeitung von Grundunterlagen, Analysen (2009): beschlossen von dem Stadtrat am 1.3.2010. Český Krumlov: Stadt Český Krumlov 2009.
Ringbeck, B. (2008): Managementpläne für Welterbestätten. Ein Leitfaden für die Praxis, Bonn, S. 6-54.
Richtlinien für die Durchführung des Übereinkommens zum Schutz des Kultur- und Naturerbes der Welt, beschlossen von dem Welterbekomitee am 31. Juli 2007 auf seiner 31. Tagung in Christchurch (2008), in: Welterbe-Manual, Handbuch zur Umsetzung der Welterbekonvention in Deutschland, Luxemburg, Österreich und der Schweiz, Bonn, S.193-328.
Strategischer Plan der Stadt Český Krumlov (2008): beschlossen von dem Stadtrat am 25.9.2008. Český Krumlov.
Tourism Development Plan for Český Krumlov (1992): bearbeitet von Horwath Consulting Ltd. London: Horwath Consulting Ltd. June 1992.
Übereinkommen (Welterbekonvention) zum Schutz des Kultur- und Naturerbes der Welt, beschlossen von der Generalkonferenz UNESCO am 16. November 1972 auf ihrer 17. Tagung in Paris (1972), in: Kollektiv von Autoren: Welterbe-Manual, Handbuch zur Umsetzung der Welterbekonvention in Deutschland, Luxemburg, Österreich und der Schweiz, Bonn: Deutsche, Luxemburgische, Österreichische und Schweizerische UNESCO-Kommission, 2009, Amtliche Übersetzung aus dem Bundesgesetzblatt, Jahrgang 1977, Teil II, Nr.10, S.27-45.

Weitere Quellen
Reitinger, Miroslav (2010), Gespräch am Montag, 19. Juli 2010
Slavko, Pavel (2010), Gespräch am Montag, 19. Juli 2010
Vondrous, Jan (2010), Gespräch am Freitag, 16. Juli 2010
http://www.europaregion-donau-moldau.de

GEORG STEINER

Perspektiven für grenzüberschreitende Tourismusaktivitäten an der Donau – „Die Straße der Kaiser und Könige" als Erfahrungsbericht und Perspektive

„Die wahre Entdeckungsreise besteht nicht darin, dass man nach neuen Landschaften sucht. Sondern dass man mit neuen Augen sieht" (Marcel Proust)

1   **Touristische Gebietskulissen und Handlungsfelder an Donau und Moldau**

Nachdem ich im folgenden Beitrag auf die „Straße der Kaiser und Könige" fokussieren werde, soll die Betrachtung zu Gebietskulissen und Handlungsfeldern am Beginn dazu beitragen, eine touristische Arbeitsgemeinschaft wie die „Straße der Kaiser und Könige" als Synonym für die Probleme und Möglichkeiten in diesem Raum aufzuzeigen. Nach meiner Interpretation steht die von der Europäischen Union propagierte „Donauraumstrategie" über allen grenzüberschreitenden Aktivitäten, die derzeit auch in den Regionen Bayern, Tschechien und Österreich diskutiert werden. Die Donauraumstrategie hat die Aufgabe, Defizite und Brüche, die sich aus der jahrzehntelangen Teilung Europas ergeben haben, aufzuarbeiten. Sie bietet aber auch Chancen, Benchmarks zu entwickeln, mit denen man gegenüber anderen Regionen Europas bessere und zukunftsorientiertere Entwicklungen einleiten kann. In einer Globalbetrachtung sei auch darauf hingewiesen, wie sich die Gewichte in Europa in den kommenden Jahrzehnten verschieben können und was sich daraus an Chancen und Risiken für die Entwicklung in diesem Raum ableitet. Die Betrachtung der Kulturhauptstädte Europas in den vergangenen und kommenden Jahren bietet dafür eine beispielhafte Analysebasis.

2013 ist Marseille Kulturhauptstadt Europas. Im Zentrum der Programmierung steht der Mittelmeerraum. In den vergangenen Jahren waren die baltischen Hauptstädte Vilnius, Tallinn sowie weitere Orte in Nordeuropa wie Stavanger und Turku Kulturhauptstädte Europas. Die kommenden Kulturhauptstädte befinden sich schwerpunktmäßig in Osteuropa – Kosice 2013, Pilsen 2015, Breslau 2016. Daraus lässt sich mit Phantasie und Gestaltungskraft, aber auch durch Analyse der Geschichte Europas ableiten, dass Schwerpunktverlagerungen stattfinden. Die jahrzehntelange europäische Achse entlang des Rheins mit Frankreich, Deutschland und den Benelux-Staaten könnte sich hin zu den „Rändern" Europas – um das Mittelmeer herum, in den nordosteuropäischen Bereich und in den osteuropäischen Bereich Europas – sprich an die Donau verlagern. Das hat man an der Donau schon immer gefühlt und die Geschichte hat dies in unterschiedlichen Ausprägungen widergespiegelt – von den Nibelungen, den Römern, den Kreuzzügen, dem Habsburgerreich bis zu den beiden Weltkriegen des 20. Jahrhunderts.

Dieser Bogen sei gespannt, um auch touristische Entwicklungen in den richtigen Zusammenhang zu stellen und mit Perspektive zu versehen. Der Tourismus steht ja eher im Verdacht, sich kurzfristig auf all das zu stürzen, womit Gästeströme ausgelöst werden können. Tourismus kann aber auch zur Regional- und Standortentwicklung beitragen, indem seine Themen, Botschaften und Produkte – neben Erlebnis-, Genuss- und Entspannungselementen – auch Bezüge, Faszination und Perspektive beinhalten, um bei Gästen in der Vermittlung von Zusammenhängen von Räumen und Historie auch neue Anker zu setzen. „Kulturelle Identität" entsteht aus einer Vielzahl von Faktoren einerseits bei der Bevölkerung, die hier lebt. Aufgrund immer noch anwachsender Tourismusströme soll man aber auch die Botschaft, die Gäste aus ihren Erlebnissen der Zusammenhänge von Gebieten, Ländern und Geschichte in die Welt hinaustragen in ihrer imagebildenden Wirkung nicht unterschätzen.

2   Die Arbeitsgemeinschaft „Straße der Kaiser und Könige"

2009 konnte im Rahmen einer Tagung der Donauländer in Linz das 50-jährige Jubiläum gefeiert werden. Anwesend waren u.a. EU-Kommissarin Danuta Hübner aus Polen und Österreichs Außenminister Dr. Michael Spindlegger. Ausgangspunkt dieser Arbeitsgemeinschaft war es, einen kulturellen Gegenpunkt zum aufkommenden Alpentourismus zu setzen. „Reisewege am Alpenrand" hieß die ursprüngliche Bezeichnung und über die Jahrzehnte trat dann aber sowohl die Donauachse als auch die gesamte Bandbreite der Kulturgeschichte dieses Raumes, die sich schließlich in der Bezeichnung „Straße der Kaiser und Könige" ausdrückt, hinzu. Eine Beschilderung von Regensburg bis Wien leitet Touristen an kulturhistorisch spannende Stätten. Mitglieder dieser Arbeitsgemeinschaft sind die Städte Regensburg, Passau, Linz und Wien sowie die touristischen Organisationen aus Ostbayern, Oberösterreich, Niederösterreich sowie Ungarn, sodass es sich um eine transnationale Organisation handelt, die sich entlang des schiffbaren Teils der Donau von Bayern bis Ungarn erstreckt. Die Slowakei war kurzfristig mit dabei, ist aber zwischenzeitlich ausgetreten.

Der Ausgangspunkt dieses Zusammenschlusses in den beginnenden 1960er Jahren war wohl noch nicht die Fokussierung auf „Produkte", auf „Packages" etc. Man schätzte eher den kollegialen Austausch, das Zusammenkommen, die persönliche Ebene, aus der sich dann weitere Aktivitäten entwickelten, die damals in einem gemeinsamen Prospekt oder in einem Messeauftritt zum Ausdruck kamen. Die Jahresversammlungen waren gesellschaftliche Ereignisse, zu denen man mit den Damen anreiste und wo die abendliche Kultur und Kulinarik mindestens so wichtig war, wie der inhaltliche Teil während des Tages. Das mag in dieser Beschreibung etwas „abwertend" oder lächerlich klingen. Es sei aber in aller Ernsthaftigkeit – in Zeiten von Facebook, elektronischen Vertriebssystemen und touristischen Discountern – auch die Frage gestellt, ob das Pendel nun nicht zu sehr in die andere Richtung geschwenkt ist und der Wert persönlicher Begegnung, von Freundschaften und Beziehungen im positiven Sinne heutzutage unterschätzt wird.

3 Voraussetzung und Hürden für grenzüberschreitende Aktivitäten im Tourismus

Am Beispiel der Slowakei, die aus budgetären Gründen wieder ausgetreten ist, wird die Grundproblematik transnationaler Tourismusstrukturen deutlich. Gerade in Zeiten budgetärer Engpässe – und wann gab es diese nicht – werden Mitgliedschaften, deren Erfolg man nur sehr abstrakt messen kann, sehr viel schneller auf den Prüfstand gestellt. Es geht dabei nicht nur um absolute Beitragsgrößen. Die Geschäftsführer, Vorstände von Tourismusorganisationen unterliegen vielen Pressionen, sich mit ihren Budgets Projekten und Aktivitäten vor Ort zu widmen, anstatt auf Ebenen tätig zu sein, die man vor Ort nicht wahrnimmt und wo es oft schwierig ist, Erfolgszahlen liefern zu können. Auch die Tatsache, dass es auf transnationaler Ebene viel schwieriger ist, gemeinsame Produkte zu schaffen, lässt bei einer neuen Generation von Touristikern, die sehr vertriebs- und verkaufsorientiert ist, für solcherlei Engagements weniger Begeisterung aufkommen.

4 Unterschiedliche Strukturen

Sowohl die politische als auch die touristische Struktur in den jeweiligen Ländern ist unterschiedlich. Nur wenige Akteure kennen sich in den jeweiligen Ebenen, Zuständigkeiten und Finanzverfassungen aus. Dies ist häufig Ursache für Missverständnisse und Zusammenkünfte ohne Ergebnis, weil ungleiche Partner am Tisch sitzen. Kleinere Länder sind tendenziell mit höherrangigen Vertretern unterwegs als größere Länder. Der Tourismus hat in der Betrachtung zwischen Bayern, Tschechien und Österreich eine enorm unterschiedliche Organisationsstruktur und politische sowie gesellschaftliche Bedeutung, sodass es in den grenzüberschreitenden Aktivitäten viel Geduld, Einfühlungsvermögen, Begeisterung und Kreativität der jeweiligen Vertreter bedarf, um etwas voranzubringen.

5 Unterschiedliche Finanzausstattung

In Bayern ist Tourismus eine „freiwillige Aufgabe", die auf Ebene der Kommunen und auch des Freistaates zu einer Finanzausstattung führt, wo nur sog. „prädikatisierte Orte" über Einnahmemechanismen verfügen, nicht aber die meisten der nicht prädikatisierten Orte und auch nicht die Landesebene. In Österreich ist die Tourismusstruktur und auch die Finanzierung per Gesetz nach Ländern unterschiedlich geregelt. Aber gerade in Oberösterreich ist der Tourismus nicht nur mit einer Finanzausstattung – bestehend aus Interessentenbeiträgen, Tourismusabgabe und Landesförderung – versehen. Er rangiert auch in seinen Organisationsstrukturen als „Körperschaft öffentlichen Rechts", was sowohl strukturelle wie finanzielle Planungssicherheit herstellt. In Ungarn wiederum orientiert man sich tendenziell am System der „Freiwilligkeit". Gesetzliche Regelungen zu Strukturen und Finanzausstattung gibt es nicht.

6 Das touristische Potential der „Straße der Kaiser und Könige"

Kulturtourismus gilt neben Erholungs- und Gesundheitstourismus als eine wichtige Säule im touristischen Angebotsportfolio, das insbesondere Geschichte, historische Gebäude wie immaterielles Kulturgut nutzt, um Gäste zu gewinnen. Es geht um die „Inwertsetzung" von Kultur und Tradition. Dafür bietet der Donauraum einen besonders reichen Fundus. Ob Kelten, Römer – Stichwort Limes, Nibelungen, Kreuzzüge, die Habsburger, Napoleon und auch die Weltkriegstragödien des 20. Jahrhunderts – fast alle Kaiser, Könige, Herrscher und Despoten sind mit der Donau in Verbindung zu bringen. Aber auch das Verfassungsorgan eines „immerwährenden Reichstages", in Wirklichkeit einem Vorläuferprojekt des Europäischen Parlaments tagte über 4 Jahrhunderte in Regensburg. Herrschergeschlechter, Schlösser und Burgen, aber auch Kirchen und Klöster und viele Geschichte(n) sind im Rahmen einer Kulturreise entlang der Donau zu finden. Ausstellungen, Museen, Festivals sind heute Attraktionen, die sich dieser Geschichte annehmen, sie erlebbar und erfahrbar machen. An der Donau erlebt man auch, dass die Geschichte nicht anhält, nicht still steht. Auch im 21. Jahrhundert entwickeln sich Kulturformate, die sich an den Bezügen der Donau als kulturelle, gesellschaftliche und politische Verbindungsachse von West nach Ost und umgekehrt orientieren. Der Tourismus ist aufgefordert, alle diese Anknüpfungspunkte für Reiseanlässe, für Reiseprogramme, für Erlebnisse zu nutzen.

Kulinarik, Musik und viele Reiseformen – ob per Schiff, per Rad, zu Fuß, als Wanderer oder auch mit dem Pkw oder der Bahn bilden den Mix, aus dem Kulturreisen und -urlaube entlang der Donau bestehen. Die Infrastruktur an Flughäfen – ob Nürnberg, München, Linz, Wien oder Budapest ermöglichen es, den Radius für Gäste, die an die Donau kommen immer noch stärker zu internationalisieren.

7 Aktivitäten der Arbeitsgemeinschaft der "Straße der Kaiser und Könige"

7.1 Aktuell

www.StrassederKaiserundKoenige.com

Das Internet bildet in seinen technischen Möglichkeiten eine länderübergreifende Darstellung, die mittels modernster Datenintegration Informationen bietet, die sich aus den vorhandenen Datentools der Mitglieder generiert. Basis ist das in Ostbayern und Oberösterreich entwickelte System etourist.net sowie die Tourdata. Die Darstellung im Internet ermöglicht die flächendeckende Präsentation von sog. POI's – Point of Interests, Veranstaltungsdaten, Infos zu Gastronomie und Hotellerie – insbesondere den Überblick über freie Zimmer bei nicht organisierten Reisen bzw. bei Reiseformen wie Radfahren oder Wandern, wo man aufgrund von Wetterunsicherheiten und persönlicher Leistungskraft nicht von vornherein die Etappen genau planen kann. Dazu kommt die Darstellung der Routen mittels GPS-gestützter Daten über alle verfügbaren Kartensysteme.

Im neuen Internetauftritt der "Straße der Kaiser und Könige" wurde besonderen Wert auf historische Zusammenhänge durch die Strukturierung verschiedener Epochen gelegt. Erst dadurch wird deutlich, welche Spuren beispielsweise die Römer oder Napoleon an der Donau hinterlassen haben und wie dies im Gesamtzusammenhang heute noch erlebt werden kann. Während die Städte und Regionen auf ihre Kultureinrichtungen, Attraktionspunkte und Veranstaltungen ohne eine solche Strukturierung hinweisen, kann man nun im Internetauftritt dieser Arbeitsgemeinschaft gezielt diese Zusammenhänge erschließen.

Beschilderung
Entsprechend den Richtlinien für touristische Beschilderung besteht in Bayern und Österreich seit fast 10 Jahren eine Beschilderung für diese Route.

Reiseführer
In Zusammenarbeit mit dem Dumont-Verlag wurde ein Reiseführer realisiert, der von der Journalistin Daniela Schily geschrieben wurde,. Dieser Reiseführer wird im Rahmen der Gästebetreuung eingesetzt, steht den Passagieren der Kreuzfahrtschiffe zur Verfügung und kann im Buchhandel erworben werden.

Prospekt/Donaukarte
Es liegt sowohl ein Folder über den Reiseweg in den Sprachen Deutsch, Englisch und Ungarisch vor als auch eine sog. „Donaukarte", die insbesondere von Kreuzfahrtschiffen und Radreiseveranstaltern eingesetzt wird.

Donauschifffahrtskonferenz
Die internationale Werbegemeinschaft „Donau", welche von den nationalen Tourismusorganisationen getragen wird, veranstaltet jährlich eine sog. „Donauschifffahrtskonferenz" in wechselnden Orten, zu der sowohl die Reedereien der Kreuzfahrt- und Tagesausflugsschiffe als auch Touristiker eingeladen werden. Diese Tagung dient insbesondere dazu, neben nautischen und technischen Themen auch die touristische Weiterentwicklung und Vernetzung zu fördern.

7.2 Potentiale/Möglichkeiten

Donau als Entwicklungsachse – Römer/Limes – Klostergründungen – Eiserner Vorhang
Woher hat die Donau ihren Mythos, ihren legendären Ruf? Ist es die Landschaft, die Vielfalt der Kulturen, die von ihr berührt oder vielleicht sogar durch sie verbunden werden, sind es die Tragödien, Kriege, geopolitischen Verschiebungen, bei denen die Donau immer wieder im Zentrum des Geschehens stand? Vermutlich ist es alles zusammen, das zur Faszinationskraft, Imagebildung, zur Bekanntheit und letztlich auch zur touristischen Inwertsetzung genützt werden kann. Neben allen Klischees, von Filmen, die von Weinseligkeit in der Wachau, vom Mythos Sissi oder auch von Musikstücken der Wiener Walzerkomponisten herrühren, sollte man auch die größeren historischen Bögen nicht außer Acht lassen. „Straße der Kaiser und Könige" ist nicht nur eine Aneinanderreihung von baulichen „Wow-Effekten" und Klischees, sondern auch eine Auseinandersetzung mit Geschichte, mit Betrachtungen in die Vergangenheit ebenso wie in die Zukunft. Vor rd. 2.000 Jahren waren die Römer an der Donau. Der Fluss bildete in verschiedenen Abschnitten den sog. Limes. Hinter dem „Limes" im Osten waren die „Barbaren", vor dem „Limes" in Richtung Westen herrschte die Zivilisation und Entwicklung eines Weltreiches. Nicht nur die Faszination dieses Weltreiches, das sich damals schon an der Donau orientierte, sondern auch die Frage, warum in den darauf folgenden Jahrhunderten dieses Weltreich unterging, sind interessante Fragestellungen, die auch im Rahmen von Führungen und von Besichtigungen des Limes zu thematisieren sind. Die Donau als Achse der Auseinandersetzung mit dem Entstehen und dem Vergehen von Weltreichen – von den Römern bis zu den Habsburgern. Dort liegen – gerade auch wenn sich 2014 zum 100. Mal der Ausbruch des 1. Weltkrieges jährt und seit dem Fall des Eisernen Vorhanges schon wieder 25 Jahre vergangen sind – spannende Themen für Gäste. Die Donau und die „Straße der Kaiser und Könige" als Zusammenhänge erschließende kulturtouristische Achse, an der man auch immer wieder neue Perspektiven entdecken kann.

Als zwischen den Jahren 1.000 und 1.200 die Gründungen der bedeutenden Benediktiner- und Zisterzienserklöster erfolgte, entwickelte sich die Donau zu einer

Achse der „Regionalentwicklung", die unter dem Slogan „Ora et labora" sowohl Infrastruktur als auch eine geistliche Basis in die Gebiete links und rechts des Flusses brachte.

Daran gilt es auch bei Betrachtungen zu Entwicklungsperspektiven in unserer Zeit wieder anzuknüpfen und anhand geschichtlicher Entwicklungen und Zeugnisse die Menschen, die Gäste an der Donau neu zu inspirieren. Die Donauraumstrategie wird damit in ihrer ganzen Dimension erschlossen. Es geht nicht nur um Infrastruktur und Fördergelder aus Europa, sondern um einen Raum in Europa, der sich neu erfindet, der immer schon die Möglichkeiten in sich trug, zum Wohle oder zum Verderben beizutragen.

Internationalisierung – Donau-Kreuzfahrten – Märkte China, Indien, Brasilien/Südamerika
Gerade für die Strategie einer stärkeren Internationalisierung stellt sich immer wieder heraus, dass eine transnationale Achse, wie sie die Donau darstellt, auch heute noch an ihre nationalen Grenzen, nicht nur in der Organisation der Staaten, sondern auch der touristischen Strukturen, stößt. Sieht man sich die Marketingaktivitäten der nationalen Tourismusorganisationen – ob Deutsche Zentrale für Tourismus, Österreich Werbung oder ungarisches Fremdenverkehrsamt – an, stellt man fest, dass viele Aktivitäten nur national gedacht und betrieben werden. Man muss aber davon ausgehen, dass für Gäste, die eine weitere Anreise hinter sich haben (insbesondere aus Übersee), nicht nur ein Land auf dem Programm steht, sondern ein Thema, ein Fluss, eine Epoche. Der Donau-Tourismus kann nur in stärkerer Zusammenarbeit der nationalen Tourismusorganisationen eine weitere Internationalisierung erfahren. Der Kreuzfahrttourismus speist sich fast ausschließlich aus europäischen und amerikanischen Gästen. Welche Potentiale noch zu erschließen sind, zeigen die Entwicklungen im Welttourismus aus den Regionen China, Indien, Brasilien oder Russland (BRIC). Die Donau ist von Gästen aus diesen Regionen allenfalls in den Metropolen Wien, Budapest oder Belgrad berührt.

Heritage-Tourismus
Viele Menschen – insbesondere in den USA – haben ihre Wurzeln in Donauländern. Von hier erfolgten in mehreren Wellen der letzten Jahrhunderte Auswanderungsprozesse, die sich im Sinne eines „Heritage-Tourismus" nutzen lassen. Die Menschen sind interessiert an ihren Wurzeln. Eines der beliebtesten Hobbys in den USA ist die Ahnenforschung. Hier stecken interessante Potentiale in der Verknüpfung von historischen Recherchen und touristischem Packaging.

UNESCO-Welterbe-Stätten und Kulturhauptstädte Europas
In der Verknüpfung einer immer dichter werdenden Kette kultureller Orte und Besichtigungspunkte, die in neuen thematischen Zusammenhängen erschlossen wer-

den müssen, stecken die Potentiale, wenn es darum geht, die Donau nicht nur klischeeartig für einen „Abhak-Tourismus" zu nutzen, sondern Neugierde, neue Perspektiven und Geschichten dazu verständlich und faszinierend aufzubereiten. Hier ist das Zusammenspiel von Kunst, Historikern, Vermittlern und Touristikern gefordert.

Verbindung der Flughäfen – Linz, Wien, Budapest
Die Infrastruktur der Flughäfen lässt mehr Kombinationen zu, als derzeit in den Umlaufplänen der Kreuzfahrtschiffe und in den Pauschalarrangements europäischer und amerikanischer Reisekonzerne enthalten sind. Die intelligente Verknüpfung dieser Infrastruktur ermöglicht mehr Reiseerlebnis und damit einen Mehrwert für den Gast.

8 Unterschätztes Potential „Binnentourismus" bei grenzüberschreitenden Kooperationen

Nach diesen Betrachtungen der globalen Entwicklungsperspektiven muss auch der lokale/regionale Binnentourismus einen neuen Stellenwert erhalten. Es ist beileibe nicht so, dass die Bewohner der Donauländer mit ihrer „Heimat" bzw. nächsten Umgebung, wenn denn eine Grenze dazwischen ist, wirklich vertraut sind. Auch dieses touristische Potential gilt es gerade durch die Aktivitäten solcher Arbeitsgemeinschaften zu heben. Die „Straße der Kaiser und Könige" organisiert kontinuierlich Pressefahrten, die auf die Fokussierung der angrenzenden Regionen abzielen. Bayerische Journalisten werden nach Österreich und Ungarn eingeladen. Ungarische Journalisten lernen Österreich und Bayern an der Donau kennen. Dazu werden Jubiläen, Kulturhauptstädte wie Linz und Pécs genutzt.

9 Markenproblematik und Ansätze für eine Markenarchitektur bei grenzüberschreitenden Kooperationen

„Marke" lautet eine neues Zauberwort im Tourismus. Authentizität, Markenkern sind Begriffe, die in diesem Zusammenhang zu definieren sind. Dass die Donau als weltweiter Begriff Markencharakter hat, ist unbestritten. Aber was verbindet man mit der Donau. Welche Assoziationen, welche Regionen, Länder, Gebiete, Landmarks?
Der Donau-Markenprozess steht erst am Anfang. Der Begriff „Donau" ist in aller Munde – aber was man damit versteht und damit verbindet bzw. gerne verbinden möchte, ist höchst diffus. Eine kontinuierliche Donau-Markenarbeit wäre wünschenswert. Die Thematik „Kaiser und Könige" oder allgemeiner „Geschichte" wird dabei neben Landschaft, Kulinarik und Musik eine wichtige Rolle spielen.

10 Handlungsfelder und Instrumente im Marketing grenzüberschreitender Kooperationen

Ziel grenzüberschreitender Kooperationen muss es sein, einen Mehrwert für alle Beteiligten zu realisieren und Themen aufzubereiten, die im eigenen örtlichen/nationalen Wirkungsbereich zu kurz gegriffen sind.

Derzeit ist ausgehend von Passau ein Projekt „Donau-Barock" in Vorbereitung, das gerade zwischen Bayern, Österreich und Ungarn eine hohe Faszinationskraft entfalten kann. Die Anerkennung des „Limes" als UNESCO-Welterbe wird ein weiteres Projekt auf dieser Ebene sein.

Dafür bedarf es wirkungsvoller Marketingaktivitäten. Gerade die Ebene mehrerer Länder und kraftvoller Themen bietet Chancen, große Verlagstitel wie Merian, ADAC, GEO oder ähnliche Formate zu gewinnen. In Zeiten von Multimedialität gehört aber auch zu den Zielen, im Bereich von Dokumentar- und Spielfilmen zusätzliche Akzente zu setzen. Nicht um neue Klischees – wie beispielsweise „Sissi" – zu entwerfen, sondern um die Sehnsucht, Faszination und kulturbildende Wirkung in Szene und in Wert zu setzen.

In diesem Zusammenhang gibt es auch Pläne, mit sog. „Jahresthemen" Bühnen zu schaffen, die länderübergreifend zu verdichteten Wahrnehmungen und Programmgestaltungen führen können. Die Römer an der Donau, 500 Jahre Reformation im Jahr 2017 oder „Grenzen öffnen" anl. des 25-jährigen Jubiläums des Falls des Eisernen Vorhangs im Jahr 2014 könnten solche Anlässe sein.

11 Kritische Anmerkungen zu Fördergeldern der Europäischen Union

So erfreulich es ist, das seitens der Europäischen Union Fördergelder für solche Aktivitäten zur Verfügung gestellt werden, so kritisch muss angemerkt werden, dass sowohl die Antragsprozesse, die Förderkulissen, aber insbesondere die Abwicklung und das darauf folgende Prüfungsprocedere einen Grad an Unzumutbarkeit und Kompliziertheit erreicht haben, die dazu führen, dass immer weniger Personen und Institutionen bereit sind, solche Projekte zu realisieren.

12 Abschließende Betrachtungen und Erkenntnisse

Voraussetzung für grenzüberschreitende Aktivitäten sind hohes persönliches Engagement und Begeisterung für solche Projekte. Aber auch ein langjähriger Aufbau von Beziehungen, Kontakten und Vertrauen. Das sind in unserer schnelllebigen Zeit oft Hürden, die nicht mehr viele touristische KollegInnen mitbringen.

Häufig sprechen nicht die „richtigen" Leute mit den „richtigen" Leuten. Hinter dieser Erkenntnis steht die Beobachtung, dass unterschiedliche Strukturen zu völlig falschen Einschätzungen und Erwartungshaltungen führen.

Damit im Zusammenhang steht aber auch die Erkenntnis, dass trotz vieler internationaler Praktika und Schüleraustausche auch bei touristischen Ausbildungsstätten diese Fähigkeiten in der Ausbildung deutlich zu kurz kommen. Weder die Kompetenz, Geschichte, Kultur, Land, Leute und auch touristische Strukturen so zu kennen, dass sich daraus touristische Projekte, Themen und Strategien aufbauen lassen noch der komplizierte Umgang mit dem Förderinstrumentarium der Europäischen Union spielt in den Curricula der touristischen Ausbildungsstätten eine Rolle.
Gerade Ausbildungsstätten – ob Tourismusschulen oder akademische Einrichtungen – könnten durch ihr Netz an Kooperationen in der ganzen Welt zu einer treibenden Kraft für solche Projekte werden.

Autorenverzeichnis

Beritelli, Pietro, Prof. Dr.
Universität St. Gallen
Institut für Systemisches Management und Public Governance
Durfourstraße 40a, CH-9000 St. Gallen
pietro.beritelli@unisg.ch

Brähmig, Klaus
Abgeordneter des 18. Deutschen Bundestags
2009 bis 2013: Vorsitzender des Ausschuss Tourismus
Heute: Stellvertretender Vorsitzender des Ausschuss Tourismus
Platz der Republik 1, D-11011 Berlin
klaus.braehmig@bundestag.de

Bühler, Josef
neuland+ Tourismus, Standort-& Regionalentwicklung GmbH & Co. KG
Esbach 6, D-88326 Aulendorf
buehler@neulandplus.de

Frys ,Wioletta, Dr.
wioletta.frys@saarpfalz-kreis.de

Grotheer, Swantje
Technische Universität Kaiserslautern
Fachbereich A/RU/BI
Lehrstuhl Regionalentwicklung und Raumordnung
Pfaffenbergstraße 95, D-67663 Kaiserslautern
grotheer@rhrk.uni-kl.de

Jochmann, Judith
Stadt Herzogenaurach
Amt für Stadtmarketing und Kultur, Leiterin
Marktplatz 11, D-91074 Herzogenaurach
Judith.Jochmann@herzogenaurach.de.

Müller, Hansruedi, Prof. Dr.
Universität Bern
ehem. Direktor des Forschungsinstituts für Freizeit und Tourismus (FIF)
Schanzeneckstraße 1, Postfach 8573, CH-3001 Bern
hansruedi.mueller@fif.unibe.ch

Nordhorn, Christian
Katholische Universität Eichstätt-Ingolstadt
Lehrstuhl Tourismus
P.Phil.-Jeningen-Platz 2, D-85072 Eichstätt
christian.nordhorn@ku.de

Pahl-Humbert, Daniela
Internationale Bodensee Tourismus GmbH, Geschäftsführerin
Hafenstraße 6, D-78462 Konstanz
pahl-humbert@bodensee.eu

Peters, Mike, Prof. Dr.
MCI Management Center Innsbruck
Internationale Hochschule GmbH
Universitätsstraße 15, AT-6020 Innsbruck / Österreich
mike.peters@mci.edu

Pechlaner, Harald, Prof. Dr.
Katholische Universität Eichstätt-Ingolstadt
Lehrstuhl Tourismus
P.Phil.-Jeningen-Platz 2, D-85072 Eichstätt
harald.pechlaner@ku.de

Rehage, Judith
Universität St. Gallen
Blumenbergplatz 9, CH-9000 St. Gallen
mba@unisg.ch

Scheffer, Jörg, Dr.
Universität Passau
Lehrstuhl für Anthropogeographie
Innstraße 40, D-94032 Passau
scheffer@uni-passau.de

Scherer, Roland, Dr.
Institut für Systemisches Management und Public Governance
Durfourstraße 40a, CH-9000 St. Gallen
roland.scherer@unisg.ch

Siller, Lukas, Dr.
Immobilien Siller
Neustadt 26, IT-39049 Sterzing
siller@immobilien.bz.it

Steiner, Georg
Tourismusdirektor Linz
Adalbert-Stifter-Platz 2, AT-4020 Linz
georg.steiner@linztourismus.at

Thimm, Tatjana, Prof. Dr.
Hochschule für Technik, Wirtschaft und Gestaltung Konstanz
Tourismusmanagement
Brauneggerstraße. 55, D-78462 Konstanz
tthimm@htwg-konstanz.de

Troeger-Weiß, Gabi, Prof. Dr.
Technische Universität Kaiserslautern
Fachbereich A/RU/BI
Lehrstuhl Regionalentwicklung und Raumordnung
Pfaffenbergstr. 95, D-67663 Kaiserslautern
troegerw@rhrk.uni-kl.de

Wachowiak, Helmut, Prof. Dr.
Internationale Hochschule Bad Honnef
Studiengangsleiter Tourismus Management
Mülheimer Straße 38, D-53604 Bad Honnef
h.wachowiak@iubh.de

Wolf, Peter, Dr.
Haus der Bayerischen Geschichte
Zeuggasse 7, D-86150 Augsburg
Peter.wolf@hdbg.bayern.de

Zacher, Daniel
Katholische Universität Eichstätt-Ingolstadt
Lehrstuhl Tourismus
P.Phil.-Jeningen-Platz 2, D-85072 Eichstätt
daniel.zacher@ku.de

Zigmundová, Jitka
Bis Juli 2013:
Stellvertretende Bürgermeisterin
und Leiterin Destinationsmanagement Český Krumlov
Heute: Business Development Manager, Eurotours International GmbH
jitka.zikmundova@eurotours.at

SCHRIFTEN ZU TOURISMUS UND FREIZEIT

Ob Infrastruktur oder Fragen der Raumordnung, Einreisebestimmungen oder Abgabenstrukturen: Schon immer war der Tourismus in erheblichem Umfang und auf unterschiedlichsten Ebenen von politischen Entscheidungen abhängig.

Die Experten um Roland Conrady und David Ruetz beleuchten die spannungsreiche Verbindung aus den vielseitigen Perspektiven darin involvierter Akteure:

- ▶ **Politik und Tourismuswirtschaft** – Spannungsfelder, Strukturen, Handlungsrollen
- ▶ **Aktuelle Herausforderungen** internationaler Destinationen – Wechselkurseinflüsse, Nachhaltigkeit und Ethik, Lobbying u. v. m.
- ▶ **Compliance in Tourismusunternehmen** – neue Risiken für Hotellerie, Eventveranstalter und Destinationen
- ▶ **Tourismus in Wissenschaft und Gesellschaft** – eine Standortbestimmung

Ein wertvolles Buch, um **Ausmaß und Gewicht politischer Entscheidungen** für tourismuswirtschaftliche Kontexte und Kalküle besser zu verstehen.

Auch als eBook erhältlich: mit komplett verlinkten Inhalts- und Stichwortverzeichnissen.

📱 www.ESV.info/978-3-503-15491-3

Tourismus und Politik
Schnittstellen und Synergiepotentiale

Herausgegeben von
Prof. Dr. Roland Conrady
und **David Ruetz**
2014, 225 Seiten, € (D) 49,95
ISBN 978-3-503-15490-6

Schriften zu Tourismus und Freizeit, Band 16

Weitere Informationen:
📖 www.ESV.info/978-3-503-15490-6

ESV ERICH SCHMIDT VERLAG

Auf Wissen vertrauen

Erich Schmidt Verlag GmbH & Co. KG · Genthiner Str. 30 G · 10785 Berlin
Tel. (030) 25 00 85-265 · Fax (030) 25 00 85-275 · ESV@ESVmedien.de · www.ESV.info

SCHRIFTEN ZU TOURISMUS UND FREIZEIT

Als Grundvoraussetzung unternehmerischer Wertschöpfung und sozialen Miteinanders sind gemeinsames Handeln und gegenseitiges Verständnis auch in Freizeit und Tourismus unverzichtbar. Umso mehr überrascht daher, wie wenig Bedeutung in einem Arbeitsbereich, den Internationalität und kulturelle Vielfalt prägt wie keinen zweiten, dem Thema **„Interkulturelles Management"** bislang beigemessen wird.

Speziell ausgerichtet auf branchenspezifische Fragestellungen, bündelt dieses Buch erstmals die vielseitigen Sichtweisen der facettenreichen Thematik. Experten aus unterschiedlichen Disziplinen teilen ihre Grundüberlegungen und Perspektiven über:

- **Interkulturelle Kommunikation** als zentrale Herausforderung für die erfolgreiche Destinationsgestaltung
- **Interkulturelle Vermittlung**, mit vielen Beispielen aus der gesamten Branche
- **Interkulturelle Kompetenz** als Schlüssel zu gelingenden Kooperationen und einem nachhaltigen Tourismus

Interkulturelles Management in Freizeit und Tourismus
Kommunikation – Kooperation – Kompetenz

Herausgegeben von **Prof. Dr. Rainer Hartmann** und **Prof. Dr. Felix Herle**

2014, 293 Seiten, mit zahlreichen Abbildungen, € (D) 59,95
ISBN 978-3-503-15775-4

Schriften zu Tourismus und Freizeit, Band 17

Weitere Informationen:

www.ESV.info/978-3-503-15775-4

Auch als eBook erhältlich: mit komplett verlinkten Inhalts- und Stichwortverzeichnissen.

www.ESV.info/978-3-503-15776-1

ESV ERICH SCHMIDT VERLAG

Auf Wissen vertrauen

Erich Schmidt Verlag GmbH & Co. KG · Genthiner Str. 30 G · 10785 Berlin
Tel. (030) 25 00 85-265 · Fax (030) 25 00 85-275 · ESV@ESVmedien.de · www.ESV.info